SCIENCE ET TECHNOLOGIE

APPLICATIONS TECHNOLOGIQUES ET SCIENTIFIQUES (ATS)

OBSERVATOIRE

L'HUMAIN

MANUEL DE L'ÉLÈVE
1re année du 2e cycle du secondaire

J. Robert Lalonde
Directeur de collection

Marie-Danielle Cyr
Jean-Sébastien Verreault

E RPI
ÉDITIONS DU RENOUVEAU PÉDAGOGIQUE INC.

5757, RUE CYPIHOT
SAINT-LAURENT (QUÉBEC)
H4S 1R3

TÉLÉPHONE : (514) 334-2690
TÉLÉCOPIEUR : (514) 334-4720
erpidlm@erpi.com

Directrice de l'édition
Monique Boucher

Chargées de projet et réviseures linguistiques
Marielle Champagne
Sylvie Racine

Correcteurs d'épreuves
Carole Lambert
Pierre-Yves L'Heureux

Illustrateur
Michel Rouleau

Recherchiste (photos et droits)
Marie-Chantal Masson

Directrice artistique
Hélène Cousineau

Coordonnateur graphique
François Lambert

Couverture
Claire Senneville

Conception graphique et édition électronique
Valérie Deltour

Rédacteurs
Marie-Josée Charron (Carrefour Éducation
  physique)
Hélène Crevier (Capsules INFO)
Anne-Marie Deraspe (Carrefour Histoire)
Dominique Forget (Rubrique Journal)
Paul Patenaude (Carrefour Mathématique)

Réviseurs scientifiques
Cyrille Barrette, biologiste (chap. 5 à 8 et 10)
Luce Boulanger, biochimiste clinique (chap. 5 à 7)
Sylvain Desbiens, paléontologue (chap. 10)
Denis Fyfe, consultant en technologie (chap. 11
  et 12)
Richard Gagnon, physicien (chap. 1 à 4, 11 et 12)
Katherine Gaudreau-Provost, nutritionniste-
  kinésiologue (chap. 6)
Marc Séguin, professeur en astrophysique (chap. 9)

Consultants pédagogiques
Nicole Ferguson, professeure en didactique
  des sciences
Isabelle Lefebvre, professeure en science et
  technologie, commission scolaire de Laval
Nathalie Lefebvre, professeure en science et
  technologie, commission scolaire des Affluents
Éric Massé, professeur en science et technologie,
  commission scolaire des Samares
Michel Picard, technicien en travaux pratiques

Dépôt légal – Bibliothèque et Archives nationales du Québec, 2007
Dépôt légal – Bibliothèque et Archives Canada, 2007

Imprimé au Canada   234567890 II 0987
ISBN 978-2-7613-1999-7   10759 BCD OS12

TABLE DES MATIÈRES

Ce manuel couvre les programmes de Science et technologie et d'Applications technologiques et scientifiques (ATS). Quelques éléments sont particuliers à l'un ou l'autre programme, comme l'indiquent les trames en couleur (*voir les pages VII et VIII*).

 Science et technologie seulement

 ATS seulement

L'UNIVERS MATÉRIEL 2

CHAPITRE 3

CHAPITRE 4

L'UNIVERS VIVANT **122**

CHAPITRE 12
L'HUMAIN ET LES OBJETS QU'IL FABRIQUE 367

ANNEXES 415

OBSERVATOIRE

EN UN COUP D'ŒIL

PAGE D'OUVERTURE D'UN UNIVERS

Le titre de l'univers.

Une brève présentation de l'univers.

Le sommaire des chapitres de l'univers.

QUELQUES PAGES DE CHAPITRE

Une **introduction** établit des liens concrets entre le thème du chapitre et l'être humain, thème intégrateur en 1re année du 2e cycle.

Une **ligne du temps**, des débuts de l'histoire de l'humanité jusqu'à nos jours, énonce des découvertes et des inventions liées aux concepts abordés dans le chapitre.

Le pictogramme **1er cycle** indique les concepts vus au 1er cycle du secondaire.

Des capsules **Étymologie** contribuent à faire mieux comprendre le sens de mots plus abstraits ou plus difficiles.

Des **définitions** des concepts du programme sont présentées en couleur. Elles sont reprises dans le glossaire.

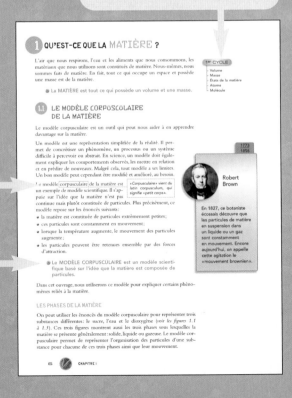

X

Des **photos** viennent fréquemment appuyer le texte.

La rubrique **Info** expose brièvement des phénomènes surprenants de la vie courante et amène l'élève à faire des associations avec le monde qui l'entoure. Souvent, le pictogramme indique qu'une activité est donnée en document reproductible.

Ce pictogramme renvoie à la **Boîte à outils**. La Boîte à outils présente ce qu'il faut savoir pour traiter l'information, conduire une expérience scientifique ou réaliser une activité technologique.

Les **mots écrits en majuscules** dans le texte sont définis dans le glossaire.

Ces pictogrammes indiquent qu'une ou des activités de **laboratoire** (LABOS) ou une activité en **technologie** (TECH), en lien avec la notion traitée, sont offertes en documents reproductibles.

Des **schémas** et des **tableaux** visent à soutenir la compréhension des concepts.

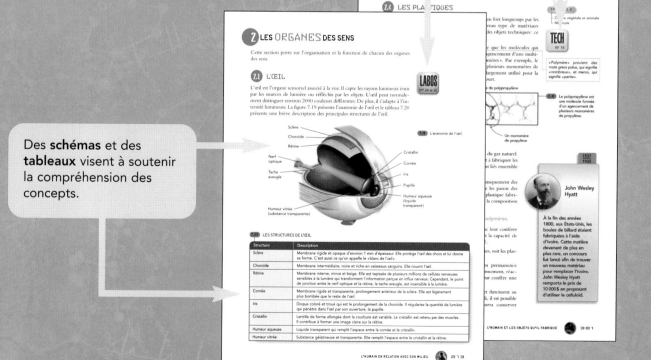

De courtes **biographies** soulignent la contribution de différentes personnalités à l'avancement des connaissances sur le sujet traité.

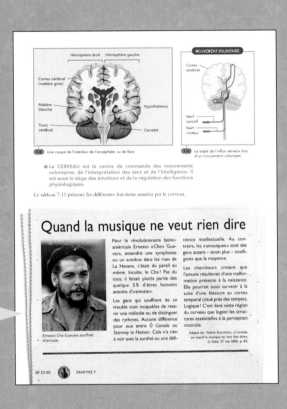

Des résumés de vrais **articles** de journaux et de magazines traitent des notions du chapitre à travers l'actualité et l'histoire.

La rubrique **Carrefour** établit des liens avec la mathématique, l'histoire ou l'éducation physique.

La rubrique **Verdict** contient de nombreuses questions portant sur l'ensemble du chapitre. Elle se termine toujours par la création d'un réseau de concepts.

La rubrique **Diagnostic** fournit des explications scientifiques sur divers problèmes liés à la santé humaine.

La rubrique **Rendez-vous avec...** présente une personnalité inspirante et quelques métiers ou professions associés à son domaine d'emploi.

ANNEXES

Les **annexes** contiennent des tableaux de référence utiles lors de l'étude de certains concepts. Le **tableau périodique des éléments** est donné à l'intérieur de la couverture arrière du manuel.

GLOSSAIRE

Le **glossaire** regroupe les mots essentiels à la compréhension des notions abordées dans le manuel.

INDEX

L'**index** présente les mots clés, accompagnés des renvois aux pages où ces mots apparaissent.

L'UNIVERS

MATÉRIEL

L'HUMAIN EST CONSTITUÉ DE MATIÈRE SOIGNEUSEMENT ORGANISÉE.
Pour survivre, nous devons échanger de la matière avec notre milieu.
Nous devons également transformer la matière pour la rendre
accessible à notre organisme. Ces transformations permettent
de faire grandir et d'entretenir tous nos organes.
Elles nous procurent aussi l'énergie dont nous avons besoin.

La matière et l'énergie sont partout autour de nous
et nous interagissons continuellement avec elles.
Pour comprendre le fonctionnement de notre organisme,
nous devons nous intéresser à l'organisation, aux transformations,
ainsi qu'aux propriétés de la matière et de l'énergie.

SOMMAIRE

L'UNIVERS MATÉRIEL

1986 — Découverte d'une molécule en forme de ballon de soccer: le fullerène

1944 — Technique de chromatographie sur papier

1898 — Découverte des premiers éléments radioactifs: le radium et le polonium

1869 — Première version du tableau périodique actuel

1860 — Distinction entre atome et molécule

1827 — Découverte du mouvement brownien des particules de matière

1807 — Théorie atomique de Dalton

1781 — Découverte que l'eau n'est pas un élément

1754 — Découverte de la composition chimique du dioxyde de carbone

1661 — Énoncé du concept d'élément chimique

1619 — Découverte du dioxyde de carbone

VERS -400 — Idée selon laquelle la matière serait faite d'atomes, d'abord rejetée, puis reprise au 19e siècle

VERS -450 — Idée selon laquelle la matière serait composée de quatre éléments: l'air, l'eau, la terre et le feu.

L'HUMAIN

ET L'ORGANISATION DE LA MATIÈRE

La peau, les os, les muscles, le sang, bref, tout ce qui compose le corps humain, est fait de matière. Donc, nous sommes de la matière. L'air que nous respirons, la nourriture que nous mangeons et les objets que nous utilisons sont aussi de la matière. Ainsi, nous utilisons de la matière pour satisfaire nos différents besoins. Qu'est-ce qui distingue l'air que nous respirons de l'eau que nous buvons et de la terre sur laquelle nous marchons ? Combien y a-t-il de substances différentes ? Que peut nous apprendre l'étude de la matière ? Comme nous sommes dépendants de la matière, nous avons avantage à connaître son organisation afin de tirer profit de ses propriétés.

1 QU'EST-CE QUE LA MATIÈRE ?

L'air que nous respirons, l'eau et les aliments que nous consommons, les matériaux que nous utilisons sont constitués de matière. Nous-mêmes, nous sommes faits de matière. En fait, tout ce qui occupe un espace et possède une masse est de la matière.

> ▶ La MATIÈRE est tout ce qui possède un volume et une masse.

1er CYCLE
- Volume
- Masse
- États de la matière
- Atome
- Molécule

1.1 LE MODÈLE CORPUSCULAIRE DE LA MATIÈRE

Le modèle corpusculaire est un outil qui peut nous aider à en apprendre davantage sur la matière.

Un modèle est une représentation simplifiée de la réalité. Il permet de concrétiser un phénomène, un processus ou un système difficile à percevoir ou abstrait. En science, un modèle doit également expliquer les comportements observés, les mettre en relation et en prédire de nouveaux. Malgré cela, tout modèle a ses limites. Un bon modèle peut cependant être modifié et amélioré, au besoin.

Le modèle corpusculaire de la matière est un exemple de modèle scientifique. Il s'appuie sur l'idée que la matière n'est pas | *«Corpusculaire» vient du latin corpusculum, qui signifie «petit corps».*

continue mais plutôt constituée de particules. Plus précisément, ce modèle repose sur les énoncés suivants:

- la matière est constituée de particules extrêmement petites;
- ces particules sont constamment en mouvement;
- lorsque la température augmente, le mouvement des particules augmente;
- les particules peuvent être retenues ensemble par des forces d'attraction.

> ▶ Le MODÈLE CORPUSCULAIRE est un modèle scientifique basé sur l'idée que la matière est composée de particules.

1773
1858

Robert Brown

En 1827, ce botaniste écossais découvre que les particules de matière en suspension dans un liquide ou un gaz sont constamment en mouvement. Encore aujourd'hui, on appelle cette agitation le «mouvement brownien».

Dans cet ouvrage, nous utiliserons ce modèle pour expliquer certains phénomènes reliés à la matière.

LES PHASES DE LA MATIÈRE

On peut utiliser les énoncés du modèle corpusculaire pour représenter trois substances différentes: le sucre, l'eau et le dioxygène (*voir les figures 1.1 à 1.3*). Ces trois figures montrent aussi les trois phases sous lesquelles la matière se présente généralement: solide, liquide ou gazeuse. Le modèle corpusculaire permet de représenter l'organisation des particules d'une substance pour chacune de ces trois phases ainsi que leur mouvement.

La phase solide

Les particules d'un solide sont très près les unes des autres car elles sont retenues par des forces d'attraction importantes. Sur la figure 1.1, on peut voir que toutes les particules de sucre sont disposées de façon très ordonnée. Les particules des solides ont donc peu de liberté de mouvement. Elles ne peuvent que vibrer sur place. Tout cela donne au solide une structure et une forme définies. C'est pourquoi un solide n'a généralement pas besoin d'être dans un contenant pour conserver sa forme et son volume.

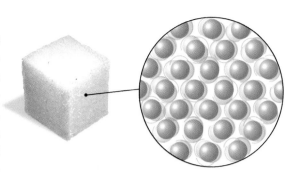

1.1 Des particules de sucre solide.

La phase liquide

Dans un liquide, les particules sont aussi très près les unes des autres. Cependant, elles sont retenues par des forces d'attraction un peu plus faibles que dans le cas des solides. Sur la figure 1.2, on peut voir que les particules d'eau sont disposées de façon désordonnée. Elles ont donc une plus grande liberté de mouvement que les solides. Elles peuvent notamment glisser les unes sur les autres. Les liquides ont donc un volume défini mais une forme indéfinie. Cela leur permet d'épouser la forme du contenant dans lequel ils sont placés. Si un liquide n'est pas placé dans un contenant, il se répandra.

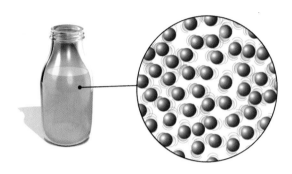

1.2 Des particules d'eau liquide.

La phase gazeuse

Les particules d'un gaz sont très espacées les unes des autres et elles ne sont pas retenues par des forces d'attraction. Sur la figure 1.3, on peut voir qu'il y a beaucoup d'espace entre les particules. Elles ont donc une très grande liberté de mouvement. En fait, les particules de gaz bougent dans tous les sens. C'est pourquoi elles occupent tout l'espace qui leur est alloué. Les gaz n'ont donc ni forme ni volume définis. Si on ouvre un contenant dans lequel se trouve un gaz, une partie de celui-ci s'en échappera.

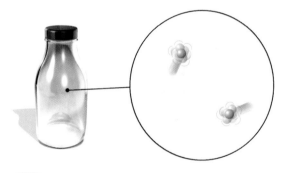

1.3 Des particules de dioxygène gazeux.

1.2 LES MOLÉCULES ET LES ATOMES

Le modèle corpusculaire nous apprend que la matière est composée de particules. Pourquoi les particules de substances différentes sont-elles différentes ? Quelle est la nature des particules qui composent la matière ? Pour répondre à ces questions, nous devons aborder un autre modèle scientifique : le modèle atomique.

Le modèle atomique est basé sur de nombreuses expériences réalisées depuis le siècle dernier. Grâce aux connaissances que ces expériences nous ont permis d'acquérir, nous savons maintenant que les particules de matière sont en fait des molécules ou des atomes.

Un atome est la plus petite unité de matière que l'on peut obtenir.

«Atome» provient du grec *atomos, qui signifie «indivisible».*

Prenons par exemple un morceau de graphite (mine de crayon). Si on le broie, on obtient une poudre : de la poudre de carbone. S'il était possible de séparer ces grains de poudre jusqu'à obtenir la plus petite particule de carbone possible, on obtiendrait alors un atome de carbone.

> ▶ Un ATOME est la plus petite particule de matière. Elle ne peut plus être divisée chimiquement.

Dans la nature, les atomes se présentent rarement de façon individuelle. Dans la plupart des cas, ils sont liés chimiquement à d'autres atomes afin de former des molécules. Autrement dit, la presque totalité des particules qui composent les différentes substances naturelles qui nous entourent sont en fait des molécules, c'est-à-dire des groupes d'atomes liés chimiquement.

> ▶ Une MOLÉCULE est un ensemble de deux ou plusieurs atomes liés chimiquement.

Reprenons les trois substances des figures 1.1 à 1.3, soit le sucre, l'eau et le dioxygène (*voir la page précédente*). Représentons maintenant une de leurs particules sous forme d'atomes et de molécules.

1.4 Lorsqu'on broie un morceau de graphite, on obtient de la poudre de carbone. Chacun de ces grains de poudre contient des milliards d'atomes de carbone. Un atome est donc extrêmement petit.

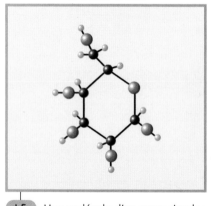

1.5 Une molécule d'un sucre simple : le glucose.

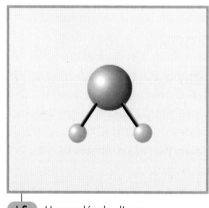

1.6 Une molécule d'eau.

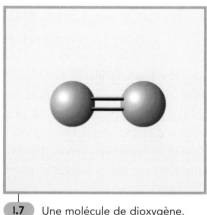

1.7 Une molécule de dioxygène.

Une molécule de glucose est composée de trois sortes d'atomes : du carbone (billes noires), de l'hydrogène (billes blanches) et de l'oxygène (billes rouges). Les traits noirs entre les atomes représentent les liaisons chimiques. De son côté, la molécule d'eau se compose de deux atomes d'hydrogène et d'un atome d'oxygène. Pour sa part, la molécule de dioxygène ne contient qu'une seule sorte d'atomes, l'oxygène.

À partir d'un nombre relativement petit d'atomes différents (environ une centaine), il est possible de former toutes les substances existantes. C'est un peu comme un jeu de construction : il suffit d'assembler les atomes de la bonne façon pour obtenir toutes les molécules.

Voir les atomes!

Un microscope assez puissant pour discerner les atomes à la surface d'un échantillon? Il y a quelques décennies, on croyait cela impossible. C'est pourtant ce que l'Allemand Gerd Binnig et le Suisse Heinrich Rohrer, deux ingénieurs travaillant à Zurich (Suisse), ont réussi en 1981. Leur secret: l'utilisation d'un phénomène physique baptisé «l'effet tunnel».

Le principe de l'appareil est relativement simple: la pointe extrêmement fine du microscope est d'abord placée à très petite distance (environ 100 000 fois plus petite que l'épaisseur d'un cheveu) de l'objet à examiner. Une tension électrique est ensuite appliquée à cette pointe. Les électrons empruntent alors un «tunnel» virtuel entre les deux surfaces, créant un petit courant électrique. Plus la pointe est proche de la surface analysée, plus le courant est fort. En mesurant l'intensité du

Cette image montre un amas d'atomes d'or (en jaune, orangé et rouge) sur une couche d'atomes de carbone (en vert). Les couleurs sont fictives.

courant, les chercheurs peuvent repérer les petites bosses formées par les atomes.

L'appareil a valu à ses inventeurs le prix Nobel de physique en 1986.

Adaptation de: Henri-Pierre PENEL, «Le microscope à effet tunnel», *Science et vie*, décembre 2003, p. 168-170.

1.3 LES MÉLANGES ET LES SUBSTANCES PURES

Les atomes peuvent se lier chimiquement à d'autres atomes pour former des molécules. Les atomes et les molécules peuvent également se mélanger sans former de liaisons chimiques. Lorsqu'un échantillon de matière contient au moins deux sortes de particules différentes, on dit qu'il s'agit d'un mélange. Lorsque toutes les particules d'un échantillon sont identiques, on considère que l'on est en présence d'une substance pure.

> ▶ Un MÉLANGE est formé d'au moins deux substances différentes, c'est-à-dire d'au moins deux sortes de particules.

> ▶ Une SUBSTANCE PURE est formée d'une seule substance, autrement dit, elle ne contient qu'une seule sorte de particules.

La figure 1.8 fournit une vue d'ensemble de l'organisation de la matière. Nous décrirons cette figure plus en détail au cours des pages qui suivent.

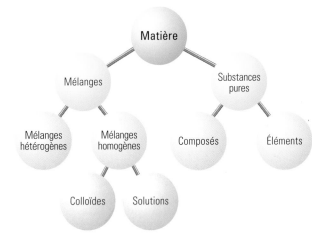

1.8 L'organisation de la matière.

2 LES MÉLANGES

Les mélanges peuvent être subdivisés en deux catégories: les mélanges hétérogènes et les mélanges homogènes.

Observons la figure 1.9. Lesquels de ces mélanges sont hétérogènes? Lesquels sont homogènes?

1er CYCLE
- Séparation des mélanges
- Mélanges
- Solutions

DE LA SOUPE

DU JUS DE POMME

DE LA MAYONNAISE

UN ANNEAU EN OR 10 CARATS

UN MORCEAU DE GRANITE

DU LAIT

1.9 Quelques exemples de mélanges.

2.1 LES MÉLANGES HÉTÉROGÈNES

Il est évident que la soupe et le morceau de granite de la figure 1.9 sont des mélanges, puisqu'on distingue les différentes parties qui les constituent. Les ingrédients qui composent la soupe ou le granite ne sont pas uniformément mélangés. On dit que ce sont des mélanges hétérogènes.

«Hétérogène» provient des mots grecs *heteros*, qui signifie «autre», et *genos*, qui signifie «origine».

▶ Un **MÉLANGE HÉTÉROGÈNE** est composé d'au moins deux substances que l'on peut distinguer à l'œil nu.

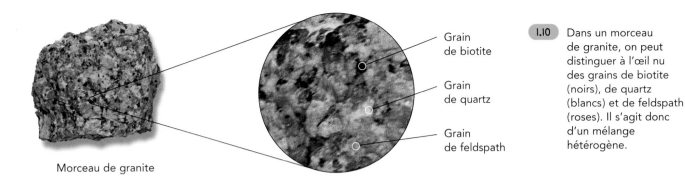

Grain
de biotite

Grain
de quartz

Grain
de feldspath

Morceau de granite

1.10 Dans un morceau de granite, on peut distinguer à l'œil nu des grains de biotite (noirs), de quartz (blancs) et de feldspath (roses). Il s'agit donc d'un mélange hétérogène.

2.2 LES MÉLANGES HOMOGÈNES

LABO
N° 1

Examinons à nouveau la figure 1.9. Le jus de pomme, la mayonnaise, l'anneau en or et le lait sont des exemples moins évidents de mélanges, puisque les différentes substances qui les constituent sont invisibles à l'œil nu. Les ingrédients qui les composent sont répartis uniformément. On dit que ce sont des mélanges homogènes.

«Homogène» provient des mots grecs homos, *qui signifie «semblable», et* genos, *qui signifie «origine».*

▷ Un MÉLANGE HOMOGÈNE est composé d'au moins deux substances que l'on ne peut pas distinguer à l'œil nu.

LES COLLOÏDES

L'utilisation d'un instrument d'observation plus précis que l'œil (par exemple, une loupe ou un microscope optique) permet de constater que le lait et la mayonnaise de la figure 1.9 contiennent en fait de nombreuses gouttelettes de gras en suspension. Ces mélanges contiennent donc au moins deux substances liquides différentes (l'une étant les gouttelettes de gras en suspension et l'autre, une substance constituée principalement d'eau). Ce type de mélange est appelé «colloïde». Un colloïde est généralement opaque.

▷ Un COLLOÏDE est un mélange homogène dans lequel on peut distinguer au moins deux substances lorsqu'on l'examine à l'aide d'un instrument d'observation.

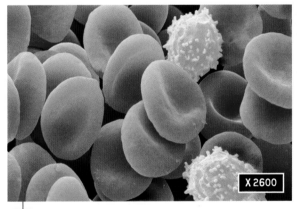

X 2600

1.11 Le sang est un colloïde car, au microscope optique, on peut y voir des globules rouges et des globules blancs nageant dans un liquide jaunâtre: le plasma.

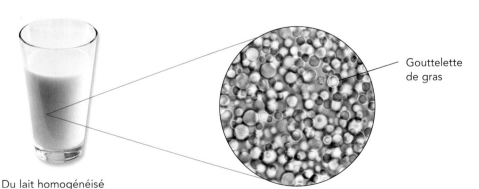

Du lait homogénéisé

Gouttelette
de gras

1.12 Le lait homogénéisé est un colloïde, car lorsqu'on l'examine au microscope optique, on distingue deux substances: des gouttelettes de gras et du lait écrémé.

Lorsqu'il est impossible de distinguer les composantes d'un mélange même à l'aide d'un instrument d'observation, on parle alors de «solution». Une solution est généralement transparente.

▶ Une **SOLUTION** est un mélange homogène dans lequel on ne peut pas distinguer les substances qui le composent, même avec l'aide d'un instrument d'observation.

Revenons à la figure 1.9. Le jus de pomme se compose de sucre et de différentes substances aromatiques dissoutes dans l'eau. L'anneau en or 10 carats contient du cuivre et de l'argent dissous dans l'or. Le jus de pomme et l'anneau sont des exemples de solutions.

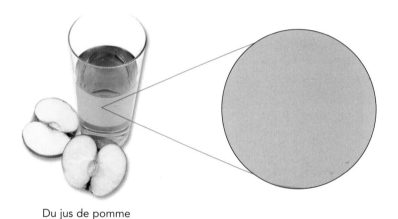

Du jus de pomme

I.13 Le jus de pomme est une solution, car même lorsqu'on l'observe au microscope optique, on ne peut pas distinguer les substances qui le composent.

Dans une solution, la substance qui semble disparaître dans l'autre porte un nom précis: on l'appelle le «soluté». Cette substance est généralement présente en moins grande quantité. La substance dans laquelle le soluté se dissout est appelée le «solvant». Celui-ci est habituellement présent en plus grande quantité que le soluté.

▶ Un **SOLUTÉ** est une substance qui se dissout dans une autre.

▶ Un **SOLVANT** est une substance capable de dissoudre un soluté.

Le tableau 1.15, à la page suivante, présente différents exemples de solutions selon les phases (solide, liquide ou gazeuse) des substances qui les constituent. Il est à noter que c'est la phase du solvant qui détermine la phase de la solution.

Lorsque le solvant est un métal, on parle alors d'alliage. L'anneau en or 10 carats de la figure 1.9 est un exemple d'alliage.

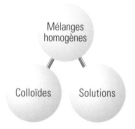

I.14 L'organisation des mélanges homogènes.

Il existe de nombreux exemples de solutions dans le corps humain. La salive, la sueur, les larmes et l'urine sont toutes des solutions dont le solvant est l'eau.

Phase des composantes de la solution (Soluté + solvant ⟶ solution)	Exemple de soluté	Exemple de solvant	Exemple de solution
Gaz + gaz ⟶ gaz	Dioxygène, dioxyde de carbone, vapeur d'eau, argon, etc.	Diazote	Air
Gaz + liquide ⟶ liquide	Dioxyde de carbone	Eau	Eau gazeuse
Liquide + liquide ⟶ liquide	Alcool, substances aromatiques	Eau	Vin
Solide + liquide ⟶ liquide	Sel	Eau	Eau salée
Solide + solide ⟶ solide	Carbone	Fer	Acier

2.3 LES PROPRIÉTÉS DES SOLUTIONS

Les solutions se distinguent les unes des autres grâce à leurs propriétés. Dans cette section, nous présenterons trois propriétés des solutions : la concentration, la dilution et la solubilité.

LA CONCENTRATION

Les proportions de soluté et de solvant varient beaucoup d'une solution à une autre. La mesure de la quantité de soluté dans un volume précis de solvant indique la concentration d'une solution.

> ▷ La **CONCENTRATION** d'une solution correspond à la quantité de soluté dissoute par rapport à la quantité de solution.

On peut exprimer la concentration de plusieurs façons. En voici quelques-unes :

- le nombre de grammes de soluté par litre de solution (g/L);
- le nombre de grammes de soluté par 100 ml de solution (pourcentage masse/volume ou % m/V);
- le nombre de millilitres de soluté par 100 ml de solution (pourcentage volume/volume ou % V/V);
- le nombre de grammes de soluté par 100 g de solution (pourcentage masse/masse ou % m/m).

Par exemple, une bouteille d'eau embouteillée peut contenir 45 mg de calcium par litre d'eau et un contenant de vinaigre ayant une concentration de 5 % V/V contient 5 ml d'acide acétique par 100 ml de vinaigre.

On peut calculer la concentration d'une solution en g/L en utilisant la formule suivante :

$$C = \frac{m}{V}$$, où C représente la concentration (en g/L)

m représente la masse de soluté (en g)

V représente le volume de la solution (en L)

QUI DIT VRAI ?

Quelle est la différence entre un jus, une boisson, un cocktail, un punch et un nectar de fruits ? Seuls les emballages portant la mention «jus de fruits» ne contiennent que du vrai jus. Tous les autres contiennent du jus dilué dans de l'eau et peuvent comporter différents additifs, dont le principal est souvent le sucre.

COMMENT PRÉPARER UNE SOLUTION

COMMENT RÉSOUDRE UN PROBLÈME MATHÉMATIQUE

Prenons un exemple. Supposons que l'on dispose de 2 L d'une solution d'eau salée contenant 5 g de sel. Quelle est la concentration de cette solution ?

$$C = \frac{m}{V} = \frac{5\ g}{2\ L} = \frac{2,5\ g}{1\ L}$$

La concentration de la solution est donc de 2,5 g/L.

Connaître la concentration d'une solution est souvent utile. Par exemple, les entreprises qui fabriquent des boissons énergétiques étudient la concentration des substances dissoutes dans le corps humain afin de créer des boissons qui redonnent au corps non seulement l'eau, mais aussi les quantités de sucres et de sels dont il a besoin pour récupérer rapidement après une séance d'exercices intenses.

1.16 Les policiers qui soupçonnent un automobiliste de conduire en état d'ébriété lui font passer un alcootest, c'est-à-dire qu'ils mesurent la concentration d'alcool dans son sang.

   CARREFOUR ᴍᴀᴛʜᴇ́ᴍᴀᴛɪǫᴜᴇ

Les fonctions linéaires et les proportions

Une fonction linéaire est une relation algébrique définie dans l'ensemble des nombres réels. Elle peut être définie par une relation de la forme $y = ax$, dans laquelle a est une constante.

Comme toute fonction définie dans l'ensemble des nombres réels, la fonction linéaire peut être représentée à l'aide d'un diagramme cartésien. Le graphique qui en résulte est une droite qui passe par l'origine du système d'axes, autrement dit par le point (0, 0). La droite elle-même est formée de tous les points dont les coordonnées (x, y) appartenant à la fonction.

La pente de la droite est égale à la valeur de la constante. Lorsque la constante est positive, comme dans le diagramme de gauche, la droite a une inclinaison positive. Lorsque la constante est égale à zéro, la droite est horizontale et se confond avec l'axe des x. Lorsque la constante est négative, la droite a une inclinaison négative.

Si on isole a dans la relation algébrique qui définit la fonction linéaire, on obtient : $a = y/x$. On peut alors observer que le rapport entre la valeur y et la valeur correspondante x est toujours égal à la constante. En conséquence, tous les rapports y/x sont égaux entre eux : ils forment des proportions.

Si on se sert des données du diagramme, on trouve ainsi que :

$$a = \frac{2,5}{1} = \frac{5}{2} = \frac{7,5}{3} = \ldots = 2,5\ g/L.$$

Cette proportion peut servir, entre autres, à calculer la concentration d'une solution. Elle prend alors la forme $C = \frac{m}{V}$.

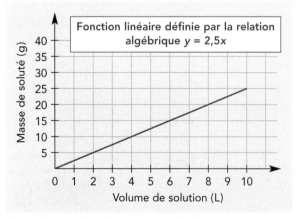

Cette droite indique la masse de soluté présente dans différents volumes d'une solution dont la concentration est de 2,5 g/L.

LA FIN DES «CENNES NOIRES»?

L'avenir des pièces de un cent et de cinq cents est menacé aux États-Unis: leur coût de fabrication est devenu plus élevé que leur valeur sur le marché. En effet, le gouvernement américain débourse 1,23 ¢ pour fabriquer chaque pièce de un cent et 5,73 ¢ pour produire chaque pièce de cinq cents. Ces coûts considérables sont dus à la hausse des prix du zinc et du cuivre, deux métaux précieux utilisés dans la fabrication de la monnaie.

Le Canada, pour sa part, a diminué la concentration de métaux précieux dans ses pièces. Les «sous noirs», qui étaient faits presque entièrement de cuivre, sont maintenant des pièces d'acier plaquées de cuivre alors que, dans les pièces de cinq cents, l'acier a remplacé le nickel. Puisque le Canada est l'un des principaux producteurs mondiaux de fer, principal ingrédient de l'acier, l'utilisation de cet alliage est très rentable. Il ne coûte aujourd'hui que 0,008 ¢ pour produire une pièce de un cent de ce côté de la frontière.

Adapté de: Gabrielle DUCHAINE-BAILLARGEON, «La fin des "cennes noires"?», *L'Actualité*, vol. 31, n° 13, 1er septembre 2006, p. 16.

Le Canada a diminué la concentration de métaux précieux dans ses pièces de monnaie.

LA DILUTION

Il est souvent nécessaire de modifier la concentration d'une solution. Pour augmenter la concentration d'une solution, il est plus simple d'ajouter du soluté que d'enlever du solvant. À l'inverse, pour diminuer la concentration d'une solution, c'est-à-dire pour la diluer, on ajoute du solvant (puisqu'il n'est généralement pas possible d'enlever du soluté).

Voyons quelques exemples de cas où il est nécessaire de modifier la concentration d'une solution. Pour préparer une boisson aux fruits à partir d'un concentré congelé, il faut y ajouter de l'eau. Autrement dit, il faut diluer le concentré congelé. Si une soupe n'est pas assez salée, on y ajoute du sel, ce qui augmente sa concentration en sel.

Pour obtenir une solution ayant une concentration précise au laboratoire, il existe deux techniques: utiliser des substances pures ou utiliser des mélanges concentrés. Dans le premier cas, il faut faire appel à la dissolution (*voir le chapitre 2, à la page 46*), dans le second cas, à la dilution.

1.17 Lorsqu'ils préparent des médicaments, les pharmaciens doivent souvent les diluer afin d'obtenir le dosage exact indiqué sur l'ordonnance.

> ▶ La **DILUTION** est un procédé qui consiste à diminuer la concentration d'une solution en y ajoutant du solvant.

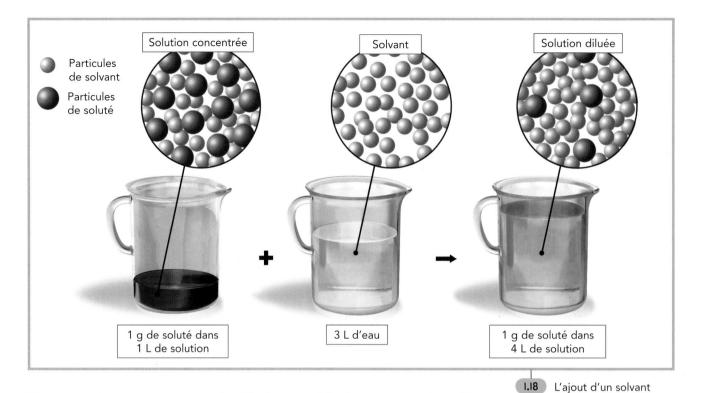

| Solution concentrée | Solvant | Solution diluée |

Particules de solvant

Particules de soluté

1 g de soluté dans 1 L de solution

3 L d'eau

1 g de soluté dans 4 L de solution

1.18 L'ajout d'un solvant dans une solution diminue sa concentration, autrement dit, elle la dilue.

Voyons maintenant comment la dilution modifie la concentration d'une solution. Imaginons que l'on dispose de 1 L de solution dont la concentration est de 1 g/L. Que deviendra la concentration de cette solution si on y ajoute 3 L d'eau?

Après la dilution, la quantité de soluté ne change pas: il y a toujours 1 g de soluté. Par contre, la quantité de solution a changé: il y a maintenant 4 L de solution au lieu de 1 L. La concentration est donc maintenant de 1 g/4 L, soit 0,25 g/L.

Le modèle corpusculaire peut nous aider à visualiser la dilution d'une solution (*voir la figure 1.18*).

Mathématiquement, on peut aussi utiliser le raisonnement suivant:

Puisque $C = \dfrac{m}{V}$, on peut également écrire que $m = CV$. Comme la masse (m) de soluté reste la même avant (m_1) et après (m_2) la dilution, on peut donc écrire que $m_1 = m_2$. Par conséquent:

$C_1V_1 = C_2V_2$, où C_1 représente la concentration initiale de la solution (en g/L)

V_1 représente le volume initial de la solution (en L)

C_2 représente la concentration finale de la solution (en g/L)

V_2 représente le volume final de la solution (en L)

Pour connaître la concentration de la solution diluée, il ne nous reste qu'à isoler C_2:

$C_2 = \dfrac{C_1V_1}{V_2} = \dfrac{1 \text{ g/L} \times 1 \text{ L}}{4 \text{ L}} = 0,25 \text{ g/L}$

La concentration finale est donc de 0,25 g/L.

COMMENT PRÉPARER UNE SOLUTION

COMMENT RÉSOUDRE UN PROBLÈME MATHÉMATIQUE

LA SOLUBILITÉ

Il existe une limite à la quantité de soluté qu'il est possible d'ajouter à un solvant. La quantité maximale de soluté dans un solvant correspond à sa solubilité.

> 🔹 La SOLUBILITÉ est la quantité maximale de soluté que l'on peut dissoudre dans un certain volume de solvant.

Tout comme la concentration, la solubilité peut s'exprimer de différentes façons, par exemple :

- en g/L ;
- en pourcentage masse/volume (% m/V) ;
- en pourcentage volume/volume (% V/V) ;
- en pourcentage masse/masse (% m/m).

Si elle contient moins de soluté que la quantité maximale, on dit qu'une solution est insaturée. Si elle contient exactement autant de soluté que la quantité maximale, on dit que la solution est saturée. Si elle contient plus de soluté que la quantité maximale, on dit que la solution est sursaturée. Dans la plupart des cas, le soluté en surplus d'une solution sursaturée se dépose sous forme de **PRÉCIPITÉ**.

> 🔹 Une SOLUTION SATURÉE contient exactement la quantité maximale de soluté que l'on peut y dissoudre.

La solubilité dépend de plusieurs facteurs, tels la nature du soluté, la nature du solvant, la température et la pression. Nous examinerons ici deux de ces facteurs : la nature du solvant et la température.

La nature du solvant

La solubilité d'une même substance varie d'un solvant à l'autre. Par exemple, le sel de table est très soluble dans l'eau, mais pas dans l'huile. On dit qu'il est hydrophile.

Au contraire, une substance lipophile est une substance très soluble dans l'huile. Par exemple, plusieurs substances aromatiques sont lipophiles. C'est pour cette raison qu'en cuisine, on ajoute souvent de l'huile ou un autre corps gras aux aliments pour rehausser leur saveur.

Les savons ont une structure particulière en ce sens qu'ils sont à la fois hydrophiles et lipophiles. Cette particularité leur permet de dissoudre des taches de graisse qui, autrement, ne seraient pas solubles dans l'eau.

1.19 Lorsqu'il y a trop de soluté, le surplus se dépose sous forme de précipité. Le résultat est une solution saturée plus un précipité solide.

« Hydrophile » provient des mots grecs hudor, qui signifie « eau » et philos, qui signifie « ami ».

« Lipophile » provient des mots grecs lipos, qui signifie « graisse » et philos, qui signifie « ami ».

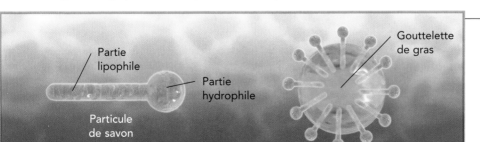

Partie lipophile

Partie hydrophile

Particule de savon

Gouttelette de gras

1.20 La partie lipophile du savon se lie à une gouttelette de gras, tandis que la partie hydrophile se dissout dans l'eau. Le savon « emprisonne » ainsi les gouttelettes de gras, qui peuvent alors être emportées facilement avec l'eau de rinçage.

Connaître la solubilité d'un soluté dans un solvant peut s'avérer très pratique, par exemple, pour nettoyer une tache sur un vêtement. En effet, la meilleure façon d'y parvenir est de déterminer la nature du dégât, puis de choisir le solvant le plus approprié pour le dissoudre. Certaines substances se nettoient très bien à l'eau (comme la boue), d'autres, comme les matières grasses, nécessitent du savon. Quant aux taches d'encre, elles s'enlèvent mieux avec un détachant à base d'alcool.

La température

La solubilité dépend également de la température. En effet, la solubilité de plusieurs solides augmente avec la température (c'est le cas par exemple de la quantité de sel ou de sucre soluble dans l'eau) (*voir la figure 1.21*).

Au contraire, la solubilité de plusieurs gaz diminue avec la température (par exemple, la quantité de dioxygène ou de dioxyde de carbone soluble dans l'eau) (*voir la figure 1.22*). C'est une des raisons pour lesquelles, lors des canicules estivales, la quantité de dioxygène dissoute dans l'eau diminue, ce qui peut entraîner la mort de nombreux poissons.

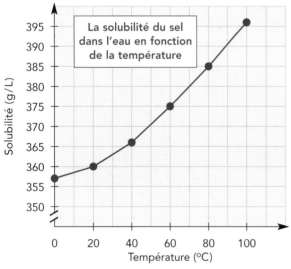

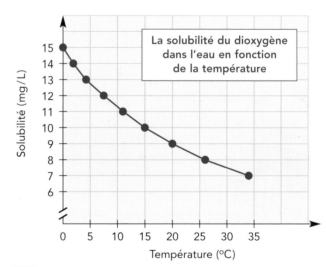

1.21 La courbe ascendante du diagramme montre que la solubilité du sel solide dans l'eau augmente en fonction de la température.

1.22 La courbe descendante du diagramme montre que la solubilité du dioxygène gazeux dans l'eau diminue en fonction de la température.

En résumé

Le tableau 1.23 montre comment la solubilité d'un soluté, en l'occurrence le sucre, varie en fonction de la température et en fonction du solvant dans lequel il est dissous.

1.23 LA SOLUBILITÉ DU SUCRE À DIFFÉRENTES TEMPÉRATURES ET DANS DIFFÉRENTS SOLVANTS (en g/L)

Température (°C)	Solvant		
	Eau	Huile (huile de soya)	Alcool (méthanol)
0	1783,7	Nulle	Imperceptible
40	2345,0	Nulle	0,55
60	2885,7	Nulle	1,34
80	3690,1	Nulle	Ne s'applique pas car le méthanol bout à 65 °C.

I.24 Pour bien nettoyer ce pantalon, il faut choisir le solvant dans lequel ces taches seront le plus soluble.

I.25 Le cacao se dissout plus rapidement et en plus grande quantité dans du lait chaud que dans du lait froid. La solubilité du cacao augmente avec la température.

I.26 Une bouteille de boisson gazeuse ouverte laisse échapper de plus en plus de dioxyde de carbone à mesure qu'elle se réchauffe. La solubilité du dioxyde de carbone diminue avec la température.

2.4 LA SÉPARATION DES MÉLANGES

Les mélanges sont très présents dans la nature. En fait, il n'existe pratiquement aucune substance pure à l'état naturel. Il faut donc utiliser différentes techniques de purification pour obtenir une substance pure. Plusieurs de ces techniques sont des séparations physiques, c'est-à-dire qu'elles séparent les ingrédients du mélange sans en modifier la nature (*voir la figure 1.27, à la page suivante*). Lorsqu'il n'est plus possible de séparer physiquement une substance, on peut en conclure qu'on est en présence d'une substance pure.

Voici quelques exemples de cas où il est nécessaire de séparer les constituants d'un mélange :

 pour obtenir de l'eau potable, il faut éliminer les impuretés et les substances **PATHOGÈNES** qui se trouvent dans l'eau ;

 pour obtenir de l'essence, du diesel, du mazout, du goudron, etc., il faut séparer le pétrole en ses différentes composantes ;

 pour obtenir de nombreux métaux utilisés dans l'industrie (or, argent, cuivre, etc.), il faut purifier leur minerai, c'est-à-dire des pierres constituées de mélanges de plusieurs minéraux.

Il faut parfois utiliser plus d'une technique de séparation avant d'obtenir la ou les substances désirées. Par exemple, dans une usine d'épuration de l'eau, on utilise à la fois la décantation et la filtration afin d'obtenir de l'eau potable. Malgré tout, cette eau n'est pas encore pure à 100%. Si on désirait la purifier complètement, il faudrait la distiller.

ENTRE LES DEUX, MON CŒUR BALANCE

Au Canada, l'eau embouteillée est soumise à des règlements stricts... tout comme l'eau du robinet. Santé Canada considère qu'elles sont toutes les deux sans danger pour la santé et que le choix de l'une ou l'autre est une question de préférence personnelle.

COMMENT SÉPARER UN MÉLANGE

La décantation

Une ampoule à décanter.

DESCRIPTION

Lorsque les constituants d'un mélange possèdent différentes masses volumiques, ils se séparent en couches superposées. On peut alors les transvider séparément.

La centrifugation

Une centrifugeuse.

DESCRIPTION

Cette technique accélère et accentue la décantation à l'aide d'une centrifugeuse, c'est-à-dire d'un appareil permettant de faire tourner rapidement un mélange.

La filtration

Un filtre.

DESCRIPTION

Elle consiste à faire passer un mélange solide/liquide ou solide/gaz (par exemple, de la fumée) au travers d'un filtre. Les solides se déposent à la surface du filtre.

La vaporisation

Un dessicateur.

DESCRIPTION

La vaporisation permet au constituant liquide d'un mélange solide/liquide de s'évaporer. Il est alors possible de recueillir le solide qui y était dissous.

La distillation

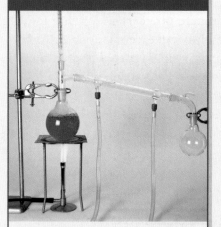

Un montage permettant de réaliser une distillation.

DESCRIPTION

Cette technique s'appuie sur les différents points d'ébullition des constituants liquides d'un mélange. Il s'agit de faire bouillir le mélange à une certaine température, puis de recueillir et de condenser le gaz obtenu.

La chromatographie

Un montage permettant de réaliser une chromatographie.

DESCRIPTION

La chromatographie permet de séparer les différents constituants d'un mélange en les faisant grimper sur un support lors de l'absorption d'un solvant.

1.27 Différentes techniques de séparation physiques des mélanges.

3 LES SUBSTANCES PURES

Une substance pure est constituée d'une seule substance, autrement dit, d'un seul ingrédient. L'eau distillée, le sucre, le fer, le cuivre et le diamant sont des exemples de substances pures.

1er CYCLE

- Élément
- Tableau périodique
- Propriétés caractéristiques
- Changement physique
- Température
- Acidité et basicité
- Changement chimique

3.1 LES COMPOSÉS ET LES ÉLÉMENTS

Nous avons vu que l'on peut utiliser différentes techniques de séparation physiques pour séparer les constituants d'un mélange afin d'obtenir des substances pures (*voir la page précédente*). De même, il est possible de recourir à des techniques de séparation chimiques, telle l'électrolyse, afin de séparer les constituants de certaines substances pures. On obtient alors des «éléments». En effet, certaines substances pures sont en réalité des «composés», c'est-à-dire qu'elles contiennent au moins deux éléments différents.

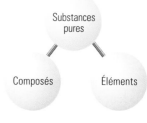

> Un ÉLÉMENT est une substance pure composée d'une seule sorte d'atomes. Il est impossible de séparer un élément en d'autres substances à l'aide de techniques de séparation chimiques.

> Un COMPOSÉ est une substance pure dont on peut séparer les constituants à l'aide de techniques de séparation chimiques. Il contient donc au moins deux éléments différents liés chimiquement.

I.28 L'organisation des substances pures.

Il a fallu longtemps avant de comprendre que certaines substances pures étaient en fait des composés. Par exemple, ce n'est qu'en 1781 que le physicien et chimiste britannique Henry Cavendish a démontré que l'eau est composée de deux éléments différents. En procédant à l'électrolyse de l'eau liquide, il obtint en effet du dihydrogène gazeux et du dioxygène gazeux. Jusqu'alors, on croyait que l'eau était indécomposable, c'est-à-dire que l'eau était elle-même un élément.

LE TABLEAU PÉRIODIQUE DES ÉLÉMENTS

Il existe environ une centaine d'éléments différents. Toutes les substances qui existent sont formées à partir de ceux-ci. Les éléments peuvent donc être vus comme les briques qui composent la matière.

Les scientifiques ont l'habitude de répertorier les éléments dans un tableau qu'on nomme le «tableau périodique des éléments» (*voir à l'intérieur de la couverture arrière de ce manuel*). L'avantage de ce tableau est de regrouper les éléments qui ont des propriétés semblables. Par exemple, tous les éléments de la dernière colonne du tableau sont des gaz rares, c'est-à-dire des substances qui ne réagissent normalement pas avec les autres substances.

1867 1934

Marie Curie

Cette physicienne et son mari, le Français Pierre Curie (1859-1906), découvrent, en 1898, deux éléments alors inconnus: le polonium et le radium. Le polonium doit son nom aux origines polonaises de Marie Curie.

La première version du tableau périodique actuel a été élaborée par un chimiste russe, Dimitri Mendeleïev. Le tableau a ensuite évolué au fur et à mesure des nouvelles connaissances scientifiques et des nouveaux procédés technologiques. Actuellement, on y distingue plus d'une centaine d'éléments, dont la plupart sont présents sur Terre à l'état naturel. Les autres sont produits artificiellement en laboratoire.

Chaque élément est représenté par un symbole chimique qui est le même dans tous les pays et dans toutes les langues. Par exemple, le symbole du carbone est C, tandis que celui de l'argent est Ag. La première lettre est toujours une majuscule et elle est parfois accompagnée d'une ou deux lettres minuscules.

Vingt-cinq éléments sont essentiels à la vie, dont quatre sont particulièrement importants: le carbone, l'oxygène, l'hydrogène et l'azote. Ces quatre éléments forment à eux seuls 96 % de la matière que l'on trouve sur Terre. En effet, ils font partie de presque toutes les molécules qui constituent les êtres vivants, des bactéries à l'être humain, en passant par les plantes, les champignons et tous les autres animaux.

L'ARBRE PÉRIODIQUE DES ÉLÉMENTS

Fernando Dufour, un chimiste québécois, a inventé une représentation en trois dimensions du tableau périodique. Son modèle ressemble à un arbre. Il comporte une tige entourée d'une spirale de plus en plus large. Sur cette spirale, les éléments, qui prennent la forme de disques, sont disposés en ordre de numéro atomique.

3.2 LES PROPRIÉTÉS DES SUBSTANCES PURES

Les substances pures peuvent être décrites à l'aide de leurs propriétés. Il existe des propriétés caractéristiques et des propriétés non caractéristiques.

Une propriété non caractéristique ne permet pas de distinguer une substance pure d'une autre. Par exemple, on peut distinguer une tasse en plastique transparent d'une autre par sa taille et sa forme. Cependant, la taille et la forme ne suffisent pas pour distinguer la substance qui la constitue d'une autre substance transparente, par exemple, d'un autre type de plastique, du verre, du cristal, du pyrex, de la glace, etc.

Par contre, une propriété caractéristique permet d'identifier précisément une substance pure. Le point de fusion et la masse volumique sont des exemples de propriétés caractéristiques. Certains plastiques, le verre et la glace sont des solides transparents. Cependant, leur point de fusion et leur masse volumique sont très différents.

1.29 La taille et la forme permettent de distinguer un objet d'un autre, mais pas une substance d'une autre. La taille et la forme sont donc des propriétés non caractéristiques.

Il existe aussi des propriétés caractéristiques qui permettent d'identifier à quel groupe appartient une substance. Par exemple, la détermination de l'acidité à l'aide du papier tournesol permet de savoir si une substance est acide, basique ou neutre. D'autres propriétés caractéristiques, comme la conductibilité électrique, permettent de distinguer les métaux des non-métaux, etc.

> Une PROPRIÉTÉ CARACTÉRISTIQUE est une propriété qui permet d'identifier une substance pure ou le groupe auquel elle appartient.

Les propriétés caractéristiques peuvent être réparties en deux catégories: les propriétés physiques caractéristiques et les propriétés chimiques caractéristiques.

LES PROPRIÉTÉS PHYSIQUES CARACTÉRISTIQUES

Les propriétés physiques caractéristiques permettent d'identifier une substance pure sans qu'il soit nécessaire de changer sa nature. Par exemple, pour déterminer le point d'ébullition de l'eau, il faut lui faire subir un changement de phase. En d'autres termes, il faut la chauffer jusqu'à ce qu'elle passe de la phase liquide à la phase gazeuse (ou la refroidir jusqu'à ce qu'elle passe de la phase gazeuse à la phase liquide). Ce changement de phase ne change pas la nature de l'eau.

Le tableau 1.30, ci-dessous, montre quelques propriétés physiques caractéristiques fréquemment utilisées. Il en existe d'autres, comme la conductibilité électrique, la conductibilité thermique, la dureté, la malléabilité, le magnétisme, etc.

LABOS
Nᵒˢ 8 à 13

COMMENT DÉTERMINER LES PROPRIÉTÉS CARACTÉRISTIQUES D'UNE SUBSTANCE

I.30 QUELQUES PROPRIÉTÉS PHYSIQUES CARACTÉRISTIQUES DE LA MATIÈRE

Propriété physique caractéristique	Description	Exemples
Point de fusion	<ul><li>Température à laquelle un solide devient liquide (ou un liquide devient solide).</li><li>On peut l'exprimer en °C.</li></ul>	<ul><li>Eau: 0 °C</li><li>Éthanol: –117 °C</li><li>Sel de table: 801 °C</li></ul>
Point d'ébullition	<ul><li>Température à laquelle un liquide devient gazeux (ou un gaz devient liquide).</li><li>On peut l'exprimer en °C.</li></ul>	<ul><li>Eau: 100 °C</li><li>Éthanol: 79 °C</li><li>Sel de table: 1465 °C</li></ul>
Masse volumique	<ul><li>Masse par unité de volume.</li><li>On utilise souvent la formule suivante: $\rho = \dfrac{m}{V}$, où ρ représente la masse volumique m représente la masse V représente le volume.</li><li>On peut l'exprimer en g/ml.</li></ul>	<ul><li>Eau: 1,0 g/ml</li><li>Éthanol: 0,79 g/ml</li><li>Or: 19,3 g/ml</li></ul>
Solubilité	<ul><li>Quantité maximale de soluté pouvant être dissoute dans un certain volume de solvant.</li><li>On peut l'exprimer en g/L ou en % (% m/V, % m/m, % V/V).</li></ul>	<ul><li>Sel de table dans l'eau: 357 g/L</li><li>Dioxyde de carbone dans l'eau: 3,48 g/L</li><li>Sucre dans l'eau: 1792 g/L</li></ul>

Les propriétés physiques caractéristiques doivent être déterminées à une température et à une **PRESSION** précises. En effet, une température ou une pression plus élevée ou plus basse peut modifier les propriétés caractéristiques d'une substance. Ainsi, l'eau bout à 100 °C au niveau de la mer, c'est-à-dire lorsque la pression atmosphérique équivaut à 101,3 kilopascals (kPa). Si on grimpe à une altitude de 1600 m, la pression atmosphérique diminue et le point d'ébullition de l'eau n'est plus que de 94 °C.

Lorsque des données portent la mention «température et pression normales (TPN)», cela signifie que la température est de 0 °C et la pression, de 101,3 kPa. Lorsqu'on spécifie «température et pression ambiantes», cela indique une température entre 20 °C et 25 °C et une pression de 101,3 kPa.

LES PROPRIÉTÉS CHIMIQUES CARACTÉRISTIQUES

Les propriétés chimiques caractéristiques permettent d'identifier une substance pure, mais pour y arriver, il faut souvent changer sa nature. Par exemple, pour déterminer l'acidité d'une substance, il faut la mettre en présence d'un indicateur de pH. Ce dernier réagit avec la substance testée, ce qui provoque l'apparition d'une nouvelle substance, dont la couleur indique le pH de la substance de départ. Plusieurs propriétés chimiques caractéristiques sont des réactions à des **INDICATEURS**.

Le tableau 1.31, ci-dessous, présente quelques propriétés chimiques caractéristiques souvent utilisées en chimie. Dans les domaines de la médecine et de la nutrition, on utilise parfois d'autres indicateurs, comme la liqueur de Fehling, qui permet de déceler la présence de glucose, ou la solution d'iode, qui permet de détecter l'amidon.

I.3I QUELQUES PROPRIÉTÉS CHIMIQUES CARACTÉRISTIQUES

Propriété chimique caractéristique	Description	Exemple
Réaction au papier tournesol neutre	La couleur du papier tournesol neutre indique l'acidité.	• Si le papier devient rouge, la substance testée est acide (pH < 7). • Si le papier devient bleu, la substance testée est basique (pH > 7). • Si le papier devient violet, la substance testée est neutre (pH = 7).
Réaction au papier de dichlorure de cobalt	La couleur du papier de dichlorure de cobalt indique la présence ou l'absence d'eau.	• Si le papier devient rose ou d'un nouveau bleu, la substance testée contient de l'eau.
Réaction à l'eau de chaux	La réaction de l'eau de chaux indique la présence ou l'absence de dioxyde de carbone gazeux.	• Si l'eau de chaux se brouille (c'est-à-dire qu'elle forme un précipité), la substance testée contient du dioxyde de carbone gazeux.
Réaction au tison (éclisse de bois éteinte, mais encore incandescente)	La réaction du tison indique la présence ou l'absence d'une substance pouvant générer une combustion.	• Si le tison se rallume, la substance testée contient une substance pouvant générer une combustion, par exemple, du dioxygène gazeux.
Réaction à l'éclisse de bois enflammée	La réaction de l'éclisse de bois enflammée indique la présence probable ou l'absence d'un gaz explosif.	• Si l'éclisse de bois enflammée provoque une explosion, la substance testée contient probablement un gaz explosif, par exemple, le dihydrogène gazeux.
Réaction à la flamme	La couleur de la flamme peut indiquer la présence de différentes substances.	• Si la flamme devient violette, la substance testée contient probablement du potassium. • Si la flamme devient verte, la substance testée contient probablement du baryum. • Si la flamme devient rouge, la substance testée contient probablement du strontium.

3.3 L'IDENTIFICATION DES SUBSTANCES INCONNUES

La connaissance des propriétés caractéristiques de la matière permet d'identifier plusieurs substances pures. Supposons qu'on soit en présence d'un liquide incolore et inodore. S'agit-il d'eau ou d'autre chose? Pour le savoir, il suffit d'effectuer quelques tests. Si le liquide inconnu bout à 100 °C, gèle à 0 °C, possède une masse volumique de 1,0 g/ml et colore un papier de dichlorure de cobalt en rose, il s'agit probablement d'eau.

Il est possible d'identifier une substance en comparant ses propriétés caractéristiques avec les données d'un tableau de propriétés qui répertorie les propriétés de plusieurs substances. On en trouve un à l'annexe 1 de ce manuel («Les propriétés de substances courantes»). Le tableau 1.32, à la page suivante, présente quelques extraits de ce tableau. On y montre que l'eau et la glycérine sont deux liquides incolores et inodores. On peut cependant les distinguer par leurs propriétés caractéristiques.

Les tableaux de propriétés peuvent également permettre d'éviter d'utiliser certaines substances dangereuses. Par exemple, le tableau 1.32 permet de constater qu'il serait dangereux d'utiliser du dihydrogène en présence d'une flamme, puisque ce gaz pourrait provoquer une explosion.

On peut aussi se servir des tableaux de propriétés pour sélectionner le matériau le plus approprié pour construire un objet ou un appareil. Le tableau 1.32 indique que le tungstène est un bon matériau pour fabriquer le filament d'une ampoule: sa température de fusion est très élevée, c'est un bon conducteur d'électricité et il s'oxyde peu.

1748
1822

Claude-Louis Berthollet

En 1789, ce chimiste français découvre les propriétés décolorantes de l'hypochlorite de sodium. Il nomma cette substance «eau de Javel», en l'honneur d'une ville renommée pour ses buanderies. Ce nom et cette substance sont encore utilisés aujourd'hui.

INDESTRUCTIBLES BOÎTES NOIRES

Un avion s'écrase. Il n'en subsiste que des miettes. Pourtant, on parvient à retrouver ses boîtes noires, qui contiennent de précieux renseignements sur le déroulement du vol. Les boîtes sont endommagées certes, mais en un seul morceau. Quel est leur secret?

Les boîtes noires des avions sont conçues pour résister à presque tous les types d'impacts.

Leur secret, c'est un alliage d'acier inoxydable, renforcé de titane ou d'aluminium et d'un isolant de silicium à haute température, le tout, conçu pour résister à une chaleur de plus de 1500 °C pendant une heure, ou à de l'eau salée pendant 30 jours, en plus de l'immersion dans une variété de liquides allant du carburant des avions jusqu'aux lubrifiants. Ces boîtes noires, qui sont en réalité orange, peuvent aussi résister à des pressions énormes.

Pourrait-on construire un avion dans le même métal que la boîte noire? Oui, mais cet avion serait sans doute trop lourd pour décoller.

Adapté de: AGENCE SCIENCE-PRESSE, «Indestructibles boîtes noires», 18 septembre 2001.

QUELQUES EXTRAITS DU TABLEAU « LES PROPRIÉTÉS DE SUBSTANCES COURANTES »
(*Voir l'annexe 1 de ce manuel*)

Substance (formule chimique)	Description	Dangers et précautions	Quelques propriétés physiques					Quelques propriétés chimiques
			TF (°C)	TÉ (°C)	ρ (g/ml)	CÉ	Solubilité	
Dihydrogène (H_2)	• Incolore • Inodore	Explosif en présence d'une flamme	−259	−253	0,000 09	Non	• 0,002 g/L d'eau	• Explose en présence d'une éclisse de bois enflammée
Eau (H_2O)	• Incolore • Inodore	Aucun	0	100	1,00	Non	• Sans objet	• Colore le papier de dichlorure de cobalt en rose • Colore le papier tournesol neutre en violet
Glycérine ou glycérol ($C_3H_8O_3$)	• Incolore • Inodore • Visqueux • Goût sucré	Explosif dans certaines conditions	18	290	1,26	Non	• Soluble dans l'eau	• Explose en présence de certaines substances
Tungstène (W)	• Gris • Inodore • Brillant	Peut causer l'irritation des voies respiratoires	3410	5900	19,35	Bon conducteur	• Non soluble dans l'eau	• S'oxyde peu • Réagit avec l'acide nitrique

TF : température de fusion   TÉ : température d'ébullition
ρ : masse volumique   CÉ : conductibilité électrique

1.33 Le gaz contenu dans cette éprouvette est probablement du dioxyde de carbone puisqu'il brouille l'eau de chaux et qu'il possède une masse volumique de 0,002 g/L.

1.34 Après l'explosion du Hindenberg, en 1937, on a interdit l'utilisation de l'hydrogène pour gonfler les ballons dirigeables, parce qu'on le considère maintenant comme trop dangereux.

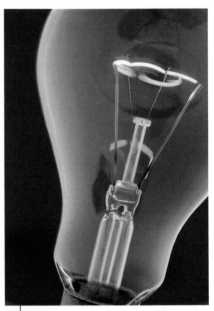

1.35 On utilise le tungstène comme filament dans les ampoules électriques parce que ce métal est très résistant aux températures élevées.

VERDICT

1 QU'EST-CE QUE LA MATIÈRE ? (p. 6-9)

1. Comment peut-on définir la matière ?

2. Qu'est-ce qui peut retenir ensemble les particules d'un solide ?

3. À l'aide du modèle corpusculaire, indiquez deux différences entre un solide, un liquide et un gaz.

4. Les particules d'un échantillon de matière sont très rapprochées les unes des autres.

   a) Avec cette seule information, pouvez-vous affirmer que cet échantillon est solide ? Expliquez votre réponse.

   b) Quelle autre information vous permettrait de vous assurer que cette substance est solide ?

5. Comment nomme-t-on la plus petite particule de matière divisible chimiquement ?

2 LES MÉLANGES (p. 10-20)

6. Observez la photo ci-dessous. Indiquez à quelle catégorie de mélange appartient chacun des mélanges de la photo.

7. Les substances suivantes appartiennent à quelle catégorie de mélanges ?

   a) Une poignée de terre noire.

   b) De l'air pur.

   c) Du smog.

   d) Une fourchette en acier inoxydable.

   e) De l'eau de mer.

   f) De la crème à fouetter.

   g) Un muffin aux raisins.

8. Nommez le terme défini dans chacun des énoncés suivants.

   a) Substance capable d'en dissoudre une autre.

   b) Mélange homogène constitué d'une substance dissoute dans une autre.

   c) Substance capable de se dissoudre dans une autre.

9. Qu'est-ce qui détermine la concentration d'une solution ?

10. Selon la prescription de son médecin, un patient doit prendre un médicament dissout dans l'eau dont la concentration est de 2 g/L. La posologie est la suivante : une cuillère à thé (5 ml) trois fois par jour durant 10 jours.

   a) Quel est le volume minimal de solution médicamentée dont le patient aura besoin ?

   b) Comment procéderiez-vous si vous étiez à la place de la pharmacienne qui doit préparer cette prescription à partir du médicament en poudre ? Décrivez votre démarche et notez tous les calculs nécessaires pour préparer la bonne quantité de solution médicamentée pour le patient.

11. Une femme désire teindre ses cheveux une teinte plus pâle que sa couleur naturelle. Son coiffeur utilise une solution de peroxyde d'hydrogène à 3 % V/V afin de décolorer les cheveux de sa cliente. Il a besoin de préparer 100 ml de cette solution en diluant un concentré à 30 %. Comment va-t-il s'y prendre ? Décrivez votre démarche et notez tous les calculs nécessaires.

12. Une bouteille de vin indique une concentration en alcool de 12 % m/V. Quelle quantité d'alcool contient une bouteille de ce vin de 750 ml ? Laissez des traces des étapes de votre démarche.

13. Dans un tableau indiquant la valeur nutritive d'un jus de pomme, on remarque que 250 ml de jus contiennent 25 g de sucre. Calculez la concentration en sucre de ce jus en g/L. Laissez des traces de votre démarche.

VALEUR NUTRITIVE		
par 250 ml (1 tasse)		
Teneur		
		% valeur quotidienne
CALORIES 120		
LIPIDES 0 g		
SATURÉS 0 g		0 %
+ TRANS 0 g		
CHOLESTÉROL 0 mg		0 %
SODIUM 5 mg		0 %
POTASSIUM 290 mg		0 %
GLUCIDES 29 g		8 %
FIBRES 0 g		10 %
SUCRES 25 g		0 %
PROTÉINES 0,3 g		
VITAMINE A		
VITAMINE C		0 %
CALCIUM		4 %
FER		0 %
		4 %

14. Nommez quatre facteurs pouvant affecter la solubilité d'une substance.

15. Comment la solubilité du sel de table dans l'eau varie-t-elle en fonction de la température ?

16. Observez le diagramme ci-dessous. Quelle est la solubilité de ce solide à une température de 60 °C ?

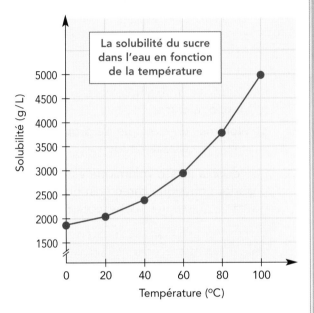

17. Certaines industries rejettent de l'eau chaude dans l'environnement. En quoi cette pratique est-elle nuisible à la survie des poissons ?

18. Comment, à partir d'un mélange, peut-on obtenir des substances pures ?

19. Pour chacun des mélanges suivants, indiquez la technique de séparation qui vous semble la plus appropriée.

a) Une solution d'eau salée.

b) De l'eau mélangée avec du sable.

c) Un échantillon de sang.

d) Une vinaigrette faite avec de l'huile et du vinaigre.

e) De l'eau mélangée avec de l'alcool.

f) De l'encre noire.

g) De la fumée toxique.

h) Du pétrole.

3 LES SUBSTANCES PURES (p. 21-26)

20. Donnez deux exemples de propriétés non caractéristiques.

21. On peut identifier une substance pure grâce à ses propriétés caractéristiques.

   a) Quelle est la différence entre une propriété physique caractéristique et une propriété chimique caractéristique ?

   b) Nommez un exemple de propriété physique caractéristique.

   c) Nommez un exemple de propriété chimique caractéristique.

22. Pourquoi la masse volumique est-elle une propriété physique caractéristique alors que ni la masse ni le volume ne le sont ?

23. On vous présente trois substances solides ayant toutes trois l'apparence d'une poudre blanche. Comment la solubilité pourrait-elle vous aider à identifier ces trois substances ?

24. Une technicienne doit identifier un échantillon de gaz qu'on lui a remis. Elle effectue quelques tests afin de déterminer certaines propriétés. Les résultats qu'elle obtient sont compilés dans le tableau suivant :

Propriété	Résultat
Point de fusion	−259 °C
Masse volumique	0,000 09 g/ml
Couleur	Incolore
Odeur	Inodore
Réaction à l'eau de chaux	Aucun changement
Réaction à l'éclisse de bois enflammée	Il y a explosion.

   a) Observez les résultats du tableau. Quels tests pourront servir à l'identification de ce gaz ?

   b) Quel est le gaz inconnu ?

RÉSEAU DE CONCEPTS

COMMENT CONSTRUIRE UN RÉSEAU DE CONCEPTS

Préparez votre propre résumé du chapitre 1 en construisant un réseau de concepts à partir des termes et des expressions qui suivent :

- Atomes
- Colloïdes
- Composés
- Concentration
- Dilution
- Éléments
- Masse volumique
- Matière
- Mélanges
- Mélanges hétérogènes
- Mélanges homogènes
- Molécules
- Point d'ébullition
- Point de fusion
- Propriétés chimiques caractéristiques
- Propriétés des solutions
- Propriétés des substances pures
- Propriétés physiques caractéristiques
- Réaction à des indicateurs
- Solubilité
- Solutions
- Substances pures

DES ÉLÉMENTS DANS NOTRE ASSIETTE

Plusieurs éléments, sous forme de minéraux, sont essentiels au maintien de la vie et au bon fonctionnement de notre organisme. Puisque notre corps est incapable de les produire, nous devons les obtenir grâce à notre alimentation. Des carences alimentaires, c'est-à-dire un apport insuffisant de certains éléments, peuvent entraîner des problèmes de santé. Le tableau 1.36 en présente quelques exemples ainsi que les fonctions de certains éléments dans l'organisme.

1.36 LES ÉLÉMENTS ET LEUR RÔLE DANS L'ORGANISME

Élément	Principales fonctions	Signes de carence
Calcium (Ca)	• Formation des os et des dents • Coagulation du sang • Transmission de l'influx nerveux	• Retard de croissance (rachitisme) • Fragilité des os (ostéoporose)
Fer (Fe)	• Composition de l'hémoglobine • Bon fonctionnement du système immunitaire	• Fatigue, faiblesse, teint pâle (anémie) • Déficience immunitaire (rhume, grippe, infections, etc.)
Iode (I)	• Composition des hormones de la glande thyroïde • Production d'énergie	• Accroissement de la glande thyroïde (goitre)
Fluor (F)	• Maintien de la structure des dents	• Caries dentaires
Sodium (Na)	• Équilibre de la quantité d'eau dans l'organisme • Régulation de la pression artérielle	• Crampes musculaires • Perte d'appétit • Diminution de la pression artérielle

Plusieurs de ces éléments interagissent ensemble. De plus, certains éléments sont mieux assimilés en combinaison avec certaines vitamines. Par exemple, la vitamine D favorise l'absorption du calcium et du phosphore, tandis que la vitamine C améliore celle du fer.

1.37

L'étiquette des bouteilles d'eau indique généralement leur teneur en différents éléments, comme le sodium, le potassium, le calcium, le magnésium, le chlore, le fluor, le cuivre, l'arsenic, le plomb et le zinc.

1. Pour chacun des éléments nommés dans le tableau 1.36, proposez au moins un aliment qui en constitue une bonne source alimentaire.

2. Le tableau 1.36 ne présente que quelques exemples d'éléments indispensables à l'organisme. Nommez-en au moins deux autres.

CAROLE PÉCLET

Grâce à l'avancement technologique, les instruments d'analyse sont de plus en plus sensibles et précis. C'est ce qui a permis à Carole Péclet de mettre au point une technique pour détecter certaines substances, comme des drogues ou des médicaments, dans les cheveux des personnes suspectes ou victimes de crimes. En effet, les cheveux conservent très longtemps des traces de ces substances, tandis que les autres parties du corps les éliminent rapidement, ce qui rend les tests sur le sang ou l'urine inutiles. La technique de Mme Péclet permet de déceler de très faibles concentrations des substances recherchées aussi bien chez un individu mort que vivant.

De plus, comme les cheveux poussent à un rythme d'environ un centimètre par mois, l'emplacement de ces substances le long des cheveux permet d'estimer le moment de l'absorption. Plus les cheveux sont longs, plus on peut remonter loin dans le temps et plus on peut obtenir un historique intéressant. Mais attention : il faut bien connaître la physiologie du cheveu et tenir compte des contaminations possibles pour bien interpréter les résultats !

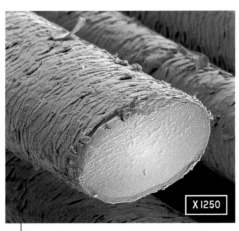

1.38 Les cheveux conservent longtemps des traces des différentes substances ingérées par le corps.

NOM

Carole Péclet

EMPLOI

Chimiste dans un laboratoire de sciences judiciaires et de médecine légale

RÉGION OÙ ELLE OCCUPE SON EMPLOI

Montréal

FORMATION

BAC et maîtrise en biochimie

RÉALISATION DONT ELLE EST FIÈRE

Avoir mis au point une technique permettant de détecter certaines substances présentes en concentration très faible dans les cheveux.

1.39 QUELQUES MÉTIERS ET PROFESSIONS CONNEXES À L'EMPLOI DE Mme PÉCLET

Métier ou profession	Formation requise	Durée de la formation	Tâches principales
Secrétaire médical ou secrétaire médicale	ASP* en secrétariat médical	450 heures	• Produire des rapports médicaux en utilisant le vocabulaire médical de base
Technologue en biochimie	DEC en techniques de laboratoire	3 ans	• Utiliser et entretenir l'appareillage de laboratoire
Biologiste médical ou biologiste médicale	BAC en biologie médicale	3 ans	• Mettre au point de nouvelles techniques de laboratoire • Faire de la recherche en science

*Attestation de spécialisation professionnelle

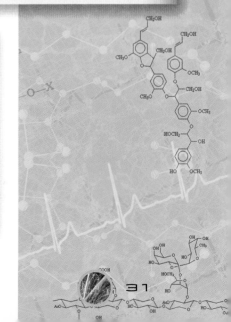

1998 — Mise en service du parc d'éoliennes de Cap-Chat, en Gaspésie

1976 — Invention du canon à neige

1944 — Fondation de la société Hydro-Québec

1886 — Éclairage des rues de Montréal à l'électricité

1876 — Conception du moteur à quatre temps

1850 — Fabrication du premier climatiseur

1831 — Invention de l'allumette

1800 — Invention de la première pile électrique

1789 — Énoncé de la loi de la conservation de la matière

1742 — Invention de l'échelle Celsius

1698 — Brevet pour la première machine à vapeur

VERS -250 — Invention du thermoscope, ancêtre du thermomètre

VERS -1500 — Découverte du verre

VERS -3000 — Découverte du pétrole

VERS -500 000 — Domestication du feu

L'HUMAIN
ET L'ÉNERGIE
QUI L'ANIME

Une descente en montagnes russes, un battement de cœur, le décollage d'une fusée, le saut d'une grenouille : tous ces phénomènes impliquent de l'énergie. L'énergie est partout, tout dépend d'elle. Dans notre quotidien, on emploie souvent des expressions qui font référence à l'énergie, comme «faire le plein d'énergie», «boisson énergisante», «crise de l'énergie», etc. Mais qu'est-ce que l'énergie ? D'où vient-elle ? Comment notre corps produit-il son énergie et comment l'utilise-t-il ? Au cours de ce chapitre, nous tenterons de répondre à ces questions, ainsi qu'à plusieurs autres.

1 QU'EST-CE QUE L'ÉNERGIE ?

On parle souvent d'énergie. Cependant, l'énergie est un concept difficile à définir parce qu'il est abstrait. En effet, l'énergie ne peut pas être observée ni mesurée facilement. C'est pourquoi on préfère souvent étudier ses effets sur la matière ou ses manifestations.

Lorsqu'une personne lève un bras, on peut voir le déplacement du bras. Or, dans le domaine scientifique, ce déplacement est accompagné d'un travail. C'est grâce à l'énergie que la personne a pu accomplir ce travail. L'énergie est donc la capacité d'accomplir un travail.

Au printemps, la neige et la glace fondent : elles passent de la phase solide à la phase liquide. C'est grâce à l'énergie du Soleil que ce changement peut avoir lieu. L'énergie est donc aussi la capacité de provoquer un changement.

> «Énergie» provient du grec energia, qui veut dire «force agissante».

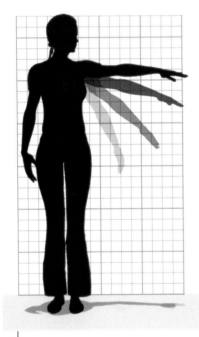

2.1 Lever un bras est un travail qui exige de l'énergie.

2.2 La fonte de la neige et de la glace est un changement qui exige de l'énergie.

1818
1889

James Prescott Joule

C'est pour rendre hommage à l'ensemble de l'œuvre de ce physicien anglais que l'unité de mesure de l'énergie a été baptisée «joule». Ses travaux, qui portaient surtout sur l'énergie, ont permis d'énoncer plusieurs lois et théories scientifiques.

> ⚪ L'ÉNERGIE est la capacité d'accomplir un travail ou de provoquer un changement.

Dans le Système international d'unités, l'énergie s'exprime en joule. Un joule (J) correspond à l'énergie nécessaire pour soulever un objet ayant un poids d'un newton (N) sur une distance d'un mètre. Sur la Terre, un objet dont le poids est de 1 N possède une masse d'environ 100 g.

La figure 2.3, à la page suivante, montre à quoi ressemble une dépense d'énergie de 1 J. Les figures 2.4 et 2.5 illustrent deux façons de dépenser deux fois plus d'énergie, c'est-à-dire 2 J.

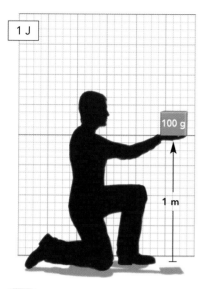

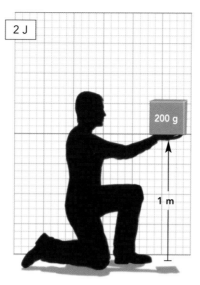

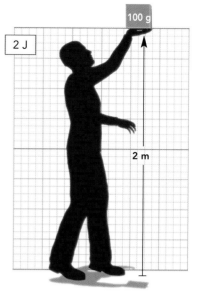

2.3 Il faut fournir 1 J d'énergie pour soulever une boîte d'environ 100 g à une hauteur de 1 m.

2.4 Si on double la masse, il faut fournir deux fois plus d'énergie.

2.5 Si on double la hauteur, il faut fournir deux fois plus d'énergie.

2 LES FORMES D'ÉNERGIE

L'énergie peut se présenter sous différentes formes. Par exemple, l'énergie solaire, qui nous éclaire et nous réchauffe, est une forme d'énergie émise par le Soleil. L'énergie élastique est la forme d'énergie qui permet, entre autres, à un ressort étiré de reprendre sa forme lorsqu'il est relâché. L'énergie électrique peut faire fonctionner un téléviseur. Comme on peut le voir, il existe de nombreuses formes d'énergie. Le tableau 2.6 en présente une liste.

LA CONSOMMATION ÉNERGÉTIQUE

Selon Statistique Canada, le Canada et les États-Unis seraient les deux pays qui consomment le plus d'énergie par habitant. Par exemple, en 2002, les Canadiens ont consommé, en moyenne, deux fois plus d'énergie que les Russes.

2.6 QUELQUES FORMES D'ÉNERGIE ET LEUR SOURCE POSSIBLE

Forme d'énergie	Exemple de source d'énergie
Énergie solaire	Soleil
Énergie élastique	Ressort
Énergie électrique	Centrale électrique
Énergie thermique	Feu
Énergie rayonnante	Ampoule électrique
Énergie chimique	Cellule vivante
Énergie mécanique	Véhicule en mouvement
Énergie éolienne	Vent
Énergie sonore	Son
Énergie hydraulique	Chute d'eau
Énergie nucléaire	Noyau des atomes

1er CYCLE

- Manifestations naturelles de l'énergie
- Température
- Atome
- Molécule
- Volume
- Masse
- Lumière (propriétés)

Dans les prochaines sections, nous allons voir plus en détail quatre formes d'énergie: thermique, rayonnante, chimique et mécanique.

2.1 L'ÉNERGIE THERMIQUE

LABO Nº 16

Lorsqu'on prend la **TEMPÉRATURE** d'un corps, on mesure en fait le degré d'agitation des **ATOMES** et des **MOLÉCULES** qui le constituent. En effet, même si on ne les voit pas, les particules de matière sont constamment en mouvement. Si les objets semblent immobiles, c'est parce que ce mouvement se fait dans toutes les directions à la fois.

L'énergie thermique est l'énergie associée au mouvement de toutes les particules d'une substance. À quantité de particules égale, plus la température d'une substance est élevée, plus elle possède d'énergie thermique, parce que ses particules bougent davantage (*voir la figure 2.7*).

> «*Thermique*» provient du grec thermos *qui veut dire* «*chaud*».

De même, à température égale, plus une substance contient de particules, plus elle possède d'énergie thermique (*voir la figure 2.8*).

▷ **L'ÉNERGIE THERMIQUE** est l'énergie résultant du mouvement désordonné de toutes les particules d'une substance.

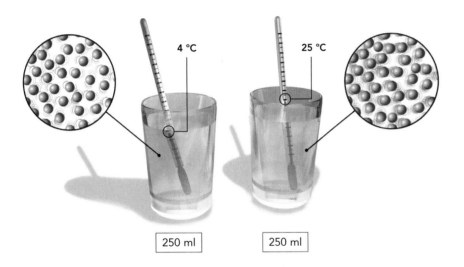

2.7 Un verre d'eau à la température ambiante possède plus d'énergie thermique qu'un verre d'eau froide. En effet, plus l'agitation des particules est grande, plus l'énergie thermique est grande.

2.8 Une carafe d'eau possède plus d'énergie thermique qu'un verre d'eau à la même température. En effet, même si l'agitation des particules est la même, la quantité de particules est différente. Plus la quantité de particules est grande, plus l'énergie thermique est grande.

Voici quelques exemples de travail ou de changement que l'énergie thermique peut accomplir:

- la chaleur du soleil fait fondre la neige au printemps;
- la chaudière d'une locomotive à vapeur produit de la vapeur d'eau, ce qui fait avancer le train;
- le brûleur d'une montgolfière chauffe l'air, ce qui permet au ballon de s'envoler.

2.2 L'ÉNERGIE RAYONNANTE

Le Soleil, une ampoule allumée, le feu, un objet de métal en fusion émettent tous de la lumière. La lumière est une onde particulière qui fait partie du groupe des ondes électromagnétiques. Il existe d'autres ondes électromagnétiques: les appareils des salons de bronzage peuvent émettre des rayons ultraviolets, les appareils de radiographie émettent des rayons X, certains fours peuvent émettre des micro-ondes, etc.

Ce qui différencie une onde électromagnétique d'une autre, c'est sa longueur d'onde, c'est-à-dire la distance entre deux sommets ou deux creux consécutifs (*voir la figure 2.9*). Par exemple, les ondes des rayons infrarouges et des ondes radio sont plus longues que celles des rayons ultraviolets et des rayons X.

> ⊙ **L'ÉNERGIE RAYONNANTE** est l'énergie contenue et transportée par une onde électromagnétique.

Les ondes électromagnétiques peuvent transporter de l'énergie d'un endroit à un autre. La quantité d'énergie transportée dépend de la longueur d'onde et de la quantité de rayonnements. À quantité égale, plus la longueur d'onde est courte, plus l'énergie transportée par l'onde est grande. Par exemple, les rayons X contiennent et transportent plus d'énergie que les ondes radio. De même, plus une source émet de rayonnements, plus elle émet d'énergie.

1900
1995

Maria Telkes

Cette américaine d'origine hongroise est considérée comme une pionnière dans le domaine de l'énergie solaire. Parmi ses inventions les plus populaires, mentionnons la maison chauffée à l'énergie solaire et le four solaire.

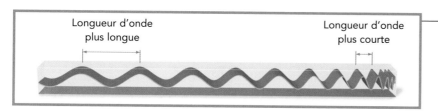

Longueur d'onde plus longue

Longueur d'onde plus courte

2.9 La quantité d'énergie d'une onde électromagnétique dépend de sa longueur d'onde: plus la longueur d'onde est courte, plus l'énergie est grande.

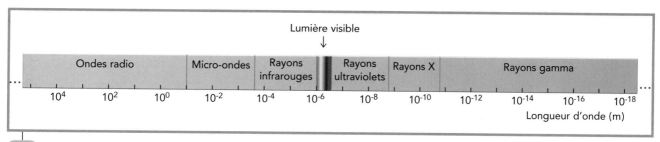

Lumière visible
↓

| Ondes radio | Micro-ondes | Rayons infrarouges | Rayons ultraviolets | Rayons X | Rayons gamma |

10^4 10^2 10^0 10^{-2} 10^{-4} 10^{-6} 10^{-8} 10^{-10} 10^{-12} 10^{-14} 10^{-16} 10^{-18}

Longueur d'onde (m)

2.10 L'ensemble des différentes ondes électromagnétiques forme le spectre électromagnétique.

Archimède aux rayons X

Grâce aux rayons X, des chercheurs californiens ont réussi à dévoiler certains passages encore cachés du *Traité de la méthode* et du *Traité des corps flottants*, deux écrits du célèbre scientifique grec Archimède. Le manuscrit avait été produit par un scribe du 10e siècle, à partir de papyrus et de parchemins que le savant grec avait laissés à sa mort, survenue 200 ans avant notre ère.

Au 12e siècle, un moine avait effacé l'encre du manuscrit pour y transcrire des prières puis, au 20e siècle, on avait peint sur le document une imitation d'art médiéval. Lorsque des experts ont découvert ce qui se cachait sous la peinture, ils ont multiplié les tentatives pour retrouver le texte original. Certaines parties ont ainsi pu être déchiffrées sous divers éclairages, mais d'autres sont restées inaccessibles. Une équipe de l'université Stanford (États-Unis) a enfin trouvé la solution: en exposant la surface du manuscrit aux rayons X, ils ont fait reluire le fer contenu dans l'encre utilisée par le scribe.

Ce manuscrit du 10e siècle porte plusieurs couches de texte. Grâce aux rayons X, on y a redécouvert un texte dont l'origine remonte au savant grec Archimède.

Adapté de: «Archimède aux rayons X», *Québec Science*, septembre 2005, p. 11.

Voici quelques exemples de travail ou de changement que l'énergie rayonnante peut accomplir:

- les rayons X permettent de produire des images de l'intérieur du corps;
- les rayons ultraviolets peuvent bronzer la peau ou provoquer un coup de soleil;
- les rayons gamma sont utilisés dans le traitement de certains cancers.

2.3 L'ÉNERGIE CHIMIQUE

Les atomes peuvent se lier chimiquement afin de former des molécules. Les liaisons chimiques entre les atomes d'une substance constituent une forme d'énergie qu'on appelle l'«énergie chimique».

> **L'ÉNERGIE CHIMIQUE** est l'énergie emmagasinée dans les liaisons d'une molécule.

L'énergie chimique est une énergie de réserve. Autrement dit, elle n'accomplit ni travail ni changement en soi. Il faut réorganiser les liaisons pour libérer l'énergie qu'elles contiennent; autrement dit, les briser et les reformer autrement. Par exemple, plusieurs personnes gardent des bougies en réserve. En cas de panne de courant, il leur suffit d'en allumer une pour profiter de l'énergie chimique contenue dans les molécules de la bougie.

La quantité d'énergie contenue dans une liaison chimique dépend de la force de cette liaison. En d'autres termes, plus la liaison est forte, plus l'énergie est grande. La quantité d'énergie d'une molécule dépend du nombre de liaisons.

Voici quelques exemples de travail ou de changement que la libération de l'énergie chimique peut accomplir:

- la combustion de l'essence fait tourner le moteur des automobiles;
- la combustion de l'huile ou du gaz peut permettre l'éclairage des rues;
- la photosynthèse permet aux végétaux de transformer l'énergie solaire en énergie chimique et de la stocker dans les liaisons d'une molécule de glucose;
- la **RESPIRATION CELLULAIRE** permet aux êtres vivants d'utiliser l'énergie emmagasinée dans la molécule de glucose pour grandir, bouger ou penser.

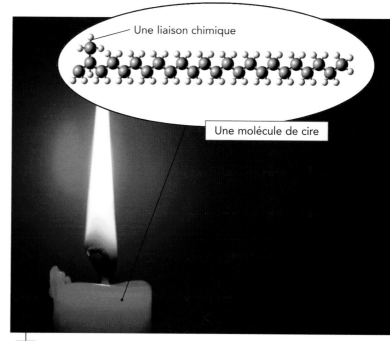

Une liaison chimique

Une molécule de cire

2.11 Chaque liaison entre les atomes de la molécule de cire est une source d'énergie chimique. Comme la molécule de cire contient plusieurs liaisons, une bougie de cire est donc une bonne source d'énergie chimique.

2.4 L'ÉNERGIE MÉCANIQUE

LABO
N° 17

L'énergie mécanique dépend de trois facteurs: la vitesse, la masse et la position par rapport aux objets environnants.

Servons-nous de l'exemple d'une automobile pour comprendre comment la vitesse et la masse influent sur l'énergie mécanique. Il suffit de comparer les dommages causés lors d'un accident à 100 km/h à ceux causés lors d'un accident à 30 km/h pour constater que plus la vitesse d'une automobile est élevée, plus son énergie mécanique est élevée. La masse du véhicule est également importante. En effet, à vitesse égale, un gros camion possède beaucoup plus d'énergie mécanique qu'une petite voiture. Là encore, plus la masse est élevée, plus l'énergie mécanique est élevée.

Voyons maintenant comment la position par rapport aux objets environnants peut faire varier l'énergie mécanique. Supposons une personne debout qui tient une pierre à la main. La pierre n'est pas en mouvement. Pourtant, elle possède de l'énergie mécanique. En effet, si la personne lâche la pierre, celle-ci se dirigera vers le sol. La douleur que la pierre infligera à la personne si elle percute son pied est une preuve de cette énergie. Dans cette situation, l'énergie mécanique de la pierre dépend de sa hauteur par rapport au sol: plus la pierre est haute, plus l'énergie est élevée.

> ● **L'ÉNERGIE MÉCANIQUE** est l'énergie résultant de la vitesse d'un objet, de sa masse et de sa position par rapport aux objets environnants.

LES NOUVEAUX MOULINS À VENT

En 2006, l'éolienne à axe vertical de Cap-Chat, en Gaspésie, était la plus haute du monde avec ses 110 m de hauteur. Elle appartient à un parc de 133 éoliennes, qui est également l'un des plus importants au monde.

Voici un autre exemple. Une roche qui dégringole d'une falaise possède une vitesse et une masse, donc de l'énergie mécanique. On peut d'ailleurs le constater en observant les déformations qu'elle cause lorsqu'elle percute le sol. Son énergie dépend aussi de sa position de départ : plus la roche est élevée, plus son énergie mécanique est élevée. Ce qui revient à dire qu'avant même de tomber, une roche située à une certaine hauteur possède déjà de l'énergie mécanique. Cependant, aussi longtemps qu'elle reste au sommet, il s'agit d'une énergie de réserve.

L'énergie éolienne (le déplacement de l'air) et l'énergie hydraulique (le mouvement de l'eau) sont des formes d'énergie mécanique.

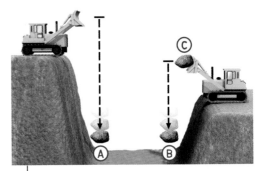

2.12 Les roches A, B et C ont la même masse. La roche A possède plus d'énergie mécanique que les roches B et C parce que sa hauteur par rapport au sol est plus élevée. La roche B possède la même énergie mécanique que la roche C parce qu'elles ont toutes les deux la même hauteur au départ.

   CARREFOUR HISTOIRE

Les allumeurs de réverbères

En 1815, la ville de Montréal installait les premiers réverbères à l'huile sur la rue Saint-Paul afin de répondre aux pressions des marchands qui voulaient protéger leur commerce des voleurs. Cette rue constituait la première artère commerciale de Montréal. L'éclairage des autres rues a suivi progressivement et le métier de gardien de sécurité ou de veilleur de nuit est apparu. Dès la tombée de la nuit, ces gardiens allumaient les réverbères et parcouraient les rues. À chaque heure, ils annonçaient les nouvelles et l'heure en criant, par exemple : «Il est huit heures et tout va bien !»

Les réverbères à l'huile devaient être remplis à la main. De plus, ils étaient difficiles à nettoyer et offraient un faible éclairage. En 1837, on les a remplacés par des becs de gaz. Le gaz n'a cependant pas simplifié la tâche des allumeurs. En effet, ils devaient souvent refaire leur ronde, car le moindre coup de vent risquait d'éteindre la flamme. Les becs de gaz étaient également difficiles à nettoyer et les habitants se plaignaient non seulement du manque d'éclairage, mais aussi des odeurs et de la saleté.

Depuis 1886, les rues de Montréal sont éclairées à l'électricité. Seule la rue Sainte-Hélène compte encore 22 lanternes au gaz, car ce type d'éclairage s'harmonise avec l'architecture du 19e siècle qui caractérise cette rue.

Du 19e siècle au début du siècle dernier, les allumeurs de réverbères faisaient également fonction de veilleurs de nuit.

Voici quelques exemples de travail ou de changement que l'énergie mécanique peut accomplir :

- l'impact d'un astéroïde au sol peut creuser un cratère ;
- le vent peut faire tourner les pales d'une éolienne ;
- une chute d'eau peut faire fonctionner une centrale hydroélectrique.

3 LES TRANSFORMATIONS ET LES TRANSFERTS D'ÉNERGIE

Une bûche de bois qui brûle dégage de l'énergie. Au cours de la combustion, une partie de l'énergie chimique emmagasinée dans les molécules du bois est transformée en énergie rayonnante (lumière) et en énergie thermique (agitation des particules). L'énergie peut donc passer d'une forme à une autre. C'est ce qu'on appelle une «transformation d'énergie».

> ☛ Une **TRANSFORMATION D'ÉNERGIE** est le passage de l'énergie d'une forme à une autre.

1er CYCLE

Transformations de l'énergie

2.13 Au cours de la combustion, l'énergie chimique du bois est transformée en lumière et en chaleur.

Dans l'exemple de la combustion du bois, l'énergie passe des bûches au milieu environnant, par exemple aux personnes qui se trouvent à proximité. L'énergie peut donc passer d'un milieu à un autre. On parle alors de «transfert d'énergie».

> ☛ Un **TRANSFERT D'ÉNERGIE** est le passage de l'énergie d'un milieu à un autre.

La chaleur est un bon exemple de transfert d'énergie. Du point de vue scientifique, la chaleur peut être décrite comme un transfert d'énergie thermique entre deux milieux où les températures sont différentes. Il est à noter que l'énergie thermique passe toujours du milieu où la température est la plus élevée au milieu où la température est la plus basse.

◗ La CHALEUR est un transfert d'énergie thermique entre deux milieux de température différente. La chaleur passe toujours du milieu ayant la température la plus élevée au milieu ayant la température la moins élevée.

Les figures 2.14 à 2.17 présentent quelques autres exemples de transformations et de transferts d'énergie.

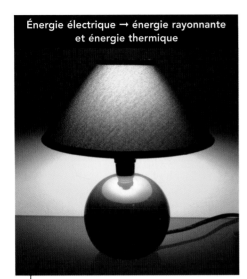

Énergie électrique → énergie rayonnante et énergie thermique

2.14 L'énergie électrique de la lampe est transformée en énergie rayonnante et en énergie thermique. L'énergie est aussi transférée au milieu environnant.

Énergie rayonnante → énergie chimique

2.15 L'énergie rayonnante du Soleil est transférée à la plante. Celle-ci la transforme alors en énergie chimique et l'emmagasine dans ses molécules au cours de la photosynthèse.

Énergie chimique → énergie mécanique

2.16 L'énergie chimique de la pomme est transférée à la personne. Elle peut alors être transformée en énergie mécanique pour permettre à la personne de bouger.

Énergie mécanique → énergie mécanique

2.17 L'énergie mécanique du cours d'eau est transférée à la roue à aubes.

Les transformations et les transferts d'énergie permettent d'accomplir différents changements. Parmi ceux-ci, on trouve les changements physiques et les changements chimiques. Dans les prochaines sections, nous verrons comment l'énergie est impliquée lors de ces changements.

LES CHANGEMENTS PHYSIQUES

Faire sécher des vêtements au soleil, ajouter du sel dans un bol de soupe, préparer du terreau pour rempoter une plante, plier une feuille de papier : voilà quelques exemples de changements physiques. Lors d'un changement physique, seuls la forme et l'aspect de la matière changent.

1er CYCLE

– Changement physique
– Propriétés caractéristiques
– États de la matière
– Solutions

> ▶ Un CHANGEMENT PHYSIQUE ne modifie ni la nature ni les propriétés caractéristiques de la matière.

Les changements physiques dont nous parlerons ici sont les changements de phase, les dissolutions et les déformations.

4.1 LES CHANGEMENTS DE PHASE

La matière autour de nous existe habituellement sous trois états (ou phases) : solide, liquide ou gazeux. Elle peut aussi passer d'un état à l'autre.

> ▶ Un CHANGEMENT DE PHASE est le passage d'un état (ou d'une phase) de la matière à un autre.

Par exemple, en fondant, la glace se change en eau liquide. On dit alors qu'il y a « fusion » de la glace. Chaque changement de phase porte un nom. La figure 2.18 présente les termes les plus couramment utilisés pour nommer les changements de phase.

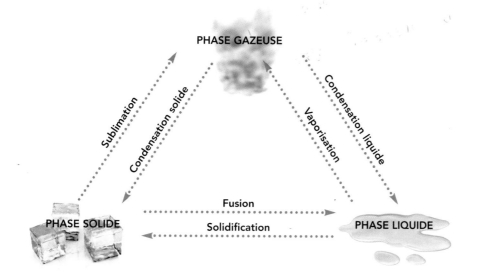

2.18 Les changements de phase.

 La vaporisation englobe à la fois l'évaporation et l'ébullition. Lorsqu'il y a évaporation, seules les particules à la surface du liquide se changent en gaz. C'est le cas d'une flaque d'eau qui s'évapore. On parle d'ébullition lorsqu'un liquide atteint son point d'ébullition. À ce moment, les particules à l'intérieur du liquide peuvent également passer à la phase gazeuse. Comme le gaz obtenu est plus léger que le liquide, il se forme des bulles qui remontent à la surface. L'eau qui bout est en ébullition.

La représentation de la matière à l'aide du **MODÈLE CORPUSCULAIRE** peut nous aider à comprendre pourquoi un changement de phase ne modifie pas les propriétés caractéristiques d'une substance.

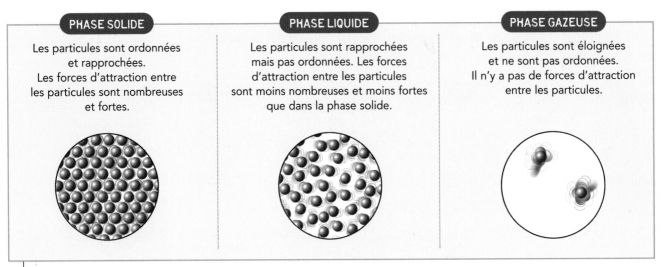

PHASE SOLIDE	PHASE LIQUIDE	PHASE GAZEUSE
Les particules sont ordonnées et rapprochées. Les forces d'attraction entre les particules sont nombreuses et fortes.	Les particules sont rapprochées mais pas ordonnées. Les forces d'attraction entre les particules sont moins nombreuses et moins fortes que dans la phase solide.	Les particules sont éloignées et ne sont pas ordonnées. Il n'y a pas de forces d'attraction entre les particules.

2.19 Le modèle corpusculaire permet de représenter les phases de la matière.

Seules les forces d'attraction entre les particules diffèrent d'une phase à l'autre. Les particules elles-mêmes ne changent pas. Il s'agit donc toujours de la même substance.

LE RÔLE DE L'ÉNERGIE DANS LES CHANGEMENTS DE PHASE

Prenons l'exemple de la vaporisation de l'eau. Lorsqu'on chauffe un liquide, de l'énergie thermique est transférée d'un élément chauffant vers le liquide. Les particules d'eau absorbent cette énergie, ce qui a pour conséquence de les faire bouger de plus en plus vite, jusqu'à ce qu'elles possèdent suffisamment d'énergie pour modifier les forces d'attraction entre les particules. Elles se détachent alors les unes des autres. C'est le début du changement de phase : l'eau liquide se change en vapeur d'eau.

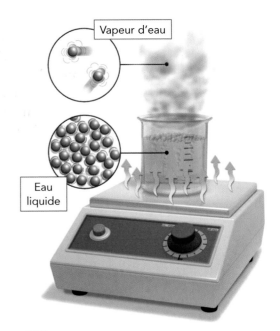

Vapeur d'eau

Eau liquide

2.21 Le transfert d'énergie thermique de la plaque chauffante à l'eau permet à l'eau de se vaporiser.

Eau liquide + énergie ⟶ vapeur d'eau

2.20 La transformation de l'eau liquide en vapeur d'eau absorbe de l'énergie.

Prenons un autre exemple : la congélation de l'eau. La température de l'air dans un congélateur est plus basse que celle de l'eau. La chaleur passe donc de l'eau vers l'air froid, ce qui abaisse la température de l'eau et diminue le mouvement de ses particules. Lorsque l'eau atteint son point de congélation, ses particules se réorganisent. C'est le début du changement de phase : l'eau liquide se change en glace.

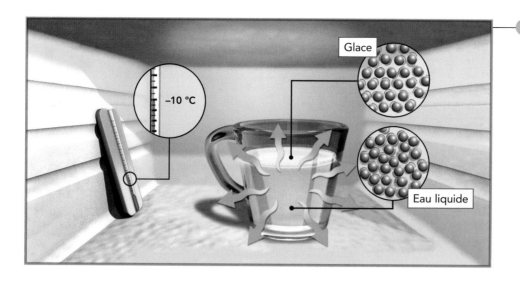

2.22 On peut former de la glace dans un congélateur grâce au transfert d'énergie thermique du liquide vers l'air du congélateur.

$$\text{Eau liquide} \longrightarrow \text{glace} + \text{énergie}$$

2.23 La transformation de l'eau liquide en glace dégage de l'énergie.

Un changement de phase nécessite donc une augmentation ou une diminution de l'énergie thermique d'une substance, ce qui entraîne une transformation des forces d'attraction entre ses particules.

Voici un dernier exemple. Lorsque nous avons très chaud, notre corps produit de la sueur. Cette dernière absorbe la chaleur de la peau, jusqu'à ce qu'elle possède suffisamment d'énergie pour s'évaporer. Ce changement de phase nous donne une sensation de fraîcheur, car la température de la peau s'abaisse à mesure que la sueur s'évapore. D'autre part, plus il y a d'air en circulation près de la peau, plus ce processus est rapide. C'est pour cette raison que les ventilateurs sont si populaires: ils n'abaissent pas la température de l'air ambiant, mais ils accélèrent l'évaporation de la sueur qui, elle, abaisse la température du corps.

La matière peut changer de phase assez facilement. Les changements de phase sont des transformations qui nécessitent relativement peu d'énergie. De plus, ils sont réversibles.

2.24 La sueur absorbe l'énergie thermique de la peau et l'emporte avec elle lorsqu'elle s'évapore. Le vent accélère ce processus.

2.25 L'ÉNERGIE ASSOCIÉE AU CHANGEMENT DE PHASE DE CERTAINES SUBSTANCES

Changement de phase	Énergie (J/g)
Vaporisation de l'eau liquide	Absorbe 2260
Vaporisation de l'éthanol (alcool) (C_2H_6O)	Absorbe 920
Condensation du gaz propane (C_3H_8)	Dégage 336
Condensation du diazote	Dégage 199
Fusion de la glace	Absorbe 330
Fusion du fer	Absorbe 207
Sublimation du dioxyde de carbone solide (glace sèche)	Absorbe 767

Les Grands Lacs s'envolent en vapeur

Changements climatiques obligent, le niveau des Grands Lacs risque de baisser d'au moins un mètre d'ici 30 à 50 ans, selon des scientifiques canadiens et américains. Parce qu'il fera plus chaud, l'eau s'évaporera davantage, surtout en hiver. En effet, les experts prévoient une très forte réduction, voire même la disparition complète, de la couche de glace qui recouvre les Grands Lacs durant la saison froide, ce qui facilitera le passage de l'eau liquide à la phase gazeuse.

La baisse de niveau des Grands Lacs aura naturellement un impact sur le niveau du fleuve Saint-Laurent, dans lequel ils se déversent. Les scientifiques croient que le débit d'eau pourrait chuter de 20 % à 40 % dans la voie maritime du Saint-Laurent,

Le débit de la voie maritime du fleuve Saint-Laurent pourrait baisser de 20 % à 40 % d'ici 30 à 50 ans.

la portion du fleuve empruntée par les bateaux-cargos. Si ce scénario se concrétise, il faudra diminuer la charge des navires ou même creuser la voie maritime, un projet redouté par les écologistes. L'approvisionnement en eau potable pourrait aussi être compromis. Plus de trois millions de Québécois dépendent du fleuve pour combler leurs besoins quotidiens en eau.

Adapté de: Presse canadienne, «Le fleuve est menacé par la baisse du niveau des Grands Lacs», *Le Droit*, 22 mars 2006, p. 27.

4.2 LES DISSOLUTIONS

LABO
N° 19

COMMENT PRÉPARER UNE SOLUTION

Plusieurs substances peuvent se dissoudre dans une autre. Par exemple, le dioxygène et le dioxyde de carbone se dissolvent dans le diazote pour former l'air que nous respirons, le gaz carbonique se dissout dans l'eau pour former l'eau gazeuse, le sel se dissout dans l'eau pour former l'eau salée et le carbone se dissout dans le fer pour former l'acier.

 Une **DISSOLUTION** est la mise en solution d'un soluté dans un solvant.

Ici encore, le modèle corpusculaire peut nous aider à comprendre pourquoi les propriétés caractéristiques de chaque substance sont conservées lors d'une dissolution.

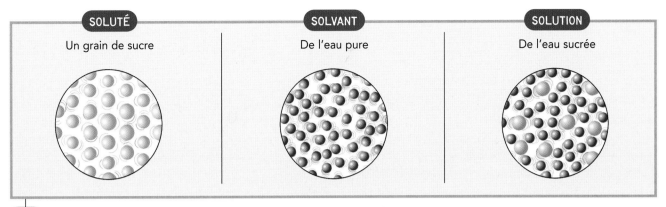

SOLUTÉ	SOLVANT	SOLUTION
Un grain de sucre	De l'eau pure	De l'eau sucrée

2.26 Le modèle corpusculaire des substances impliquées dans une dissolution.

Lorsque le sucre se dissout dans l'eau, ses molécules se détachent les unes des autres, jusqu'à ce qu'elles soient uniformément réparties dans l'eau. Les molécules de sucre et d'eau ne changent pas. Seules les forces d'attraction entre les molécules changent. Il s'agit donc toujours des deux mêmes substances.

LE RÔLE DE L'ÉNERGIE DANS LES DISSOLUTIONS

Servons-nous des figures 2.27 et 2.28 pour mieux comprendre le rôle de l'énergie dans les dissolutions.

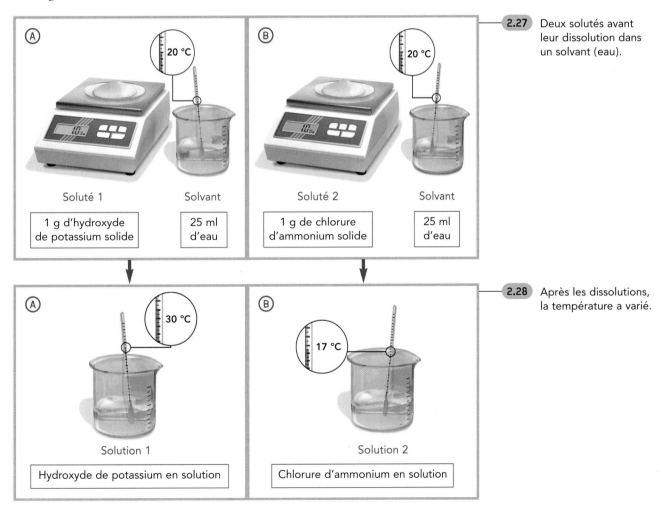

2.27 Deux solutés avant leur dissolution dans un solvant (eau).

Ⓐ
20 °C
Soluté 1 — 1 g d'hydroxyde de potassium solide
Solvant — 25 ml d'eau

Ⓑ
20 °C
Soluté 2 — 1 g de chlorure d'ammonium solide
Solvant — 25 ml d'eau

2.28 Après les dissolutions, la température a varié.

Ⓐ
30 °C
Solution 1
Hydroxyde de potassium en solution

Ⓑ
17 °C
Solution 2
Chlorure d'ammonium en solution

La figure 2.28, à la page précédente, montre que la température de l'exemple (A) a augmenté, tandis que celle de l'exemple (B) a diminué. Que s'est-il passé ?

Certaines substances, comme l'hydroxyde de potassium, dégagent de l'énergie lorsqu'elles se dissolvent dans un solvant, ce qui a pour effet d'augmenter la température de la solution.

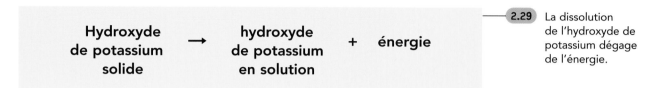

2.29 La dissolution de l'hydroxyde de potassium dégage de l'énergie.

D'autres substances, comme le chlorure d'ammonium, doivent absorber de l'énergie pour se dissoudre, ce qui diminue la température de la solution.

2.30 La dissolution du chlorure d'ammonium absorbe de l'énergie.

Une dissolution est donc un changement qui implique généralement une absorption ou un dégagement d'énergie.

Le tableau 2.31 résume le rôle de l'énergie dans les dissolutions.

2.31 LE RÔLE DE L'ÉNERGIE DANS LES DISSOLUTIONS

Direction du transfert d'énergie	Résultat
Lorsqu'une dissolution dégage de l'énergie	La température augmente
Lorsqu'une dissolution absorbe de l'énergie	La température diminue

La quantité d'énergie impliquée dans la dissolution de quelques substances courantes est exprimée dans le tableau 2.32.

2.32 LA QUANTITÉ D'ÉNERGIE DÉGAGÉE OU ABSORBÉE LORS DE LA DISSOLUTION D'UN GRAMME DE CERTAINES SUBSTANCES DANS L'EAU

Substance	Formule chimique	Utilisation possible	Énergie (J/g)
Chlorure de sodium	NaCl	Sel de table	Absorbe 66,7
Chlorure d'ammonium	NH_4Cl	Dans les engrais	Absorbe 276,7
Dioxyde de carbone	CO_2	Boissons gazeuses	Dégage 456,7
Hydroxyde de potassium	KOH	Dans les savons	Dégage 1021,3

Il existe des applications basées sur les transferts d'énergie lors des dissolutions. Prenons le cas des sacs chauffants qu'on trouve dans certaines trousses de premiers soins ou qu'on peut placer dans les mitaines ou les bottes. Lorsqu'on presse le sac, on brise une pochette contenant une substance qui dégage de la chaleur lorsqu'elle se dissout dans le liquide ou le solide qui l'entoure. Cette chaleur peut ensuite être transférée à la peau.

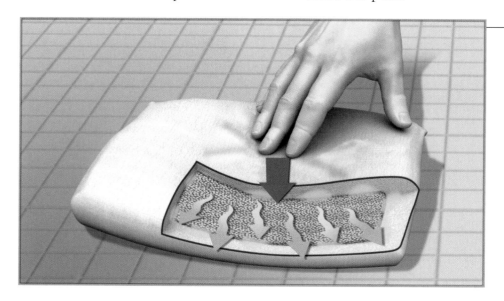

2.33 Lorsqu'on appuie sur le sac, on libère un solide qui se dissout en dégageant de la chaleur.

Les gommes et les bonbons à la menthe en sont aussi des exemples : ils absorbent l'énergie thermique de notre bouche à mesure que la menthe s'y dissout. C'est ce qui nous donne une sensation de fraîcheur.

4.3 LES DÉFORMATIONS

Une boule de pâte à modeler peut être façonnée à l'infini. Un ressort peut s'étirer et reprendre sa forme dès qu'on le relâche. Une feuille de tôle peut être pliée, tordue, coupée ou déchirée. Tous ces objets peuvent subir des déformations.

> ❯ Une **DÉFORMATION** est le changement de forme d'un corps.

Certaines déformations sont réversibles (c'est le cas de l'étirement d'un ressort), d'autres sont permanentes (comme le déchirement d'une feuille de tôle).

LE RÔLE DE L'ÉNERGIE DANS LES DÉFORMATIONS

La figure 2.34 montre que l'énergie mécanique des sauteurs est transférée à la surface du trampoline où elle est transformée en énergie élastique. Une déformation implique toujours un transfert d'énergie et, souvent, une ou plusieurs transformations d'énergie.

2.34 L'énergie mécanique des sauteurs provoque la déformation réversible de la surface du trampoline.

Les formes d'énergie qui peuvent provoquer une déformation sont nombreuses. Les figures 2.35 et 2.36 présentent d'autres exemples de déformations.

2.35 L'énergie thermique d'un incendie a provoqué la déformation permanente de cette calculatrice.

2.36 L'énergie mécanique du vent a provoqué la déformation permanente de ces arbres.

5 LES CHANGEMENTS CHIMIQUES

La cuisson du pain, l'explosion d'un feu d'artifice, l'exposition d'une plaque photographique à la lumière, la fabrication d'un savon et la combustion des produits pétroliers sont tous des exemples de changements chimiques. Un changement chimique entraîne la production d'une ou de plusieurs nouvelles substances.

1er CYCLE

– Changement chimique
– Conservation de la matière
– Photosynthèse
– Respiration cellulaire

▶ Un **CHANGEMENT CHIMIQUE** modifie la nature et les propriétés caractéristiques de la matière.

Les scientifiques utilisent souvent l'expression «réaction chimique» pour désigner les changements chimiques. Lors d'un changement chimique, une ou plusieurs substances (le ou les réactifs) réagissent pour en former de nouvelles (le ou les produits). C'est pourquoi le terme «réaction» est approprié. Les expressions «changement chimique» et «réaction chimique» sont synonymes.

La figure 2.37 montre la réaction chimique de la formation du chlorure d'hydrogène. Elle indique qu'une molécule de dihydrogène (H_2) réagit avec une molécule de dichlore (Cl_2) pour former deux molécules de chlorure d'hydrogène (HCl).

UN DÉSINFECTANT MAISON ⓘ

Au lieu d'acheter du chlore pour désinfecter l'eau d'une piscine, pourquoi ne pas en fabriquer soi-même? Grâce à l'électrolyse, on peut transformer du sel de table (chlorure de sodium) en chlore (hypochlorite de sodium).

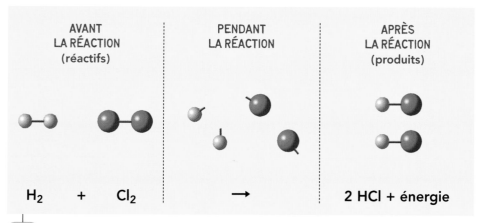

AVANT LA RÉACTION (réactifs)	PENDANT LA RÉACTION	APRÈS LA RÉACTION (produits)
H_2 + Cl_2	$\rightarrow$	2 HCl + énergie

2.37 Au cours de la réaction, la liaison du dihydrogène et celle du dichlore se sont brisées et les liaisons des molécules de chlorure d'hydrogène se sont formées.

Lors d'un changement chimique, les liaisons entre les atomes des réactifs sont modifiées. Les produits sont donc de nouvelles substances, dotées de propriétés caractéristiques différentes de celles des réactifs.

Cependant, même s'il y a formation de nouvelles substances, la loi de la conservation de la matière continue de s'appliquer. Cette loi, énoncée par Antoine Laurent de Lavoisier au 18e siècle, indique que «Rien ne se perd, rien ne se crée, tout se transforme». Lors d'un changement chimique, le nombre d'atomes demeure toujours constant. Ce sont les liaisons entre les atomes qui se brisent et se reforment autrement pour former de nouvelles substances.

Le tableau 2.38 permet de constater que le nombre d'atomes de chaque élément demeure constant au cours d'une réaction chimique.

2.38 LE NOMBRE D'ATOMES DANS LA RÉACTION DE FORMATION DU CHLORURE D'HYDROGÈNE

Avant la réaction chimique		Après la réaction chimique	
Réactifs	Nombre d'atomes	Produit	Nombre d'atomes
H_2 + Cl_2	2 atomes de H 2 atomes de Cl	2 HCl	2 atomes de H 2 atomes de Cl

Les formules chimiques des réactifs (H_2 + Cl_2) ne sont pas les mêmes que celle du produit (2 HCl). Par contre, il y a exactement le même nombre d'atomes d'hydrogène (2) et le même nombre d'atomes de chlore (2) avant et après la réaction. La loi de la conservation de la matière est donc respectée.

1743
1794

Antoine Laurent de Lavoisier

Ce chimiste et philosophe français est considéré comme le père de la chimie moderne. Grâce à la précision de ses mesures, il constata que, dans une réaction chimique, la masse totale des réactifs est toujours égale à la masse totale des produits. Cette observation lui permit d'énoncer, en 1789, la loi de la conservation de la matière.

Plusieurs indices peuvent nous aider à distinguer un changement chimique d'un changement physique :

- le dégagement d'un gaz ;
- le dégagement de chaleur ;
- le dégagement de lumière ;
- le changement de couleur ;
- la formation d'un **PRÉCIPITÉ**.

Les figures 2.39 à 2.42 montrent des exemples d'indices d'un changement chimique.

2.39 Lorsqu'on mélange du bicarbonate de sodium et du vinaigre, on peut observer un dégagement de gaz.

Cuivre très oxydé

Cuivre peu oxydé

2.40 L'oxydation du toit de cuivre du château Frontenac, à Québec, produit un changement de couleur.

2.41 On observe un dégagement de chaleur et de lumière lorsqu'on brûle du papier.

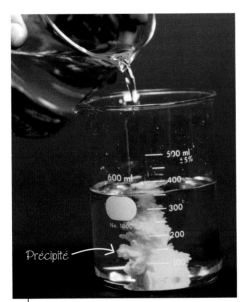

Précipité

2.42 Il y a formation d'un précipité lorsqu'on mélange du nitrate de plomb avec de l'iodure de potassium.

Dans les prochaines sections, nous présenterons les changements chimiques suivants : les synthèses, les décompositions, les oxydations et les précipitations.

5.1 LES SYNTHÈSES

LABO N° 20

Les atomes peuvent se lier chimiquement afin de former des molécules. De même, des molécules peuvent se lier pour former d'autres molécules. La réaction chimique qui décrit la formation d'une nouvelle molécule est la synthèse.

> Une **SYNTHÈSE** est la formation d'une molécule complexe à partir d'atomes ou de molécules plus simples.

Par exemple, deux molécules de dihydrogène (H_2) peuvent réagir avec une molécule de dioxygène (O_2) pour former deux molécules d'eau (H_2O). C'est ce qu'on appelle la «synthèse de l'eau».

Dans cette réaction, le dihydrogène et le dioxygène sont considérés comme des molécules simples parce qu'elles produisent une molécule plus complexe : l'eau.

LE RÔLE DE L'ÉNERGIE DANS LES SYNTHÈSES

La synthèse de l'eau est une réaction explosive qui dégage beaucoup d'énergie. Cette énergie est si grande qu'elle est utilisée pour faire fonctionner les réacteurs de certaines fusées.

$$2\,H_2 \;+\; O_2 \;\longrightarrow\; 2\,H_2O \;+\; \text{énergie}$$

2.43 La synthèse de l'eau dégage beaucoup d'énergie.

Au contraire, la formation de deux molécules de dioxyde d'azote (NO_2) à partir d'une molécule de diazote (N_2) et de deux molécules de dioxygène (O_2) absorbe de l'énergie. Voici l'équation de cette synthèse :

$$N_2 \;+\; 2\,O_2 \;+\; \text{énergie} \;\longrightarrow\; 2\,NO_2$$

2.44 La synthèse du dioxyde d'azote absorbe de l'énergie.

1874 – 1940

Carl Bosch

Carl Bosch était un ingénieur et un chimiste allemand. Il a été honoré à de nombreuses reprises pour ses travaux en chimie industrielle. Il a notamment reçu le prix Nobel de chimie en 1931. Il a mis au point plusieurs procédés permettant d'améliorer l'efficacité de nombreuses réactions de synthèse dont celle de l'ammoniac, un détergent encore utilisé de nos jours.

Une synthèse est donc une réaction chimique qui absorbe ou qui dégage de l'énergie.

Les êtres vivants sont le siège de nombreuses réactions de synthèse. On peut d'ailleurs les considérer comme de véritables usines à produire des molécules complexes : protéines, glucides, lipides, ADN, etc.

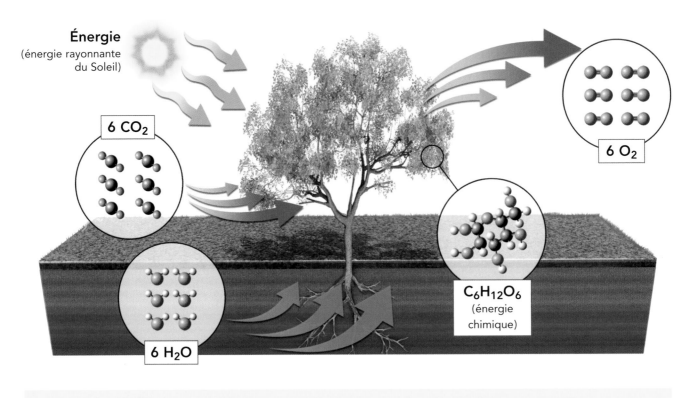

Énergie
(énergie rayonnante du Soleil)

6 CO_2

6 H_2O

6 O_2

$C_6H_{12}O_6$
(énergie chimique)

6 CO_2	+	6 H_2O	+	énergie	→	$C_6H_{12}O_6$	+	6 O_2
(dioxyde de carbone)		(eau)				(glucose)		(dioxygène)

2.45 La réaction chimique de la photosynthèse.

La figure 2.45 montre une synthèse chez les végétaux : la photosynthèse. Au cours de cette réaction, l'énergie rayonnante du Soleil est transformée en énergie chimique. Cette énergie est stockée dans les liaisons de la molécule de glucose. Les êtres vivants incapables de **PHOTOSYNTHÈSE**, comme les animaux, peuvent profiter eux aussi de l'énergie stockée dans le glucose en consommant des plantes ou d'autres animaux.

«Photosynthèse» provient des mots grecs photos, *qui veut dire «lumière» et* sunthesis, *qui signifie «réunion».*

Les êtres humains sont incapables de fabriquer directement le glucose, comme les plantes. Par contre, notre corps peut stocker de l'énergie en fabriquant du glycogène, une molécule qui est en fait un assemblage de plusieurs molécules de glucose. Cette synthèse nécessite de l'énergie, qui est ensuite emmagasinée dans le foie et les muscles sous forme d'énergie chimique.

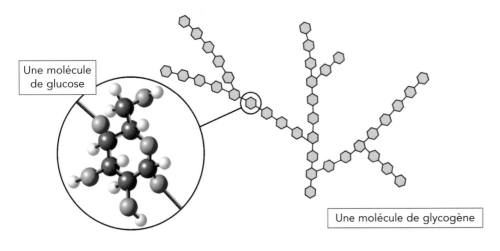

Une molécule de glucose

Une molécule de glycogène

2.46 Lors de la synthèse du glycogène, de l'énergie chimique est mise en réserve dans les liaisons entre les atomes de cette molécule.

Les réactions de synthèse chez les êtres vivants absorbent toujours de l'énergie. Cette énergie est transformée en énergie chimique et emmagasinée dans les molécules produites.

2.47 L'ÉNERGIE ASSOCIÉE À LA SYNTHÈSE DE CERTAINES SUBSTANCES

Substance	Énergie (J/g)
Dioxyde d'azote (NO_2)	Absorbe 737
Glucose ($C_6H_{12}O_6$)	Absorbe 7 072
Ammoniac (NH_3)	Dégage 2 718
Méthane (CH_4)	Dégage 4 688
Dioxyde de carbone (CO_2)	Dégage 8 957
Eau (H_2O)	Dégage 13 444

5.2 LES DÉCOMPOSITIONS

La décomposition est la réaction inverse de la synthèse. Lors d'une décomposition, les liaisons d'une molécule sont brisées et il y a formation de deux ou plusieurs molécules plus petites.

▶ La DÉCOMPOSITION est la transformation de molécules complexes en molécules plus simples ou en atomes.

LE RÔLE DE L'ÉNERGIE DANS LES DÉCOMPOSITIONS

Lors d'une décomposition, l'énergie chimique d'une molécule est souvent libérée et transformée en d'autres formes d'énergie.

Chez les êtres vivants, les décompositions impliquent toujours une libération d'énergie. Par exemple, lorsque notre organisme a besoin d'énergie, il peut modifier les liens entre les molécules de glycogène. On dit alors qu'il décompose le glycogène en glucose. Cette décomposition libère de l'énergie, principalement sous forme d'énergie thermique.

Cependant, il existe des décompositions qui nécessitent un apport d'énergie. Cela signifie qu'il faut fournir plus d'énergie pour réorganiser les liaisons d'une molécule qu'elles ne peuvent en libérer. L'électrolyse de l'eau en est un exemple. (On parle d'électrolyse lorsque l'énergie nécessaire à la réaction est électrique.) La décomposition de deux molécules d'eau produit deux molécules de dihydrogène (H_2) et une molécule de dioxygène (O_2).

2.48 L'électrolyse de l'eau nécessite plus d'énergie qu'elle n'en libère. C'est donc une réaction qui absorbe de l'énergie.

« Électrolyse » est formé du préfixe électro-, qui signifie « électricité », et du suffixe -lyse, qui signifie « détruire à l'aide de ».

$$2\ H_2O\ +\ \text{énergie électrique}\ \longrightarrow\ 2\ H_2\ +\ O_2$$

2.49 L'électrolyse de l'eau absorbe de l'énergie.

Une décomposition est donc une réaction chimique qui absorbe ou qui dégage de l'énergie.

La quantité d'énergie associée à une décomposition est la même que celle qui est nécessaire à sa synthèse. Par contre, le transfert d'énergie a lieu dans le sens inverse. Autrement dit, si la synthèse d'une molécule absorbe de l'énergie, sa décomposition en dégagera et vice versa.

5.3 LES OXYDATIONS

LABO
N° 22

La réaction d'oxydation la plus connue est sûrement la formation de la rouille.

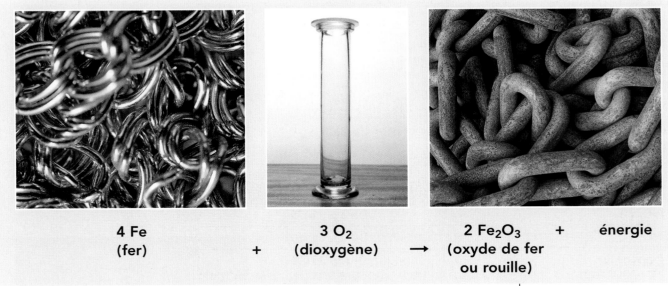

| 4 Fe (fer) | + | 3 O$_2$ (dioxygène) | → | 2 Fe$_2$O$_3$ (oxyde de fer ou rouille) | + | énergie |

2.50 L'oxydation du fer (c'est-à-dire la formation de la rouille) dégage de l'énergie.

Il n'y a pas que le fer qui s'oxyde. La plupart des métaux s'oxydent aussi. La réaction d'oxydation se caractérise par la dégradation du métal, phénomène qu'on nomme aussi «corrosion».

2.51 L'argent peut s'oxyder.

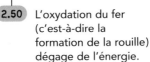

LE PLEIN DE FER, SVP!

Dans le futur, les automobilistes pourraient arrêter à la station-service pour faire le plein de poudre de métal. Les essais menés avec des particules de fer sont prometteurs. Au contact de l'oxygène, le métal s'oxyde et libère une quantité considérable d'énergie: deux fois plus que le même volume d'essence.

Qu'est-ce qu'une oxydation ? Dans le langage courant, on définit l'oxydation comme la combinaison d'une substance avec de l'oxygène. Pour les chimistes, une oxydation peut impliquer toute substance ayant des propriétés semblables à celles de l'oxygène, comme le soufre, le chlore et le fluor. Par exemple, le dépôt noir obtenu lors de l'oxydation de l'argent est principalement du sulfure d'argent (Ag_2S). Dans ce cas, la substance ayant causée l'oxydation est le soufre et non l'oxygène.

> ▶ L'OXYDATION est un changement chimique impliquant de l'oxygène ou une substance ayant des propriétés semblables à celles de l'oxygène.

Les aliments aussi peuvent s'oxyder. Souvent, cette réaction modifie leur goût, leur couleur et leur aspect. L'oxydation d'une pomme ou d'une banane s'observe par l'apparition d'une substance brunâtre.

2.52 Les bananes deviennent moins appétissantes lorsqu'elles sont oxydées.

LE RÔLE DE L'ÉNERGIE DANS LES OXYDATIONS

Les oxydations sont généralement accompagnées d'un dégagement d'énergie. Cependant, cette énergie est parfois difficile à percevoir lorsque la réaction est lente, comme dans le cas de la formation de la rouille.

2.53 L'ÉNERGIE ASSOCIÉE À L'OXYDATION DE CERTAINS MÉTAUX

Substance	Énergie (J/g)
Cuivre	Dégage 1 175
Fer	Dégage 5 150
Magnésium	Dégage 15 000

Dans d'autres oxydations, comme dans les combustions, le dégagement d'énergie est beaucoup plus évident parce que la réaction est très rapide.

Le feu est la forme de combustion la plus spectaculaire. Grâce à la chaleur qu'elle dégage, l'énergie thermique du feu peut servir, entre autres, à cuire les aliments ou à chauffer l'air. De plus, le feu peut servir de source de lumière, car il émet aussi de l'énergie rayonnante.

Certaines réactions d'oxydation à l'intérieur du corps humain sont également des combustions. Comme le feu, elles libèrent beaucoup d'énergie, mais, contrairement à celui-ci, elles sont contrôlées. Par exemple, le glucose (provenant de notre alimentation) réagit avec le dioxygène (provenant de l'air que nous inspirons). Cette réaction d'oxydation réorganise les liaisons du glucose, ce qui libère l'énergie chimique qui y est emmagasinée. Cette énergie peut alors servir à nous réchauffer, à nous permettre de bouger ou à faire fonctionner les différents organes de notre corps. Cette réaction dégage également du dioxyde de carbone et de l'eau.

2.54 Le feu nécessite de l'oxygène. C'est une réaction d'oxydation qui libère beaucoup d'énergie, autrement dit, c'est une combustion.

La figure 2.56 présente la réaction d'oxydation du glucose, aussi appelée «respiration cellulaire».

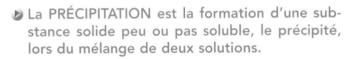

$$C_6H_{12}O_6 \; + \quad 6\,O_2 \quad \longrightarrow \quad 6\,CO_2 \quad + 6\,H_2O \quad + \text{ énergie}$$
$$\text{(glucose)} \quad \text{(dioxygène)} \qquad \text{(dioxyde de carbone)} \quad \text{(eau)}$$

2.55 L'oxydation du glucose est une combustion lente qui libère de l'énergie.

Il est à noter que la respiration cellulaire est la réaction inverse de la photo-synthèse (*voir la page 54*). La respiration dégage de l'énergie tandis que la photosynthèse en absorbe.

2.56 L'ÉNERGIE APPROXIMATIVE ASSOCIÉE À LA COMBUSTION DE CERTAINES SUBSTANCES

Substance	Énergie (J/g)
Bois	Dégage 18 830
Essence	Dégage 48 000
Gaz naturel	Dégage 18 830
Glucose (digestion)	Dégage 15 630
Protéines (digestion)	Dégage 14 650

5.4 LES PRÉCIPITATIONS

LABOS
Nos 23 et 24

Lorsqu'on mélange deux solutions, il arrive que des substances dissoutes réagissent et forment une nouvelle substance. Lorsqu'on voit apparaître une substance solide qui se dépose au fond de la solution, on peut en conclure qu'une nouvelle substance a été produite et qu'elle est peu ou pas soluble dans la solution. On appelle ce dépôt solide un «précipité».

▶ La **PRÉCIPITATION** est la formation d'une sub-stance solide peu ou pas soluble, le précipité, lors du mélange de deux solutions.

C'est ce qui ce produit notamment lorsqu'on mélange du vinaigre avec du lait. Le vinaigre réagit avec une protéine contenue dans le lait, la caséine, ce qui cause l'apparition d'un précipité.

La précipitation est utilisée dans certains procédés de puri-fication. En effet, il est plus facile de séparer les constituants de certains mélanges lorsqu'une partie des substances du mélange est transformée en dépôt solide, car on peut alors recueillir ces substances solidifiées par filtration ou par décantation.

La précipitation est une réaction qui implique très peu d'énergie.

2.57 L'ajout d'enzymes ou d'autres substances acides au lait ou à la crème provoque une réaction de précipitation qu'on appelle le «caillage du lait». C'est ainsi qu'on fabrique le fromage.

1 QU'EST-CE QUE L'ÉNERGIE ? (p. 34-35)

1. L'énergie a la capacité de provoquer deux phénomènes. Lesquels ?

2. Quelle unité de mesure permet d'évaluer une quantité d'énergie ?

3. Lisez le texte suivant.

Autrefois, on utilisait des moulins à eau pour effectuer certaines tâches fastidieuses. Ces moulins étaient généralement construits près d'une rivière dont l'eau coulait rapidement. Le déplacement de l'eau entraînait les pales de la roue à aubes du moulin. Ce mouvement était relié à d'autres fonctions, par exemple une scie pour couper le bois, des meules pour moudre la farine ou des instruments pour filer la laine. C'est ainsi que de petites industries sont nées. Plus tard, les moulins à eau ont été remplacés par des machines à vapeur. C'est la vapeur obtenue par l'ébullition de l'eau qui actionnait ces machines.

Dans le texte ci-dessus, nommez chaque travail et chaque changement effectué par l'énergie. Présentez vos réponses dans un tableau semblable au suivant.

Travail	Changement

2 LES FORMES D'ÉNERGIE (p. 35-41)

4. Quelle forme d'énergie correspond à chacune des descriptions suivantes ?

a) Le degré d'agitation des particules d'une substance.

b) L'énergie résultant d'un rayonnement.

c) L'énergie emmagasinée dans les liaisons entre les atomes d'une molécule.

d) L'énergie résultant de la vitesse, de la masse ou de la position par rapport aux objets environnants.

5. Observez ces photos.

①

②

③

④

Reproduisez le tableau ci-dessous. Dans la première colonne, nommez le phénomène représenté sur chacune des photos de la page précédente. Dans l'autre colonne, nommez au moins une forme d'énergie impliquée dans chacun des phénomènes.

Phénomène	Forme d'énergie

6. Imaginez que vous assistez à une compétition de plongeon. Vous remarquez trois tremplins. Le premier est situé à une hauteur de 1 m, le deuxième à 3 m et le troisième à 10 m. Trois plongeurs ayant relativement la même masse se préparent à sauter de chacun des tremplins. Lequel des trois atteindra l'eau avec la plus grande énergie mécanique ? Expliquez votre réponse.

3 LES TRANSFORMATIONS ET LES TRANSFERTS D'ÉNERGIE (p. 41-42)

7. Observez la photo ci-dessous.

L'énergie chimique des substances contenues dans les propulseurs d'appoint permet à la navette spatiale de décoller. Lors de ce travail, y a-t-il eu transformation d'énergie, transfert d'énergie ou les deux ? Expliquez votre réponse.

8. La chaleur est un transfert de quelle forme d'énergie ?

4 LES CHANGEMENTS PHYSIQUES (p. 43-50)

9. Nommez deux exemples de changements physiques.

10. Le dioxyde de carbone gèle à −80 °C. On peut alors l'utiliser à différentes fins. Entre autres, il permet de garder certaines substances congelées durant leur transport. Il est avantageux car il est très froid et ne fait pas de dégâts. Lorsqu'il change de phase, le dioxyde de carbone semble tout simplement disparaître, puisqu'il passe directement à l'état gazeux, d'où son surnom de « glace sèche ».

    a) Comment appelle-t-on ce changement de phase ?

    b) Lors de ce changement de phase, quelle forme d'énergie est transférée ?

    c) Comment l'énergie est-elle transférée pendant ce changement de phase ? Indiquez la direction du transfert et les endroits (milieux) où il se produit.

11. Vous dissolvez une certaine quantité d'une substance dans l'eau. Vous observez alors que la température de la solution est plus élevée que celle de l'eau. Cette dissolution a-t-elle dégagé ou absorbé de l'énergie ? Expliquez votre réponse.

5 LES CHANGEMENTS CHIMIQUES (p. 50-58)

12. Nommez deux exemples de changements chimiques.

13. Votre organisme manque d'énergie. Devra-t-il synthétiser ou décomposer des molécules complexes afin de combler ce manque d'énergie ? Expliquez votre réponse.

14. Dans les foyers fonctionnant au gaz naturel, la flamme est obtenue grâce à la combustion du méthane. Au cours de cette réaction, une molécule de méthane (CH_4) et deux molécules de dioxygène (O_2) réagissent afin de former une molécule de dioxyde de carbone (CO_2) et deux molécules d'eau (H_2O).

    a) S'agit-il d'une réaction d'oxydation ? Expliquez votre réponse.

    b) Est-ce que cette réaction absorbe ou libère de l'énergie ? Sous quelle forme ou quelles formes ?

    c) Représentez cette réaction à l'aide d'une équation chimique.

15. Pour chacun des exemples suivants, indiquez d'abord s'il s'agit d'un changement physique ou d'un changement chimique. Indiquez ensuite le nom de ce changement.

    a) Une personne qui fait de la buée en respirant.

    b) Une pomme coupée qui brunit.

    c) Une personne qui digère son repas.

    d) Une feuille de papier chiffonnée.

    e) Une personne qui nettoie une tache de graisse avec du savon.

    f) Une usine qui produit de l'ammoniac (NH_3) à partir de diazote (N_2) et de dihydrogène (H_2).

    g) De l'eau de chaux qui se brouille en présence de dioxyde de carbone.

RÉSEAU DE CONCEPTS

COMMENT CONSTRUIRE UN RÉSEAU DE CONCEPTS

Préparez votre propre résumé du chapitre 2 en construisant un réseau de concepts à partir des termes et des expressions qui suivent :

- Changement
- Changement de phase
- Changements chimiques
- Changements physiques
- Décomposition
- Déformation
- Dissolution
- Énergie
- Énergie chimique
- Énergie mécanique
- Énergie rayonnante
- Énergie thermique
- Formes d'énergie
- Oxydation
- Précipitation
- Synthèse
- Transferts d'énergie
- Transformations d'énergie
- Travail

LES ÉCARTS DE LA TEMPÉRATURE CORPORELLE

De nombreux échanges d'énergie thermique ont lieu à l'intérieur de notre corps et avec notre milieu. C'est ce qui nous permet de conserver une température interne avoisinant les 37 °C. Cependant, il arrive que notre température corporelle subisse une variation importante, ce qui peut conduire à l'hypothermie ou à l'hyperthermie.

2.58 L'HYPOTHERMIE

Définition	Symptômes	Interventions efficaces
L'hypothermie résulte d'une exposition prolongée à l'air froid ou à l'eau froide.	<ul><li>Température interne sous 35 °C</li><li>Peau plus pâle</li><li>Frissons (qui cessent lorsque la température atteint entre 30 °C et 32 °C)</li><li>Troubles de conscience</li><li>Coma ou mort (cas très graves)</li></ul>	<ul><li>S'assurer que la personne est bien au sec (corps et vêtements secs).</li><li>Faire augmenter l'activité musculaire (par exemple, sauter sur place).</li><li>Mettre plus de vêtements chauds, en couches superposées.</li><li>Faire boire des liquides chauds sans alcool.</li><li>Croiser les bras autour de la poitrine.</li></ul>

2.59 L'HYPERTHERMIE

Définition	Symptômes	Interventions efficaces
L'hyperthermie survient lorsque le corps ne réussit pas à évacuer suffisamment sa chaleur. La cause peut être une exposition prolongée à la chaleur ou un effort physique intense.	<ul><li>Température interne au-dessus de 38 °C</li><li>Peau sèche, rouge et chaude</li><li>Respiration rapide</li><li>Maux de tête prononcés</li><li>Étourdissements</li><li>Fatigue</li><li>Coma ou mort (cas très graves)</li></ul>	<ul><li>Faire boire des liquides frais.</li><li>Mettre des vêtements légers, de couleur claire.</li><li>Transporter la personne dans un endroit frais et ombragé.</li><li>Baigner la personne dans de l'eau tiède ou l'asperger d'eau tiède.</li></ul>

La fièvre est une forme d'hyperthermie. Cependant, elle n'est pas causée par l'environnement, mais par le corps lui-même afin de lutter contre une infection.

1. Vous partez en excursion l'hiver alors qu'il fait très froid.
    a) Quelles sont les précautions à prendre pour éviter l'hypothermie ?
    b) Si la personne qui vous accompagne se plaint qu'elle a très froid ou frissonne sans cesse, comment pourriez-vous augmenter sa température corporelle ?

2. Lors des marathons, des bénévoles offrent généralement des boissons fraîches aux athlètes tout le long du parcours. Quels sont les avantages de cette pratique ?

YVES SERGERIE

Au début des années 1990, un ingénieur travaillant à la conception du Biodôme propose à Yves Sergerie de développer un système de climatisation pour l'habitat des manchots et des pingouins. M. Sergerie met alors au point deux énormes machines à glace concassée, capables de produire environ 6000 kg de glace par jour. Les transferts d'énergie thermique entre la glace et l'habitat des manchots et des pingouins permettent de refroidir et de maintenir la température de l'eau et de l'air à un niveau idéal pour ces animaux habitués à un climat arctique. M. Sergerie a dû consacrer environ 400 heures à concevoir le projet et quatre mois à l'exécution des travaux. Trois techniciens en installations frigorigiques ont collaboré avec lui, conjointement avec les employés de la ville de Montréal.

2.60 L'habitat des manchots et des pingouins, au Biodôme de Montréal.

2.61 QUELQUES MÉTIERS ET PROFESSIONS CONNEXES À L'EMPLOI DE M. SERGERIE

Métier ou profession	Formation requise	Durée de la formation	Tâches principales
Mécanicien ou mécanicienne en réfrigération et en climatisation	DEP en réfrigération	1800 h	Installer et entretenir différents systèmes de réfrigération et climatisation.
Technologue en architecture	DEC en technologie de l'architecture	3 ans	Dessiner, concevoir des détails de construction, coordonner des travaux.
Ingénieur ou ingénieure de la construction	BAC en génie de la construction	3½ ans	Concevoir, analyser, planifier et contrôler un projet de construction.

NOM

Yves Sergerie

EMPLOI

Président d'une entreprise familiale de climatisation, chauffage, ventilation et réfrigération

RÉGION OÙ IL OCCUPE SON EMPLOI

Région métropolitaine de Montréal

FORMATION

DEC en technique minière, avec spécialisation en ventilation et exploitation des mines souterraines

RÉALISATION DONT IL EST FIER

Avoir développé le système de climatisation de l'habitat des manchots et des pingouins du Biodôme de Montréal

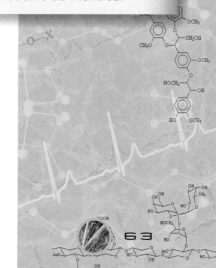

2005 — Entrée en vigueur du protocole de Kyōto visant à réduire les émissions de CO_2

1955 — Invention de l'aéroglisseur

1931 — Utilisation du fréon comme gaz réfrigérant

1881 — Invention du sphygmomanomètre, qui mesure la pression artérielle

1850 — Invention de la seringue hypodermique

1797 — Premier saut en parachute

1783 — Invention du ballon à gaz

1738 — Démonstration du principe de Bernoulli, qui explique les courants d'air

1690 — Conception d'une pompe à piston actionnée par la vapeur

1643 — Invention du baromètre

VERS 600 — Début de l'utilisation du moulin à vent

VERS 50 — Invention d'une pompe alimentant une fontaine

VERS -100 — Construction du premier moulin à eau

VERS -5000 — Invention des skis

L'HUMAIN
ET LES FLUIDES

Le fluide le plus connu est sûrement l'eau : on s'en sert pour se laver, pour s'amuser, pour éteindre les feux, pour transporter des marchandises. L'eau est également indispensable à la vie : elle représente environ 60 % à 70 % du poids total du corps humain. L'air qui nous entoure et que nous respirons est un autre fluide très important pour nous. Qu'ont en commun les fluides comme l'air et l'eau ? Quels mécanismes permettent aux fluides de circuler et d'assurer le transport des substances dans tout l'organisme ? C'est ce que nous verrons dans ce chapitre.

1 QU'EST-CE QU'UN FLUIDE ?

Un |fluide| est une substance qui peut s'écouler, se répandre. Si on la verse dans un contenant, elle prend naturellement la forme de ce contenant: elle est parfaitement déformable.

> *«Fluide» provient de fluidus, un mot latin signifiant «qui coule».*

1er CYCLE
- États de la matière
- Volume
- Air (composition)

>  Un **FLUIDE** est une substance qui a la capacité de se répandre et de prendre la forme du contenant dans lequel elle se trouve.

Prenons les exemples de l'eau et de l'air, car ils correspondent très bien à cette définition. L'eau peut s'écouler et prendre la forme du verre dans lequel on la verse. L'air que nous respirons peut se répandre et prendre la forme de nos fosses nasales, de notre trachée, de nos poumons.

3.1 Un fluide peut être un liquide.

Air

3.2 Un fluide peut être un gaz.

Tous les liquides, comme l'eau, le lait et le jus, sont des fluides. Le sang et la salive sont des fluides du corps humain. Tous les gaz, comme l'air, l'hélium et l'ozone, sont aussi des fluides.

Comment s'explique cette capacité de se répandre et de se déformer que possèdent les fluides? L'explication se trouve dans le **MODÈLE CORPUSCU-LAIRE**, c'est-à-dire dans l'agencement des particules des fluides. Reprenons les exemples de l'eau et de l'air. Comme on peut le voir sur les figures 3.3 et 3.4:

- les particules des liquides, comme l'eau, sont rapprochées et elles sont retenues par des forces d'attraction relativement faibles. Cela permet aux particules de glisser les unes sur les autres pour prendre la forme de n'importe quel contenant;
- les particules des gaz, comme l'air, sont très espacées et elles ne sont pas retenues par des forces d'attraction. Elles se déplacent dans tous les sens et peuvent occuper tout l'espace disponible.

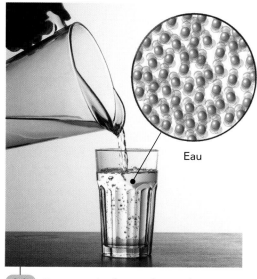

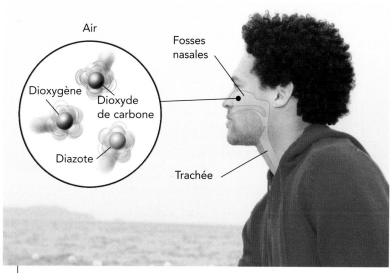

Air

Fosses nasales

Dioxygène

Dioxyde de carbone

Diazote

Trachée

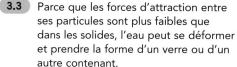
Eau

3.3 Parce que les forces d'attraction entre ses particules sont plus faibles que dans les solides, l'eau peut se déformer et prendre la forme d'un verre ou d'un autre contenant.

3.4 Il n'y a pas de forces d'attraction entre les particules d'un gaz. C'est ce qui permet à l'air de circuler dans les voies respiratoires et d'occuper tout l'espace disponible.

Parfois, il est difficile d'établir si les substances sont des fluides. Voici quelques cas particuliers.

Certaines substances sont des mélanges en phase liquide ou gazeuse qui contiennent des particules solides. Comme ces substances conservent tout de même leur capacité de se répandre, elles font partie des fluides. Par exemple, la fumée, qui est un mélange d'air et de particules solides en suspension, est un fluide.

D'autres substances, comme les gels et les pâtes, sont difficiles à classer : sont-elles liquides ou solides ? Si de telles substances peuvent couler et prendre la forme d'un contenant, on dira que ce sont des fluides.

Puisqu'un solide brisé en petits morceaux, comme le sable, peut s'écouler, peut-on le considérer comme un fluide ? Non. Dans le cas du sable, par exemple, l'écoulement ne se fait pas de façon continue comme dans le cas d'un liquide. De plus, le sable ne prend pas naturellement la forme d'un contenant : en coulant, il forme un tas au lieu d'une surface lisse.

3.5 Un fluide peut être un gaz ou un liquide qui contient des particules solides en suspension.

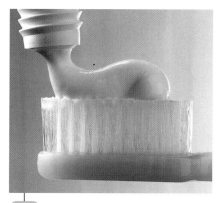

3.6 Même si sa consistance est très épaisse, la pâte dentifrice est un fluide.

3.7 Le sable n'est pas un fluide, car il ne prend pas naturellement la forme d'un contenant.

Il existe deux types de fluides : les fluides compressibles (les gaz) et les fluides incompressibles (les liquides).

1.1 LES FLUIDES COMPRESSIBLES

Un fluide compressible est un fluide qui peut être comprimé, c'est-à-dire dont le volume peut diminuer sous l'action d'une pression.

Pour bien illustrer ce phénomène, prenons l'exemple d'une seringue fermée, remplie aux deux tiers d'un gaz. La figure 3.8 A montre que, dans ce cas, les particules sont très éloignées les unes des autres.

Qu'arrive-t-il si l'on appuie sur le piston de la seringue ? Comme le montre la figure 3.8 B, les particules du gaz se resserrent et se répartissent uniformément dans le nouvel espace disponible. Ce fluide est compressible parce que son volume peut diminuer.

Et que se passerait-il si l'on tirait sur le piston de la seringue ? Comme le montre la figure 3.8 C, les particules s'éloigneraient et occuperaient le nouvel espace disponible. Le volume d'un fluide compressible peut donc aussi augmenter.

> ▶ Un **FLUIDE COMPRESSIBLE** est un fluide dont le volume peut varier. Les gaz sont des fluides compressibles.

«Comprimé» provient du mot latin comprimere, qui signifie «serrer, presser».

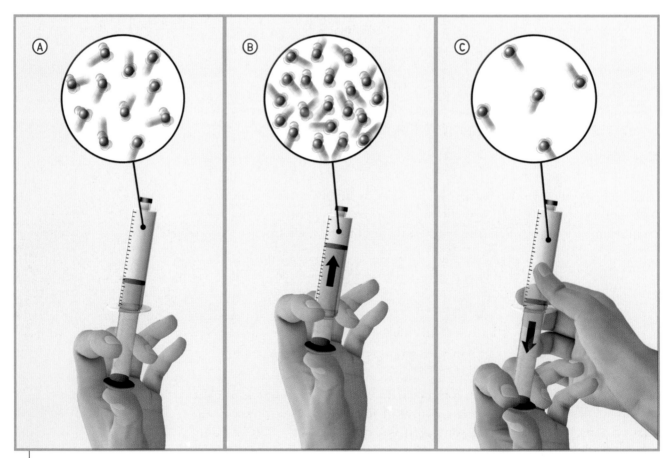

3.8 Le volume d'un fluide compressible est variable parce que l'espace entre ses particules peut varier.

1.2 LES FLUIDES INCOMPRESSIBLES

Si l'on reprenait l'exemple précédent d'une seringue fermée, remplie aux deux tiers, mais que l'on utilisait un liquide au lieu d'un gaz (*voir la figure 3.9 A*), obtiendrait-on le même résultat ? Le volume du liquide diminuerait-il si l'on appuyait sur le piston ? Comme on peut le voir à la figure 3.9 B, le volume ne changerait pas de façon notable. Cela s'explique par le fait que les particules d'un liquide sont déjà très rapprochées les unes des autres. On ne peut donc pas les resserrer davantage. C'est pourquoi nous parlons, dans ce cas, de fluide incompressible.

Et, comme on peut le voir à la figure 3.9 C, si l'on tirait sur le piston, le volume du liquide ne varierait pas non plus.

> Un FLUIDE INCOMPRESSIBLE est un fluide dont le volume ne peut presque pas varier. Les liquides sont des fluides incompressibles.

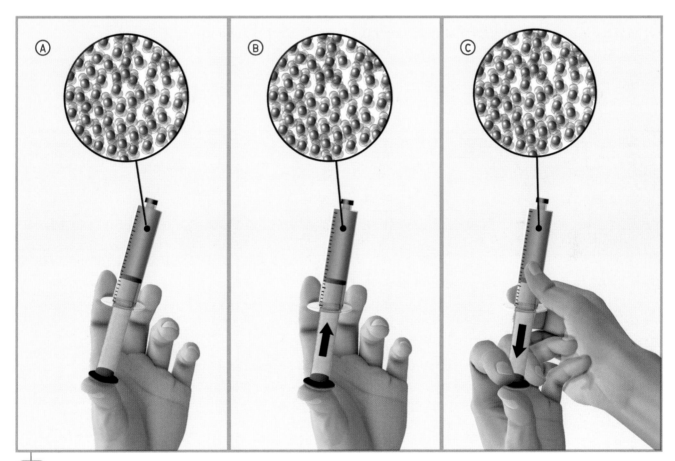

3.9 Le volume d'un fluide incompressible ne varie presque pas puisque ses particules sont très rapprochées les unes des autres.

Cette distinction entre fluides compressibles et fluides incompressibles est importante pour comprendre la façon dont ils exercent une pression. En effet, comme leurs particules sont agencées différemment, elles se comportent différemment et exercent une pression de façon différente. C'est ce que nous verrons dans une prochaine section. Mais d'abord, définissons ce qu'est la pression.

2 QU'EST-CE QUE LA PRESSION ?

Dans notre quotidien, on utilise régulièrement le terme «pression». Ainsi, l'eau du robinet s'écoule avec une certaine pression. Pour gonfler un ballon, on utilise un gaz sous pression. À la météo, on parle de pression atmosphérique. Lorsqu'on s'appuie sur une table, on exerce une pression sur cette table.

1er CYCLE
- Effets d'une force
- Gravitation universelle
- Masse

En science, le concept de pression est relié à la force exercée et à l'aire de la surface sur laquelle cette force s'exerce.

> La PRESSION résulte d'une force appliquée perpendiculairement à une surface.

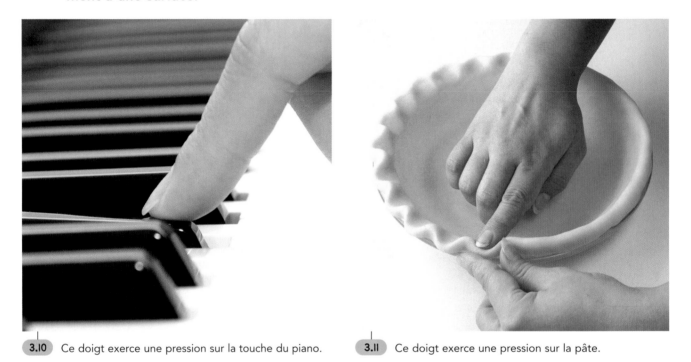

3.10 Ce doigt exerce une pression sur la touche du piano.

3.11 Ce doigt exerce une pression sur la pâte.

Voyons brièvement à quoi correspondent les deux variables dont dépend la pression, soit la force et l'aire :

- Qu'est-ce qu'une force ? C'est une action qui modifie le mouvement d'un objet (qui l'accélère, le ralentit, l'arrête ou le dévie) ou qui crée une déformation de l'objet. Dans les exemples ci-dessus, on voit un doigt qui exerce une force sur la touche d'un piano (modification du mouvement) et un autre qui exerce une force sur de la pâte (déformation de l'objet).

  La force peut provenir d'une action, mais elle peut aussi provenir de l'attraction de la Terre sur un objet. Par exemple, une personne debout sur le sol subit une force d'attraction qui dépend de sa masse. Plus la masse est élevée, plus la force est grande.

- Qu'est-ce que l'aire ? C'est la dimension d'une surface d'un objet. Par exemple, seule une partie de la surface du doigt est en contact avec la touche du piano ou avec la pâte. Il faut tenir compte de l'aire de cette surface pour connaître la pression exercée.

2.1 LA FORCE ET LA PRESSION

Quel rôle la force joue-t-elle dans la pression ? Prenons un exemple où la force provient de l'attraction de la Terre. La figure 3.12 montre l'exemple de deux personnes de masse différente qui portent des bottes de même pointure (même aire). Dans ce cas, c'est la personne ayant la plus grande masse (donc subissant la plus grande force) qui exerce la plus grande pression sur la neige et qui s'y enfonce le plus.

Plus la force exercée est grande, plus la pression est grande. On peut résumer ainsi le rôle de la force dans la mesure de la pression :

3.12 Une personne de masse plus grande s'enfonce davantage dans la neige qu'une personne de masse plus petite parce qu'elle exerce une plus grande pression.

3.13 L'EFFET D'UNE VARIATION DE LA FORCE SUR LA PRESSION
(si l'aire de la surface de contact est constante)

Variation de la force	Résultat
Si la force augmente	La pression augmente
Si la force diminue	La pression diminue

2.2 L'AIRE ET LA PRESSION

Quel rôle l'aire joue-t-elle dans la pression ? Comme le montre la figure 3.14, si une personne marche dans la neige en portant des raquettes, elle exerce une plus petite pression sur la neige et s'y enfonce moins que si elle ne porte que des bottes. Grâce aux raquettes, la force se trouve répartie sur une plus grande surface (aire plus grande). Chaque unité de surface subit donc une force plus petite, ce qui diminue la pression.

Plus l'aire de la surface sur laquelle s'applique la force est grande, plus la pression est petite. On peut résumer ainsi le rôle de l'aire de la surface de contact dans la mesure de la pression :

3.14 Sans raquettes, une personne s'enfonce davantage dans la neige parce que l'aire de la surface de contact avec la neige est plus petite.

3.15 L'EFFET D'UNE VARIATION DE L'AIRE DE LA SURFACE DE CONTACT SUR LA PRESSION
(si la force est constante)

Variation de l'aire	Résultat
Si l'aire de la surface de contact augmente	La pression diminue
Si l'aire de la surface de contact diminue	La pression augmente

2.3 LE CALCUL DE LA PRESSION

Dans le Système international d'unités, la pression se mesure en pascals.

Comme la pression correspond à une force exercée par unité de surface, l'équation mathématique qui permet de calculer la pression est la suivante :

$$P = \frac{F}{A}$$, où P représente la pression, qui s'exprime en pascals (Pa)

F représente la force, qui s'exprime en newtons (N)

A représente l'aire de la surface de contact, qui s'exprime en mètres carrés (m²)

Prenons un exemple : une boîte de 1 kg (10 N) déposée sur une table.

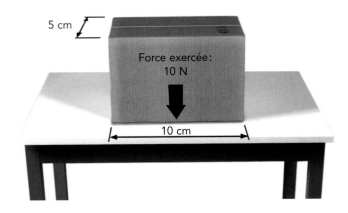

5 cm

Force exercée : 10 N

10 cm

Quelle pression cette boîte exerce-t-elle sur la table ?

$$P = \frac{F}{A} = \frac{10 \text{ N}}{0,005 \text{ m}^2} = 2000 \text{ Pa ou 2 kPa}$$

Ainsi, la pression exercée sur la table par cette boîte est égale à 2 kPa.

 Le newton (N) est l'unité de mesure de la force. Une force de 1 N correspond à la force nécessaire pour communiquer à un objet de 1 kg une accélération de 1 m/s², ce qui est l'équivalent d'amener un corps immobile à une vitesse de 1 m/s en 1 s.

Puisque l'attraction terrestre équivaut à environ 10 N/kg, on peut aussi dire que la Terre exerce une force de 1 N sur tout objet ayant une masse de 0,1 kg. Ainsi, pour estimer la force exercée par la Terre sur un objet, il suffit de multiplier sa masse par 10.

1623
1662

Blaise Pascal

L'unité de mesure de la pression, le pascal, fut nommée ainsi en l'honneur du philosophe, mathématicien et physicien français, Blaise Pascal. Certaines de ses nombreuses recherches scientifiques portèrent sur des phénomènes relatifs à la pression.

LE CLOWN ET L'ÉLÉPHANT

La pression exercée sur le sol par l'échasse d'un clown est environ 10 fois supérieure à celle exercée par une patte d'éléphant. En effet, la pression est de 1000 kPa par échasse (clown de 80 kg, échasses de 2 cm sur 2 cm) et de 100 kPa par patte (éléphant de 3000 kg, pattes de 30 cm de diamètre).

3 LA PRESSION EXERCÉE PAR LES FLUIDES

Comment la pression s'exerce-t-elle dans un fluide ? Y a-t-il une différence selon qu'il s'agit d'un fluide compressible ou d'un fluide incompressible ? Oui, il y a effectivement une différence. C'est ce que nous verrons dans les prochaines sections.

Cependant, il y a une règle commune à tous les fluides : comme les particules d'un fluide sont constamment en mouvement, la pression qu'il exerce est égale dans toutes les directions.

Fluide

3.16 En un point donné, un fluide exerce la même pression dans toutes les directions.

3.1 LA PRESSION EXERCÉE PAR UN FLUIDE INCOMPRESSIBLE

LABO
N° 26

Lorsque nous descendons en profondeur dans une piscine, nos oreilles se bouchent. C'est un des effets de la pression de l'eau sur nous.

Dans le cas d'un fluide incompressible, comme l'eau, la force exercée provient de la masse du fluide qui se trouve au-dessus de l'objet. La quantité totale de fluide n'a pas d'importance. Ainsi, à 1 m de profondeur, on ressentira la même pression dans une piscine que dans un lac.

Plus il y a de liquide au-dessus d'un objet, plus la force exercée par ce liquide est grande et, par le fait même, plus la pression est grande.

3.17 En plongée, c'est la masse de l'eau qui se trouve au-dessus de la personne qui détermine la pression qu'elle ressent.

3.18 Le liquide provenant du bas du contenant subit plus de pression que celui provenant du haut. C'est pour cette raison qu'il s'écoule plus loin.

Un autre facteur est à considérer dans la mesure de la pression : il s'agit de la **MASSE VOLUMIQUE** du fluide.

Par exemple, s'il était possible de plonger dans un liquide ayant une masse volumique supérieure à celle de l'eau, comme le mercure, ou ayant une masse volumique inférieure, comme l'alcool, qu'adviendrait-il à la pression exercée sur la personne ? Plus la masse volumique du fluide serait grande, plus la pression serait grande, et, inversement, plus sa masse volumique serait petite, plus la pression diminuerait.

En résumé, la pression exercée sur un objet par un fluide incompressible dépend :

- de la profondeur à laquelle l'objet se trouve dans le fluide ;
- de la masse volumique du fluide.

3.19 LA MASSE VOLUMIQUE DE QUELQUES LIQUIDES

Liquide	Masse volumique (en g/ml)
Essence	0,75
Alcool éthylique	0,79
Huile d'olive	0,92
Eau	1,00
Eau de mer	1,03
Glycérine	1,26
Mercure	13,55

CARREFOUR HISTOIRE

Une station sous-marine en eau froide

Joseph MacInnis, un médecin canadien né en 1937, a été le premier homme à nager sous les eaux du pôle Nord. MacInnis voulait observer les réactions du corps humain en eau profonde et améliorer la sécurité des plongeurs qui participaient aux recherches scientifiques dans les mers arctiques. C'est pourquoi, en 1972, il a inventé un abri sous-marin : le « Sub-igloo ». Cet abri, installé au fond de la Resolute Bay, au Nunavut, est devenu la première station sous glace officielle et la première utilisée dans les eaux arctiques.

Le Sub-igloo était constitué d'une coque en plastique transparent posée sur un plateau formé de milliers de barres d'aluminium. Le tout pesait neuf tonnes et pouvait résister à la pression de l'eau. On enlevait l'eau dans le Sub-igloo au moyen d'un boyau et on la remplaçait par de l'air. La pression de l'air à l'intérieur était maintenue égale à la pression de l'eau à l'extérieur, ce qui empêchait l'eau de pénétrer dans l'abri.

Grâce à cette station sous-marine, les plongeurs pouvaient demeurer sous l'eau plus longtemps. En effet, quand ils en éprouvaient le besoin, ils pouvaient prendre des pauses pour respirer l'air contenu dans le Sub-igloo au lieu de remonter à la surface. Il leur était même possible de communiquer avec la surface au moyen d'un téléphone installé dans l'abri.

Le Sub-igloo a servi à dix expéditions de recherches sous-marines dans les eaux arctiques.

Le Sub-igloo permettait aux plongeurs de prendre des pauses en eau profonde.

Il existe différents instruments permettant de mesurer la pression d'un fluide incompressible. Mentionnons, par exemple, le profondimètre, le manomètre à capsule avec un tube en U et le tonomètre. Le choix de l'instrument dépend de l'utilisation que l'on veut en faire.

3.20 Le profondimètre mesure la pression de l'eau et indique la profondeur de plongée en mètres.

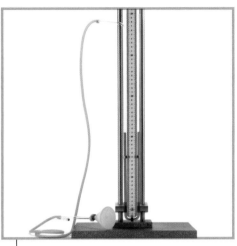

3.21 En laboratoire, on mesure la pression d'un fluide incompressible à l'aide d'un manomètre à capsule avec un tube en U. La pression du fluide est représentée par la différence de hauteur des deux colonnes de liquide.

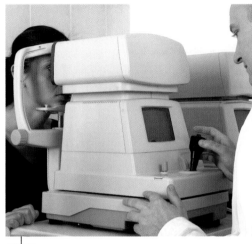

3.22 Le tonomètre permet de mesurer la pression du liquide contenu dans l'œil.

3.2 LA PRESSION EXERCÉE PAR UN FLUIDE COMPRESSIBLE

LABO N° 27

Les particules d'un fluide compressible (d'un gaz) se déplacent dans toutes les directions, au hasard. Elles changent de direction lorsqu'elles frappent un obstacle. Cet obstacle peut être un objet, la paroi d'un contenant, ou encore une autre particule. Au moment de la collision, les particules de fluide exercent une force sur l'obstacle. C'est la somme de ces forces qui est à l'origine de la pression d'un fluide compressible.

Ainsi, dans un fluide compressible, la pression dépend:

- du nombre de collisions des particules du fluide entre elles ou avec un objet.

Plus il y a de collisions, plus la pression est grande. Il y a donc une relation directe entre la pression et le nombre de collisions.

Les facteurs qui font varier le nombre de collisions sont :

- le nombre de particules. Plus il y a de particules, plus il y a de collisions entre les particules;

- la température. Selon le modèle corpusculaire, la vitesse des particules varie en fonction de la température. Plus la vitesse des particules est élevée, plus le nombre de collisions entre les particules est élevé;

- le volume du fluide. Nous étudierons en détail la relation entre la pression et le volume d'un fluide compressible dans la section suivante.

3.23 Plus il y a de particules, plus il y a de collisions, plus la pression est grande.

Il existe plusieurs instruments permettant de mesurer la pression d'un fluide compressible. En laboratoire, on utilise un manomètre en U. On peut également utiliser une jauge de pression ou un manomètre à cadran, selon l'utilisation que l'on veut en faire.

3.24 En laboratoire, on utilise un manomètre en U pour mesurer la pression d'un fluide compressible. Cette pression correspond à la différence de hauteur des deux colonnes de liquide.

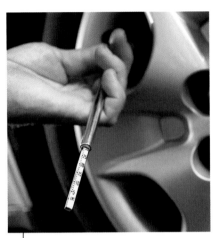

3.25 On mesure la pression d'air dans les pneus à l'aide d'une jauge de pression.

3.26 Ce manomètre à cadran permet de mesurer la pression du gaz dans une bonbonne.

LA RELATION ENTRE LA PRESSION ET LE VOLUME D'UN FLUIDE COMPRESSIBLE

Comme nous l'avons vu dans la section 1.1, le volume d'un fluide compressible est variable. Si l'on diminue son volume, qu'arrive-t-il à la pression? À température constante, lorsqu'on diminue le volume d'un fluide compressible, ses particules se rapprochent. Comme elles ont moins d'espace pour bouger, le nombre de collisions augmente. Il en résulte une augmentation de la pression, étant donné que celle-ci dépend du nombre de collisions. Et si l'on augmente le volume du fluide? On obtiendra l'effet inverse: la pression diminuera.

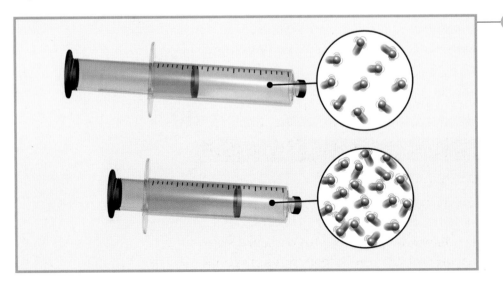

3.27 Lorsqu'on diminue le volume d'un gaz, le nombre de collisions augmente, ce qui augmente la pression.

Gonfler les pneus, c'est économique!

Par ignorance ou par négligence, plus de la moitié des automobilistes canadiens consomment trop de carburant. Pourquoi? Simplement parce qu'ils ne vérifient pas la pression d'air des pneus de leur voiture.

En effet, il est recommandé de vérifier la pression d'air tous les mois et avant un long trajet, mais malheureusement, peu de gens le font. En conservant une pression d'air adéquate dans les pneus, on prolonge leur durée de vie et on optimise la consommation d'essence.

La vérification de la pression se fait à l'aide d'un manomètre (plusieurs modèles sont disponibles sur le marché à environ 10$) et ne requiert que quelques minutes. On recommande de procéder à cette vérification quand les pneus sont froids, car la pression d'air varie avec la température.

Avec des pneus bien gonflés, on peut aller plus loin, car on économise du carburant.

L'Association canadienne de l'industrie du caoutchouc estime que s'il entretenait correctement les pneus de sa voiture, le conducteur canadien moyen économiserait une quantité de carburant équivalant environ à deux semaines de conduite par année!

Adapté de: Sylvie RAINVILLE, «Faites des économies en vérifiant la pression des pneus», *La Presse*, 1er mai 2006.

Voici, en résumé, le rôle du volume dans la pression d'un fluide compressible:

3.28 **L'EFFET D'UNE VARIATION DU VOLUME SUR LA PRESSION D'UN FLUIDE COMPRESSIBLE** (si la température et le nombre de particules sont constants)

Variation du volume	Résultat
Si le volume augmente	La pression diminue
Si le volume diminue	La pression augmente

Ainsi, quand la température et le nombre de particules sont constants, la pression d'un fluide compressible est inversement proportionnelle à son volume.

La relation demeure la même lorsqu'on observe les effets d'une variation de pression sur le volume d'un fluide compressible. Par exemple, dans la figure 3.27 (*page 76*), qu'arrive-t-il lorsqu'on appuie sur le piston et qu'on augmente la pression dans la seringue ? Le volume du fluide diminue.

3.29 L'EFFET D'UNE VARIATION DE LA PRESSION SUR LE VOLUME D'UN FLUIDE COMPRESSIBLE
(si la température et le nombre de particules sont constants)

Variation de la pression	Résultat
Si la pression augmente	Le volume diminue
Si la pression diminue	Le volume augmente

Cette relation entre la pression et le volume d'un fluide compressible s'appelle la loi de Boyle-Mariotte. Elle se résume ainsi :

- À température constante, le volume d'un fluide compressible est inversement proportionnel à la pression. Si on augmente la pression, le volume diminue, et vice versa.

Voici une application de cette loi. Lorsqu'on lance un ballon-sonde servant aux prévisions météorologiques, son volume augmente au fur et à mesure de son ascension. C'est parce que la pression diminue avec l'altitude. Cela a pour effet de faire augmenter le volume du ballon, jusqu'à ce que celui-ci devienne trop gros et qu'il éclate. Les instruments de mesure qui étaient attachés au ballon redescendent alors à l'aide d'un parachute.

1627
1691

Robert Boyle

Ce physicien et chimiste irlandais est le premier, en 1661, à avoir formulé la relation qui existe entre le volume et la pression d'un gaz. Peu de temps après, en 1676, le physicien français, Edme Mariotte, énonce la même loi, qu'on appelle aujourd'hui la «loi de Boyle-Mariotte».

3.30 Un ballon-sonde utilisé en météorologie.

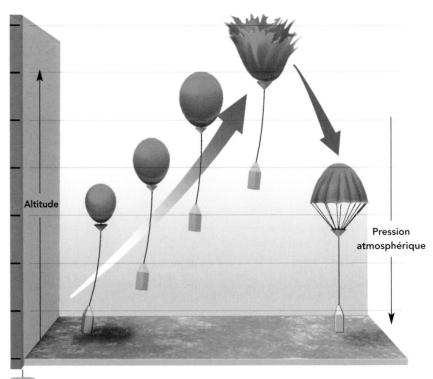

3.31 Durant son ascension, le volume du ballon-sonde augmente parce que la pression atmosphérique diminue.

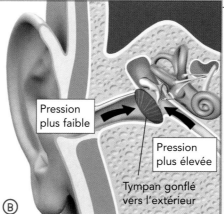
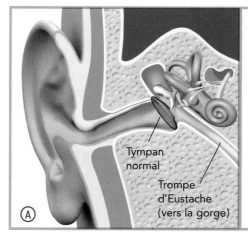

3.32 Normalement, la pression est égale de chaque côté du tympan, comme en A. Quand la pression externe diminue, le tympan se gonfle, comme en B.

Tympan normal

Trompe d'Eustache (vers la gorge)

Pression plus faible

Pression plus élevée

Tympan gonflé vers l'extérieur

Ⓐ

Ⓑ

On observe un phénomène semblable à l'intérieur de l'oreille. Lorsque la pression externe diminue, par exemple en avion lorsqu'on monte en haute altitude, le tympan se gonfle (*voir la figure 3.32 B*). La sensation d'inconfort alors ressentie disparaît lorsque la pression s'équilibre des deux côtés du tympan grâce à l'entrée d'air par la trompe d'Eustache.

LA PRESSION ATMOSPHÉRIQUE

L'atmosphère est la couche d'air qui entoure la Terre. Puisque cet air qui nous entoure est un mélange de gaz, il exerce une pression sur nous. On parle alors de **PRESSION ATMOSPHÉRIQUE**. Même si nous ne nous en rendons pas compte, la pression atmosphérique est considérable. La figure 3.33 illustre une expérimentation (réalisée pour la première fois par Otto von Guericke, en 1650) qui démontre l'ampleur de la pression exercée par l'atmosphère.

«Atmosphère» provient des mots grecs atmos et sphaira, qui signifient respectivement «vapeur humide» et «sphère céleste».

LA PRESSION MONTE!

En avion ou en montagne, il est conseillé d'avaler, de mâcher ou de bâiller pour équilibrer la pression de l'air dans nos oreilles. Cela met un terme aux oreilles bouchées!

1er CYCLE
└ Atmosphère

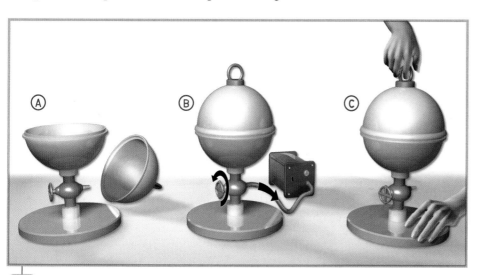

3.33 Les deux hémisphères montrés en A sont complémentaires et peuvent être joints afin de former une sphère. En B, on enlève l'air à l'intérieur de la sphère à l'aide d'une pompe, ce qui crée un vide. En C, l'atmosphère exerce une très grande pression sur la sphère vide, ce qui empêche sa séparation en deux.

Si la pression atmosphérique est forte à ce point, comment se fait-il qu'elle ne nous écrase pas ? C'est parce que les particules de l'atmosphère (d'air) nous frappent de façon égale dans toutes les directions, ce qui annule l'effet des forces exercées par les particules.

La pression atmosphérique varie en fonction de l'altitude. Au niveau de la mer, qui sert de point de référence, la pression atmosphérique est en moyenne de 101,3 kPa. Plus on monte en altitude, moins la pression est grande, car le nombre de particules d'air diminue avec l'altitude, de même que le nombre de collisions de particules.

L'instrument qui permet de mesurer la pression atmosphérique s'appelle le baromètre.

«Baromètre» provient des mots grecs baros et metron, qui signifient respectivement «poids, pesanteur» et «mesure».

La figure ci-dessous montre le fonctionnement du baromètre à mercure inventé par Evangelista Torricelli. Comme on peut le voir, l'air exerce une pression sur le mercure (un liquide), ce qui maintient le niveau de mercure dans le tube renversé. La hauteur de la colonne de liquide varie en fonction des variations de pression. Ainsi, une hauteur de 760 mm de mercure (Hg) correspond à une pression de 101,3 kPa. C'est de ce baromètre que viennent les millimètres de mercure que l'on utilise parfois comme unités de mesure de la pression.

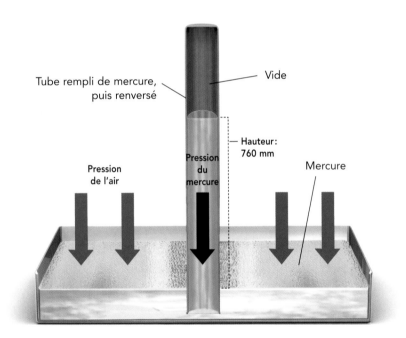

3.34 Le fonctionnement du baromètre à mercure.

1608
1647

Evangelista Torricelli

En 1643, en inventant le baromètre à mercure, ce physicien et mathématicien italien démontra que l'atmosphère exerce une pression.

 Bien souvent, la pression d'un gaz mesurée à l'aide d'une jauge ou d'un manomètre est une pression relative : elle dépend de la pression atmosphérique. Dans ce cas, une pression positive correspond à une pression plus grande que la pression atmosphérique, tandis qu'une pression négative correspond à une pression plus petite. Il existe certains instruments qui peuvent mesurer une pression absolue, c'est-à-dire une pression réelle.

4 LES MÉCANISMES LIÉS AUX VARIATIONS DE PRESSION DES FLUIDES

Dans la section précédente, nous avons vu comment s'exerce la pression à l'intérieur des fluides. Nous étudierons maintenant différents mécanismes qui fonctionnent grâce aux propriétés des fluides.

4.1 LES PRINCIPES GÉNÉRAUX ET LES APPLICATIONS TECHNIQUES

Expliquons d'abord quelques principes qui ont trait aux variations de pression des fluides.

Premier principe : Un fluide se déplace naturellement d'un endroit ayant une pression plus élevée vers un endroit ayant une pression moins élevée.

Les transferts de pression engendrés par différents mécanismes, comme les pistons, les valves ou les pompes, peuvent occasionner des variations de pression à l'intérieur d'un fluide. Ces variations entraînent la circulation du fluide.

Prenons un exemple. Lorsqu'on ouvre la valve d'une bonbonne de gaz sous pression, celui-ci est propulsé à l'extérieur, car la pression y est moins élevée. Lorsque la pression interne devient égale à la pression externe, le gaz ne peut plus sortir. (Une bonbonne de gaz n'est donc jamais vide, à moins que l'on aspire le gaz qui reste à l'intérieur.)

Il se produit un phénomène semblable pour les fluides en phase liquide. Par exemple, la pompe d'un puits engendre une hausse de pression qui permet à l'eau de circuler à travers les tuyaux de la maison, où la pression est moindre.

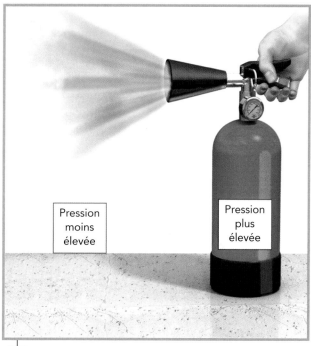

Pression moins élevée

Pression plus élevée

3.35 Le gaz se déplace de l'intérieur de la bonbonne, où la pression est plus forte, vers l'extérieur, où la pression est plus faible.

Deuxième principe : Si l'on applique une pression à la surface d'un fluide qui se trouve dans un milieu fermé, cette pression se répartit uniformément dans tout le fluide.

Ce principe simple, appelé «principe de Pascal», a plusieurs applications. Par exemple, lorsqu'on appuie sur le piston d'une seringue fermée, la pression du liquide contenu dans la seringue augmente. Si l'on enlève le bouchon de la seringue, le liquide est propulsé à l'extérieur selon le premier principe. Plus on presse fort, plus le liquide est éjecté avec vigueur. Cet exemple démontre que la pression exercée sur le piston est transférée au liquide.

Le même principe permet de faire fonctionner le frein à disque d'une voiture. Lorsqu'on appuie sur la pédale de frein, la pression se transmet jusqu'aux disques fixés sur les roues.

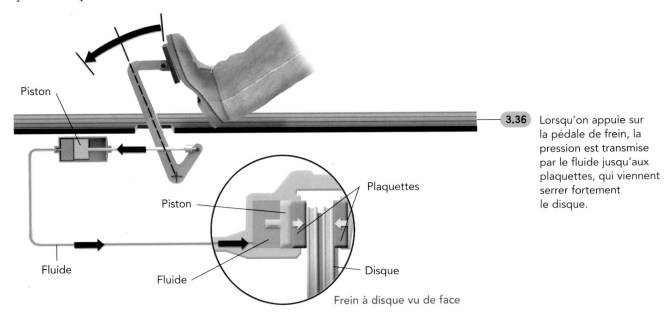

Piston

Piston

Plaquettes

Fluide

Fluide

Disque

Frein à disque vu de face

3.36 Lorsqu'on appuie sur la pédale de frein, la pression est transmise par le fluide jusqu'aux plaquettes, qui viennent serrer fortement le disque.

Troisième principe : Un transfert de pression dans un fluide peut permettre d'amplifier une force.

C'est le principe de base du fonctionnement de différents mécanismes hydrauliques, c'est-à-dire des mécanismes qui fonctionnent à l'aide de l'énergie transmise par l'eau ou d'autres liquides. Le dispositif hydraulique illustré à la figure 3.37 en est un exemple.

> «Hydraulique» provient du mot latin hydraulicus, qui signifie «mû par l'eau».

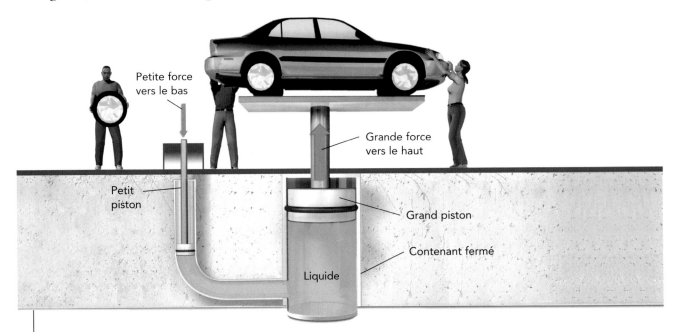

Petite force vers le bas

Grande force vers le haut

Petit piston

Grand piston

Contenant fermé

Liquide

3.37 Lorsqu'on exerce une pression à la surface d'un fluide, celle-ci est répartie également dans tout le système. Comme la pression est la même aux deux extrémités, la force exercée par le piston de droite, dont l'aire de la surface de contact est plus grande, sera plus grande que la force exercée par le piston de gauche, dont l'aire de la surface de contact est plus petite. Cet avantage mécanique permet d'amplifier la force et de soulever de lourds objets, comme une voiture.

4.2 LES MÉCANISMES NATURELS

LABO
N° 28

Les principes que nous venons de voir permettent de décrire le fonctionnement de plusieurs mécanismes naturels.

Par exemple, le cœur fonctionne comme une pompe. Il fournit les variations de pression nécessaires pour que le sang circule dans tout le corps. À l'intérieur des artères, la pression sanguine varie normalement entre 16 kPa (120 mm Hg), pression maximale lorsque le cœur pompe, et 10 kPa (75 mm Hg), pression minimale lorsque le cœur est au repos. À l'intérieur des veines, elle est pratiquement nulle. Ainsi, le sang circule des artères vers les veines, pour être ensuite pompé par le cœur. On mesure la pression du sang dans les artères à l'aide d'un sphygmomanomètre (ou tensiomètre).

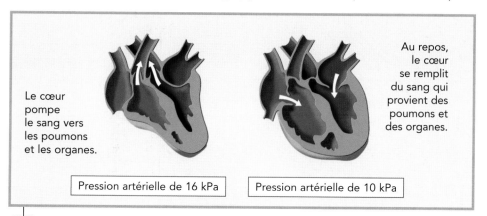

Le cœur pompe le sang vers les poumons et les organes.

Au repos, le cœur se remplit du sang qui provient des poumons et des organes.

Pression artérielle de 16 kPa

Pression artérielle de 10 kPa

3.38 Le cœur fournit les variations de pression nécessaires pour faire circuler le sang dans tout le corps.

C'est un phénomène semblable qui se produit lors de la respiration. Lorsqu'on inspire, la cage thoracique se gonfle et le volume des poumons augmente. Cette augmentation de volume engendre une diminution de pression par rapport à l'extérieur, ce qui permet de faire entrer l'air dans les poumons. Pendant l'expiration, le volume des poumons diminue, ce qui entraîne une augmentation de la pression de l'air dans les poumons. L'air peut alors sortir des poumons, car la pression est plus faible à l'extérieur.

L'AIL, C'EST BON!

Des recherches ont démontré que consommer de l'ail permet de diminuer la pression sanguine et de prévenir des maladies comme l'athérosclérose (une maladie causée par l'accumulation de dépôts de gras dans les vaisseaux sanguins).

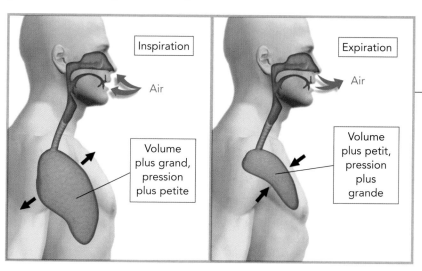

Inspiration

Air

Volume plus grand, pression plus petite

Expiration

Air

Volume plus petit, pression plus grande

3.39 Au cours de l'inspiration et de l'expiration, le volume des poumons varie, ce qui permet l'entrée et la sortie de l'air dans notre corps.

Le vent est un phénomène naturel qui dépend des variations de pression atmosphérique. Celle-ci varie selon l'altitude, mais elle varie aussi selon les conditions météorologiques. Ainsi, les déplacements de masses d'air des régions de forte pression atmosphérique vers les régions de faible pression atmosphérique donnent naissance aux vents.

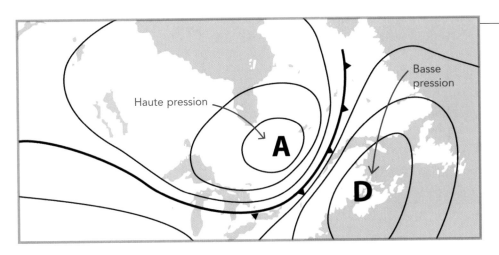

Haute pression

Basse pression

A

D

3.40 Le vent est le déplacement de l'air d'une zone de haute pression (ou anticyclone, A) vers une zone de basse pression (ou dépression, D).

Comme un poisson dans l'eau

Les plongeurs pourraient rester plus longtemps en eau profonde s'ils pouvaient utiliser l'air dissous dans l'eau pour respirer, comme le font les poissons.

Actuellement, les plongeurs en eau profonde doivent utiliser des bouteilles d'air comprimé pour respirer. Mais ces bouteilles ont une capacité limitée. Un inventeur israélien, Alon Bodner, a mis au point un système qui pourrait permettre aux plongeurs de respirer sans ces bouteilles. Ce système consiste à utiliser l'air dissous dans l'eau, comme le font les poissons avec leurs branchies.

Pour mettre au point son invention, Alon Bodner s'est inspiré d'une loi bien connue des physiciens: la loi de Henry. Celle-ci indique que la quantité de gaz qui peut être dissous dans un liquide est proportionnelle à la pression qui s'exerce sur ce liquide. La nouvelle invention consiste à abaisser la pression de l'eau autour des plongeurs. L'air dissous est alors libéré sous forme de grosses bulles, que l'on peut récupérer pour la respiration.

Après avoir construit et testé un modèle de son système en laboratoire, l'inventeur pense pouvoir fabriquer un premier modèle de taille réelle d'ici quelques années.

Adapté de: «Comme un poisson dans l'eau», *Science et Vie Junior*, mars 2006.

1 QU'EST-CE QU'UN FLUIDE ? (p. 66-69)

1. Quelles sont les caractéristiques d'un fluide ?

2. **a)** Sous quelles phases les substances que l'on considère comme des fluides se présentent-elles ?

   b) Pour chacune de ces phases, indiquez les caractéristiques des particules qui donnent à ces substances les propriétés des fluides. Présentez vos réponses dans un tableau semblable à celui ci-dessous.

Phase	Caractéristiques des particules

3. Observez les photos suivantes.

①

②

Repérez sur ces photos les fluides compressibles et les fluides incompressibles. Inscrivez vos réponses dans un tableau semblable à celui ci-dessous.

Fluides compressibles	Fluides incompressibles

4. Qu'est-ce qui différencie un fluide compressible d'un fluide incompressible ? Autrement dit, qu'est-ce qui permet à l'un d'avoir un volume variable et pas à l'autre ?

2 QU'EST-CE QUE LA PRESSION ? (p. 70-72)

5. Dans le Système international d'unités, quelle est l'unité de mesure de la pression ?

6. Plusieurs types de véhicules circulent sur les routes : des automobiles, des motocyclettes, des camions, etc. Les camions endommagent beaucoup le circuit routier. C'est pour cette raison que, dans certains secteurs, on leur en limite l'accès.

   a) En vous servant des notions de pression, expliquez pourquoi la circulation des camions endommage les routes.

   b) Sur les gros camions, on installe généralement plusieurs pneus larges. Quel est l'avantage de tels pneus pour le circuit routier ?

7. Supposons que le pied d'un homme occupe une surface de 0,03 m^2 et qu'une raquette occupe une surface de 0,3 m^2. Comment variera la pression exercée sur la neige par cet homme selon qu'il porte ou non des raquettes ? Expliquez votre réponse.

8. Vous déposez deux roches sur le sable. La première a une masse de 5 kg et la seconde, une masse de 15 kg. Si elles ont la même surface de contact, laquelle des deux roches exerce la plus grande pression ? Expliquez votre réponse.

9. Un cylindre ayant un rayon de 10 cm (soit une surface de 0,03 m^2) et une force de 10 N est déposé debout sur une table. Quelle est la pression exercée sur la table par le cylindre ?

3 LA PRESSION EXERCÉE PAR LES FLUIDES (p. 73-80)

10. Qu'est-ce qui fait varier la pression dans un liquide ?

11. Dans un laboratoire, pour mesurer la pression d'un gaz, il est très utile d'utiliser un manomètre avec un tube en U, comme celui illustré ci-dessous. Comment mesure-t-on la pression avec cet appareil ?

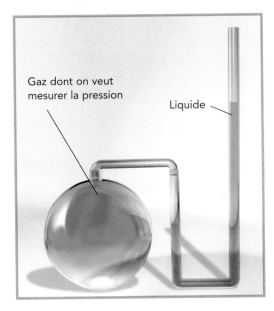

Gaz dont on veut mesurer la pression

Liquide

12. Même si les gaz sont très légers, ils peuvent exercer une grande pression. À quoi est due principalement la pression d'un gaz ?

13. Observez cette illustration montrant un barrage hydroélectrique.

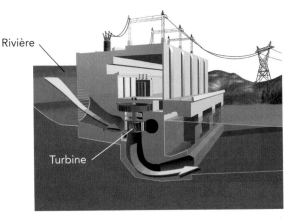

Rivière

Turbine

D'après vous, pourquoi est-il préférable d'installer la prise d'eau qui alimente les turbines le plus bas possible par rapport au barrage ?

14. Le mal des caissons est bien connu en plongée sous-marine. Il est causé par des bulles de gaz qui se forment dans le sang lorsqu'on remonte trop vite à la surface. Ces bulles proviennent des variations de pression. Expliquez la relation qui existe entre la pression et le volume des bulles de gaz.

15. Certains animaux, comme les rainettes, sont munis de ventouses aux pattes. Ces ventouses leur permettent de réduire la quantité d'air sous leurs pattes et de s'agripper facilement aux objets.

a) Expliquez comment les ventouses permettent aux rainettes de «coller» aux objets.

b) Ce système serait-il efficace dans l'espace, où la pression est pratiquement nulle ? Expliquez votre réponse.

16. Lorsqu'on augmente la température d'un gaz, qu'arrive-t-il à la pression de ce gaz ? Expliquez votre réponse.

4 LES MÉCANISMES LIÉS AUX VARIATIONS DE PRESSION DES FLUIDES (p. 81-84)

17. L'été, il est amusant de s'arroser avec des pistolets à eau. Lorsqu'on presse la gâchette, l'eau est propulsée à une certaine distance. Plus la cible est éloignée, plus on doit appuyer fort sur la gâchette. Expliquez ce qui arrive à la pression du liquide lorsqu'on appuie sur la gâchette.

18. Qu'est-ce qui permet aux fluides de circuler dans un système ?

19. Lorsqu'on ouvre une canette de boisson gazeuse, pourquoi une partie du gaz sort-elle à l'extérieur ?

20. On sait que, sur la Terre, une bonbonne de gaz ne se vide jamais d'elle-même. Ce phénomène serait-il le même dans l'espace, où la pression est presque nulle ? Expliquez votre réponse.

21. Un système hydraulique, comme celui qui est illustré ci-dessous, permet d'amplifier une force. À l'aide des notions de pression, expliquez pourquoi.

RÉSEAU DE CONCEPTS

COMMENT CONSTRUIRE UN RÉSEAU DE CONCEPTS

Préparez votre propre résumé du chapitre 3 en construisant un réseau de concepts à partir des termes et des expressions qui suivent:

- Fluide
- Fluide compressible
- Fluide incompressible
- Masse volumique du fluide
- Nombre de collisions des particules
- Phase gazeuse
- Phase liquide
- Pression exercée
- Profondeur de l'objet immergé
- Volume du fluide

LA TOUX, SYMPTÔME OU REMÈDE ?

La toux est un réflexe involontaire qui permet de dégager nos voies respiratoires. Elle permet d'évacuer un surplus de fluide, comme le mucus, ou des corps étrangers, comme la poussière. La toux est le résultat d'une expulsion soudaine et violente de l'air des poumons par la contraction de la cage thoracique. L'air ainsi projeté peut atteindre une vitesse d'environ 500 km/h.

Les causes de la toux sont multiples. Si elle se produit rarement, il n'y a pas lieu de s'inquiéter. En revanche, une toux fréquente ou chronique peut être le symptôme d'un rhume ou d'une infection plus grave, comme la bronchite. Il est alors important de tousser afin d'évacuer le surplus de fluide, principalement du mucus contaminé. Si l'on n'arrive pas à dégager nos voies respiratoires, on risque de développer des affections plus graves.

3.4l La toux peut être le symptôme d'une infection grave.

La toux peut aussi être déclenchée par des allergènes, un effort physique ou du stress chez une personne qui souffre d'asthme. Les crises d'asthme sont causées par une compression des voies respiratoires. Malheureusement, dans ce cas, la toux devient un irritant qui peut aggraver l'état de la personne en crise. Pour contrôler une crise d'asthme, il faut utiliser des bronchodilatateurs, une sorte de médicaments qui permet de ramener la respiration à la normale.

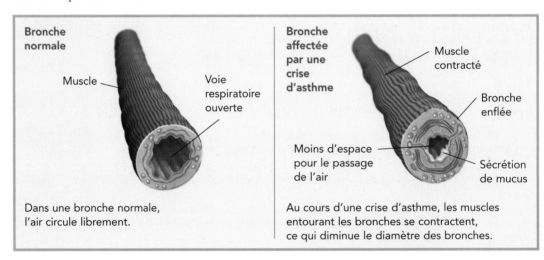

Bronche normale

Muscle

Voie respiratoire ouverte

Dans une bronche normale, l'air circule librement.

Bronche affectée par une crise d'asthme

Muscle contracté

Bronche enflée

Moins d'espace pour le passage de l'air

Sécrétion de mucus

Au cours d'une crise d'asthme, les muscles entourant les bronches se contractent, ce qui diminue le diamètre des bronches.

1. Le rhume, dont la toux est un symptôme, se propage par les fluides d'une personne contaminée. Quels moyens peut-on employer pour prévenir la propagation du rhume ?

2. Quels facteurs peuvent déclencher ou aggraver certains troubles respiratoires ?

BENOÎT DE MONTIGNY

La conception d'un projet tel que le tunnel du Parc Aquarium du Québec nécessite la collaboration de plusieurs personnes. C'est M. Benoît de Montigny qui a été, au début des années 2000, chargé de l'aspect technique et architectural du projet. Son rôle consistait à coordonner l'ensemble des activités. Il avait comme mandat de construire un tunnel dans lequel les visiteurs pourraient circuler comme s'ils étaient sous l'eau. Pour choisir le meilleur concept, M. de Montigny a d'abord consulté des experts d'un peu partout dans le monde. La forme actuelle du tunnel fut déterminée et les matériaux furent choisis de façon à résister à la forte pression de l'eau sur les parois. En effet, le bassin dans lequel s'avance le tunnel est très profond. Il contient environ 350 000 L d'eau !

NOM

Benoît de Montigny

EMPLOI

Architecte (actuellement à la retraite)

RÉGION OÙ IL OCCUPAIT SON EMPLOI

Québec

FORMATION

BAC en architecture

RÉALISATION DONT IL EST FIER

Avoir coordonné le projet du tunnel du Parc Aquarium du Québec

3.42 Le tunnel du Parc Aquarium du Québec.

3.43 QUELQUES MÉTIERS ET PROFESSIONS CONNEXES À L'EMPLOI QU'OCCUPAIT M. DE MONTIGNY

Métier ou profession	Formation requise	Durée de la formation	Tâches principales
Opérateur ou opératrice de station de traitement des eaux usées	DEP en conduite de procédés de traitement de l'eau	1800 h	• Faire fonctionner des installations servant au traitement de l'eau • Effectuer des analyses de l'eau
Technicien ou technicienne en aquaculture	DEC en techniques d'aquaculture	3 ans	• Concevoir des installations et participer à leur montage • Déterminer les besoins des espèces à élever
Ingénieur ou ingénieure en mécanique du bâtiment	BAC en génie du bâtiment	4 ans	• Concevoir des plans • Résoudre des problèmes de conception • Superviser la mise en chantier

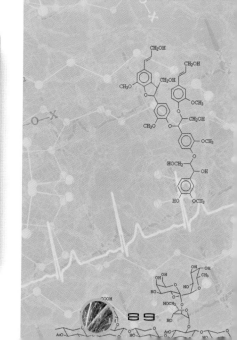

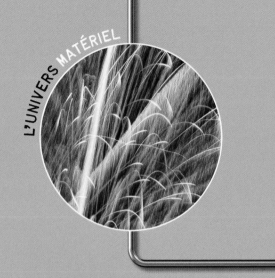

1997 — Invention du DVD

1979 — Mise en service des premiers
téléphones portables

1943 — Invention de la télévision couleur

1925 — Invention de la télévision
noir et blanc

1906 — Première transmission de paroles
et musique par radio AM

1876 — Invention du téléphone

1874 — Invention de l'ampoule électrique

1849 — Mesure précise de la vitesse
de la lumière

1801 — Découverte des rayons
ultraviolets

1636 — Mesure de la vitesse
du son

1589 — Découverte de la
décomposition de la
lumière par un prisme

1285 — Première utilisation
de lunettes correctrices
pour la vue

VERS 50 — Démonstration des règles
de base de la réflexion

VERS -2500 — Découverte de la chambre
noire servant à produire
une image inversée

L'HUMAIN
ET LES ONDES
QU'IL PERÇOIT

4

Nous sommes constamment entourés d'ondes. Nos yeux peuvent percevoir les formes et les couleurs en captant les ondes lumineuses. Les ondes sonores parviennent à nos oreilles sous forme de musique, de voix, de bruits divers. Les fours à micro-ondes réchauffent notre repas en quelques minutes grâce aux rayons qu'ils émettent. Les rayons X permettent de détecter des fractures. Ce ne sont que quelques-unes des ondes qui existent. Quelles sont les caractéristiques des ondes? Comment se comportent-elles? C'est ce que nous verrons dans ce chapitre.

1 QU'EST-CE QU'UNE ONDE ?

Lorsqu'on lance un caillou dans l'eau, il se forme des ondulations à la surface de l'eau. Lorsqu'on pince une corde de guitare, on crée une vibration, un son, qui se propage dans l'air jusqu'à notre tympan. Lorsqu'il y a un tremblement de terre, la croûte terrestre transmet les vibrations du séisme. Dans chacun de ces exemples, on note la présence d'une onde, c'est-à-dire d'une **PERTURBATION** qui se propage. Une perturbation, c'est une modification locale et temporaire des propriétés d'un milieu (comme l'eau, l'air ou le sol).

«Onde» provient du mot latin unda, qui signifie «eau en mouvement».

> ▶ Une ONDE est une perturbation qui se propage. Une onde transporte de l'énergie; elle ne transporte pas de matière.

Une onde transporte de l'énergie d'une zone vers une autre, mais elle n'apporte pas la matière avec elle. Prenons l'exemple d'un canard sur un lac où il n'y a pas de courant. Comme le montre la figure 4.2, l'onde se propage d'un côté du lac à l'autre, la matière (l'eau et le canard) monte et descend au rythme de l'onde, mais elle demeure au même endroit après le passage de l'onde.

4.1 Les vagues résultent d'une onde, d'une perturbation qui se propage à la surface de l'eau.

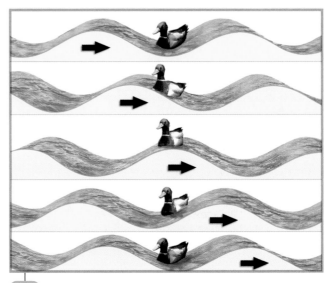

4.2 Une vague fait monter, puis descendre le canard, mais celui-ci revient à sa position de départ après le passage de l'onde. (La flèche indique le déplacement de l'onde.)

1.1 LES CARACTÉRISTIQUES D'UNE ONDE

LABOS Nᵒˢ 29 et 30

Les ondes peuvent être très différentes les unes des autres. Qu'est-ce qui les différencie? Ce sont leur façon de se propager, leur amplitude, leur longueur d'onde et leur fréquence.

LA FAÇON DE SE PROPAGER

Les ondes peuvent se propager de deux façons: c'est ce qui différencie les ondes transversales des ondes longitudinales.

Les ondes transversales

Au passage d'une onde transversale, le milieu se déplace perpendiculairement à la direction du déplacement de l'onde. Dans le cas de la figure 4.3, par exemple, l'onde se déplace de gauche à droite et le milieu se déplace de bas en haut.

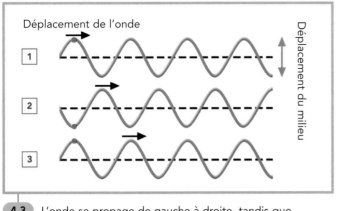

4.3 L'onde se propage de gauche à droite, tandis que le milieu (par exemple, le point en rouge) se déplace de bas en haut. L'onde est transversale.

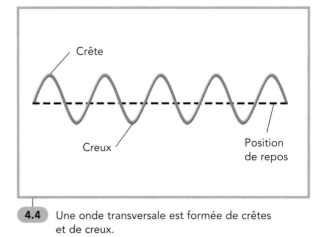

4.4 Une onde transversale est formée de crêtes et de creux.

> Une **ONDE TRANSVERSALE** est une onde qui se propage perpendiculairement au déplacement du milieu.

Soulignons que la partie la plus élevée de l'onde par rapport à la position de repos du milieu se nomme la crête; la partie la plus basse s'appelle le creux.

Les ondes longitudinales

Le milieu peut aussi se déplacer parallèlement au déplacement de l'onde. On dit alors que l'onde est longitudinale. C'est le cas, notamment, du mouvement vibratoire d'un ressort, comme celui montré à la figure 4.5. On crée ce mouvement en poussant ou en tirant l'extrémité d'un ressort tendu.

> Une **ONDE LONGITUDINALE** est une onde qui se propage parallèlement au déplacement du milieu.

Quand une onde longitudinale se propage, les particules du milieu se rapprochent et s'éloignent parallèlement au sens de la propagation de l'onde. Soulignons que les zones dans lesquelles les particules sont plus rapprochées que la normale se nomment «zones de compression» et les zones dans lesquelles elles sont plus éloignées se nomment «zones de raréfaction».

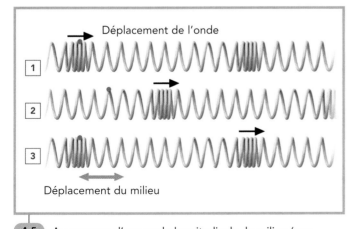

4.5 Au passage d'une onde longitudinale, le milieu (par exemple, le point en rouge) se déplace parallèlement à la propagation de l'onde.

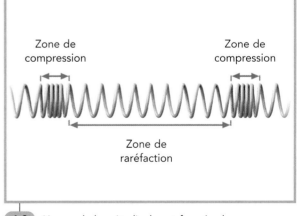

4.6 Une onde longitudinale est formée de zones de compression et de zones de raréfaction.

L'AMPLITUDE

L'amplitude est une caractéristique des ondes. Elle est symbolisée par la lettre A. Elle dépend de l'énergie transmise par l'onde. En effet, plus la quantité d'énergie transportée par une onde est grande, plus l'amplitude est grande. Par exemple, lorsqu'on agite une corde de haut en bas, on transmet de l'énergie à la corde. Cette énergie permet à la corde de vibrer et de former une onde. Pour augmenter le déplacement vertical de la corde, c'est-à-dire l'amplitude, il faut l'agiter plus vigoureusement en lui donnant plus d'énergie.

▶ **L'AMPLITUDE** d'une onde correspond à la distance maximale parcourue par une particule du milieu par rapport à sa position de repos.

4.7 Il est possible de créer une onde en agitant une corde. Plus on agite la corde avec énergie, plus l'amplitude de la corde est grande.

Dans le cas d'une onde transversale, l'amplitude correspond à la hauteur maximale de la crête ou à la profondeur maximale du creux par rapport à la position de repos du milieu.

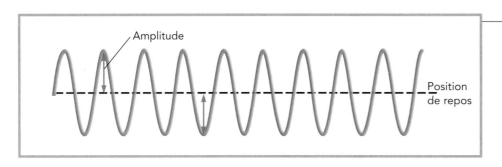

4.8 L'amplitude d'une onde transversale correspond à la distance entre la position de repos et le sommet d'une crête ou entre la position de repos et la base d'un creux.

L'amplitude d'une onde longitudinale est plus difficile à mesurer. Elle dépend de la densité des zones de compression. Plus les zones de compression sont denses, plus l'amplitude est grande.

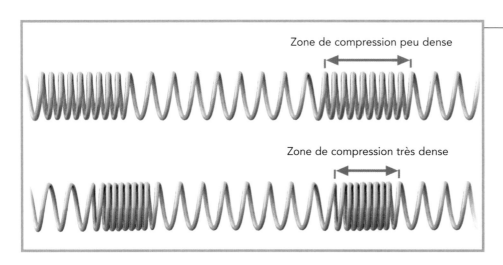

4.9 L'amplitude de l'onde longitudinale du haut est plus petite que celle de l'onde longitudinale du bas.

LA LONGUEUR D'ONDE

La longueur d'onde est symbolisée par la lettre grecque λ, qui se prononce «lambda». Elle correspond à la longueur d'un cycle complet d'une onde. Dans le cas d'une onde transversale, la longueur d'un cycle complet correspond à la distance séparant deux crêtes ou deux creux. Dans le cas d'une onde longitudinale, un cycle complet comprend une zone de compression et une zone de raréfaction.

> 🔊 La **LONGUEUR D'ONDE**, c'est la longueur d'un cycle complet d'une onde.

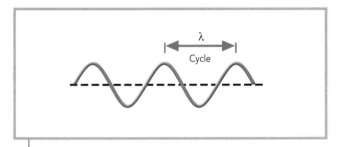

4.10 Pour une onde transversale, la longueur d'onde, c'est la distance séparant soit deux crêtes consécutives, soit deux creux consécutifs.

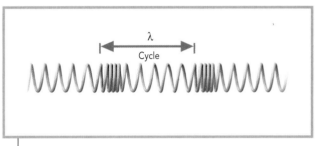

4.11 Pour une onde longitudinale, la longueur d'onde, c'est la longueur de l'ensemble formé par une zone de compression et une zone de raréfaction.

LA FRÉQUENCE

La fréquence, une autre caractéristique des ondes, peut se comparer au nombre de voitures qui circulent en un point donné d'une route pendant une journée. Si le compteur a dénombré 100 voitures dans une journée, la fréquence de circulation est de 100 voitures par jour. Pour mesurer la fréquence d'une onde, on compte le nombre d'ondes complètes (ou cycles) qui se forment en un point donné durant une certaine période de temps.

> 🔊 La **FRÉQUENCE** correspond au nombre de cycles par unité de temps.

La fréquence d'une onde se mesure en hertz (Hz), ce qui correspond au nombre de cycles par seconde. Ainsi, si une onde a une fréquence de 1 Hz, cela signifie qu'elle effectue 1 cycle par seconde.

 De manière générale, la vitesse correspond à la distance parcourue par unité de temps. Une onde ayant une fréquence de 1 Hz et une longueur d'onde de 10 cm aura donc une vitesse de 10 cm/s, puisque cette onde aura parcouru une distance de 10 cm en 1 seconde. Ainsi, pour déterminer la vitesse de propagation d'une onde, il s'agit de multiplier la fréquence par la longueur d'onde.

Vitesse = fréquence x longueur d'onde

1857
1894

Heinrich Hertz

Ce physicien allemand fut le premier à produire des ondes radio à l'aide d'une de ses inventions. L'unité de mesure de la fréquence porte son nom à cause de ses nombreuses contributions à l'étude des propriétés du son et des ondes radio.

1.2 LES TYPES D'ONDES

LABO

N° 31

Il existe deux types d'ondes: les ondes mécaniques et les ondes électromagnétiques.

LES ONDES MÉCANIQUES

Les ondes mécaniques sont des ondes qui ont besoin d'un milieu matériel (liquide, solide ou gazeux) pour se propager. Par exemple, l'eau sert de milieu pour transporter les vagues, l'air transmet les ondes sonores et le sol, les ondes sismiques qui se propagent au cours des tremblements de terre. Les exemples d'ondes que nous avons vus jusqu'à maintenant étaient donc principalement des ondes mécaniques.

> ▶ Une ONDE MÉCANIQUE est une onde qui a besoin d'un milieu matériel pour se propager.

Généralement, une onde mécanique provient d'une perturbation locale, comme lorsqu'on crée une ondulation en lançant un caillou dans l'eau ou un son en jouant d'un instrument de musique. Cette perturbation modifie alors l'état physique du milieu. Elle entraîne le déplacement vertical de l'eau ou des variations de pression de l'air. Ces modifications sont transmises aux particules adjacentes, et ainsi de suite. C'est de cette façon qu'une onde mécanique est créée et se propage. Nous étudierons en détail un exemple d'ondes mécaniques, soit les ondes sonores, plus loin dans ce chapitre.

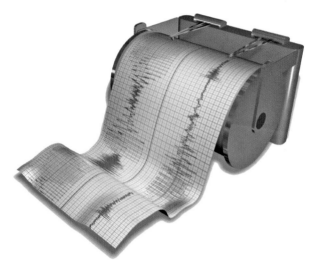

4.12 Les ondes sismiques, dont on voit ici un enregistrement à l'aide d'un sismographe, sont des ondes mécaniques.

LES ONDES ÉLECTROMAGNÉTIQUES

En ce qui concerne les ondes électromagnétiques, comme les ondes lumineuses que nous étudierons dans la section 3, ce sont des ondes transversales qui se propagent aussi bien dans le vide que dans un milieu matériel. C'est pourquoi les rayons du Soleil peuvent parvenir jusqu'à nous en traversant le vide interstellaire et l'atmosphère. Comme n'importe quelles ondes, les ondes électromagnétiques transportent de l'énergie d'un point à un autre. La forme d'énergie associée aux ondes électromagnétiques est de l'énergie rayonnante.

> ▶ Une ONDE ÉLECTROMAGNÉTIQUE est une onde qui peut se propager autant dans le vide que dans un milieu matériel.

La vitesse des ondes électromagnétiques varie selon leur milieu de propagation. Dans le vide, toutes se propagent à environ 300 000 km/s. Cette vitesse est tellement grande que, notamment, la propagation de la lumière visible nous semble instantanée.

L'ESPACE SONORE DES FILMS

Le son ne pouvant pas se propager dans le vide, il n'y a aucun son dans l'espace. Comme un film silencieux ne serait pas très intéressant, peu de films de science-fiction respectent cette réalité.

Il existe plusieurs types d'ondes électromagnétiques, qu'on classe en fonction de leur fréquence et de leur longueur d'onde. Plus la fréquence d'une onde électromagnétique est élevée, plus l'énergie qu'elle transporte est grande. L'ensemble des ondes électromagnétiques forme ce qu'on appelle le «spectre électromagnétique», présenté à la figure 4.14 (*p. 98-99*). La lumière visible ne constitue qu'une toute petite partie de ce spectre.

▶ Le SPECTRE ÉLECTROMAGNÉTIQUE est le classement de toutes les ondes électromagnétiques en fonction de leur longueur d'onde et de leur fréquence.

Le tableau suivant résume les différences qui existent entre les ondes mécaniques et les ondes électromagnétiques.

4.13 LES TYPES D'ONDES

Type d'ondes	Milieu de propagation	Exemples
Ondes mécaniques	Elles ne peuvent se propager que dans un milieu matériel.	Ondes sismiques, ondes sonores, vagues.
Ondes électromagnétiques	Elles peuvent se propager dans un milieu matériel ou dans le vide.	Ondes radio, rayons infrarouges, ondes lumineuses, rayons ultraviolets, rayons X, rayons gamma.

Accros aux salons de bronzage

Les rayons ultraviolets employés dans les salons de bronzage peuvent créer une dépendance physique, au même titre que le jeu compulsif. En effet, lorsqu'ils frappent la peau, ces rayons provoquent une réaction en chaîne menant à la sécrétion d'endorphines, des molécules qui donnent un sentiment de bien-être.

C'est la dermatologue Mandeep Kaur, de l'Université Wake Forest en Caroline du Nord, qui a fait cette découverte. Dans le cadre d'un projet de recherche, elle a démontré que les individus à qui elle avait administré du naltrexone (un médicament qui bloque la sécrétion d'endorphines) avaient moins d'attrait pour les lits à ultraviolets que les personnes qui n'avaient pas pris ce médicament.

«Nous voulions savoir pourquoi certaines personnes continuent à fréquenter assidûment les salons de bronzage malgré les risques de cancer de la peau, explique-t-elle. Certains le font même après avoir reçu un diagnostic de cancer.»

Adapté de: Mathieu PERREAULT, «Accros aux salons de bronzage», *La Presse*, 27 août 2006, p. PLUS4.

Certaines personnes deviennent dépendantes de l'effet des rayons ultraviolets utilisés dans les salons de bronzage.

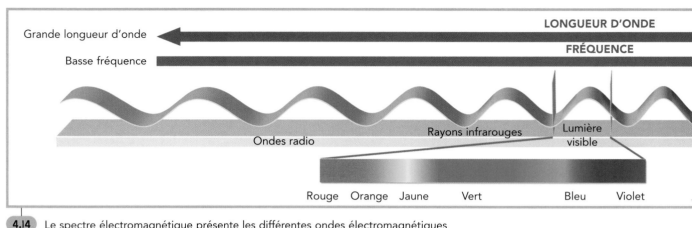

LONGUEUR D'ONDE

Grande longueur d'onde

FRÉQUENCE

Basse fréquence

Ondes radio   Rayons infrarouges   Lumière visible

Rouge   Orange   Jaune   Vert   Bleu   Violet

4.14 Le spectre électromagnétique présente les différentes ondes électromagnétiques en fonction de leur longueur d'onde et de leur fréquence.

LES ONDES RADIO

DESCRIPTION

Les ondes radio sont les ondes ayant la plus petite fréquence du spectre. Elles sont invisibles et transportent peu d'énergie. Les micro-ondes sont des ondes radio de grande fréquence, qui peuvent faire vibrer certaines particules de matière et en augmenter la température.

APPLICATIONS TECHNOLOGIQUES

- Radio, télévision
- Résonance magnétique
- Fours à micro-ondes
- Téléphones cellulaires (micro-ondes)
- Radars (micro-ondes)

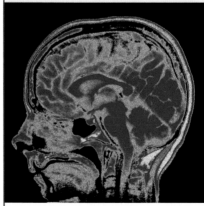

La résonance magnétique permet de produire des images très nettes du cerveau à l'aide d'ondes radio.

LES RAYONS INFRAROUGES

DESCRIPTION

Les rayons infrarouges ont une longueur d'onde et une fréquence se situant entre celles des ondes radio et celles des rayons de la lumière rouge. Ils sont invisibles, mais il est toutefois possible de percevoir la sensation de chaleur qu'ils transmettent.

APPLICATIONS TECHNOLOGIQUES

- Thermographie infrarouge
- Appareils de vision nocturne
- Satellites d'observation des astres
- Communications à courte distance (télécommandes, lecteurs optiques, souris optiques, claviers d'ordinateur sans fil)

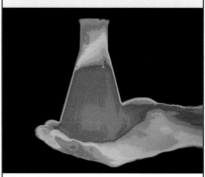

Un thermographe permet de produire une image grâce aux rayons infrarouges émis par un objet. Les variations de couleur correspondent aux variations de température.

LA LUMIÈRE VISIBLE

DESCRIPTION

Comme son nom l'indique, la lumière visible comprend le seul type d'ondes électromagnétiques visibles par l'être humain. Elle se divise en six couleurs, soit le rouge, l'orange, le jaune, le vert, le bleu et le violet, ayant chacune une zone de longueurs d'onde spécifique. L'ensemble de ces couleurs compose la lumière blanche.

APPLICATIONS TECHNOLOGIQUES

- Éclairage
- Laser
- Photographie
- Cinéma
- Écrans d'ordinateurs
- Microscopes
- Télescopes

Un prisme permet de décomposer la lumière blanche en lumière de différentes couleurs.

Courte longueur d'onde

Fréquence élevée

Rayons ultraviolets

Rayons X

Rayons gamma

LES RAYONS ULTRAVIOLETS

DESCRIPTION

Les rayons ultraviolets (ou rayons UV) sont invisibles pour l'être humain, mais certains animaux sont capables de les percevoir. Comme les rayons UV ont une fréquence plus élevée que celle de la lumière visible, ils transportent une plus grande quantité d'énergie. C'est cette énergie qui fait bronzer et qui peut causer le cancer de la peau. Une certaine quantité de rayons UV nous est cependant nécessaire pour la synthèse de la vitamine D.

APPLICATIONS TECHNOLOGIQUES

- Traitement de certaines maladies (comme le rachitisme ou la jaunisse du nourrisson)
- Stérilisation d'instruments chirurgicaux

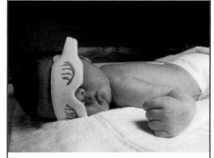

Les rayons UV sont utilisés pour le traitement de la jaunisse du nourrisson.

LES RAYONS X

DESCRIPTION

À cause de leur grande fréquence, les rayons X transportent une grande quantité d'énergie. Ils peuvent traverser plus ou moins facilement une variété de substances normalement opaques à la lumière visible. On peut observer les os sur une radiographie parce que ceux-ci sont plus denses que les tissus environnants. Une exposition prolongée aux rayons X peut provoquer des brûlures et des cancers.

APPLICATIONS TECHNOLOGIQUES

- Radiographie
- Inspection des bagages dans les aéroports
- Étude des substances cristallines

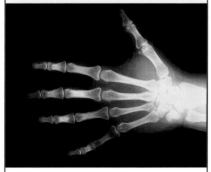

Les rayons X permettent de «photographier» les os à l'intérieur de notre corps.

LES RAYONS GAMMA

DESCRIPTION

Les rayons gamma sont la forme de rayonnement possédant la plus haute fréquence et transportant le plus d'énergie. Ils traversent très facilement la matière. Un centimètre de plomb, six centimètres de béton ou neuf centimètres de terre ne peuvent bloquer que 50 % d'entre eux. Selon le degré d'exposition, ils peuvent causer des brûlures, des cancers et des mutations génétiques. On les utilise de façon contrôlée en médecine et pour conserver les aliments à cause de leur capacité à tuer les cellules malades et les bactéries.

APPLICATIONS TECHNOLOGIQUES

- Traitement du cancer
- Conservation des aliments

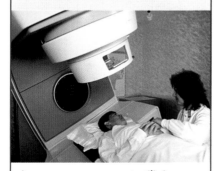

Les rayons gamma sont utilisés dans le traitement du cancer.

2 LES ONDES SONORES

LABO
Nº 32

Les sons sont des ondes mécaniques longitudinales. Ils résultent d'une modification d'un milieu par une perturbation locale. Par exemple, si une chaise tombe par terre, l'impact fait vibrer les particules du sol. Cette perturbation peut alors être transmise au milieu environnant, comme l'air. L'onde ainsi produite permet de transmettre l'énergie sonore.

> ⮞ Le SON est une onde mécanique longitudinale produite par la vibration d'un corps et propagée dans le milieu environnant.

Voyons plus en détail comment une onde sonore naît et comment elle se propage. Prenons l'exemple d'un tambour. Lorsqu'on frappe la surface du tambour, la membrane vibre. Lorsque la membrane monte, elle pousse l'air qui se trouve près du tambour. Les particules d'air se rapprochent alors, ce qui crée une augmentation de la pression, donc une zone de compression. Lorsque la membrane redescend, les particules d'air se distancent. Il s'ensuit une baisse de pression, ce qui produit une zone de raréfaction. C'est ainsi, par des variations de pression, que l'onde sonore se propage dans l'air. Mais seule l'onde se propage. Les particules d'air se déplacent très légèrement dans un mouvement de va-et-vient. Les sons ne produisent donc pas de vent!

Tout ce qui produit un son produit une onde mécanique longitudinale. Autant les haut-parleurs, les instruments de musique que le tonnerre font donc vibrer les particules autour d'eux.

1629
1695

Christiaan Huygens

Vers 1670, ce savant néerlandais démontra que le son est une onde mécanique longitudinale. Il fit aussi plusieurs autres découvertes concernant les ondes sonores et les ondes lumineuses.

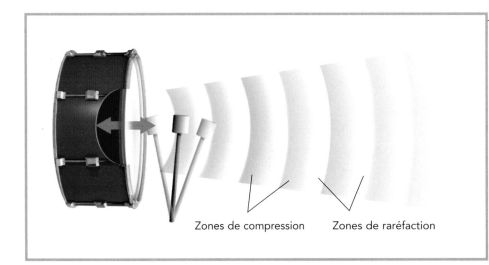

Zones de compression   Zones de raréfaction

4.15 Les variations de pression engendrées par les vibrations de la membrane du tambour créent des zones de compression et de raréfaction, c'est-à-dire une onde longitudinale.

Lorsqu'on parle ou qu'on chante, il se produit un phénomène semblable. Les cordes vocales, situées dans le larynx, sont des replis de tissus agissant comme des cordes de guitare. Les cordes de guitare vibrent lorsqu'on les pince. Les cordes vocales, elles, vibrent sous l'action d'une poussée d'air dans la gorge, ce qui crée une onde sonore.

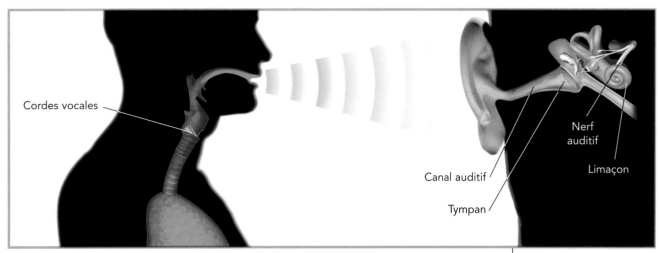

Cordes vocales

Nerf auditif

Canal auditif

Limaçon

Tympan

4.16 Sous l'action d'une poussée d'air, les cordes vocales vibrent. Ce phénomène nous permet de produire des sons. L'oreille est un organe des sens qui permet de percevoir les ondes sonores.

Mais comment entendons-nous les sons? Lorsqu'une onde sonore se propage jusqu'à notre oreille, elle y frappe d'abord le tympan. Celui-ci se met alors à vibrer au rythme de l'onde sonore, comme le fait la membrane d'un tambour. La vibration du tympan se transmet ensuite jusqu'au liquide contenu dans le limaçon. Ce dernier est tapissé de cellules réceptrices qui peuvent capter l'information. De là, cette information se rendra au cerveau par le nerf auditif pour y être analysée.

Le son se propage aussi très bien dans les solides et dans les liquides. Par exemple, les personnes malentendantes peuvent «écouter» de la musique par la sensation tactile des vibrations transmises dans le boîtier des haut-parleurs et sur le plancher de danse. Certains animaux marins, comme les baleines, communiquent très bien sous l'eau.

2.1 LA VITESSE DU SON

La vitesse du son varie beaucoup d'un milieu à un autre. Dans l'air, elle se situe aux environs de 340 m/s ou 1224 km/h. Cette valeur nous sert souvent de référence. En aéronautique notamment, la vitesse du son (1224 km/h) correspond à Mach 1. Ainsi, un avion supersonique qui vole deux fois plus vite que le son a une vitesse de Mach 2.

4.17 Les avions supersoniques peuvent voler plus vite que le son.

Le tableau 4.18 présente la vitesse du son dans différents milieux, à une température de 25 °C. Il montre que la vitesse du son est beaucoup plus grande dans les substances en phase liquide ou solide que dans l'air. En effet, contrairement à ce qu'on peut croire, les gaz ne sont pas très efficaces pour propager le son. C'est pour cette raison qu'on peut «percevoir» une voiture en collant son oreille sur la route avant de l'entendre dans l'air.

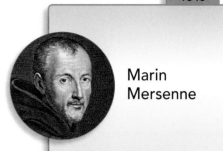

Marin Mersenne

1588
1648

Ce savant et prêtre français collabora grandement à l'avancement des sciences. En particulier, en 1636, il mesura la vitesse du son. De plus, il établit des rapports mathématiques entre les fréquences des notes de la gamme musicale.

4.18 LA VITESSE DU SON DANS DIFFÉRENTS MILIEUX (À UNE TEMPÉRATURE DE 25 °C)

Milieu	Vitesse (m/s)	Vitesse (km/h)
Air	346	1 246
Eau	1 490	5 364
Plastique	1 800	6 480
Bois	4 000	14 400
Acier	5 200	18 720

2.2 L'ÉCHELLE DES DÉCIBELS

Un son peut être doux, comme un murmure, ou fort, comme un hurlement. La force d'un son dépend de son intensité, c'est-à-dire de l'énergie qu'il transporte. Plus son énergie est grande, plus le son est fort. Ainsi, un murmure comporte moins d'énergie qu'un hurlement.

Comment l'énergie d'un son varie-t-elle ? Étant donné que l'énergie d'une onde dépend de son amplitude, lorsque celle-ci augmente, l'intensité du son augmente aussi. Un haut-parleur est un exemple d'appareil qui permet d'amplifier un son en augmentant son amplitude.

L'intensité d'un son se mesure en décibels (dB). Le décibel n'est pas une mesure précise de l'intensité ou de l'amplitude d'un son. C'est une échelle relative qui représente la perception d'un son par l'oreille humaine. En effet, 0 dB correspond à un son à peine audible, tandis que 10 dB est un son 10 fois plus intense.

> ▶ **L'ÉCHELLE DES DÉCIBELS** est une échelle relative qui représente la perception de l'intensité sonore par l'oreille humaine.

L'échelle des décibels varie selon un facteur de 10, ce qui veut dire que, pour chaque augmentation de 10 dB, le son est dix fois plus fort. Ainsi, un bruit de 20 dB est 100 fois plus intense qu'un autre de 0 dB. De même, un bruit de 40 dB est 100 fois plus fort qu'un bruit de 20 dB.

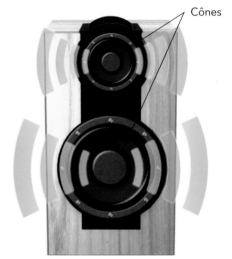

Cônes

4.19 Un haut-parleur transmet des sons en faisant vibrer des cônes. Il peut ainsi amplifier les sons en faisant varier la vibration des cônes.

Il est important de noter que les décibels ne s'additionnent pas. Ainsi, deux sons de 50 dB, l'un provenant d'une trompette et l'autre d'une guitare, ne correspondent pas à un son de 100 dB. L'ensemble des deux sons correspond plutôt à un son deux fois plus fort, ce qui équivaut à une intensité d'environ 53 dB.

Une exposition prolongée à des sons de plus de 100 dB peut causer, à long terme, des troubles auditifs. À partir de 120 dB, les sons peuvent causer des douleurs aux oreilles et des dommages immédiats. Les personnes soumises à de tels sons doivent porter des protecteurs auditifs.

Le tableau suivant présente différents sons et leur intensité relative en décibels.

LA RÈGLE DES 60-60

Connaissez-vous la règle des 60-60? Il s'agit de ne pas écouter son baladeur plus de 60 minutes à 60% du volume maximal pour protéger ses oreilles. Un baladeur à puissance maximale émet 100 décibels, ce qui représente un bruit dommageable pour l'oreille.

4.20 L'NTENSITÉ RELATIVE DES SONS EN DÉCIBELS

Provenance du son	Intensité (dB)
Respiration humaine (à 3 m)	10
Murmure (à 2 m)	20
Classe calme	35-40
Musique douce	50
Grands magasins bondés	60
Trafic routier intense (à 3 m)	70
Moto sans silencieux (à 2 m)	100
Concert de musique rock	110-120
Moteur d'un jet (à 14 m)	120
Moteur d'une navette spatiale (à 50 m)	200

2.3 LA FRÉQUENCE ET LA PERCEPTION SONORE

Il n'y a pas que l'intensité des sons qui peut varier. En effet, les sons peuvent aussi avoir des tonalités différentes, c'est-à-dire qu'ils peuvent être plus ou moins aigus ou graves. Les sons de basses fréquences, comme les notes les plus à gauche sur un piano, sont graves, tandis que ceux de hautes fréquences, comme les notes à droite du piano, sont aigus. C'est donc de la fréquence que dépend la tonalité.

En général, l'oreille humaine est capable de percevoir des sons ayant une fréquence entre 20 Hz et 20 000 Hz. Cette étendue des sons perceptibles varie pour chaque espèce animale.

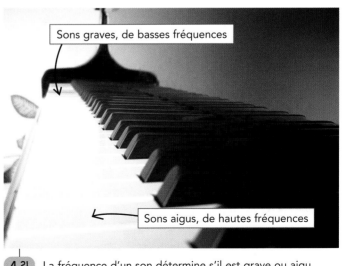

Sons graves, de basses fréquences

Sons aigus, de hautes fréquences

4.21 La fréquence d'un son détermine s'il est grave ou aigu.

Le tableau suivant montre l'étendue des sons que peuvent percevoir l'être humain et quelques animaux.

4.22 L'ÉTENDUE DE LA PERCEPTION SONORE (EN Hz)

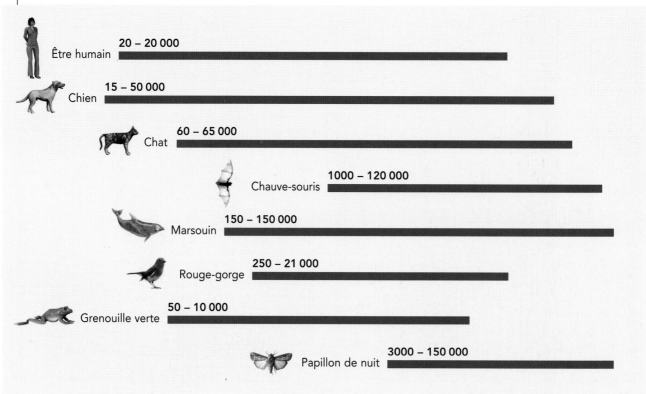

Être humain 20 – 20 000

Chien 15 – 50 000

Chat 60 – 65 000

Chauve-souris 1000 – 120 000

Marsouin 150 – 150 000

Rouge-gorge 250 – 21 000

Grenouille verte 50 – 10 000

Papillon de nuit 3000 – 150 000

Un son que seuls les ados peuvent entendre

Une alarme à très haute fréquence, inaudible pour les gens plus âgés, circule dans le cyberespace. Les adolescents sont nombreux à la télécharger et à s'en servir comme sonnerie de téléphone cellulaire.

Baptisée *teen buzz*, cette sonorité exploite la presbyacousie, soit la dégénérescence naturelle du système auditif humain. En effet, avec le temps, l'oreille devient moins sensible aux fréquences aiguës situées au-delà de 8000 Hz. Or, la fréquence de la sonnerie va de 14 400 Hz à 17 000 Hz. Elle n'est donc perceptible que pour les moins de 30 ans, en général.

Les parents risquent de se faire jouer un tour en n'entendant pas sonner le cellulaire de leurs adolescents au milieu du repas !

Adapté de: Fabien DEGLISE, «Un son que seuls les ados peuvent entendre», *Le Devoir*, 17 juin 2006, p. A1.

L'oreille fine des moins de 30 ans leur permet de percevoir un son que les plus âgés ne peuvent entendre.

LES INFRASONS ET LES ULTRASONS

Les sons de moins de 20 Hz sont des infrasons et ceux au-dessus de 20 000 Hz sont des ultrasons. Mêmes si ces sons ne sont pas perceptibles par l'oreille humaine, plusieurs animaux sont capables de les percevoir et de les utiliser comme moyen de communication. Ainsi, les éléphants émettent des infrasons pour avertir leurs congénères d'un danger imminent. Les dauphins communiquent entre eux au moyen d'ultrasons. Les chiens sont sensibles aux sons de hautes fréquences : c'est pourquoi on peut les appeler à l'aide de sifflets à ultrasons.

4.23 Les éléphants émettent des infrasons pour informer leurs semblables d'un danger imminent.

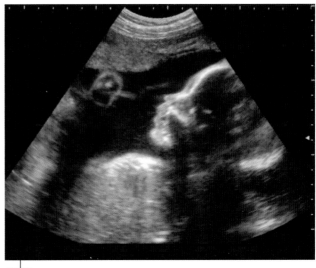

4.24 L'échographie est une imagerie médicale qui fonctionne à l'aide d'ultrasons.

Plusieurs phénomènes combinent les ultrasons avec l'effet de l'écho, étant donné qu'une onde sonore rebondit lorsqu'elle frappe un obstacle. On utilise ainsi l'écho des ultrasons pour certaines imageries médicales, comme les échographies de grossesse. Certains animaux utilisent l'**ÉCHOLOCATION**. Par exemple, les chauves-souris émettent des ultrasons et estiment la position des objets autour d'elles par la perception des échos qui en résultent. Le même principe est appliqué pour la conception des sonars utilisés par les bateaux et les sous-marins.

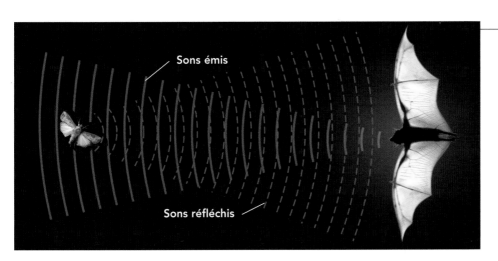

Sons émis

Sons réfléchis

4.25 Les chauves-souris émettent des ultrasons qui leur permettent de localiser les objets autour d'elles.

Comme nous l'avons vu précédemment, les ondes lumineuses (qui forment ce qu'on appelle la «lumière») sont des ondes électromagnétiques. Ces ondes peuvent provenir de différentes sources, comme des ampoules électriques, du Soleil, du feu.

> ◐ La **LUMIÈRE** est une onde électromagnétique visible par l'être humain.

Les ondes lumineuses se propagent en ligne droite (c'est pourquoi nous les représentons souvent par des lignes droites pour simplifier les illustrations; c'est aussi pourquoi nous les appelons des «rayons lumineux»). Qu'arrive-t-il lorsque ces ondes rencontrent un obstacle? Elles peuvent alors être réfléchies, déviées ou absorbées, selon la capacité de l'objet à laisser passer la lumière. Dans cette section, nous étudierons deux de ces phénomènes, soit la réflexion et la réfraction.

3.1 LA RÉFLEXION

Lorsqu'on lance une balle, elle rebondit en frappant un obstacle. De la même façon, lorsque les ondes lumineuses frappent la surface d'un objet, elles peuvent être réfléchies. La réflexion se produit lorsqu'un rayon lumineux qui se propage dans un milieu (par exemple, l'air) rebondit au contact d'un autre milieu (comme un miroir ou la surface d'un ballon).

> ◐ La **RÉFLEXION** est le changement de direction d'un rayon lumineux au contact d'un nouveau milieu et son retour dans le milieu d'où il provient.

Les objets qui nous entourent réfléchissent plus ou moins la lumière, selon leur couleur et la source lumineuse qui les éclaire. C'est d'ailleurs grâce aux rayons réfléchis qui parviennent jusqu'à nos yeux que nous pouvons voir ces objets.

La figure 4.26 montre comment représenter le phénomène de la réflexion. Voici les définitions à connaître pour comprendre cette illustration:

- le rayon incident est le rayon qui frappe la surface de l'objet;
- le rayon réfléchi est le rayon qui rebondit;
- la normale est une droite perpendiculaire à la surface réfléchissante tracée à partir du point de contact du rayon incident;
- l'angle d'incidence est l'angle formé entre le rayon incident et la normale;
- l'angle de réflexion est l'angle formé entre le rayon réfléchi et la normale.

LABO
N° 33

965
1039

Ibn Al-Haytham Alhazen

Ce mathématicien et physicien d'origine irakienne précisa certaines règles en optique et fit la distinction entre vision et éclairement lumineux. Il stipula que l'œil capte les rayons lumineux provenant d'un objet: jusqu'alors, on avait cru que c'était l'œil qui émettait des rayons lumineux pour permettre la vision.

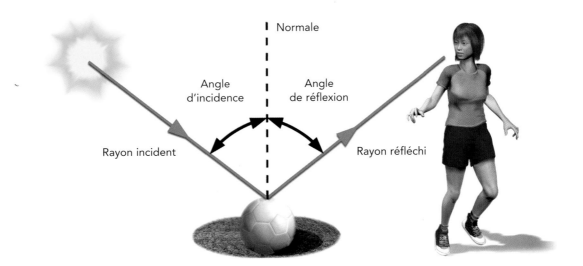

La réflexion d'un rayon lumineux suit deux lois:

• l'angle d'incidence est toujours égal à l'angle de réflexion;

• le rayon incident et le rayon réfléchi se trouvent toujours dans le même plan.

4.26 C'est grâce à la réflexion de la lumière que nous pouvons voir les objets qui n'émettent pas de lumière.

La réflexion géométrique

En mathématique, une réflexion est une transformation géométrique, c'est-à-dire une opération qui transforme une figure plane en une nouvelle figure. La droite qui caractérise la réflexion s'appelle l'«axe de symétrie». L'image formée occupe une position telle que chaque point de la figure initiale est à la même distance de l'axe de symétrie que son image. Chaque segment qui joint un point et son image par la réflexion est appelé une «trace» de la réflexion. On remarque ainsi que chaque trace est perpendiculaire à l'axe de symétrie.

Une réflexion est une «symétrie orthogonale», parce que les traces sont perpendiculaires à l'axe de symétrie.

La réflexion est un modèle mathématique qui permet de décrire non seulement le phénomène de réflexion dans un miroir (le miroir occupant alors la place de l'axe de symétrie), mais aussi la symétrie par rapport à un axe, le pliage d'un objet selon un axe et, dans un plan cartésien, la valeur de certains rapports trigonométriques.

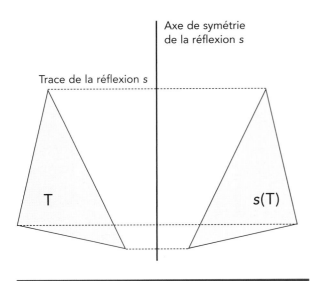

La réflexion s produit une image s(T) de l'objet T.

Il existe deux types de réflexion : la réflexion diffuse et la réflexion spéculaire.

LA RÉFLEXION DIFFUSE

Certaines surfaces, comme une feuille de papier ou la surface d'un ballon, peuvent nous sembler parfaitement lisses à l'œil nu. Pourtant, elles sont souvent inégales, rugueuses. C'est ce qu'on peut constater si on observe une feuille de papier au microscope, comme à la figure 4.28.

Ainsi, la plupart des objets ont une surface rugueuse. Lorsque des rayons lumineux parallèles frappent une telle surface, ils sont réfléchis dans toutes les directions. C'est ce qu'on appelle la **RÉFLEXION DIFFUSE**. Dans ce cas, le faisceau lumineux ne respecte pas les lois de la réflexion.

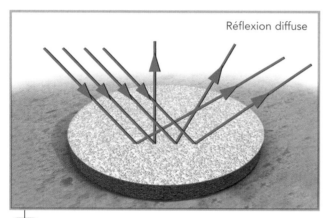

4.27 Lorsque des rayons lumineux parallèles frappent une surface inégale, ils sont réfléchis dans toutes les directions. C'est la réflexion diffuse.

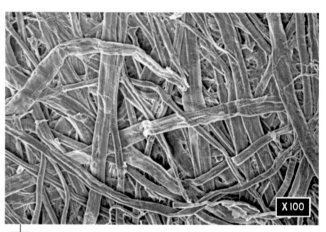

4.28 À l'aide d'un microscope, on peut constater qu'une feuille de papier a une surface irrégulière.

LA RÉFLEXION SPÉCULAIRE

Lorsque la lumière frappe une surface parfaitement lisse, comme un miroir ou la surface d'un lac, les lois de la réflexion s'appliquent. En effet, lorsque des rayons lumineux parallèles frappent une surface lisse, ils sont réfléchis parallèlement. C'est ce qui permet la formation d'une image fidèle de l'objet. Ce type de réflexion s'appelle la **RÉFLEXION SPÉCULAIRE**.

«Spéculaire» provient du mot latin specularis, *qui signifie «miroir, transparent».*

4.29 Lorsque des rayons lumineux parallèles frappent une surface lisse, ils sont réfléchis parallèlement. C'est la réflexion spéculaire.

4.30 Dans la réflexion spéculaire, il se forme une image fidèle de l'objet.

Comme le montre la figure 4.30, dans un miroir plan (un miroir sans courbure), l'image formée présente les caractéristiques suivantes:

- l'image semble se trouver derrière le miroir, à une distance égale à la distance entre le miroir et l'objet réfléchi;
- l'image est virtuelle. Une **IMAGE VIRTUELLE** est une image qu'on ne peut pas capter sur un écran. Elle est formée par le prolongement des rayons réfléchis. Par opposition, une **IMAGE RÉELLE** se forme au croisement réel des rayons lumineux, ce qui n'est pas le cas ici;
- l'image est de la même grandeur que l'objet;
- l'image est inversée horizontalement. Ainsi, le côté gauche de l'objet semble être le côté droit de l'image.

Il est possible de localiser l'image virtuelle derrière un miroir plan en traçant des rayons incidents partant de l'objet et les rayons réfléchis qui en résultent. L'image se situe alors au point de rencontre du prolongement des rayons réfléchis. La figure 4.31 illustre ces tracés.

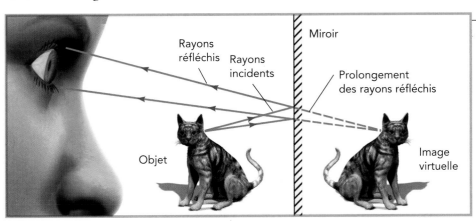

4.3I En prolongeant les rayons réfléchis, il est possible de localiser l'image virtuelle derrière le miroir. (Le miroir est représenté ici par son symbole, une ligne droite avec des hachures du côté arrière.)

UN MIROIR LIQUIDE SUR LA LUNE

Même Hergé n'est pas allé si loin dans son futuriste *Objectif Lune* !

Ermano Borra, chercheur à l'Université Laval, a trouvé le moyen de transporter un miroir de 20 m de diamètre sur la Lune: il l'a liquéfié. L'astuce? Déposer du mercure liquide dans une assiette parabolique en rotation. Sous l'effet du tourbillonnement, le mercure forme une mince pellicule qui épouse parfaitement la forme de l'assiette. On obtient alors une surface réfléchissante beaucoup plus nette que le traditionnel verre poli et, surtout, incassable.

La NASA vient d'accorder une subvention de près de 100 000 $ au chercheur pour qu'il démontre la faisabilité d'installer un télescope à miroir liquide sur notre satellite naturel. En effet, l'agence spatiale américaine, en pleine reconquête de l'espace, souhaite faire de la Lune un camp de base pour s'élancer vers Mars.

Adapté de: Violaine BALLIVY, «Une glace sur la Lune», *Le Soleil*, 8 janvier 2005, p. D7.

Le mercure liquide forme une surface réfléchissante beaucoup plus nette que le verre poli.

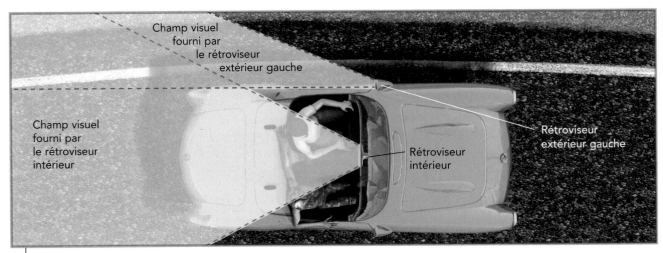

4.32 Les rétroviseurs d'une voiture permettent d'augmenter le champ de vision de la personne au volant, puisqu'elle peut ainsi voir des objets placés derrière elle.

Champ visuel fourni par le rétroviseur extérieur gauche

Champ visuel fourni par le rétroviseur intérieur

Rétroviseur intérieur

Rétroviseur extérieur gauche

Les miroirs plans ont plusieurs applications basées sur deux principes simples:

- ils modifient la trajectoire des rayons lumineux par la réflexion;
- ils augmentent le champ de vision de l'observateur ou de l'observatrice.

Les rétroviseurs d'une automobile, les miroirs utilisés par les dentistes, de même que les miroirs que comportent souvent les appareils photographiques, les microscopes, les télescopes et les périscopes sont des exemples d'applications des miroirs. Dans tous ces cas, les miroirs permettent de faire dévier la trajectoire des rayons lumineux pour que ceux-ci parviennent jusqu'à l'œil de l'observateur ou de l'observatrice.

UN PÉRISCOPE DANS UN AVION!

L'avion de Charles Lindbergh, le premier aviateur à avoir traversé l'Atlantique en solo en 1927, était équipé d'un périscope. Il pouvait ainsi voir par-dessus l'énorme réservoir d'essence et le moteur qui étaient situés entre lui et le devant de l'avion!

3.2 LA RÉFRACTION

Lorsque nous observons la tige d'une fleur dans l'eau, comme celle de la figure 4.33, nous avons l'impression qu'elle est brisée. Cela est dû au phénomène de la réfraction.

Ce phénomène se produit parce qu'un rayon lumineux qui passe d'un milieu transparent (par exemple, l'air) à un autre (par exemple, l'eau) subit une déviation. Pourquoi? Parce que sa vitesse change, étant donné que la vitesse de la lumière varie selon le milieu. Ce changement de vitesse fait en sorte que le rayon est dévié de sa trajectoire. C'est ce qu'on appelle la réfraction.

«Réfraction» provient du mot latin refringere, qui signifie «briser».

> ▶ La RÉFRACTION est la déviation d'un rayon lumineux lorsqu'il passe d'un milieu transparent à un autre.

La réfraction modifie notre perception des objets lorsqu'on les observe au travers d'un milieu transparent. Les applications les plus courantes de la réfraction sont les lentilles.

4.33 La tige de cette fleur nous apparaît brisée à cause de la réfraction.

3.3 LES LENTILLES

Les lentilles sont des objets faits de matériaux transparents, dont au moins une surface est courbe, et qui ont la propriété de réfracter la lumière qui les traverse.

Les lentilles servent à plusieurs applications. Qu'on pense simplement aux lentilles correctrices de la vision, aux loupes, ou encore aux différents objectifs d'un appareil photographique. Elles s'emploient aussi dans les microscopes et les télescopes. Les lentilles permettent de voir des objets éloignés ou d'agrandir l'image de petits objets.

Il existe deux types de lentilles :

- les lentilles convergentes ;
- les lentilles divergentes.

4.34 Une loupe permet d'agrandir l'image de petits objets pour en voir les détails.

Les lentilles convergentes rapprochent les rayons lumineux qui les traversent, tandis que les lentilles divergentes les éloignent. Le tableau 4.35 présente quelques formes possibles de ces deux types de lentilles, ainsi que les symboles qu'on utilise pour les représenter.

«Convergente» provient du mot latin convergere, qui signifie «se diriger vers un même lieu».

«Divergente» provient du mot latin divergere, qui signifie «pencher, incliner».

4.35 LES LENTILLES CONVERGENTES ET LES LENTILLES DIVERGENTES

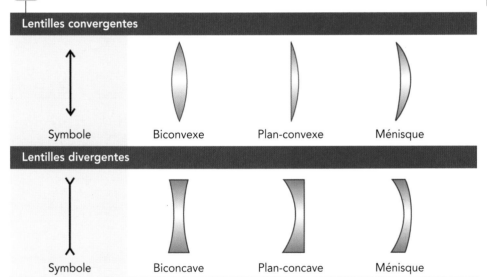

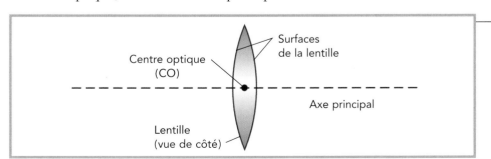

Le centre d'une lentille s'appelle le centre optique (CO). Sur un schéma, si on trace une droite perpendiculaire aux surfaces de la lentille et passant par le centre optique, on obtient l'axe principal.

4.36 Une lentille, son axe principal et son centre optique (CO).

LE FOYER D'UNE LENTILLE

Le mot «foyer» a plusieurs sens. Il peut désigner un lieu où l'on fait du feu. Il peut aussi être synonyme de maison, de lieu de rencontre ou de point central.

En science, le foyer d'une lentille se définit différemment selon qu'il s'agit d'une lentille convergente ou d'une lentille divergente.

Lentille convergente

Lorsque des rayons lumineux parallèles traversent une lentille convergente, ils sont réfractés en passant tous par le même point, soit le foyer. Dans le cas des lentilles convergentes, ce foyer est réel.

> ▶ Le FOYER D'UNE LENTILLE CONVERGENTE est le point où se rencontrent réellement les rayons lumineux réfractés lorsque les rayons incidents sont parallèles.

Si les rayons lumineux qui frappent la lentille sont parallèles à l'axe principal, on parle alors du **FOYER PRINCIPAL** (F). Comme la lumière peut traverser une lentille des deux côtés, celle-ci comporte un second foyer principal, le foyer principal secondaire (F'). Même si la courbure des surfaces est différente, ces deux foyers sont à égale distance de chaque côté de la lentille.

Dans le cas d'une lentille convergente, le foyer principal est situé du côté où les rayons sont réfractés.

1535
1615

Giambattista Della Porta

Ce physicien et humaniste italien rédigea plusieurs ouvrages sur les lentilles. De plus, en 1589, il expérimenta la décomposition de la lumière en plusieurs couleurs à l'aide de prismes.

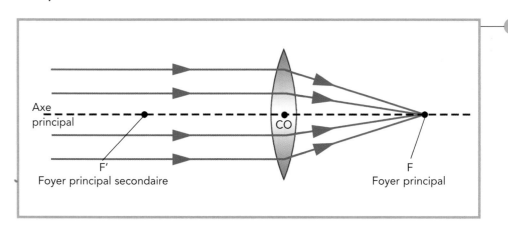

Axe principal

CO

F'
Foyer principal secondaire

F
Foyer principal

4.37 Lorsque des rayons parallèles à l'axe principal traversent une lentille convergente, ils sont réfractés en passant par le foyer principal de la lentille.

Lentille divergente

Lorsque des rayons parallèles à l'axe principal traversent une lentille divergente, ils sont réfractés en s'éloignant les uns des autres, comme s'ils avaient tous le même point d'origine. Ce point d'origine est le foyer principal de la lentille. Comme les rayons réfractés ne passent pas réellement par ce point, le foyer d'une lentille divergente est virtuel.

Une lentille divergente comporte, de la même façon qu'une lentille convergente, un foyer principal secondaire, qui est situé du côté opposé à son foyer principal.

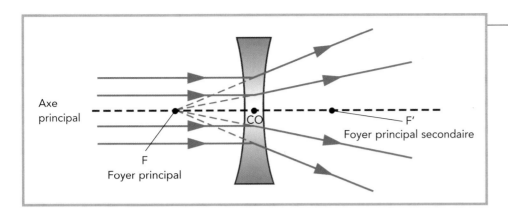

4.38 Lorsque des rayons parallèles à l'axe principal traversent une lentille divergente, ils sont réfractés en semblant provenir d'un foyer virtuel de la lentille.

Pour une lentille divergente, le foyer principal se situe du côté d'où proviennent les rayons et le foyer principal secondaire se trouve du côté où les rayons sont réfractés. Ces deux foyers se trouvent à la même distance de la lentille.

> ⓟ Le **FOYER D'UNE LENTILLE DIVERGENTE** est le point virtuel d'où semblent provenir les rayons lumineux réfractés lorsque les rayons incidents sont parallèles.

L'IMAGE FORMÉE PAR UNE LENTILLE

Lorsqu'on veut déterminer l'emplacement de l'image formée par une lentille et le type d'image obtenue, il faut tracer des rayons à partir d'un point de l'objet observé.

Lentille convergente

Voici les règles auxquelles obéissent les rayons de base à tracer pour localiser l'image obtenue à l'aide d'une lentille convergente :

1 Un rayon parallèle à l'axe principal est réfracté en passant par le foyer principal.

2 Un rayon passant par le centre optique de la lentille n'est pas dévié.

3 Un rayon passant par le foyer secondaire est réfracté parallèlement à l'axe principal.

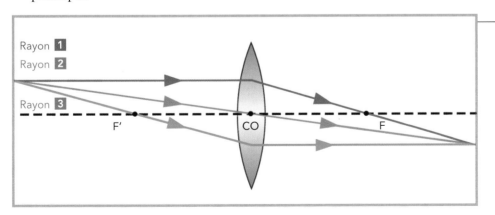

4.39 Voici les trois rayons de base à tracer pour localiser l'image obtenue à l'aide d'une lentille convergente.

Deux seuls de ces rayons, peu importe lesquels, sont nécessaires pour déterminer l'emplacement d'une image.

Selon l'endroit où se situe l'objet par rapport à la lentille, l'image obtenue aura différentes caractéristiques. Ces caractéristiques sont le type d'image (réelle ou virtuelle), sa position, sa grandeur et son sens. Le tableau 4.40 présente les images obtenues avec une lentille convergente selon l'emplacement de l'objet observé. Dans les situations 1, 2 et 3, la personne verra une image sur l'écran quand des rayons provenant de l'image seront réfléchis jusqu'à son œil.

COMMENT LOCALISER
LE FOYER D'UNE LENTILLE
CONVERGENTE

4.40 LES DIFFÉRENTES IMAGES OBTENUES À L'AIDE D'UNE LENTILLE CONVERGENTE

Position de l'objet	Formation de l'image	Caractéristiques de l'image
① Objet situé à plus de 2F′		L'image est réelle, renversée, plus petite que l'objet.
② Objet situé à 2F′		L'image est réelle, renversée, de même grandeur que l'objet.
③ Objet situé entre 2F′ et F′		L'image est réelle, renversée, plus grande que l'objet.
④ Objet situé à F′		Il n'y a pas d'image.
⑤ Objet situé entre la lentille et F′		L'image est virtuelle, non renversée, du même côté et plus grande que l'objet. Pour voir l'image, la personne doit se déplacer du côté opposé à l'objet.

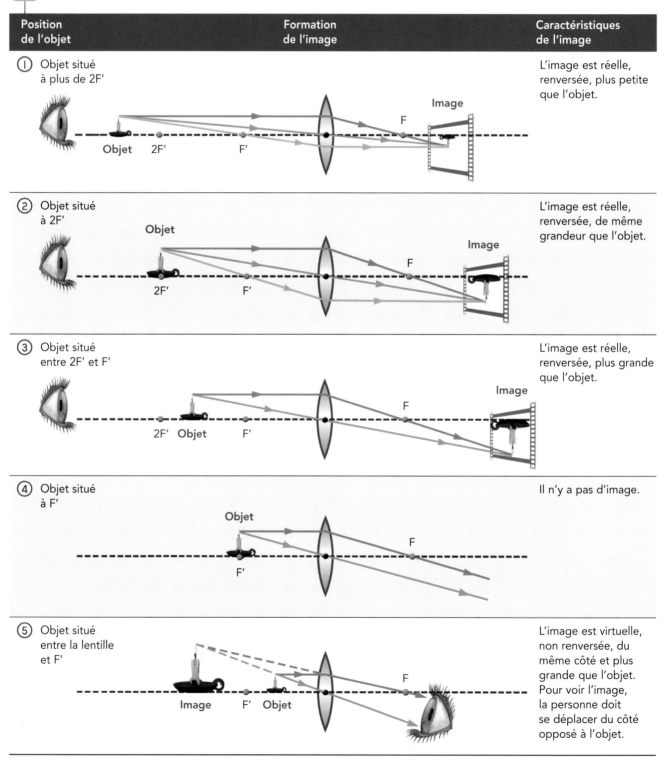

Lentille divergente

Pour localiser l'image formée par une lentille divergente, les mêmes règles s'appliquent que dans le cas d'une lentille convergente. Il suffit donc de tracer deux des trois rayons de base. Voici les règles auxquelles obéissent les rayons de base à tracer pour localiser l'image obtenue à l'aide d'une lentille divergente :

1 Un rayon parallèle à l'axe principal est réfracté en semblant provenir du foyer principal.

2 Un rayon passant par le centre optique de la lentille n'est pas dévié.

3 Un rayon se dirigeant vers le foyer secondaire est réfracté parallèlement à l'axe principal.

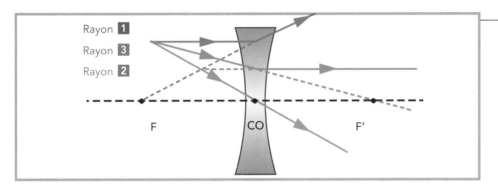

4.41 Voici les trois rayons de base à tracer pour localiser l'image obtenue à l'aide d'une lentille divergente.

Les images obtenues à l'aide d'une lentille divergente sont toutes semblables, peu importe la position de l'objet. Ainsi, l'image est toujours virtuelle, non renversée et plus petite que l'objet. De plus, elle est toujours située entre le foyer principal et la lentille. La figure 4.42 présente un exemple d'image obtenue à l'aide d'une lentille divergente.

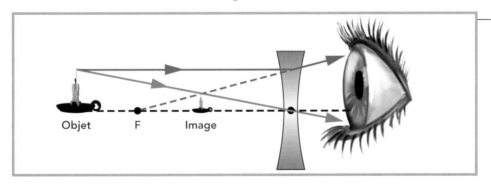

4.42 L'image obtenue à l'aide d'une lentille divergente est toujours virtuelle et plus petite que l'objet.

4.43 Une image obtenue avec une lentille convergente.

4.44 Une image obtenue avec une lentille divergente.

Le tableau suivant montre comment se forme une image dans l'œil d'une personne ayant une vision normale. Il présente également les défauts de formation de l'image dans l'œil et la façon de corriger ces défauts grâce aux lentilles.

LA VISION NORMALE

Le cristallin de l'œil est une lentille convergente. Grâce aux muscles qui le retiennent, il est capable de s'accommoder en variant la position de son foyer selon la distance des objets observés. Un peu à la manière d'une caméra automatique, il fait la mise au point de l'image. Pour un œil normal, l'image, plus petite que l'objet et renversée, se forme sur la rétine. Puis, notre cerveau analyse l'information et reconstitue l'image correctement.

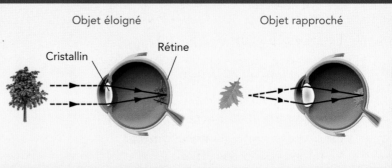

Objet éloigné — Objet rapproché — Cristallin — Rétine

LA MYOPIE

Lorsqu'on souffre de myopie, l'image d'un objet éloigné se forme devant la rétine. Ainsi, une personne myope ne peut distinguer clairement les objets éloignés. Ils lui paraissent flous.

CORRECTION

Pour corriger la myopie, on utilise une lentille divergente. Cette lentille permet à l'image de se former sur la rétine.

L'HYPERMÉTROPIE

Lorsqu'on souffre d'hypermétropie, l'image des objets rapprochés se forme derrière la rétine. Il est alors difficile de distinguer clairement les objets près de soi, par exemple lorsqu'on lit. L'hypermétropie provient d'une malformation de l'œil qu'on peut déceler dès le bas âge.

CORRECTION

Pour corriger l'hypermétropie, on utilise une lentille convergente. Cette lentille permet à l'image de se former sur la rétine.

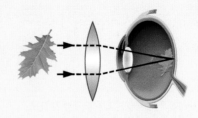

La presbytie est une autre anomalie de l'œil. Elle provient du vieillissement des muscles qui retiennent le cristallin.

En vieillissant, surtout à partir de l'âge de 45 ans, le cristallin ne peut plus faire l'accommodation pour la vision d'un objet rapproché. L'image se forme alors derrière la rétine, comme dans le cas de l'hypermétropie. Pour corriger la presbytie, on utilise donc une lentille convergente.

FINIES LES LUNETTES ?

La chirurgie au laser permet de remodeler la cornée de l'œil pour corriger les troubles de la vision comme la myopie ou l'hypermétropie.

1   QU'EST-CE QU'UNE ONDE ? (p. 92-99)

1. Est-ce vrai ou faux ?

   a) Une onde transporte le milieu dans lequel elle se propage.

   b) Une onde transporte de l'énergie d'un point à un autre.

   c) Une onde a toujours besoin d'un milieu pour se propager.

2. Pour chacun des exemples suivants, déterminez si l'onde est transversale ou longitudinale.

   a) Un son émis par un instrument de musique.

   b) Les vagues formées dans la mer.

   c) L'ondulation d'une corde.

   d) La compression et la décompression d'un ressort.

3. Nommez ce que représente chacun des éléments indiqués.

   a)

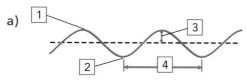

   b)

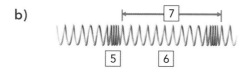

4. Observez les séries d'illustrations suivantes représentant des ondes différentes.

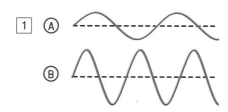

Pour chaque série d'illustrations, indiquez l'onde ayant :

   a) la plus grande amplitude ;

   b) la plus grande longueur d'onde.

5. Vous êtes en vacances au bord de la mer et vous observez les vagues qui viennent se briser sur la plage. Pendant 10 minutes, vous en comptez 60. Quelle est la fréquence de ces vagues en hertz (Hz) ?

6. Qu'est-ce qui distingue une onde mécanique d'une onde électromagnétique ?

7. De quel type d'ondes du spectre électromagnétique est-il question dans chacun des exemples suivants ?

   a) Un grille-pain fonctionne grâce à la chaleur émise par ses filaments.

   b) Les postes de télévision de nos maisons captent les ondes émises par les stations.

   c) Certaines personnes croient que les téléphones cellulaires sont dommageables pour la santé.

   d) Il est possible d'observer la formation d'un arc-en-ciel.

   e) Certaines personnes souhaitent qu'on interdise l'accès au salon de bronzage pour les moins de 18 ans.

   f) Lorsque le médecin soupçonne la présence d'une fracture, il fait une radiographie.

2 LES ONDES SONORES (p. 100-105)

8. À quel type d'ondes correspond une onde sonore? Expliquez votre réponse.

9. Comment se propage une onde sonore? Expliquez votre réponse.

10. Vous écoutez de la musique dans une voiture ayant les fenêtres ouvertes.

   a) Si vous augmentez le son de 20 dB, de combien de fois l'intensité du son sera-t-elle amplifiée?

   b) Un camion passe à côté de la voiture. Si le son global est deux fois plus fort, le nombre de décibels sera-t-il doublé? Expliquez votre réponse.

11. Si vous vous trouvez à côté d'un haut-parleur qui émet de la musique très forte, ressentirez-vous un déplacement d'air? Expliquez votre réponse.

12. Quelle est l'unité de mesure:

   a) de l'intensité d'un son?

   b) de la fréquence d'un son?

   c) de la vitesse d'un son?

13. Certains sifflets émettent des sons que les chiens peuvent entendre, mais qui ne peuvent pas être entendus par des êtres humains. Expliquez pourquoi.

14. Quel est le principe de fonctionnement d'un sonar de bateau?

3 LES ONDES LUMINEUSES
(p. 106-116)

15. Qu'est-ce qui différencie la réflexion spéculaire de la réflexion diffuse?

16. Sur une feuille de papier, représentez la situation suivante: un chat voit dans un miroir une souris placée à droite derrière lui. Illustrez, à l'aide du tracé des rayons incidents et des rayons réfléchis, comment il est possible que le chat puisse voir la souris.

17. Pour chacune des illustrations suivantes, indiquez si les principes de la réflexion dans un miroir plan sont respectés. Expliquez votre réponse.

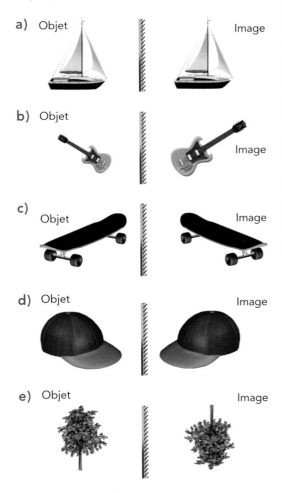

a) Objet — Image

b) Objet — Image

c) Objet — Image

d) Objet — Image

e) Objet — Image

18. Pour chacune des situations suivantes:

   a) tracez, sur une feuille, deux des trois rayons de base;

   b) décrivez l'image obtenue.

   1) Un objet placé entre le foyer d'une lentille convergente et la lentille.

   2) Un objet placé à deux fois la distance entre le foyer et une lentille convergente.

   3) Un objet placé à deux fois la distance entre le foyer et une lentille divergente.

   4) Un objet placé au foyer d'une lentille convergente.

19. Observez la photo suivante.

a) Quel phénomène permet à ce manchot de voir son image sur l'eau ?

b) Quel phénomène lui permet de voir les cailloux dans l'eau de façon plus rapprochée que leur position réelle ?

20. Pour chacun des exemples suivants, indiquez s'il s'agit d'une lentille convergente ou d'une lentille divergente.

a) Une loupe.

b) Un verre correcteur pour personne presbyte.

c) Le symbole suivant, représenté sur un schéma :)(

d) Une lentille qui produit toujours une image plus petite que l'objet.

e) Une lentille qui rapproche les rayons lumineux qui la traversent.

f) Une lentille biconvexe.

21. Quelle est la différence entre la presbytie et l'hypermétropie ?

RÉSEAU DE CONCEPTS

COMMENT CONSTRUIRE UN RÉSEAU DE CONCEPTS

Préparez votre propre résumé du chapitre 4 en construisant un réseau de concepts à partir des termes et des expressions qui suivent :

- Amplitude
- Fréquence
- Lentille
- Lentille convergente
- Lentille divergente
- Longueur d'onde
- Lumière visible
- Miroir
- Ondes
- Ondes électromagnétiques
- Ondes mécaniques
- Ondes radio
- Ondes sonores
- Rayons gamma
- Rayons infrarouges
- Rayons ultraviolets
- Rayons X
- Réflexion
- Réflexion diffuse
- Réflexion spéculaire
- Réfraction

QUAND LA PERCEPTION DES ONDES SONORES FAIT DÉFAUT

Toute personne ayant subi une perte de l'acuité auditive, si minime soit-elle, est médicalement considérée comme étant atteinte de surdité. Afin d'en déterminer le degré, les oto-rhino-laryngologistes (ORL) procèdent à des examens audiométriques. Ces examens permettent aussi de distinguer les deux types de surdité. Les tableaux suivants en font une courte description.

4.45

Un implant cochléaire est un dispositif électronique destiné à rétablir l'audition de personnes atteintes d'une perte d'audition profonde ou totale. Ce dispositif comprend une partie implantée dans la cochlée (un autre nom donné au limaçon). Il comprend aussi une partie externe munie d'un microphone qui capte les sons et d'un processeur qui transmet le message sonore vers l'oreille interne.

SURDITÉ DE TRANSMISSION

DESCRIPTION	CAUSE TEMPORAIRE	CAUSE PERMANENTE	CORRECTIF
Les vibrations sonores ne peuvent atteindre le liquide du limaçon.	Accumulation de cérumen («cire») dans l'oreille	● Perforation du tympan ● Fusion des osselets	● Appareil auditif ● Implant cochléaire

SURDITÉ DE PERCEPTION

DESCRIPTION	CAUSE TEMPORAIRE	CAUSE PERMANENTE	CORRECTIF
La détérioration de cellules de l'oreille interne provoque une réduction des messages nerveux qui se rendent au cerveau.	Exposition à des sons intenses	● Exposition prolongée ou très près de l'oreille à des sons de 100 dB à 120 dB ● Exposition à des sons de plus de 120 dB	Aucun

1. Pour chacun des gestes suivants, indiquez le risque lié à une perte de l'acuité auditive.

   a) Se nettoyer les oreilles avec un cure-oreille.

   b) Écouter de la musique forte avec des écouteurs insérés dans l'oreille.

   c) Utiliser de façon régulière des outils très bruyants.

2. Pourquoi appelle-t-on les spécialistes de l'oreille des oto-rhino-laryngologistes?

KENT NAGANO

Kent Nagano est un chef d'orchestre de renom. Le rôle du chef d'orchestre est de coordonner le travail des musiciens et d'imposer le rythme pour l'interprétation d'une pièce musicale. Pour ce faire, il doit d'abord étudier la pièce musicale afin d'y associer les gestes et les expressions faciales qui permettront de communiquer aux musiciens les émotions qu'il veut transmettre. C'est ainsi qu'il peut obtenir le son voulu. Il importe aussi d'avoir une bonne oreille musicale afin d'entendre chaque son individuellement en même temps que le son d'ensemble. En effet, la cohérence musicale et la richesse d'un orchestre symphonique dépendent de l'équilibre des sons provenant de chaque instrument. Pour occuper cette fonction, il est essentiel d'avoir une bonne formation musicale et d'être un bon communicateur, comme c'est le cas pour Kent Nagano.

NOM

Kent Nagano

EMPLOI

Chef d'orchestre

RÉGION OÙ IL OCCUPE SON EMPLOI

Montréal principalement, et un peu partout dans le monde

FORMATION

Maîtrise en musique
BAC en sociologie

RÉALISATION DONT IL PEUT ÊTRE FIER

Avoir dirigé plusieurs orchestres, dont l'Orchestre symphonique de Montréal

4.46 Kent Nagano dirigeant l'Orchestre symphonique de Montréal.

4.47 QUELQUES MÉTIERS ET PROFESSIONS CONNEXES À L'EMPLOI DE M. NAGANO

Métier ou profession	Formation requise	Durée de la formation	Tâches principales
Aide-technicien ou aide-technicienne en enregistrement audio	ASP* en enregistrement audio	450 heures	• Faire fonctionner le matériel d'enregistrement audio ou la console de son
Technicien ou technicienne de son ou d'éclairage	DEC en éclairage et techniques de scène	3 ans	• Concevoir et réaliser la sonorisation des spectacles • Concevoir et réaliser l'éclairage des spectacles
Compositeur-arrangeur ou compositrice-arrangeuse	BAC en musique	3 ans	• Créer ou modifier une œuvre pour un soliste ou un ensemble

* Attestation de spécialisation professionnelle

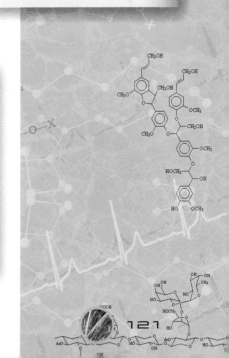

L'UNIVERS

VIVANT

L'HUMAIN EST ISSU D'UNE SEULE CELLULE.
De nombreuses divisions cellulaires ont été nécessaires pour former tous les systèmes qui composent notre corps.

Les systèmes de notre organisme œuvrent en interrelation et assument toutes les fonctions essentielles au maintien de la vie. Ils doivent en effet nous permettre de nous nourrir, d'interagir avec notre milieu et de nous reproduire. Pour comprendre le fonctionnement de notre organisme, nous devons nous pencher sur les mécanismes de la division et de la spécialisation cellulaire, et nous intéresser à la description et au fonctionnement des principaux systèmes qui forment notre corps.

L'UNIVERS VIVANT

2003 — Le déchiffrage du génome humain est complété

1972 — Première souris née d'un embryon congelé

1953 — Découverte de la structure en double hélice de l'ADN

1944 — Découverte du fait que l'ADN est porteuse de l'information génétique d'un individu

1933 — Invention du microscope électronique

1904 — Découverte des chromosomes sexuels

1902 — Découverte des hormones

VERS 1901 — Découverte du rôle de la membrane cellulaire

1831 — Observation du noyau de la cellule

1824 — Découverte de la fonction des spermatozoïdes

VERS 1680 — Premières observations d'organismes microscopiques

VERS 1590 — Invention du microscope à lentilles multiples

1420 — Fécondation artificielle d'œufs de poissons

L'HUMAIN

ET LA PERPÉTUATION DE LA VIE

L'humain est un être complexe constitué de milliards de cellules. Comment, à partir d'une seule cellule microscopique, arrive-t-il à se développer jusqu'à atteindre sa taille adulte ? Les cellules qui constituent les muscles, le sang, le cerveau, etc., sont-elles toutes identiques ? Quelles sont les fonctions des cellules et comment les accomplissent-elles ? Pourquoi ressemble-t-on en partie à notre mère et en partie à notre père ? Pourquoi chaque individu est-il unique ? Voilà autant de questions auxquelles nous tenterons de répondre au fil de ce chapitre.

1 LA CELLULE

Tous les êtres vivants sont constitués de cellules. La cellule forme la base de tous les êtres vivants, de la bactérie
unicellulaire jusqu'au séquoia géant, en passant par la
mouche, l'éléphant, les champignons et, bien entendu,
l'être humain.

> *«Cellule» vient du latin cellula, qui signifie «petite chambre».*

1er CYCLE
- Caractéristiques du vivant
- Constituants cellulaires visibles au microscope
- Cellules animales
- Intrants et extrants (énergie, nutriments, déchets)

▶ La **CELLULE** est l'unité de base de tous les êtres vivants.

Tous les êtres vivants doivent se nourrir, respirer, éliminer leurs déchets,
grandir, se reproduire, etc. Quel est le rôle de la cellule dans ces activités ?
L'étude de la structure de la cellule humaine et de ses fonctions offre un
début de réponse à cette question.

1.1 LA STRUCTURE ET LES FONCTIONS DE LA CELLULE HUMAINE

La plupart des cellules sont si petites qu'il faut utiliser un microscope pour
les observer. Au microscope optique, on peut généralement distinguer trois
composantes de la cellule : la membrane cellulaire, le cytoplasme et le noyau.

- La membrane cellulaire est une barrière souple qui délimite le contenu
  de la cellule, tout en lui permettant d'effectuer certains échanges avec le
  milieu environnant.

- Le cytoplasme est un milieu gélatineux qui compose tout l'intérieur de la
  cellule, à l'exception du noyau.

- Le noyau, reconnaissable grâce à sa couleur sombre, agit comme le centre
  de contrôle des activités de la cellule.

5.1 Des cellules de l'intérieur de la joue vues au microscope optique.

1635 1703

Robert Hooke

Ce savant anglais a
perfectionné le micro-
scope. Il a décrit
plusieurs structures
animales et végétales. Il
fut le premier à observer
des cellules et à utiliser
ce mot pour décrire les
petites cavités qu'il avait
observées dans un
échantillon de liège.

L'observation d'une cellule au microscope électronique permet de voir beaucoup plus de détails et de mieux connaître sa structure. C'est ainsi que l'on sait maintenant que le cytoplasme est composé d'une substance gélatineuse transparente, le cytosol, dans laquelle baignent de nombreuses petites structures appelées «organites»: mitochondries, ribosomes, réticulum endoplasmique, lysosomes et appareil de Golgi (*voir la figure 5.2*). On a également découvert grâce au microscope électronique que le noyau est lui-même délimité par une membrane, appelée «membrane nucléaire», et qu'il contient une molécule capable de diriger les activités de la cellule: l'ADN.

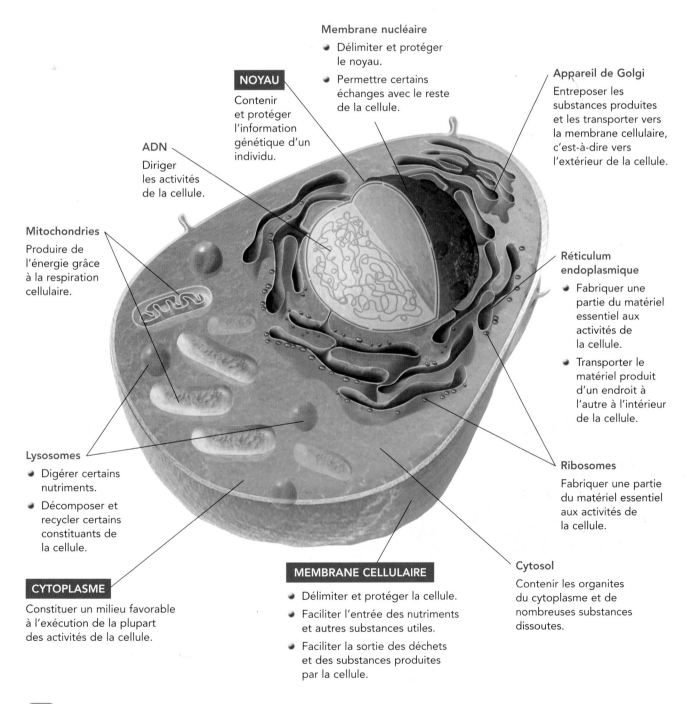

Membrane nucléaire
- Délimiter et protéger le noyau.
- Permettre certains échanges avec le reste de la cellule.

NOYAU
Contenir et protéger l'information génétique d'un individu.

ADN
Diriger les activités de la cellule.

Appareil de Golgi
Entreposer les substances produites et les transporter vers la membrane cellulaire, c'est-à-dire vers l'extérieur de la cellule.

Mitochondries
Produire de l'énergie grâce à la respiration cellulaire.

Réticulum endoplasmique
- Fabriquer une partie du matériel essentiel aux activités de la cellule.
- Transporter le matériel produit d'un endroit à l'autre à l'intérieur de la cellule.

Lysosomes
- Digérer certains nutriments.
- Décomposer et recycler certains constituants de la cellule.

Ribosomes
Fabriquer une partie du matériel essentiel aux activités de la cellule.

CYTOPLASME
Constituer un milieu favorable à l'exécution de la plupart des activités de la cellule.

MEMBRANE CELLULAIRE
- Délimiter et protéger la cellule.
- Faciliter l'entrée des nutriments et autres substances utiles.
- Faciliter la sortie des déchets et des substances produites par la cellule.

Cytosol
Contenir les organites du cytoplasme et de nombreuses substances dissoutes.

5.2 Le schéma d'une cellule humaine typique. La ou les fonctions de chaque structure sont indiquées sous leur nom.

1.2 LA STRUCTURE ET LES FONCTIONS DE L'ADN

LABOS
Nᵒˢ 37 et 38

L'ADN, ou **a**cide **d**ésoxyribo**n**ucléique, est une très longue molécule qui se présente généralement sous la forme de filaments à l'intérieur du noyau de la cellule. Si on l'examine de plus près, on remarque qu'elle est composée de deux chaînes reliées par des paires de petites molécules appelées «bases azotées» (*voir la figure 5.3*). Il existe quatre bases azotées: l'adénine, la cytosine, la guanine et la thymine. La molécule d'ADN ressemble donc à une échelle dont les barreaux sont constitués de paires de bases azotées. De plus, cette échelle tourne sur elle-même, comme un escalier en colimaçon. C'est pour cela qu'on donne souvent à cette structure le nom de «double hélice».

> ▶ L'ADN est une molécule en forme de double hélice, située dans le noyau de la cellule.

L'information génétique de l'ADN se trouve dans la séquence des paires de bases azotées. Chaque base azotée se lie toujours à la même autre base azotée: l'adénine s'associe toujours avec la thymine et la cytosine s'associe toujours avec la guanine. La succession des bases azotées le long de la double hélice d'ADN permet donc de déterminer l'information génétique, tout comme l'agencement des lettres de l'alphabet permet de former des mots et des phrases. La séquence complète des paires de bases azotées d'un individu ou d'une espèce constitue son génome. Le génome de l'espèce humaine contient environ trois milliards de paires de bases azotées.

> ▶ Le GÉNOME désigne l'ensemble de l'information génétique d'un individu ou d'une espèce.

1920
1958

Rosalind Franklin

La biophysicienne britannique Rosalind Franklin fut la première à obtenir une image indirecte de la structure de l'ADN à l'aide de rayons X. C'est en partie grâce à ses travaux que Francis Crick et James Watson ont pu découvrir, en 1953, la structure en double hélice de la molécule d'ADN.

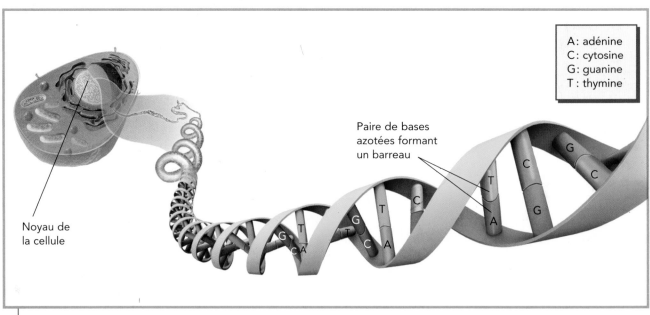

A: adénine
C: cytosine
G: guanine
T : thymine

Paire de bases azotées formant un barreau

Noyau de la cellule

5.3 L'ADN possède une structure en double hélice.

L'humain partage 99 % de ses gènes avec le chimpanzé

C'est confirmé: le chimpanzé est un très, très proche parent de l'être humain. La preuve vient d'en être faite avec le décryptage du génome de ce primate. Les gènes des deux espèces sont identiques à 99 %.

Les 67 chercheurs rattachés à diverses universités des États-Unis, d'Israël, d'Italie, d'Allemagne et d'Espagne qui ont participé à ce projet ont fait part de leurs résultats récemment dans la revue *Nature*. Les différences génétiques entre un être humain et un chimpanzé sont à peine 10 fois plus nombreuses qu'entre deux êtres humains, affirment-ils.

Quelques distinctions? Contrairement au chimpanzé, l'être humain n'est pas doté du gène caspase-12, qui protège contre la maladie d'Alzheimer. En revanche, le bagage génétique de notre espèce nous permet de marcher debout et de maîtriser le langage.

Adapté de: Pauline GRAVEL, «Le décryptage du génome du chimpanzé confirme sa proche parenté avec l'humain», *Le Devoir*, 2 septembre 2005, p. A4.

Le chimpanzé est un très proche parent de l'être humain.

L'ADN se divise en segments, les gènes, qui contiennent les instructions nécessaires pour fabriquer des protéines (enzymes, hormones, etc.). Ces dernières sont chargées d'accomplir des tâches spécifiques. Par exemple, digérer un nutriment, réparer une blessure, faire pousser les cheveux, donner aux yeux la couleur bleue, envoyer un message à une autre cellule, etc. Le génome humain comprend environ 25 000 gènes. L'ensemble de tous les gènes indique la manière d'accomplir toutes les fonctions d'un individu et spécifie toutes ses caractéristiques.

> ▶ Un GÈNE est un segment d'ADN qui contient l'information génétique nécessaire pour accomplir une tâche spécifique.

1.3 LA DIVERSITÉ GÉNÉTIQUE

Si chaque individu est unique, c'est d'abord parce que son ADN est unique. Il existe en effet des variations pour chaque gène. Par exemple, les gènes qui déterminent la couleur des yeux peuvent leur donner la couleur bleue, verte, brune, etc. Les gènes qui déterminent la couleur des cheveux peuvent les rendre blonds, bruns, roux, noirs, etc. Comme il existe environ 25 000 gènes et que chacun se présente en plusieurs variantes, la probabilité que deux individus possèdent exactement la même information génétique est pratiquement nulle. À une exception près: les vrais jumeaux.

GÈNES DOMINANTS ⓘ

Pourquoi y a-t-il davantage de personnes avec les yeux bruns que de personnes avec les yeux bleus? C'est parce que les gènes responsables des yeux bruns sont dominants, c'est-à-dire que, s'ils sont présents dans l'organisme, ce sont eux qui vont se manifester physiquement.

L'ensemble de toutes les combinaisons de gènes possibles constitue la diversité génétique d'une espèce.

1er CYCLE
– Gènes et chromosomes
– Population
– Reproduction sexuée

> ▶ La **DIVERSITÉ GÉNÉTIQUE** est l'ensemble des variations de tous les gènes d'une même espèce.

La reproduction sexuée constitue une source importante de diversité génétique. En effet, au moment de sa conception, un enfant reçoit certains gènes de sa mère et certains gènes de son père. Chaque naissance est donc une nouvelle occasion de mettre en commun les gènes des deux parents, ce qui peut permettre l'apparition de nouvelles variations au sein d'une population. Par exemple, l'arrivée d'une personne aux yeux verts dans une population qui ne connaît que les yeux bleus et les yeux bruns peut enrichir la diversité génétique de cette population. En conséquence, plus une population comporte d'individus, plus sa diversité génétique a de chances d'être grande.

Au contraire, une population plus petite ou isolée risque de posséder une moins grande diversité génétique. Les relations entre personnes apparentées sont également susceptibles d'appauvrir cette diversité. Par exemple, les mariages entre les descendants de la reine Victoria, qui a régné sur la Grande-Bretagne de 1837 à 1901, ont permis à une maladie génétique relativement rare, l'hémophilie, de se propager de façon plus importante parmi les membres de la famille royale que dans le reste de la population.

Des chercheurs de McGill identifient le gène du syndrome d'Andermann

Des chercheurs de l'Université McGill (Montréal) ont identifié un gène responsable du syndrome d'Andermann, un trouble neurologique grave qui condamne des centaines d'enfants québécois au fauteuil roulant. Cette maladie génétique rare se trouve presque seulement au Québec, dans les régions du Saguenay–Lac-Saint-Jean et de Charlevoix.

Charlevoix a été fondée par 400 Canadiens français. Il a suffi que quelques porteurs du gène aient de nombreux rejetons pour propager la maladie aux générations suivantes. Le trouble a ensuite migré au Saguenay–Lac-Saint-Jean, quand des habitants de Charlevoix ont colonisé ce nouveau territoire.

La découverte du gène ne signifie pas qu'un traitement sera bientôt offert. Il faudra encore des années de recherche pour atteindre cet objectif. En revanche, les couples de Charlevoix et du Saguenay–Lac-Saint-Jean pourront subir des examens pour détecter la présence du gène avant de décider d'avoir des enfants.

Adapté de: André NOËL, «Des chercheurs de McGill identifient le gène du syndrome d'Andermann», *La Presse*, 9 octobre 2002, p. A1.

Le syndrome d'Andermann condamne des centaines d'enfants québécois au fauteuil roulant.

Possible ou impossible ?

Quelle est la probabilité que deux êtres humains (autres que des vrais jumeaux) possèdent exactement le même matériel génétique, c'est-à-dire la même combinaison pour chacun de leurs 25 000 gènes ? Pour illustrer ce problème de façon mathématique, nous pouvons utiliser des sacs de billes : les sacs représentent les gènes, tandis que les différentes couleurs des billes représentent les différentes variations d'un même gène.

Commençons par un calcul simple. Supposons cinq sacs contenant chacun quatre billes de couleurs différentes. On tire une bille de chaque sac de façon à obtenir une combinaison particulière, puis on remet les billes dans les sacs. Si on tire à nouveau une bille de chaque sac, quelle est la probabilité d'obtenir exactement la même combinaison ? Pour le savoir, on peut procéder comme suit :

$$\frac{1}{4} \times \frac{1}{4} \times \frac{1}{4} \times \frac{1}{4} \times \frac{1}{4} = \left(\frac{1}{4}\right)^5$$

soit une chance sur 1024.

Avec 25 sacs de quatre billes, la probabilité d'obtenir une seconde fois la même combinaison devient :

$$\left(\frac{1}{4}\right)^{25}$$

soit environ une chance sur $1{,}13 \times 10^{15}$.

Maintenant, que devient cette probabilité avec 25 000 sacs ? Elle passe à :

$$\left(\frac{1}{4}\right)^{25\,000}$$

soit environ une chance sur $1{,}13 \times 10^{15\,000}$.

Du point de vue des probabilités, un résultat qui a moins d'une chance sur 10^{50} de se produire est considéré comme une impossibilité.

2 LA DIVISION CELLULAIRE

Les cellules qui se divisent le font pour trois raisons :

- pour augmenter le nombre de cellules d'un organisme, autrement dit pour lui permettre de grandir;
- pour régénérer les tissus blessés ou usés;
- pour permettre la reproduction sexuée.

> ▶ La DIVISION CELLULAIRE est un processus qui permet de produire de nouvelles cellules. Elle a pour fonction de permettre la croissance, la réparation et la reproduction sexuée.

Les cellules ne sont cependant pas constamment en train de se diviser. Pendant la plus grande partie de leur vie, elles accomplissent différentes fonctions visant au maintien de l'organisme. On appelle cette période l'«interphase».

Vers la fin de l'interphase, la cellule se prépare à se diviser en effectuant une copie de son ADN. On dit qu'elle le «réplique». Au cours de ce processus, la double hélice d'ADN se déroule et se sépare en deux (*voir la figure 5.4*). Chaque chaîne sert alors de modèle pour former une nouvelle chaîne complémentaire. Il en résulte deux doubles hélices d'ADN identiques.

Au début de chaque division, les filaments d'ADN qui se trouvent dans le noyau de la cellule s'enroulent et se condensent pour former des bâtonnets appelés « chromosomes ». Ceux-ci ont l'apparence de petits «X», car ils sont formés de deux brins retenus par un point d'attache. Chaque brin (aussi appelé «chromatide») est une copie exacte de l'autre, puisque la cellule a préalablement répliqué son ADN durant l'interphase.

> *«Chromosome»* vient des mots grecs khrôma, *qui signifie «couleur»,* et soma, *qui signifie «corps». (En effet, il est facile de colorer les chromosomes pour les rendre plus visibles au microscope.)*

De plus, les chromosomes se présentent en paires. Dans chaque paire, un chromosome contient le matériel génétique provenant de la mère tandis que l'autre contient le matériel génétique provenant du père.

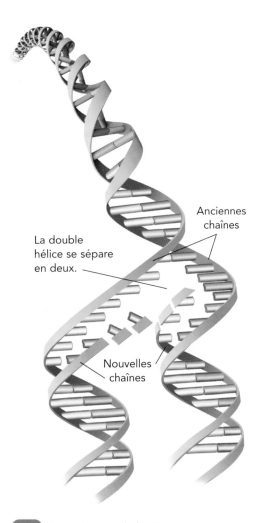

La double hélice se sépare en deux.

Anciennes chaînes

Nouvelles chaînes

5.4 La réplication de l'ADN.

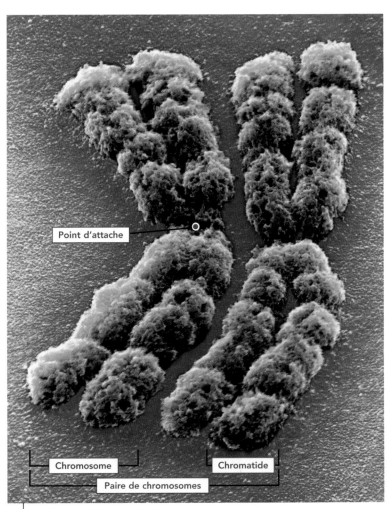

Point d'attache

Chromosome — Chromatide

Paire de chromosomes

5.5 Dans une paire de chromosomes, l'un vient du père et l'autre, de la mère. Dans un chromosome, chaque chromatide est la copie exacte de l'autre.

Le génome humain contient 23 paires de chromosomes. Comme le nombre de paires de chromosomes varie d'une espèce à l'autre, on dit aussi que les cellules contiennent $2n$ chromosomes (n représente le nombre de paires).

Habituellement, les 23 paires de chromosomes du génome humain sont numérotées de 1 à 22. La 23ᵉ paire est nommée «XX» dans le cas d'une femme et «XY» dans le cas d'un homme. En effet, c'est la 23ᵉ paire de chromosomes qui détermine le sexe d'un individu.

Il existe deux modes de division cellulaire. Le premier mode permet d'augmenter le nombre de cellules et de remplacer les cellules mortes. On appelle ce mode de division la «mitose» (*voir la section 2.1, ci-dessous*). Dans ce mode, la cellule de départ (la «cellule-mère») se divise pour produire deux cellules qui lui sont identiques (les «cellules-filles»). Autrement dit, une cellule disparaît en devenant deux nouvelles cellules.

Le second mode de division permet la reproduction sexuée. C'est la «méiose» (*voir la section 2.2, à la page 135*). Dans ce mode, la cellule-mère se divise deux fois, ce qui produit quatre cellules-filles ne possédant que la moitié de l'ADN de la cellule-mère. Les cellules-filles, aussi appelées «cellules sexuelles», peuvent alors s'unir à une autre cellule sexuelle pour produire un nouvel individu dont l'ADN sera complet.

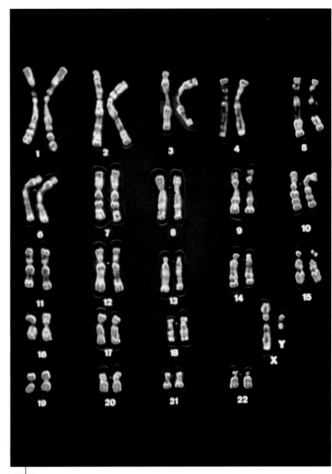

 5.6 Le génome humain comporte 23 paires de chromosomes. Le génome montré sur cette photo est celui d'un homme puisque la 23ᵉ paire est notée «XY».

2.1 LA MITOSE

La mitose permet la reproduction de cellules que l'on appelle «diploïdes», parce qu'elles possèdent une paire de chaque chromosome, c'est-à-dire deux exemplaires de chaque gène: un qui vient du père et l'autre, de la mère. Toutes les cellules de l'organisme, sauf les cellules sexuelles, sont diploïdes.

> *«Diploïde» vient du grec diploos, qui signifie «double».*

> ◗ La **MITOSE** est le processus de division cellulaire qui permet aux cellules de se multiplier afin d'assurer la croissance et la réparation des différents tissus.

La mitose comporte quatre phases: la prophase, la métaphase, l'anaphase et la télophase. La figure 5.7, à la page suivante, présente une vue d'ensemble de ce mode de division cellulaire.

LABO
N° 39

PROGRAMMÉES POUR MOURIR ⓘ

La plupart des cellules de notre corps peuvent se diviser pour remplacer les cellules usées ou blessées. Alors, pourquoi vieillissons-nous? Il semble qu'il existe une limite au nombre de mitoses successives qu'une lignée de cellules peut subir. Après un certain nombre de divisions, les cellules perdent leur faculté de se diviser et disparaissent.

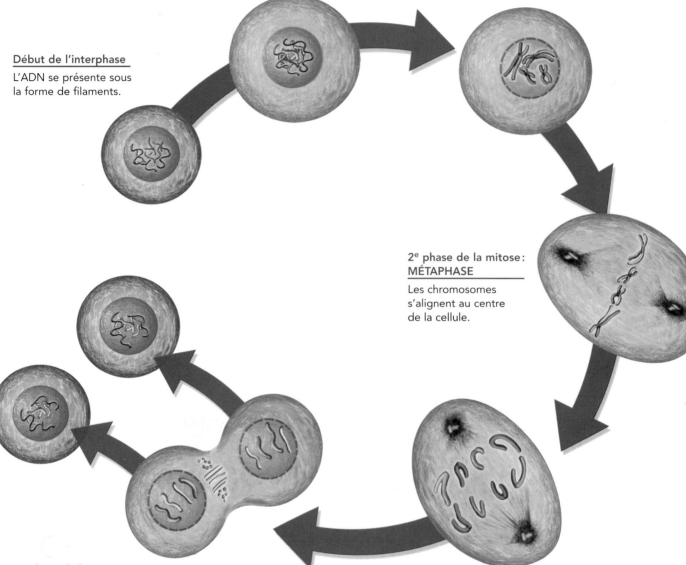

Début de l'interphase

L'ADN se présente sous la forme de filaments.

Fin de l'interphase

La cellule-mère a grossi et a entièrement répliqué son ADN.

1re phase de la mitose : PROPHASE

- L'ADN s'enroule et se condense en chromosomes.
- La membrane nucléaire disparaît.

2e phase de la mitose : MÉTAPHASE

Les chromosomes s'alignent au centre de la cellule.

3e phase de la mitose : ANAPHASE

- Les chromosomes se séparent en chromatides à leur point d'attache.
- Les chromatides s'éloignent du centre : une moitié se dirige d'un côté et l'autre moitié se dirige de l'autre côté.

4e phase de la mitose : TÉLOPHASE

- La membrane nucléaire se reforme.
- L'ADN reprend la forme de filaments.
- Les organites et le cytosol se répartissent également.
- La cellule se divise en deux cellules-filles.

5.7 L'interphase et les quatre phases de la mitose. À la fin de la division, les deux cellules-filles possèdent le même matériel génétique que la cellule-mère. Pour simplifier la représentation, seulement quatre chromosomes ont été montrés.

2.2 LA MÉIOSE

Le second mode de division cellulaire est la méiose. Il a pour but de permettre la reproduction sexuée, c'est-à-dire l'union de deux cellules sexuelles au cours de la fécondation. Les cellules sexuelles sont aussi appelées « haploïdes » car elles ne contiennent qu'un seul chromosome de chaque paire. Une cellule sexuelle ne possède donc qu'un exemplaire de chaque gène.

> *« Haploïde » vient du grec haploos, qui signifie « simple ».*

Il existe des cellules sexuelles mâles (aussi appelées « gamètes mâles » ou « spermatozoïdes ») et des cellules sexuelles femelles (aussi appelées « gamètes femelles » ou « ovules »).

> ▶ La MÉIOSE est le processus de division cellulaire qui permet de produire des gamètes mâles et femelles en vue de la reproduction sexuée.

Comme le montre la figure 5.8, la méiose présente certaines ressemblances avec la mitose. Dans les deux modes de division, la cellule-mère est diploïde. De plus, au début de la division, l'ADN de la cellule-mère s'enroule et se condense de façon à former des paires de chromosomes qui possèdent deux chromatides identiques. La principale différence est que, dans la méiose, la cellule subit ensuite deux divisions au lieu d'une seule, soit la méiose I et la méiose II.

La première division (méiose I) sépare les paires de chromosomes, ce qui diminue de moitié le nombre de chromosomes. À la fin de la première division, chaque cellule possède donc 23 chromosomes.

Lors de la seconde division (méiose II), les chromosomes se scindent en deux à partir de leur point d'attache. Il en résulte quatre cellules-filles haploïdes.

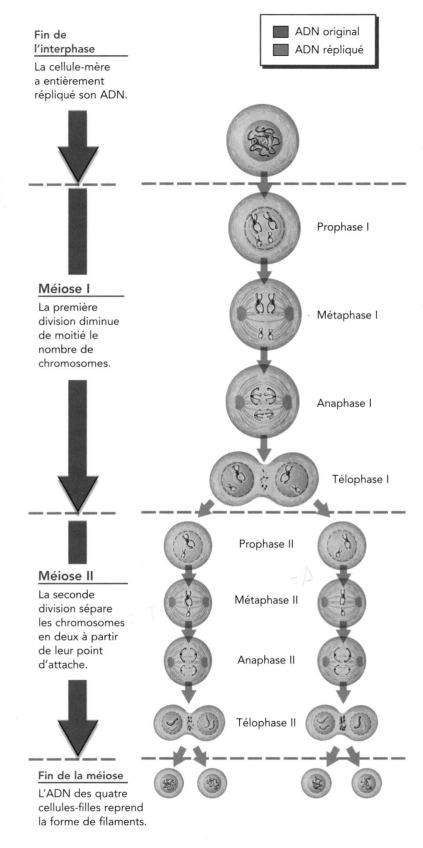

ADN original
ADN répliqué

Fin de l'interphase
La cellule-mère a entièrement répliqué son ADN.

Méiose I
La première division diminue de moitié le nombre de chromosomes.

Prophase I

Métaphase I

Anaphase I

Télophase I

Méiose II
La seconde division sépare les chromosomes en deux à partir de leur point d'attache.

Prophase II

Métaphase II

Anaphase II

Télophase II

Fin de la méiose
L'ADN des quatre cellules-filles reprend la forme de filaments.

5.8 L'interphase et les phases de la méiose. À la fin de la division, les quatre cellules-filles ne possèdent que la moitié du matériel génétique de la cellule-mère. Pour simplifier la représentation, seulement quatre chromosomes ont été montrés.

3 LA SPÉCIALISATION CELLULAIRE

À l'instant qui suit la fécondation, un **ZYGOTE** n'est constitué que d'une seule cellule. Puis, cette cellule se divise en deux cellules, qui se divisent à leur tour en deux, ce qui produit quatre cellules, et ainsi de suite jusqu'à ce que l'être soit pleinement formé. À l'âge adulte, l'être humain est constitué d'environ 60 billions de cellules (6×10^{13}). Cependant, les cellules ne font pas que se multiplier. Pour répondre aux différents besoins de l'organisme, elles doivent également se spécialiser.

Dans cette section, nous verrons que les **CELLULES SPÉCIALISÉES** qui accomplissent la même fonction portent le nom de «tissu». Puis, nous verrons que différents tissus peuvent se regrouper pour former un organe. À leur tour, plusieurs organes peuvent se regrouper pour former un système. Finalement, nous verrons que l'ensemble des systèmes forme un organisme, c'est-à-dire un être vivant complet.

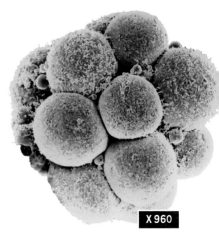

X 960

5.9 Quatre jours après la fécondation, le zygote est déjà devenu une petite boule de 16 cellules.

3.1 LA CLASSIFICATION DES TISSUS

Les observations réalisées grâce au microscope ont permis aux chercheurs de constater que les différentes cellules spécialisées de l'organisme ont tendance à se regrouper pour accomplir des fonctions précises. Le niveau d'organisation de base des cellules est celui du tissu.

> 🌑 Un **TISSU** est un ensemble de cellules qui ont la même structure et qui accomplissent la même fonction.

Il existe quatre types de tissus: épithélial, conjonctif, nerveux et musculaire.

LE TISSU ÉPITHÉLIAL

Le tissu épithélial a pour fonction de recouvrir et de protéger les différentes parties du corps, tant à l'extérieur (comme la peau), qu'à l'intérieur (comme les parois du tube digestif) de l'organisme. Le tissu épithélial peut également sécréter, absorber ou filtrer certaines substances.

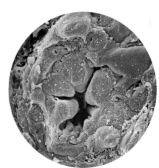

5.10 Le tissu épithélial de la peau recouvre et protège les tissus sous-jacents.

5.11 Le tissu épithélial des glandes salivaires permet la sécrétion de la salive.

5.12 Le tissu épithélial de l'intestin grêle permet l'absorption des nutriments.

5.13 Le tissu épithélial des reins assure la filtration du sang.

LE TISSU CONJONCTIF

Le tissu conjonctif est un tissu de remplissage et de soutien. Il sert à maintenir ensemble les différents tissus et organes du corps. Il permet aussi d'assurer leur protection et leur nutrition. Le tissu conjonctif est le plus répandu et le plus abondant dans l'organisme.

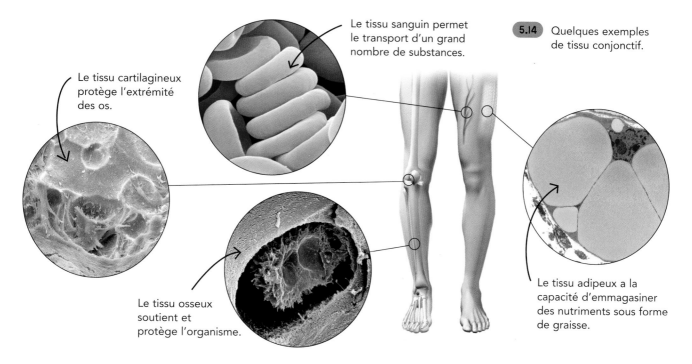

Le tissu cartilagineux protège l'extrémité des os.

Le tissu sanguin permet le transport d'un grand nombre de substances.

5.14 Quelques exemples de tissu conjonctif.

Le tissu osseux soutient et protège l'organisme.

Le tissu adipeux a la capacité d'emmagasiner des nutriments sous forme de graisse.

LE TISSU NERVEUX

Le tissu nerveux permet de contrôler et de diriger l'activité du corps. Il permet plus spécifiquement de recevoir, de traiter et de transmettre des messages entre le cerveau et les autres parties du corps. Les nerfs, la moelle épinière et le cerveau en sont constitués.

LE TISSU MUSCULAIRE

Le tissu musculaire a la propriété de se contracter et de reprendre sa forme, comme un ressort. Cette particularité permet au corps de se mouvoir. Les mouvements qui en résultent peuvent être volontaires, comme ceux des doigts, ou involontaires, comme les battements du cœur.

Il existe trois types de tissu musculaire :

- le tissu musculaire squelettique, qui compose les muscles fixés aux os ;
- le tissu musculaire lisse, qui forme les parois de certains organes qui doivent effectuer des mouvements, comme l'estomac, la vessie, l'utérus et certains vaisseaux sanguins ;
- le tissu musculaire cardiaque, qui se trouve seulement dans le cœur.

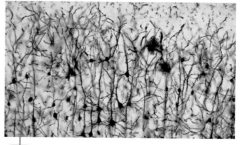

5.15 Le cerveau est constitué de tissu nerveux.

5.16 Le tissu musculaire est constitué de cellules de forme allongée qui ont la propriété de se contracter et de reprendre leur forme.

3.2 DU TISSU À L'ORGANE

Lorsque plusieurs tissus sont regroupés dans une même structure afin d'exécuter une ou plusieurs fonctions spécifiques dans l'organisme, on parle alors d'organe. Par exemple, l'estomac est formé de tissu épithélial, de tissu conjonctif, de tissu musculaire et de tissu nerveux. Il a pour fonctions d'entreposer, de malaxer et de commencer à digérer les aliments. L'estomac est donc un organe puisqu'il est formé de plusieurs tissus qui assurent les mêmes fonctions. Le cœur, les poumons et le cerveau sont d'autres exemples d'organes.

> ◗ Un ORGANE est une structure formée de deux tissus ou plus qui assurent une ou plusieurs fonctions spécifiques dans l'organisme.

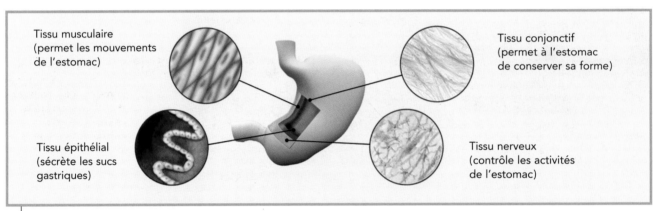

Tissu musculaire
(permet les mouvements
de l'estomac)

Tissu conjonctif
(permet à l'estomac
de conserver sa forme)

Tissu épithélial
(sécrète les sucs
gastriques)

Tissu nerveux
(contrôle les activités
de l'estomac)

5.17 L'estomac est un organe composé de plusieurs tissus dont la fonction est d'entreposer, de malaxer et de commencer à digérer les aliments.

DES VESSIES ARTIFICIELLES

Des urologues de l'Université Wake Forest, en Caroline du Nord (États-Unis), ont fait «pousser» dans leur laboratoire des vessies artificielles pour sept enfants atteints d'une malformation congénitale de cet organe. Pour y arriver, ils ont d'abord prélevé des cellules de vessie chez leurs petits patients. Ils ont ensuite cultivé ces cellules en laboratoire. Quand leur nombre est devenu assez grand, ils les ont placées sur des moules biodégradables en forme de vessie. Une fois la nouvelle vessie formée, il ne restait qu'à la greffer chez le patient ou la patiente.

Cette technique révolutionnaire devrait être disponible d'ici quelques années au Québec. Des dizaines de patients québécois ont besoin chaque année d'une reconstruction de la vessie. Pour le moment, la technique n'a été utilisée que sur des enfants, mais les experts croient qu'elle sera facilement transférable aux adultes.

Adapté de: Mathieu PERREAULT, «Vers des organes de rechange», *La Presse*, 5 avril 2006, p. A6.

Le Dr Assaad El-Hakim, urologue à l'Hôpital Royal Victoria (Montréal), a étudié la technique de reconstruction de la vessie mise au point aux États-Unis et mène présentement des tests en vue de son implantation au Québec.

3.3 DE L'ORGANE AU SYSTÈME

Afin d'assurer le bon fonctionnement de l'organisme, les tissus et les organes doivent agir en interrelation. Lorsque plusieurs tissus et organes servent à l'exécution de la même fonction, on parle alors de système. Par exemple, l'estomac doit travailler de concert avec l'intestin, l'œsophage et les autres organes du système digestif pour accomplir la fonction de nutrition de l'organisme.

> Un SYSTÈME est un ensemble de tissus et d'organes qui agissent en interrelation afin d'accomplir une même fonction dans l'organisme.

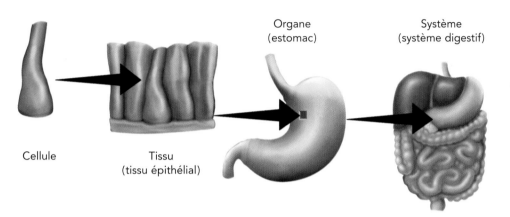

Organe (estomac)

Système (système digestif)

Cellule

Tissu (tissu épithélial)

5.18 Le système digestif est un exemple de système parce qu'il est constitué de cellules, de tissus et d'organes qui accomplissent une même fonction.

L'ensemble de tous les systèmes forme à son tour un organisme. L'organisme, ou l'être vivant, constitue le plus haut niveau d'organisation cellulaire.

Le tableau 5.19 présente la fonction des différents systèmes de l'organisme. Plusieurs de ces systèmes seront présentés au cours des prochains chapitres. Dans la section suivante, nous nous intéresserons au système reproducteur.

5.19 LES DIFFÉRENTS SYSTÈMES DE L'ORGANISME ET LEUR FONCTION

Système	Fonction
Système cardiovasculaire	Assurer la circulation du sang, afin de nourrir les cellules et de les débarrasser de leurs déchets.
Système digestif	Assurer la digestion et l'absorption des aliments, ainsi que l'élimination de certains déchets.
Système endocrinien	Assurer la coordination des organes grâce aux hormones.
Système excréteur	Assurer l'élimination de certains déchets.
Système lymphatique	Assurer, entre autres, la protection de l'organisme contre les micro-organismes grâce au système immunitaire.
Système musculo-squelettique	Assurer le maintien et la mobilité du corps.
Système nerveux	Assurer le contrôle de l'organisme (mémoire, pensées, décisions), la transmission de l'information entre les différentes parties du corps et l'interaction avec l'environnement grâce aux organes des cinq sens.
Système reproducteur	Assurer la reproduction sexuée.
Système respiratoire	Assurer l'apport en dioxygène et l'évacuation du dioxyde de carbone.

4. LE SYSTÈME REPRODUCTEUR

Tous les êtres vivants cherchent d'abord à assurer leur survie en comblant des besoins tels manger, respirer, dormir, etc. Lorsque ces besoins vitaux sont assouvis, ils cherchent ensuite à assurer la survie de leur espèce grâce à la reproduction. L'être humain partage avec plusieurs espèces animales et végétales un mode de reproduction qui implique la participation d'un individu mâle et d'un individu femelle : la reproduction sexuée.

4.1 LES STADES DU DÉVELOPPEMENT HUMAIN

La reproduction sexuée implique la fécondation d'un ovule (cellule haploïde provenant de la mère) par un spermatozoïde (cellule haploïde provenant du père). Au cours de la fécondation, le matériel génétique contenu dans l'ovule se fusionne à celui contenu dans le spermatozoïde. Il en résulte une cellule diploïde composée de 23 paires de chromosomes, dont la moitié proviennent de la mère et l'autre moitié, du père. Cette cellule diploïde, appelée « zygote », peut alors se multiplier par mitose et transmettre son ADN à l'organisme tout entier. Toutes les cellules de l'organisme possèdent donc la même information génétique.

> ▶ La FÉCONDATION est la fusion d'un ovule et d'un spermatozoïde. Elle produit une cellule complète, le zygote, qui possède du matériel génétique issu à la fois du père et de la mère.

La méiose et la fécondation forment les deux premiers stades du cycle de développement des espèces sexuées. Le tableau 5.21 montre les autres stades de ce cycle chez l'être humain.

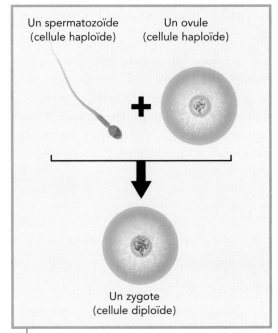

Un spermatozoïde (cellule haploïde) Un ovule (cellule haploïde)

Un zygote (cellule diploïde)

5.20 La fusion d'un spermatozoïde et d'un ovule au cours de la fécondation produit un zygote. Dans chaque paire de chromosomes du zygote, un chromosome provient du père et l'autre, de la mère.

5.21 LES DIFFÉRENTS STADES DU DÉVELOPPEMENT DE L'ÊTRE HUMAIN

	Stade	Âges approximatifs
Stades durant la grossesse	Zygote	De la fécondation à environ 2 semaines
	Embryon	D'environ 2 semaines à 9 semaines
	Fœtus	De 9 semaines à la naissance
Stades après la naissance	Bébé	De la naissance à 2 ans
	Petite enfance	De 2 ans à 6 ans
	Enfance	De 6 ans à 10 ans
	Adolescence	De 10 ans à 18 ans
	Âge adulte	De 18 ans à environ 70 ans
	Vieillesse	D'environ 70 ans à la mort

4.2 LA PUBERTÉ

L'adolescence est le stade de développement marquant le passage de l'enfance à l'âge adulte. C'est une étape importante du développement humain parce qu'elle est marquée, entre autres, par la puberté. En effet, après une période d'inactivité qui a duré toute l'enfance, le système reproducteur entre maintenant en fonction.

> ❱ La PUBERTÉ est l'ensemble des changements destinés à rendre le corps apte à se reproduire. La puberté survient généralement entre 10 ans et 14 ans.

Le début de la puberté est caractérisé par une augmentation progressive de la production d'hormones sexuelles.

Une hormone est une substance chimique sécrétée par un organe spécialisé qu'on appelle une «glande». Ces substances chimiques sont transportées dans le sang et distribuées dans l'ensemble du corps. Seuls les organes et les tissus sensibles à ces substances réagiront à leur contact en modifiant leurs activités. Ainsi, les hormones permettent de contrôler à distance les fonctions de plusieurs organes.

«Hormone» provient du mot grec hormân, *signifiant «qui excite».*

> ❱ Les HORMONES sont des messagers chimiques transportés par le sang afin de contrôler l'activité d'un ou de plusieurs organes.

 Les hormones et les glandes qui les produisent font partie du système endocrinien. Ce système a pour fonction de réguler les activités du corps. Le système endocrinien est responsable, entre autres, de la croissance, de la reproduction, de la réaction de l'organisme face au stress et de la régulation du métabolisme.

La puberté est déclenchée par deux hormones sécrétées par l'hypophyse, une glande de la taille d'un raisin située à la base du cerveau : la FSH, ou hormone folliculostimulante, et la LH, ou hormone lutéinisante.

La FSH et la LH stimulent la maturation des ovules (chez la femme) et la production des spermatozoïdes (chez l'homme). De plus, chez la femme, elles stimulent les ovaires à produire des hormones sexuelles féminines (les œstrogènes et la progestérone). De même, chez l'homme, elles stimulent les testicules à produire des hormones sexuelles mâles (principalement la testostérone).

«FSH» provient des mots anglais **f**ollicule **s**timulating **h**ormone, *qui signifient «hormone qui stimule le follicule».*

«LH» provient des mots anglais **l**uteinising **h**ormone, *qui signifient «hormone qui produit de la lutéine».*

La production des hormones sexuelles féminines et mâles cause, à son tour, des changements physiques et psychologiques importants. Ce sont les caractères sexuels primaires et secondaires (*voir les figures 5.22 à 5.24, aux pages 142 et 143*).

1866 — 1927

Ernest Starling

Avec l'aide de William Bayliss (1860-1924), ce physiologiste anglais a découvert la présence de messagers chimiques voyageant dans le sang. Ensemble, ils ont démontré que ces substances ont pour fonction de contrôler à distance d'autres organes. En 1902, Starling suggéra de les nommer «hormones».

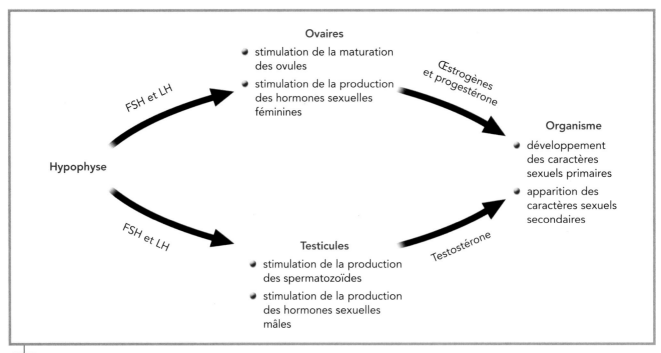

5.22 L'effet des hormones sécrétées par l'hypophyse sur les ovaires et les testicules, et l'effet des hormones sexuelles sur l'organisme.

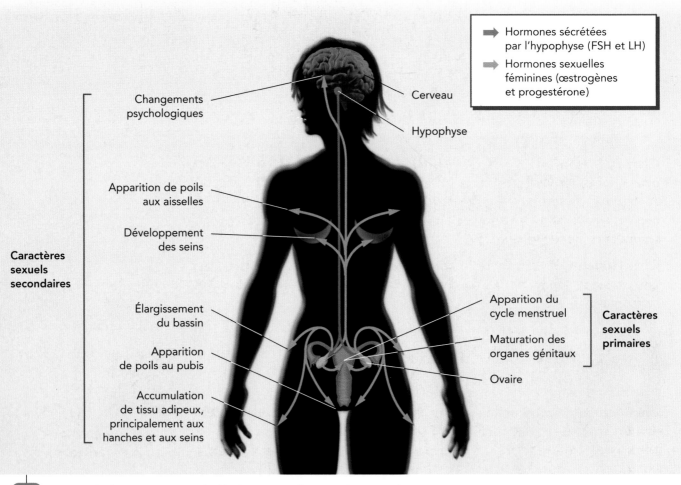

5.23 L'action des hormones permet le développement des caractères sexuels chez l'adolescente.

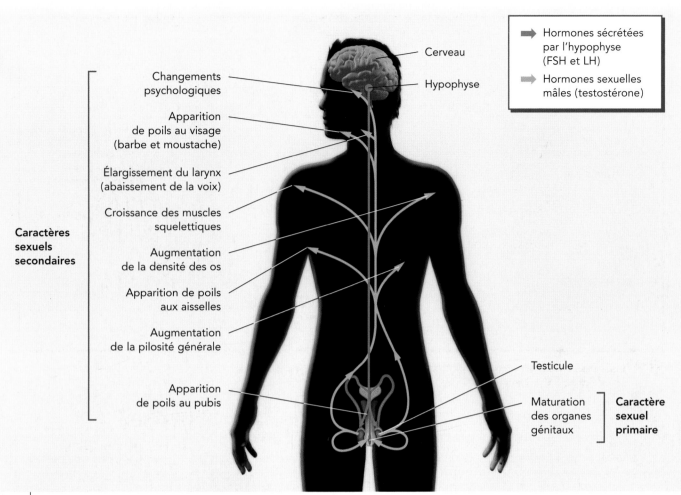

Caractères sexuels secondaires

Changements psychologiques

Apparition de poils au visage (barbe et moustache)

Élargissement du larynx (abaissement de la voix)

Croissance des muscles squelettiques

Augmentation de la densité des os

Apparition de poils aux aisselles

Augmentation de la pilosité générale

Apparition de poils au pubis

Cerveau

Hypophyse

Testicule

Maturation des organes génitaux

Caractère sexuel primaire

Hormones sécrétées par l'hypophyse (FSH et LH)

Hormones sexuelles mâles (testostérone)

5.24 L'action des hormones sur le développement des caractères sexuels chez l'adolescent.

Chez la femme, la puberté est caractérisée par la maturation des organes génitaux et l'apparition du cycle menstruel. Ce dernier débute à la puberté et disparaît graduellement autour de l'âge de 50 ans. La puberté est également marquée par l'apparition et le maintien de nombreux caractères sexuels secondaires (*voir la figure 5.23*).

Chez l'homme, la puberté se traduit par le développement des organes génitaux, ainsi que l'apparition et le maintien des caractères sexuels secondaires (*voir la figure 5.24*).

4.3 LE SYSTÈME REPRODUCTEUR DE LA FEMME

LABO
N° 40

Dans cette section, nous discuterons du rôle des hormones dans la maturation des ovules (ce qu'on appelle l'«ovogenèse») et dans les changements périodiques qui se produisent dans les ovaires (le cycle ovarien) et dans l'utérus (le cycle menstruel). Afin de bien comprendre ces phénomènes, il faut d'abord s'assurer de bien connaître l'anatomie du système reproducteur féminin (*voir la figure 5.25, à la page suivante*).

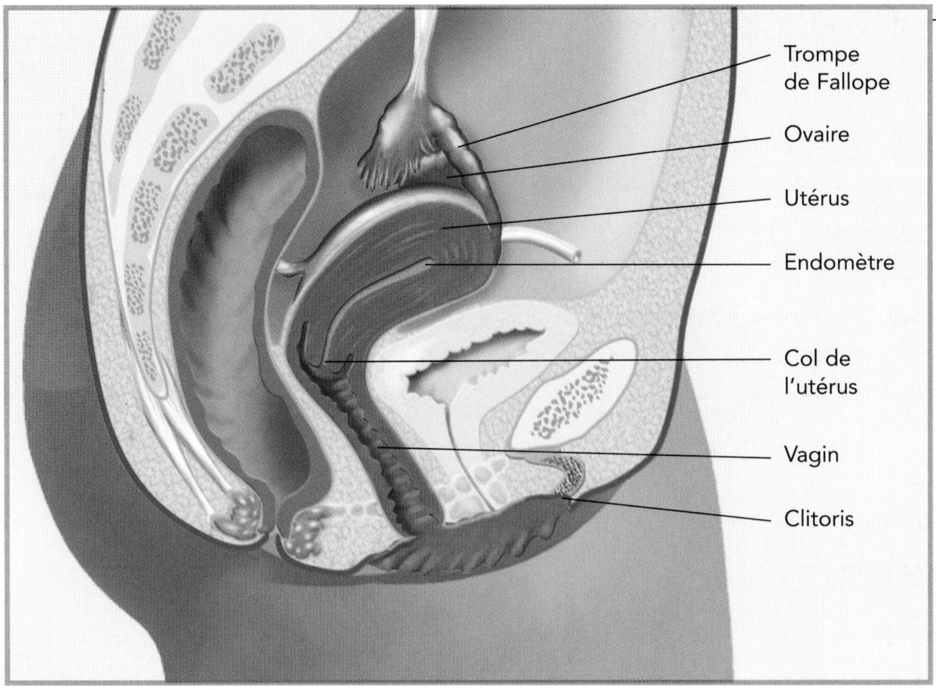

Le bassin renferme la plupart des organes du système reproducteur de la femme.

Labels on figure:
- Trompe de Fallope
- Ovaire
- Utérus
- Endomètre
- Col de l'utérus
- Vagin
- Clitoris

L'OVOGENÈSE

La puberté marque le début de la période de fertilité chez la femme. Pour être fertile, une femme doit produire des ovules matures, c'est-à-dire capables d'être fécondés par un spermatozoïde. Ce processus est appelé «ovogenèse».

> ▶ **L'OVOGENÈSE** est le processus qui permet de produire un ovule mature à l'aide de la méiose.

À la puberté, une fille possède dans ses ovaires environ 700 000 cellules ayant la possibilité de devenir des ovules. On les appelle des «ovocytes». Il s'agit de cellules diploïdes, car elles possèdent 23 paires de chromosomes chacune. Habituellement, un ovocyte par mois (ou cycle) sera transformé en ovule prêt à être fécondé. Au cours de la vie d'une femme, environ 400 ovocytes seulement se transformeront en ovules.

Chaque ovocyte est entouré d'une membrane appelée «follicule ovarien». Au début de chaque cycle, un ovocyte subit la méiose I, ce qui produit deux cellules haploïdes, c'est-à-dire ayant 23 chromosomes chacune. Une des deux cellules issues de la méiose I contient presque tout le cytoplasme de la cellule-mère, ce qui lui procure tous les nutriments nécessaires au développement d'un embryon. L'autre cellule dégénère et meurt rapidement.

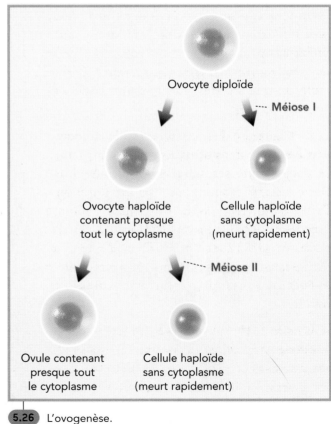

Ovocyte diploïde

---- Méiose I

Ovocyte haploïde contenant presque tout le cytoplasme

Cellule haploïde sans cytoplasme (meurt rapidement)

---- Méiose II

Ovule contenant presque tout le cytoplasme

Cellule haploïde sans cytoplasme (meurt rapidement)

5.26 L'ovogenèse.

Vers le milieu du cycle, le follicule ovarien éclate et l'ovocyte est libéré dans la trompe de Fallope. C'est l'ovulation. L'ovocyte commence alors son voyage vers l'utérus.

Durant son déplacement dans les trompes de Fallope, l'ovocyte subit la méiose II. Cette fois encore, il y a formation d'un ovule haploïde contenant presque tout le cytoplasme et d'une petite cellule haploïde qui disparaît rapidement. Chaque ovocyte ne peut donc donner qu'un seul ovule mature.

Si l'ovule n'est pas fécondé, il sera expulsé du corps au moment des menstruations. Au contraire, si l'ovule est fécondé, il se transformera en zygote et s'implantera dans la paroi de l'utérus pour y poursuivre son développement.

LE CYCLE OVARIEN

L'ensemble des transformations que subit périodiquement le follicule ovarien porte le nom de «cycle ovarien».

> ▶ Le CYCLE OVARIEN est le processus de maturation du follicule ovarien (afin de permettre l'expulsion d'un ovule) et sa transformation en corps jaune (afin de favoriser l'implantation de l'ovule dans l'utérus).

Au début de chaque cycle, l'hypophyse sécrète une plus grande quantité de FSH. La FSH stimule le développement et la maturation d'un follicule ovarien. Au fur et à mesure que le follicule ovarien se développe, il sécrète de plus en plus d'œstrogènes.

L'augmentation du taux d'œstrogènes stimule l'hypophyse à sécréter une deuxième hormone en très grande quantité, la LH, en combinaison avec une plus forte dose de FSH. Ce pic hormonal provoque l'éclatement du follicule ovarien mûr, ce qui entraîne la déchirure de l'ovaire.

La LH favorise la cicatrisation du follicule ovarien et sa transformation en corps jaune. Le corps jaune sécrète alors une autre hormone sexuelle féminine: la progestérone. Cette hormone prépare l'organisme féminin à recevoir un ovule fécondé. Par exemple, elle inhibe la production de FSH et de LH, et elle favorise l'épaississement de l'endomètre de l'utérus, afin de permettre l'implantation de l'ovule.

Si l'ovule n'est pas fécondé, le corps jaune dégénère et produit de moins en moins de progestérone. L'endomètre se détache alors des parois de l'utérus, ce qui provoque les menstruations. Le corps de la femme est alors prêt à commencer un autre cycle.

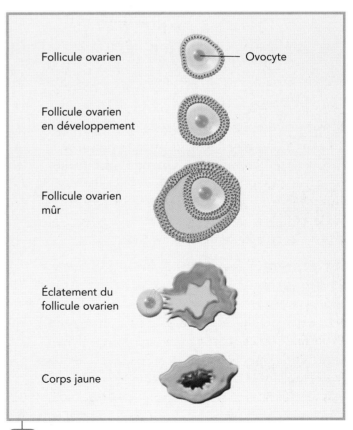

Follicule ovarien — Ovocyte

Follicule ovarien en développement

Follicule ovarien mûr

Éclatement du follicule ovarien

Corps jaune

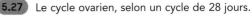

5.27 Le cycle ovarien, selon un cycle de 28 jours.

Si l'ovule est fécondé, le corps jaune continue alors de sécréter de la progestérone, jusqu'à ce que le **PLACENTA** soit en mesure de prendre la relève.

La figure 5.28 montre en parallèle le développement de l'ovule et celui du follicule ovarien, tandis que le tableau 5.29 résume les événements marquants de ces deux cycles, en y ajoutant le rôle des hormones.

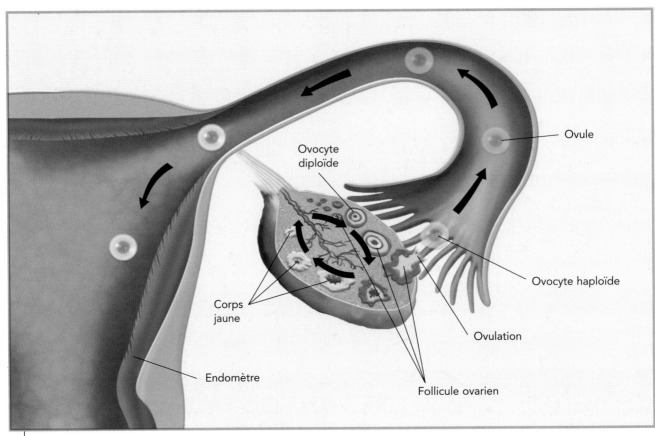

5.28 L'ovogenèse et le cycle ovarien permettent de produire un ovule prêt à être fécondé.

5.29 LES ÉVÉNEMENTS MARQUANTS DE L'OVOGENÈSE ET DU CYCLE OVARIEN, SELON UN CYCLE DE 28 JOURS

Période	Ovogenèse	Cycle ovarien	Hormones
Jours 1 à 13	• Un ovocyte subit la méiose I.	• Un follicule ovarien se développe.	• L'hypophyse sécrète une plus grande quantité de FSH, ce qui stimule le développement d'un follicule ovarien. • Le follicule ovarien sécrète de plus en plus d'œstrogènes, ce qui stimule l'hypophyse à produire de plus en plus de FSH et de LH.
Jour 14 (ovulation)	• L'ovocyte est expulsé du follicule ovarien.	• Le follicule ovarien mûr éclate.	• L'hypophyse sécrète de la LH en très grande quantité, en combinaison avec une plus forte dose de FSH (pic hormonal), ce qui provoque l'ovulation et la transformation du follicule ovarien en corps jaune.
Jours 15 à 28	• L'ovocyte se déplace dans la trompe de Fallope. • L'ovocyte subit la méiose II.	• Le follicule ovarien se transforme en corps jaune. • Si l'ovule n'est pas fécondé, le corps jaune dégénère.	• Le corps jaune sécrète de la progestérone, ce qui inhibe la production de FSH et de LH par l'hypophyse. • À mesure que le corps jaune dégénère, la production de progestérone diminue tandis que la production de FSH augmente à nouveau.

LE CYCLE MENSTRUEL

Le cycle ovarien et l'action des hormones se traduisent chez la femme par le cycle menstruel. On désigne parfois par l'expression «cycle menstruel», l'ensemble des changements que subit périodiquement le corps de la femme. Cependant, dans ce manuel, nous considérerons que le cycle menstruel ne concerne que les événements qui se produisent dans l'utérus.

> Le CYCLE MENSTRUEL est l'ensemble des changements que subit périodiquement l'endomètre de l'utérus.

Par convention, on considère qu'un cycle menstruel débute avec le premier jour des menstruations. Lorsque l'ovule n'est pas fécondé, le corps jaune dégénère et le taux de progestérone diminue considérablement. C'est ce qui déclenche la phase menstruelle. Par contre, si l'ovule est fécondé, le taux de progestérone se maintiendra, ce qui empêchera les menstruations et permettra au zygote de s'implanter dans l'endomètre de l'utérus.

Vient ensuite la phase de prolifération, qui va de la fin des menstruations jusqu'à l'ovulation. L'endomètre recommence alors à s'épaissir, stimulé par la production d'œstrogènes provenant d'un nouveau follicule ovarien en développement.

Le cycle menstruel se termine par la phase sécrétoire, caractérisée elle aussi par un épaississement de l'endomètre, mais dont la stimulation provient de la sécrétion de progestérone par le corps jaune.

5.30 LES ÉVÉNEMENTS MARQUANTS DU CYCLE MENSTRUEL, SELON UN CYCLE DE 28 JOURS

Phase	Événement	Hormones
Phase menstruelle (jours 1 à 5)	Période de saignement, c'est-à-dire d'expulsion de l'endomètre et de l'ovule non fécondé	Diminution de la production de progestérone (dégénérescence du corps jaune)
Phase de prolifération (jours 6 à 14)	Début de l'épaississement de l'endomètre de l'utérus	Augmentation de la production d'œstrogènes par un nouveau follicule ovarien
Phase sécrétoire (jours 15 à 28)	Poursuite de l'épaississement de l'endomètre de l'utérus	Augmentation de la sécrétion de progestérone par le corps jaune

La durée du cycle menstruel est variable. Par contre, entre l'ovulation et le déclenchement des menstruations, on compte presque toujours 14 jours.

La figure 5.32, à la page suivante, permet de faire le parallèle entre les cycles hormonaux, l'ovogenèse, le cycle ovarien et le cycle menstruel.

La durée de vie d'un ovule est de 12 h à 24 h. Celle d'un spermatozoïde est de 24 h à 72 h. La période de fertilité de la femme, c'est-à-dire celle où elle risque de devenir enceinte, est donc d'environ quatre jours, soit trois jours avant l'ovulation et un jour après.

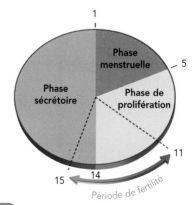

5.31 Les phases du cycle menstruel et la période de fertilité de la femme, selon un cycle de 28 jours.

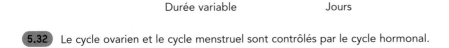

Taux d'hormones

Pic hormonal

LH

FSH

Œstrogènes

Progestérone

Ovogenèse et cycle ovarien

Ovocyte haploïde

Ovule

Ovocyte diploïde

Ovulation

Follicule ovarien

Corps jaune

Épaisseur de l'endomètre

Phase menstruelle   Phase de prolifération   Phase sécrétoire

Menstruations

0   2   4   6   8   10   12   14   16   18   20   22   24   26   28

Durée variable   Jours

5.32 Le cycle ovarien et le cycle menstruel sont contrôlés par le cycle hormonal.

LA MÉNOPAUSE

Une femme de plus de 40 ans qui n'a pas eu de menstruations pendant un an (sans avoir été enceinte ni avoir allaité), commence probablement sa ménopause. Celle-ci est marquée par l'arrêt des cycles ovarien et menstruel. Les ovaires continuent de produire des œstrogènes pendant un certain temps, puis cessent de le faire. Cette disparition des hormones peut causer certains malaises : bouffées de chaleur, modification de l'humeur, perte de la masse osseuse, etc. Il est parfois nécessaire de compenser ces désagréments par la prise d'hormones en pilules.

«Ménopause» vient des mots grecs menos, *qui signifie «mois» et* pausis, *qui signifie «cessation».*

4.4 LE SYSTÈME REPRODUCTEUR DE L'HOMME

Les hormones jouent un rôle important dans la formation des spermatozoïdes, c'est-à-dire la «spermatogenèse». Mais avant de présenter ce phénomène, examinons d'abord l'anatomie du système reproducteur masculin, à l'aide de la figure 5.33.

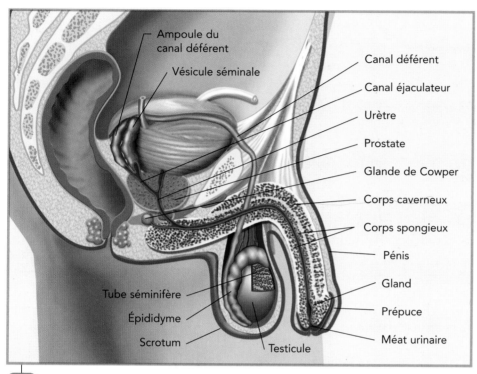

5.33 Le bassin renferme la plupart des organes du système reproducteur de l'homme.

LA SPERMATOGENÈSE

À partir de la puberté, la FSH sécrétée par l'hypophyse stimule la spermatogenèse. Ce sont les spermatogonies, cellules qui tapissent les parois des tubes séminifères, situées dans les testicules, qui, à la suite de la méiose, se transforment en spermatozoïdes. Chaque spermatogonie donne quatre spermatozoïdes. Comme les spermatogonies se renouvellent constamment, les testicules peuvent donc produire de grandes quantités de spermatozoïdes, soit environ 120 millions par jour.

> La SPERMATOGENÈSE est le processus qui permet de produire des spermatozoïdes à l'aide de la méiose.

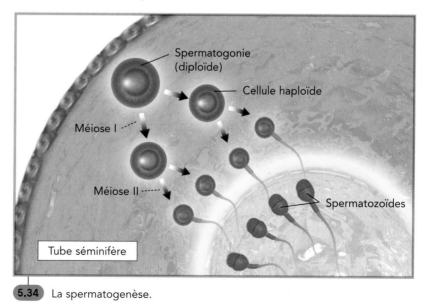

5.34 La spermatogenèse.

L'ÉRECTION ET L'ÉJACULATION

Les spermatozoïdes produits par la spermatogenèse sont poussés dans les ampoules des canaux déférents. Ils s'y accumulent en attendant d'être évacués par l'urètre.

L'urètre est le canal qui permet l'évacuation à la fois des spermatozoïdes et de l'urine. Comme l'urine tue les spermatozoïdes, il est important que les deux ne se mélangent pas. Deux muscles en forme d'anneau contrôlent ce processus. Pendant l'érection, ces muscles se contractent. Il est alors impossible d'uriner.

L'érection est une conséquence de l'excitation sexuelle : les corps caverneux et songieux longeant le pénis se gorgent de sang. Ce phénomène cause un gonflement des tissus et l'érection du pénis.

> **L'ÉRECTION** est l'augmentation du volume et de la rigidité du pénis au cours de l'excitation sexuelle.

Conséquemment à l'érection, les spermatozoïdes sont rejetés vers l'urètre en passant par les canaux éjaculateurs. La prostate et les vésicules séminales sécrètent des liquides qui se mélangent aux spermatozoïdes, les nourrissent et forment le sperme. Le sperme s'accumule dans un renflement de l'urètre, au niveau de la prostate. Cette accumulation entraîne une pression qui est suivie de l'éjaculation.

Au moment de l'éjaculation, un muscle entourant l'urètre s'ouvre de façon rythmée. Cette action, combinée aux contractions du pénis, projette le sperme. L'éjaculation libère en moyenne 3,5 ml de sperme, renfermant environ 350 millions de spermatozoïdes.

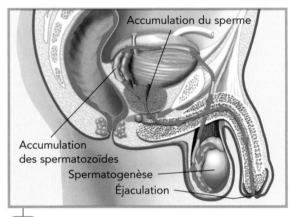

5.35 Le parcours des spermatozoïdes, de leur formation jusqu'à l'éjaculation.

> **L'ÉJACULATION** est l'expulsion du sperme par le pénis.

5.36 LES CONSTITUANTS DU SPERME

Provenance	% du sperme	Description
Épididymes	10 % à 20 %	Liquide contenant les spermatozoïdes.
Vésicules séminales	40 % à 60 %	Liquide riche en glucide qui fournit l'énergie nécessaire aux spermatozoïdes.
Prostate	20 % à 40 %	Liquide blanchâtre qui contribue à la mobilité des spermatozoïdes.
Glandes de Cowper	5 %	Mucus qui lubrifie l'urètre et l'extrémité du pénis.

L'ANDROPAUSE

À partir d'un certain âge, les taux d'hormones et la production de spermatozoïdes diminuent : c'est l'andropause. Même s'il est difficile de situer avec certitude le début de l'andropause chez l'homme, plusieurs changements physiques et psychologiques indiquent des variations hormonales. Contrairement à ce qui se passe chez la femme, l'andropause n'affecte pas nécessairement la fertilité de l'homme.

4.5 LE CONTRÔLE DES NAISSANCES

Une connaissance plus approfondie du système reproducteur et du rôle des hormones dans le contrôle de ce système a permis aux scientifiques de mettre au point diverses méthodes contraceptives. La figure 5.37 montre le processus qui mène de la formation des spermatozoïdes et des ovules jusqu'à la conception d'un enfant et les méthodes capables d'interrompre ce processus à différentes étapes.

1er CYCLE
- Contraception
- Moyens empêchant la fixation du zygote dans l'utérus

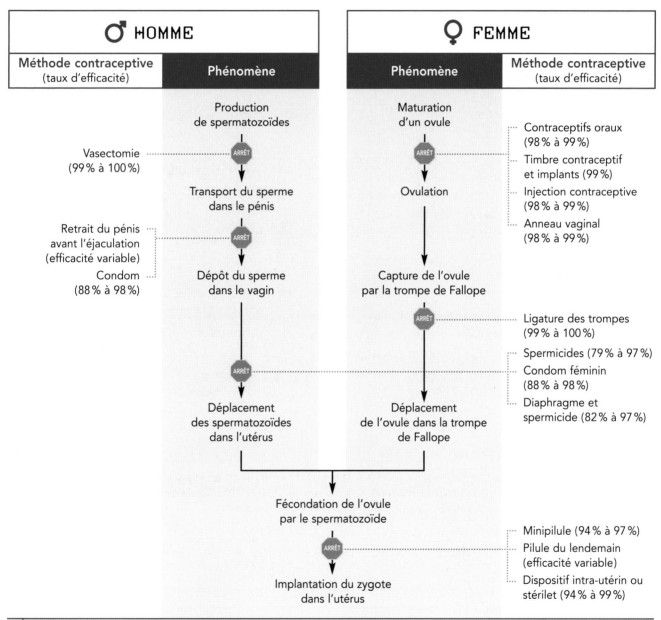

5.37 Le processus qui mène de la production des spermatozoïdes et des ovules à l'implantation du zygote dans l'utérus et les différentes méthodes contraceptives qui peuvent l'interrompre.

À partir du moment où le zygote est implanté dans l'utérus, le seul moyen d'interrompre la grossesse en cours est l'avortement. Il est à noter que l'avortement n'est pas considéré comme une méthode contraceptive.

VERDICT

1 LA CELLULE (p. 126-131)

1. Observez l'illustration suivante.

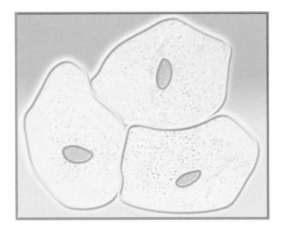

   a) Quelles sont les trois composantes de la cellule visibles au microscope optique ?

   b) Quel est le rôle de chacune de ces trois composantes ?

2. Les organites de la cellule lui permettent d'accomplir différentes fonctions.

   a) Quels organites procurent de l'énergie à la cellule grâce à la respiration cellulaire ?

   b) Quels organites se chargent de la digestion de certains nutriments ?

   c) Quel organite transporte le matériel produit par la cellule vers la membrane cellulaire ?

   d) Quel organite transporte le matériel produit par la cellule d'un endroit à un autre à l'intérieur de la cellule ?

3. Pourquoi dit-on que l'ADN possède une structure en double hélice ?

4. Quelle est la différence entre l'ADN, les gènes et le génome ?

5. Quelle est la fonction des gènes ?

6. Complétez la séquence d'ADN suivante.

7. Pourquoi y a-t-il plus d'enfants atteints du syndrome d'Andermann dans les régions de Charlevoix et du Saguenay–Lac-St-Jean que dans le reste du Québec ?

2 LA DIVISION CELLULAIRE (p. 131-135)

8. Quelles sont les trois raisons pour lesquelles les cellules se divisent ?

9. Que représente l'illustration suivante ? Expliquez votre réponse.

10. Quels sont les deux modes de division cellulaire ?

11. On dit que certaines cellules sont diploïdes tandis que d'autres sont haploïdes.

   a) Qu'est-ce qui distingue une cellule diploïde d'une cellule haploïde ?

   b) Combien de chromosomes une cellule diploïde humaine possède-t-elle ?

   c) Combien de chromosomes y a-t-il dans une cellule haploïde humaine ?

12. Les chromosomes se forment durant quelle phase de la mitose ?

13. Quel type de cellules est formé lors d'une méiose ?

14. Observez les illustrations suivantes. Elles montrent une version simplifiée des modes de division cellulaire.

a)

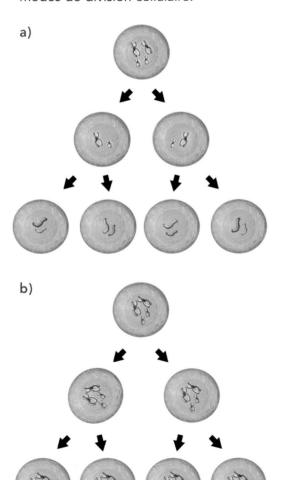

b)

Nommez le mode de division représenté en a) et en b), puis expliquez votre réponse.

15. Répondez aux questions suivantes.

   a) Que fait une cellule lorsqu'elle n'est pas en train de se diviser ?

   b) Pourquoi les cellules répliquent-elles leur ADN ?

   c) Qu'est-ce qu'un gamète ?

3 LA SPÉCIALISATION CELLULAIRE
(p. 136-139)

16. Observez l'illustration suivante. Elle présente différents tissus qu'on trouve dans le bras.

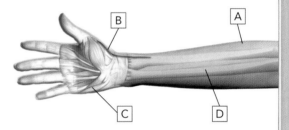

   a) Nommez chacun des tissus pointés sur l'illustration.

   b) Indiquez une fonction pour chaque tissu.

17. Qu'est-ce qu'un système ?

18. Les énoncés suivants décrivent une fonction vitale pour l'organisme. Dans chaque cas, nommez le système qui assure cette fonction.

   a) Bien s'alimenter est important pour maintenir notre corps en santé.

   b) Les nutriments transportés par les globules rouges du sang permettent d'alimenter nos cellules en énergie.

   c) Lorsqu'on urine, on élimine certains déchets.

   d) Notre sens de l'odorat nous permet de distinguer différentes odeurs.

4. LE SYSTÈME REPRODUCTEUR

(p. 140-151)

19. Comment s'appelle le processus qui permet de produire une cellule diploïde à partir de deux cellules haploïdes ?

20. Répondez aux questions suivantes.

   a) Qu'est-ce qu'un zygote ?

   b) Comment un zygote est-il formé ?

21. Comment nomme-t-on les substances chimiques sécrétées dans le sang par les glandes ?

22. Quelle est la différence entre l'adolescence et la puberté ?

23. Énumérez trois caractères sexuels secondaires qui apparaissent à la puberté chez le garçon et chez la fille.

24. Nommez les deux hormones responsables de la maturation du follicule ovarien.

25. Nommez les deux hormones responsables de la production des spermatozoïdes.

26. Qu'est-ce qui distingue l'ovogenèse, le cycle ovarien et le cycle menstruel ?

27. L'illustration ci-dessous présente les différentes étapes du cycle ovarien. Pour chacune de ces étapes, indiquez la ou les hormones impliquées ainsi qu'une brève description de leur action.

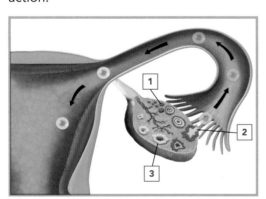

28. Julie, Sarah et Chloé ont un cycle menstruel régulier. Julie a un cycle de 25 jours, Sarah, un cycle de 30 jours et Chloé, un cycle de 33 jours. Si les menstruations des trois filles ont débuté le premier jour du mois, quelle sera la date probable de l'ovulation de chacune d'entre elles ? Pour vous aider, vous pouvez utiliser un calendrier.

29. Classez les événements suivants en ordre chronologique :

   – maturation du follicule ovarien ;

   – éclatement du follicule ;

   – méiose I de l'ovocyte ;

   – menstruations ;

   – transformation du follicule ovarien en corps jaune ;

   – méiose II de l'ovocyte.

30. Observez l'illustration ci-dessous. Chacune des flèches représente l'action d'une hormone.

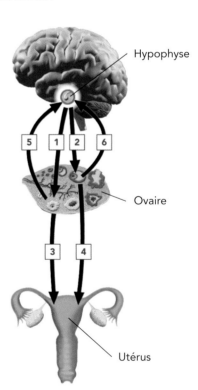

Flèche n°	Glande	Hormone(s)	Organe ciblé	Action(s)
1				

a) Dans un tableau semblable à celui ci-dessus, nommez la glande et l'hormone à l'origine de chaque flèche, puis nommez l'organe ciblé.

b) Dans la dernière colonne du tableau, placez au bon endroit les actions suivantes :

- Inhibe la production de la FSH et de la LH.
- L'augmentation du taux de progestérone provoque l'épaississement de l'endomètre (phase sécrétoire).
- La diminution du taux de progestérone déclenche les menstruations.
- Provoque l'épaississement de l'endomètre (phase de prolifération).
- Provoque l'ovulation.
- Provoque la transformation du follicule ovarien en corps jaune.
- Stimule la maturation d'un follicule ovarien.
- Stimule la production d'œstrogènes.
- Stimule la production de la LH et de la FSH en très grande quantité (pic hormonal).
- Stimule la production de progestérone.

31. Quels sont les changements qui se produisent dans le corps de la femme au moment de la ménopause ?

32. Qu'est-ce que la spermatogenèse ?

33. Nommez deux différences entre la ménopause et l'andropause.

34. La contraception permet de stopper le processus menant à la conception d'un enfant. Nommez trois méthodes contraceptives qui empêchent l'ovulation.

RÉSEAU DE CONCEPTS

COMMENT CONSTRUIRE UN RÉSEAU DE CONCEPTS

Préparez votre propre résumé du chapitre 5 en construisant des réseaux de concepts à partir des termes et des expressions qui suivent.

Réseau 1
- ADN
- Cellule
- Membrane cellulaire
- Cytoplasme
- Noyau
- Gènes

Réseau 2
- Cellules diploïdes
- Cellules haploïdes
- Chromosomes
- Division cellulaire
- Méiose
- Mitose

Réseau 3
- Organes
- Spécialisation cellulaire
- Systèmes
- Tissu conjonctif
- Tissu épithélial
- Tissu musculaire
- Tissu nerveux
- Tissus

Réseau 4
- Fécondation
- Gamètes
- Ovule
- Spermatozoïde

Réseau 5
- Cycle menstruel
- Cycle ovarien
- Éjaculation
- Érection
- Ovogenèse
- Spermatogenèse
- Système reproducteur
- Système reproducteur de l'homme
- Système reproducteur de la femme

LE CANCER, DES DIVISIONS CELLULAIRES INCONTRÔLÉES

Selon les statistiques émises en 2006 par la Société canadienne du cancer, environ 40 % des Canadiens seront atteints d'un cancer au cours de leur vie. Heureusement, le taux de survie à plusieurs cancers a beaucoup augmenté grâce à des traitements de plus en plus efficaces et à des méthodes permettant un dépistage plus précoces.

Le cancer se développe à partir d'une cellule anormale qui se divise et se multiplie de façon désordonnée. Les cellules cancéreuses qui en résultent ont perdu la capacité de se spécialiser. Elles envahissent et détruisent les tissus sains environnants en formant des amas de cellules qu'on appelle des «tumeurs». Certaines cellules peuvent se détacher de la tumeur et se répandre dans tout l'organisme. Elles forment alors ce qu'on appelle des «métastases».

Il existe plusieurs traitements contre le cancer. On peut les utiliser seuls ou de façon combinée.

Chirurgie

DESCRIPTION

Opération qui consiste à retirer manuellement une tumeur. C'est un traitement très utilisé parce qu'il est très efficace, particulièrement dans les cas de cancers du sein et de la prostate.

Chimiothérapie

DESCRIPTION

Traitement basé sur la prise de médicaments qui tuent les cellules cancéreuses. Puisque ces médicaments peuvent aussi détruire les cellules saines, les patients en chimiothérapie souffrent souvent d'effets secondaires, comme la perte des cheveux.

Radiothérapie

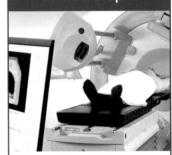

DESCRIPTION

Traitement qui consiste à tuer les cellules cancéreuses d'une région ciblée en exposant celle-ci à des rayonnements très puissants.

1. Plus le cancer est décelé rapidement, plus les traitements ont de chances d'être efficaces. Les tests de dépistage sont donc très importants. Proposez quelques actions pouvant permettre un dépistage précoce du cancer.

2. Le risque de développer un cancer peut être associé à des facteurs incontrôlables, comme l'hérédité et l'environnement. Cependant, d'autres facteurs peuvent être contrôlés. Proposez quelques saines habitudes de vie pouvant prévenir le cancer.

BARTHA MARIA KNOPPERS

On fonde beaucoup d'espoirs sur la recherche en génétique. Malheureusement, les chercheurs et les instituts qui les emploient se livrent une concurrence féroce pour s'approprier les plus récentes découvertes de ce secteur en pleine croissance. Au lendemain du projet HUGO, qui a permis de déchiffrer le génome humain, il est plus impératif que jamais de protéger l'intérêt public en étudiant les enjeux sociaux, économiques, environnementaux, éthiques et juridiques de la recherche en génétique. C'est la mission que s'est donnée Bartha Maria Knoppers. Une passion qui l'a amenée, entre autres, à participer à plusieurs projets de recherche, dont le projet HUGO et l'élaboration de la *Déclaration universelle du génome humain et des droits de la personne humaine*, sous l'égide de l'UNESCO.

NOM

Bartha Maria Knoppers

EMPLOI

Professeure en bioéthique et chercheure au Centre de recherche en droit public de l'Université de Montréal

RÉGION OÙ ELLE OCCUPE SON EMPLOI

Montréal

FORMATION

Doctorat en droit

RÉALISATION DONT ELLE PEUT ÊTRE FIÈRE

Avoir présidé le comité d'éthique international du projet de déchiffrage du génome humain (projet HUGO)

5.38 Une séquence d'ADN.

5.39 QUELQUES MÉTIERS ET PROFESSIONS CONNEXES À L'EMPLOI DE Mme KNOPPERS

Métier ou profession	Formation requise	Durée de la formation	Tâches principales
Secrétaire juridique	ASP* en secrétariat juridique	450 heures	Interagir dans un contexte de travail juridique
Archiviste médical ou archiviste médicale	DEC en archives médicales	3 ans	Coder et répertorier des données médicales à des fins de statistiques et de recherches
Statisticien ou statisticienne	BAC en statistique	3 ans	Recueillir, analyser et interpréter des données

* Attestation de spécialisation professionnelle

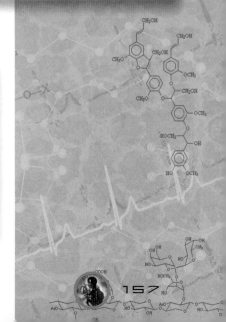

1997 — Création d'une plante productrice d'hémoglobine humaine

1970 — Mise au point du défibrillateur cardiaque

1958 — Première transplantation d'organe (d'un rein) réussie

1952 — Invention du respirateur artificiel

1941 — Découverte du facteur rhésus dans le sang

1928 — Découverte de la vitamine C

1902 — Première description des groupes sanguins

1887 — Premier cardiogramme

VERS 1830 — Découverte du groupe des protéines

1807 — Invention du stéthoscope

1661 — Découverte des capillaires sanguins

VERS 560 — Premier traitement contre l'anémie à base de poudre de fer

VERS -270 — Découverte des valvules cardiaques

VERS -400 — Découverte du fait que l'urine des diabétiques contient du sucre

VERS -1600 — Rédaction du plus ancien traité d'anatomie humaine connu

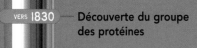

L'HUMAIN
ET SA NUTRITION

6

Le corps humain est une magnifique machine, constituée de plusieurs systèmes reliés les uns aux autres. Lorsque nous portons un aliment à la bouche, nous déclenchons une série de mécanismes dans notre corps, comme si nous avions appuyé sur le bouton «marche» d'un ordinateur. Ces mécanismes visent à choisir ce qui est nécessaire pour nous, à le transporter là où nous en avons besoin et à éliminer le surplus. Et tout ça se produit sans que nous nous en rendions compte, pendant que nous vaquons à nos diverses occupations! Qu'advient-il exactement de cette nourriture dans notre corps? Ce chapitre porte sur la fonction de nutrition et donne la réponse à cette question.

Qu'est-ce que la nutrition? Lorsqu'on entend ce mot, on pense d'abord à l'alimentation. En fait, la fonction de nutrition regroupe tous les mécanismes qui permettent d'absorber, d'utiliser et d'éliminer des substances pour assurer le bon fonctionnement du corps. Voici une brève description des principaux systèmes qui entrent en jeu dans la fonction de nutrition :

1er CYCLE

Intrants et extrants (énergie, nutriments, déchets)

- Le système digestif: la nourriture que nous absorbons passe par le système digestif pour y être transformée en substances que nos cellules sont capables d'utiliser, les **NUTRIMENTS**.

- Le système respiratoire: nos cellules ont besoin d'oxygène pour pouvoir utiliser les nutriments. C'est pourquoi, en plus de manger, nous devons aussi respirer en moyenne de 12 à 15 fois par minute.

- Le système cardiovasculaire: pour parvenir à toutes nos cellules, les nutriments et l'oxygène voyagent par les cinq litres de sang qui circulent dans notre corps.

- Le système urinaire: une fois que nos cellules ont utilisé les nutriments et l'oxygène, elles produisent des déchets qu'elles rejettent dans le sang. Le système urinaire sert à filtrer le sang et à éliminer les déchets sous forme liquide.

Dans ce chapitre, il sera question de ces systèmes.

1 LES ALIMENTS ET LEUR UTILISATION PAR L'ORGANISME

LABOS
Nos 41 à 49

Pour se maintenir en vie, les êtres humains ont besoin de consommer régulièrement de la nourriture et de l'eau. Notre nourriture est composée de plusieurs aliments. Les viandes, les poissons, les noix, les céréales, les fruits et les légumes que nous mangeons en sont des exemples.

«Aliment» provient du mot latin alere, *qui signifie «nourrir».*

▷ Un ALIMENT est une substance dont l'ingestion contribue à maintenir la vie.

6.1 Les fruits, les légumes, les produits céréaliers, les noix et les poissons sont des exemples d'aliments.

1.1 LES SUBSTANCES NUTRITIVES CONTENUES DANS LES ALIMENTS

COMMENT IDENTIFIER LES SUBSTANCES NUTRITIVES DANS LES ALIMENTS

Manger une orange ou manger un steak ne comble pas les mêmes besoins. L'orange nous apporte surtout des sucres et de la vitamine C ; le steak nous apporte beaucoup de protéines et de fer. Mais ce n'est pas tout ! En fait, chaque aliment peut contenir six catégories de substances nutritives.

> ◗ Une SUBSTANCE NUTRITIVE est une substance contenue dans les aliments et utilisée par l'organisme pour assurer ses besoins.

Voici les six catégories de substances nutritives :
- les protéines (aussi appelées «protides») ;
- les glucides ;
- les lipides ;
- l'eau ;
- les vitamines ;
- les minéraux.

Chaque catégorie de substances nutritives joue un rôle particulier dans l'organisme. Le tableau 6.3 (*aux pages 162 et 163*) décrit ces six catégories et donne des exemples d'aliments qui en contiennent une quantité appréciable.

LA VALEUR ÉNERGÉTIQUE DES SUBSTANCES NUTRITIVES

Manger est un des plaisirs de la vie. Mais c'est d'abord une nécessité. Pour pouvoir effectuer nos activités quotidiennes, il nous faut équilibrer nos dépenses d'énergie par des apports grâce à nos aliments.

Les besoins énergétiques

La quantité d'énergie nécessaire pour qu'une personne puisse réaliser toutes ses activités dépend de plusieurs facteurs, notamment de l'âge, du sexe, de la masse, du degré d'activité physique et de l'état de santé de cette personne. La figure 6.2 montre les variations des besoins énergétiques à l'adolescence.

Il est à noter que le joule (J) est l'unité de mesure de la quantité d'énergie adoptée dans le Système international d'unités. Toutefois, dans la vie courante, la calorie alimentaire (cal) est encore très utilisée. Une calorie alimentaire correspond à environ 4 kJ (4000 J).

1861
1947

Frederick Gowland Hopkins

À la fin des années 1800, on connaissait déjà l'importance des protéines, des lipides et des glucides dans l'alimentation. En 1906, Frederick Hopkins, un physiologiste et chimiste britannique, découvrit dans les aliments la présence d'autres substances indispensables pour la santé : les vitamines.

Adolescente	Adolescent
De 1800 à 2400 cal	De 2200 à 3200 cal
De 7200 à 9600 kJ	De 8800 à 12 800 kJ

6.2 Les besoins énergétiques quotidiens d'une adolescente ou d'un adolescent varient selon plusieurs facteurs, dont le degré d'activité physique.

Substances nutritives	Description	Rôles
Protéines	Les protéines sont des molécules formées d'une chaîne d'acides aminés. Acides aminés	• Construction et réparation des structures de l'organisme (cellules et tissus) • Sources d'énergie
Glucides	Les glucides sont composés d'un sucre ou d'une chaîne de sucres. Sucres Glucide complexe (ex.: amidon) Glucide double (ex.: lactose) Glucide simple (ex.: glucose)	• Principales sources d'énergie de l'organisme Les substances dont le nom se termine par «-ose» sont généralement des glucides.
Lipides	Les lipides sont les gras. Ils sont généralement formés d'acides gras et de glycérol. Le cholestérol est aussi un lipide. Acides gras Glycérol Il faut limiter la consommation des acides gras saturés et des acides gras trans.	• Sources d'énergie • Composition des hormones et des membranes cellulaires • Protection des organes et isolation du corps contre le froid
Eau	L'eau est une molécule simple dont la formule chimique est H_2O. L'eau constitue environ 70 % de la masse du corps humain.	• Transport de nutriments et de déchets • Régulation de la température corporelle • Essentielle à plusieurs réactions chimiques dans l'organisme
Vitamines	Les vitamines sont différentes substances qui sont indispensables en faible quantité à l'organisme.	Chaque type de vitamines (A, B1, B2, C, D, E, etc.) joue des rôles différents dans l'organisme, par exemple: • contribution à des réactions chimiques • aide à la production d'énergie • lutte contre les infections en renforçant l'organisme • réparation de tissus abîmés
Minéraux	Les minéraux sont différentes substances d'origine minérale qui composent environ 4 % de la masse de l'organisme et dont une certaine quantité doit être remplacée chaque jour.	Chaque type de minéraux (calcium, phosphore, potassium, etc.) joue un rôle différent dans l'organisme, par exemple: • constitution des tissus (ex.: os et dents) • régulation de la répartition de l'eau dans l'organisme • contraction des muscles • transport de l'oxygène dans le sang

- Produits laitiers (lait, fromage, etc.), viandes, poissons, œufs, noix, légumineuses, tofu

- Glucides simples et doubles: fruits et jus de fruits, pâtisseries, friandises, boissons gazeuses, sucre de table, lait
- Glucides complexes (amidon): pains, céréales, pâtes alimentaires, pommes de terre, riz, légumineuses, manioc (tapioca)

- Produits laitiers (sauf ceux qui sont écrémés), huiles végétales, beurre, viandes grasses, poissons gras, croissants, frites, œufs, noix

Il faut privilégier la consommation des acides gras insaturés.

- Verre d'eau, fruits et jus de fruits, légumes et jus de légumes, soupes, lait, boissons énergisantes

- Fruits, légumes, produits laitiers, céréales complètes (grains entiers), œufs, foie

- Produits laitiers, légumineuses, fruits de mer, poissons, fruits, légumes

À quoi sert l'énergie dépensée pendant nos activités quotidiennes ? Elle sert d'abord à maintenir notre température corporelle à 37 °C et à soutenir notre rythme respiratoire et cardiaque. Elle nous permet aussi d'effectuer des activités telles que courir, parler ou tout simplement se concentrer. Le tableau 6.4 montre à quoi correspond la dépense énergétique approximative engendrée par diverses activités.

6.4 LA DÉPENSE ÉNERGÉTIQUE APPROXIMATIVE LIÉE À QUELQUES ACTIVITÉS

Activité (pendant une heure)	Dépense énergétique	
	kJ	cal
Sommeil ou repos	240	60
Activité en position assise (regarder la télé, jouer à l'ordinateur, lire)	360	90
Activité en position debout (s'habiller, faire la vaisselle)	480	120
Gymnastique, jardinage, marche	680	170
Activité sportive (ski, soccer, vélo)	Plus de 1200	Plus de 300

6.5 Le soccer est une activité qui demande beaucoup d'énergie.

Les apports énergétiques

Comme nous dépensons constamment de l'énergie, il nous faut refaire le plein régulièrement. Nous puisons dans certaines substances nutritives l'énergie dont nous avons besoin pour mener nos activités :

- Les glucides et les lipides sont les principales sources d'énergie pour le corps.
- Les protéines sont surtout utilisées pour construire et réparer les tissus. Elles peuvent cependant être utilisées comme sources d'énergie lorsque les glucides et les lipides ne suffisent plus pour combler nos besoins énergétiques ou lorsqu'il y a une surabondance de protéines dans notre organisme.
- L'eau, les vitamines et les minéraux ne sont pas des sources d'énergie.

Le tableau 6.6 précise la quantité d'énergie contenue dans un gramme des différentes substances nutritives en kilojoules et en calories alimentaires.

UN CERVEAU GOURMAND

Le cerveau consomme près du quart des glucides de notre alimentation, même s'il ne représente que de 2 % à 3 % de notre masse corporelle. C'est pourquoi la fatigue, la baisse de concentration et la somnolence peuvent être dues à un manque de glucides.

6.6 LA VALEUR ÉNERGÉTIQUE MOYENNE DES SUBSTANCES NUTRITIVES

Substances nutritives	Apport énergétique	
	kJ/g	cal/g
Glucides	17	4
Lipides	37	9
Protéines	17	4
Eau	Nul	Nul
Vitamines	Nul	Nul
Minéraux	Nul	Nul

Nous entendons souvent parler de fibres alimentaires. Les fibres alimentaires sont des glucides complexes qui proviennent des végétaux, mais que notre organisme est incapable de digérer. Leur valeur énergétique est donc nulle. Cependant, elles sont nécessaires pour le bon fonctionnement des intestins, notamment parce qu'elles stimulent les contractions des intestins et permettent une meilleure circulation des substances qui s'y trouvent.

L'étiquette de valeur énergétique

Un des moyens de connaître la valeur énergétique d'un aliment est de lire l'étiquette de valeur nutritive apposée sur son emballage. En effet, au Canada, depuis le 12 décembre 2005, une telle étiquette doit figurer sur la plupart des aliments préemballés. Comme le montre la figure 6.7, l'étiquette de valeur nutritive indique, pour une portion donnée de l'aliment:

- la valeur énergétique, en calories (ou en kJ);
- la teneur en certaines substances nutritives (lipides, glucides, etc.);
- la fraction de la consommation quotidienne recommandée de substances nutritives (dans la colonne «% valeur quotidienne»).

Dans cet exemple, on peut faire ressortir les renseignements qui suivent:

- manger deux des biscuits qui sont dans l'emballage fournit 150 calories à l'organisme;
- ces deux biscuits contiennent 21 g de glucides (chaque biscuit contient donc 10,5 g de glucides);
- ces 21 g de glucides correspondent à 7% de la quantité totale de glucides que nous devrions manger dans une journée;
- parmi les glucides, 8 g proviennent de glucides simples et de glucides doubles. (Sur l'étiquette de valeur nutritive, le terme «sucres» désigne les glucides simples et les glucides doubles.)

LES GROUPES ALIMENTAIRES

Comme le précise le *Guide alimentaire canadien*, la majorité des aliments que nous consommons peuvent être classés en quatre groupes alimentaires. Afin de combler tous nos besoins nutritionnels, il est recommandé de consommer une variété d'aliments provenant de ces quatre groupes chaque jour.

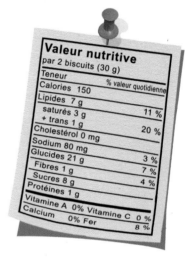

6.7 L'étiquette de valeur nutritive apposée sur l'emballage d'un produit donne des renseignements sur ce que contient cet aliment.

Légumes et fruits   Produits céréaliers   Lait et substituts   Viandes et substituts

6.8 Les quatre groupes alimentaires.

Le tableau 6.9 présente certaines recommandations (dont le nombre de portions à consommer chaque jour) provenant du *Guide alimentaire canadien*.

6.9 QUELQUES RECOMMANDATIONS DU *GUIDE ALIMENTAIRE CANADIEN* POUR LES 14 À 18 ANS

Groupe alimentaire	Nombre de portions par jour		Exemples d'une portion	Autres recommandations
	Filles	**Garçons**		
Légumes et fruits	7	8	• 1 orange • 250 ml de laitue • 125 ml de jus • 125 ml de brocoli	• Manger au moins un légume vert et un légume orangé chaque jour • Éviter de choisir des légumes préparés avec des matières grasses, du sucre ou du sel • Consommer des légumes et des fruits de préférence au jus
Produits céréaliers	6	7	• 1 tranche de pain • 125 ml de riz • 30 g de céréales froides	• Consommer au moins la moitié des portions de produits céréaliers sous forme de grains entiers • Choisir des produits céréaliers faibles en lipides, sucre ou sel
Lait et substituts	3-4	3-4	• 250 ml de lait • 175 g de yogourt • 50 g de fromage	• Boire chaque jour du lait écrémé ou du lait à 1% ou 2% • Choisir des substituts du lait faibles en matières grasses
Viandes et substituts	2	3	• 75 g de poisson, de viande maigre ou de volaille cuits • 175 ml de légumineuses cuites • 2 œufs • 60 ml de noix écalées	• Consommer souvent des substituts de la viande comme des légumineuses ou du tofu • Consommer au moins deux portions de poisson chaque semaine • Choisir des viandes maigres et des substituts préparés avec peu ou pas de matières grasses ou de sel

Le régime des athlètes

Difficile de ne pas admirer la forme incroyable des athlètes olympiques! Avec leur charpente de muscles et d'os, que peuvent-ils bien manger pour atteindre une performance digne de records?

Contrairement à la croyance populaire, la qualité du régime alimentaire des sportifs de haut niveau n'est pas très différente de celle d'autres personnes en santé. Les athlètes sont encouragés à mettre l'accent sur les aliments riches en glucides complexes (riz brun, pâtes de blé entier, pains multigrains, etc.). La consommation d'aliments riches en gras saturés (viandes grasses, fromage, etc.) et en gras trans (huiles hydrogénées et produits faits à base de ces huiles) est à limiter.

C'est au chapitre des quantités que le fossé entre les athlètes et nous se creuse. Durant leur entraînement le plus intense et les jours de compétition, les athlètes doivent parfois ingérer jusqu'à 8 000 calories par jour!

Adapté de: Jacinthe CÔTÉ, «Manger pour atteindre des sommets», *La Presse*, 19 février 2006, p. ACTUEL4.

Pendant les jours de compétition, le besoin d'énergie des athlètes olympiques peut atteindre 8 000 calories (32 000 kJ).

1.2 LE SYSTÈME DIGESTIF

La plupart des aliments que nous mangeons ne peuvent pas être utilisés directement par nos cellules. Ils doivent subir plusieurs transformations dans notre système digestif avant d'être utilisables.

Le système digestif a donc comme fonction de dégrader notre nourriture en molécules assez petites pour qu'elles puissent être absorbées par notre organisme. Il permet aussi l'élimination de la matière non absorbée sous forme de déchets solides.

L'ANATOMIE DU SYSTÈME DIGESTIF

Le système digestif comporte deux grandes parties :

- le tube digestif ;
- les glandes digestives.

Pendant que les aliments progressent dans le tube digestif, les glandes digestives y libèrent des sécrétions nécessaires à la digestion des aliments.

Le tube digestif est composé des structures suivantes :

- la bouche ;
- le pharynx ;
- l'œsophage ;
- l'estomac ;
- l'intestin grêle ;
- le gros intestin (qui se termine par le rectum et l'anus).

Les glandes du système digestif sont :

- les glandes salivaires ;
- les glandes gastriques (situées dans la paroi de l'estomac) ;
- le foie (la vésicule biliaire sert de réservoir aux sécrétions du foie, avant leur déversement dans le tube digestif) ;
- le pancréas ;
- les glandes intestinales (situées dans la paroi de l'intestin grêle).

La figure 6.10 présente les différentes structures du système digestif.

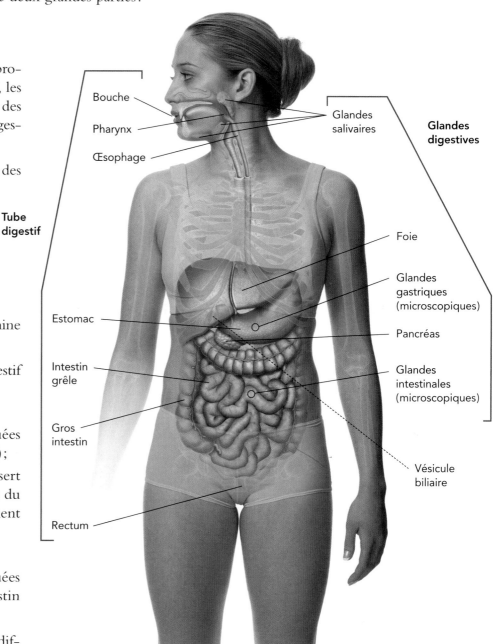

6.10 Le système digestif est composé du tube digestif et des glandes digestives.

Le traitement de la nourriture par le système digestif est un phénomène complexe. Il comprend les diverses fonctions suivantes :

- l'ingestion et la progression des aliments dans le tube digestif ;
- la digestion ;
- l'absorption des nutriments ;
- l'élimination des matières fécales.

Les sections suivantes portent sur ces fonctions.

L'INGESTION ET LA PROGRESSION DES ALIMENTS DANS LE TUBE DIGESTIF

L'ingestion est l'action d'introduire des substances (nourriture, breuvages, médicaments, etc.) à l'intérieur de notre corps par la bouche. Deux mécanismes permettent ensuite la progression des aliments dans le tube digestif :

- la déglutition, soit l'action d'avaler la nourriture (*voir la figure 6.11*) ;
- le peristaltisme , c'est-à-dire la contraction de muscles de l'œsophage, de l'estomac, de l'intestin grêle et du gros intestin qui permet à la nourriture de voyager d'un bout à l'autre du tube digestif (*voir la figure 6.12*).

« *Péristaltisme* » provient du mot grec *peristellein, qui signifie* « *envelopper, comprimer* ».

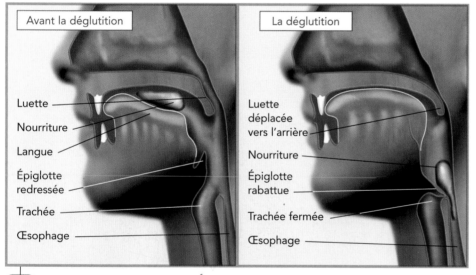

6.11 Quand on avale, l'épiglotte se rabat et ferme la trachée (un canal qui conduit l'air vers les poumons). La luette se déplace et ferme les fosses nasales. La nourriture peut ainsi progresser vers l'œsophage sans entrer dans les voies respiratoires.

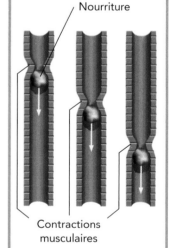

6.12 Les aliments progressent dans le tube digestif grâce au péristaltisme.

LA DIGESTION

Au cours de leur progression dans le tube digestif, les aliments subissent diverses transformations. C'est la digestion proprement dite.

> La **DIGESTION** est l'ensemble des transformations que subissent les aliments pour permettre l'utilisation de leurs substances nutritives par l'organisme.

Les aliments subissent deux types de transformations : des transformations mécaniques et des transformations chimiques.

Les transformations mécaniques

Les transformations mécaniques consistent à brasser la nourriture et à la réduire en fragments plus petits, sans en changer la nature. Les transformations mécaniques préparent la nourriture aux transformations chimiques.

> Les **TRANSFORMATIONS MÉCANIQUES** consistent à brasser et à fragmenter la nourriture de façon à la préparer aux transformations chimiques.

Il existe deux phénomènes qui permettent les transformations mécaniques. Il s'agit de la mastication et du brassage :

- la mastication, c'est le déchiquetage et le broyage de la nourriture grâce aux muscles de la bouche et aux dents ;

- le brassage, c'est la contraction de muscles permettant de brasser la nourriture et de la mélanger avec les sécrétions des glandes digestives. Le brassage s'effectue principalement dans l'estomac et dans l'intestin grêle (*voir la figure 6.14*).

6.13 La mastication permet de couper, déchirer et broyer la nourriture pour en faciliter la digestion.

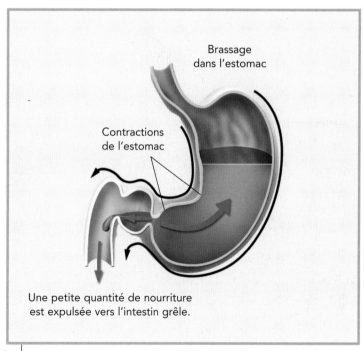

6.14 Le brassage de la nourriture dans l'estomac permet de la mélanger avec les sécrétions gastriques.

Les transformations chimiques

Les transformations chimiques s'accomplissent grâce aux substances sécrétées par les glandes digestives, au fur et à mesure que la nourriture progresse dans le tube digestif. Les sécrétions des glandes digestives contiennent des substances chimiques qui réduisent les molécules complexes en molécules plus simples, jusqu'à ce que celles-ci puissent être absorbées par l'organisme.

▶ Les TRANSFORMATIONS CHIMIQUES réduisent les molécules complexes que forment les substances nutritives en molécules plus simples. Elles se font à l'aide de substances chimiques sécrétées par les glandes digestives.

Le tableau 6.15 présente les sécrétions des diverses glandes digestives ainsi que les substances sur lesquelles elles exercent leurs actions.

6.15 LES SÉCRÉTIONS DES GLANDES DIGESTIVES

Glandes digestives	Sécrétions	Lieu du déversement des sécrétions	Substances nutritives sur lesquelles agissent les sécrétions
Glandes salivaires	Salive	Dans la bouche	Amidon (un glucide complexe)
Glandes gastriques	Suc gastrique	Dans l'estomac	Protéines
Glandes intestinales	Suc intestinal	Dans l'intestin grêle	Protéines, glucides, lipides
Pancréas	Suc pancréatique	Dans l'intestin grêle	Protéines, glucides, lipides
Foie	Bile	Dans l'intestin grêle	Lipides

La digestion des aliments se termine dans l'intestin grêle. Les molécules obtenues sont alors prêtes pour leur utilisation par les cellules du corps. Elles portent le nom de «nutriments» puisqu'elles peuvent traverser la paroi du tube digestif et pénétrer dans l'organisme. La digestion des substances nutritives produit ainsi différents nutriments.

▶ Un NUTRIMENT est une molécule d'origine alimentaire qui peut être absorbée telle quelle dans l'organisme.

Seuls les glucides, les lipides et les protéines doivent être transformés chimiquement. La figure 6.16 présente les produits obtenus (les nutriments) lors de la digestion de ces trois catégories de substances nutritives. Les vitamines, les minéraux et l'eau n'ont pas besoin d'être transformés chimiquement, car ce sont d'assez petites molécules pour être directement absorbées par l'organisme. Ce sont donc à la fois des substances nutritives et des nutriments.

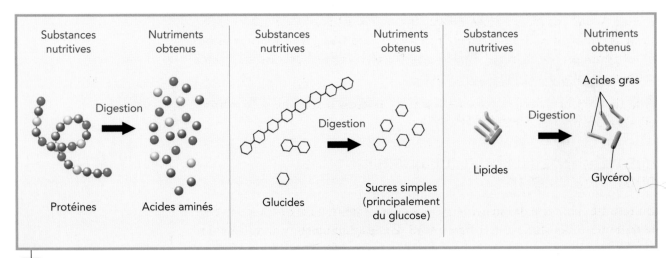

6.16 La digestion des protéines, des glucides et des lipides produit différents nutriments.

L'ABSORPTION DES NUTRIMENTS

Lorsque les nutriments traversent la paroi du tube digestif pour passer dans le sang ou la lymphe, on parle d'absorption.

> 🢒 **L'ABSORPTION** est le passage des nutriments du tube digestif vers le sang ou la lymphe.

La majeure partie de l'absorption des nutriments se fait dans l'intestin grêle. Cet organe contient de nombreux replis qu'on appelle des «**VILLOSITÉS**». Ces replis permettent d'augmenter la surface d'absorption des nutriments. Dans chacune des villosités se trouvent des vaisseaux sanguins et lymphatiques. C'est par ces vaisseaux que les nutriments entrent à l'intérieur de l'organisme.

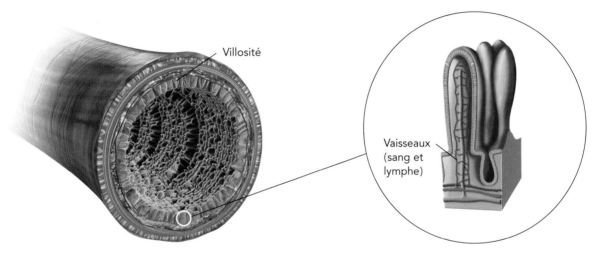

Villosité

Vaisseaux (sang et lymphe)

6.17 Les nombreux replis de l'intestin grêle s'appellent des villosités. Les nutriments traversent la paroi des villosités et entrent à l'intérieur de l'organisme.

L'ÉLIMINATION DES MATIÈRES FÉCALES

Puisque la plus grande partie de l'absorption se fait dans l'intestin grêle, les résidus digestifs qui arrivent dans le gros intestin sont très pauvres en nutriments. À leur arrivée, les résidus sont liquides. Tout au long du gros intestin, l'eau contenue dans les résidus est peu à peu absorbée par notre organisme. C'est pourquoi nos matières fécales ont généralement une consistance plutôt solide.

À la fin de leur parcours, lorsque les matières fécales atteignent le rectum, elles sont expulsées par l'anus.

UNE VUE D'ENSEMBLE DU FONCTIONNEMENT DU SYSTÈME DIGESTIF

En résumé, chacune des structures du système digestif a un rôle à jouer dans le traitement des aliments. La figure 6.18 (*à la page suivante*) montre les principales étapes de la transformation des aliments au fur et à mesure de leur passage dans le tube digestif.

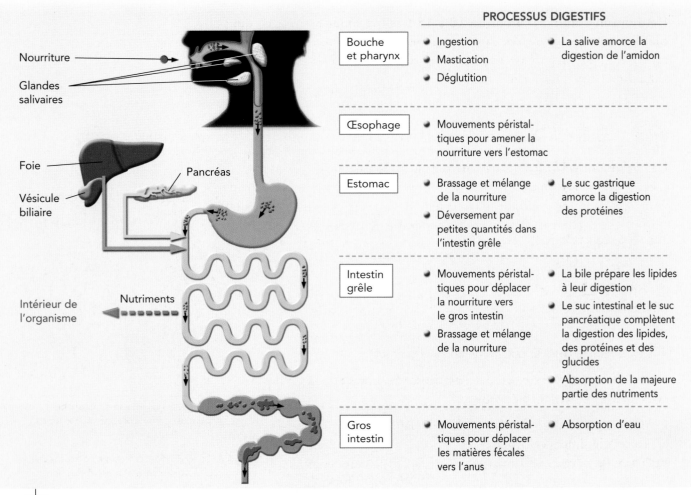

PROCESSUS DIGESTIFS

Nourriture

Glandes
salivaires

Foie

Pancréas

Vésicule
biliaire

Intérieur de
l'organisme

Nutriments

Bouche et pharynx	Ingestion, Mastication, Déglutition	La salive amorce la digestion de l'amidon
Œsophage	Mouvements péristaltiques pour amener la nourriture vers l'estomac	
Estomac	Brassage et mélange de la nourriture; Déversement par petites quantités dans l'intestin grêle	Le suc gastrique amorce la digestion des protéines
Intestin grêle	Mouvements péristaltiques pour déplacer la nourriture vers le gros intestin; Brassage et mélange de la nourriture	La bile prépare les lipides à leur digestion; Le suc intestinal et le suc pancréatique complètent la digestion des lipides, des protéines et des glucides; Absorption de la majeure partie des nutriments
Gros intestin	Mouvements péristaltiques pour déplacer les matières fécales vers l'anus	Absorption d'eau

6.18 Un schéma du système digestif et des processus digestifs.

2 LA RESPIRATION

Les êtres humains ont besoin de se nourrir, mais ils ont aussi besoin de respirer. En effet, un des constituants de l'air, le dioxygène (O_2), qu'on appelle communément «l'oxygène», nous est essentiel pour vivre. Sans oxygène, les cellules seraient incapables de puiser efficacement l'énergie qui leur est nécessaire dans les nutriments. Cette réaction entre les nutriments et l'oxygène s'appelle la **RESPIRATION CELLULAIRE**. Elle s'effectue dans les mitochondries des cellules. L'équation de la respiration cellulaire peut s'écrire comme ci-dessous.

«*Respirer*» provient du mot latin respirare, *qui signifie «revenir à la vie».*

LABOS
Nos 53 à 55

1er CYCLE
- Respiration cellulaire
- Air (composition)

Nutriment + oxygène ⟶ énergie + dioxyde de carbone + eau

6.19 L'équation de la respiration cellulaire.

Le dioxyde de carbone (CO_2) formé lors de la respiration cellulaire constitue un déchet pour notre organisme. Il doit être éliminé. C'est ce que nous faisons lorsque nous expirons.

En moyenne, nous respirons de 12 à 15 fois par minute. C'est ce qui permet l'entrée d'oxygène dans notre organisme et l'évacuation du dioxyde de carbone. C'est le système respiratoire qui permet les échanges de ces deux gaz entre notre organisme et son milieu.

2.1 LE SYSTÈME RESPIRATOIRE

Le système respiratoire peut se diviser en deux parties:

- les voies respiratoires;
- les poumons.

Les voies respiratoires comprennent:

- les fosses nasales;
- le pharynx;
- le larynx;
- la trachée;
- les bronches (qui se ramifient en bronchioles).

> *«Pharynx»* provient du mot grec pharuggos, *qui signifie* *«gorge».*

> *«Larynx»* provient du mot latin laruggos, *qui signifie* *«gosier».*

C'est à partir des bronches que l'air quitte les voies respiratoires pour pénétrer dans les poumons.

Le tableau de la page suivante (*tableau 6.22*) décrit les fonctions de chaque structure du système respiratoire.

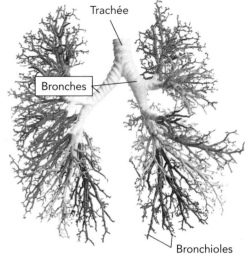

6.20 La trachée se divise en bronches, puis en de nombreuses bronchioles.

6.21 Le système respiratoire est composé des voies respiratoires et des poumons.

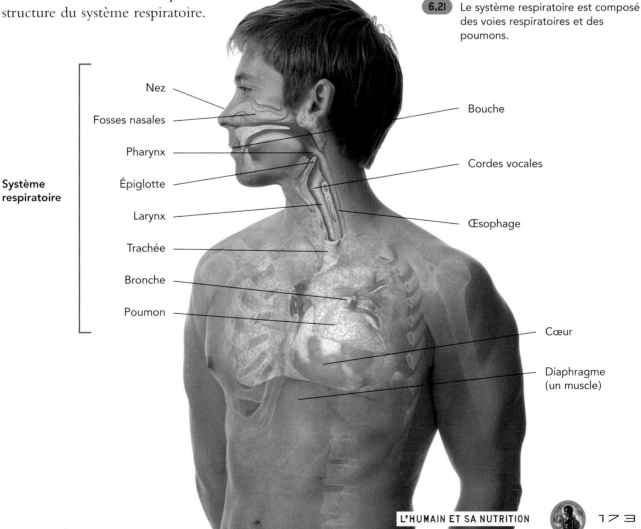

Système respiratoire

- Nez
- Fosses nasales
- Pharynx
- Épiglotte
- Larynx
- Trachée
- Bronche
- Poumon

- Bouche
- Cordes vocales
- Œsophage
- Cœur
- Diaphragme (un muscle)

Structures du système respiratoire	Description	Fonctions
Fosses nasales	Les fosses nasales s'ouvrent à l'extérieur par les narines du nez et se terminent à l'intérieur dans le pharynx.	• Filtration de l'air grâce aux poils qui tapissent leur paroi • Réchauffement et humidification de l'air grâce au mucus, une substance visqueuse sécrétée par des glandes situées dans leur paroi
Pharynx (gorge)	Structure qui constitue un carrefour des voies respiratoires et des voies digestives.	• Passage de l'air vers la trachée et de la nourriture vers l'œsophage. Lorsque nous avalons, l'épiglotte bloque le passage vers la trachée (*voir la figure 6.11, à la page 168*)
Larynx	Partie supérieure de la trachée, le larynx est formé de cartilages et il abrite les cordes vocales.	• Acheminement de l'air • Production des sons (voix)
Trachée	Constituée d'anneaux cartilagineux qui la maintiennent ouverte, elle mesure en moyenne 11 cm de long et est située devant l'œsophage.	• Filtration et purification de l'air grâce aux cils vibratiles de sa paroi qui repousse les impuretés vers le pharynx • Réchauffement et humidification de l'air grâce au mucus sécrété par des glandes situées dans sa paroi
Bronches	Les bronches sont issues de la division de la trachée. Elles aussi possèdent des anneaux cartilagineux qui les maintiennent ouvertes. Une fois à l'intérieur des poumons, les bronches se ramifient en bronchioles.	• Acheminement de l'air à l'intérieur des poumons
Poumons	Les poumons sont des organes spongieux et élastiques, enfermés dans la cage thoracique, de chaque côté du cœur. Ils sont formés de millions de cavités, qu'on appelle des «alvéoles».	• Échanges gazeux entre le milieu extérieur et l'organisme (*voir la section 2.2*)

LA MÉCANIQUE DE LA RESPIRATION

Le but de la respiration est de puiser de l'oxygène dans l'air et d'y rejeter du dioxyde de carbone. Comment ce mécanisme fonctionne-t-il? Pour le comprendre, il faut appliquer des notions vues dans le chapitre 3:

• l'air étant un mélange de gaz, il occupe tout l'espace disponible à l'intérieur des poumons. C'est aussi un fluide compressible. Ainsi, son volume peut augmenter ou diminuer;

• les variations de volume d'un fluide compressible engendrent des variations de pression. Ainsi, si le volume des poumons augmente, la pression diminue, et vice versa;

• les fluides s'écoulent toujours d'une zone de pression plus élevée vers une zone de pression moins élevée. Si la pression est plus élevée dans les poumons qu'à l'extérieur, l'air sortira des poumons. Si la pression est plus élevée à l'extérieur que dans les poumons, l'air entrera dans les poumons.

Le tableau 6.23 résume la mécanique de la respiration. Les structures qui y jouent un rôle important sont:

• les muscles intercostaux, des muscles qui se situent entre les côtes;

• le diaphragme, un muscle qui sépare la cage thoracique de l'abdomen.

> «Diaphragme» provient du mot grec diaphragma, qui signifie «séparation, cloison».

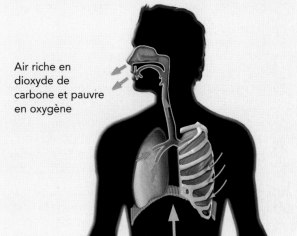

L'inspiration	L'expiration

Air riche en oxygène et pauvre en dioxyde de carbone

Air riche en dioxyde de carbone et pauvre en oxygène

Muscles intercostaux

Diaphragme

- Les muscles intercostaux et le diaphragme se contractent.
- Les côtes se soulèvent et le diaphragme s'abaisse. La cage thoracique prend du volume.
- Le volume des poumons augmente.
- La pression de l'air à l'intérieur des poumons diminue. Elle devient plus faible que la pression de l'air à l'extérieur.
- L'air chargé d'oxygène circule de l'extérieur des poumons vers l'intérieur jusqu'à ce que les pressions soient égales.

- Les muscles intercostaux et le diaphragme se relâchent.
- Les côtes s'abaissent et le diaphragme s'élève. La cage thoracique diminue de volume.
- Le volume des poumons diminue.
- La pression de l'air à l'intérieur des poumons augmente. Elle devient plus forte que la pression de l'air à l'extérieur.
- L'air chargé de dioxyde de carbone circule de l'intérieur des poumons vers l'extérieur jusqu'à ce que les pressions soient égales.

2.2 LES ÉCHANGES GAZEUX DANS LES POUMONS

Pour que la respiration cellulaire puisse s'accomplir, l'oxygène absorbé par les poumons doit se rendre à toutes les cellules de l'organisme. C'est la circulation du sang qui assure la distribution de l'oxygène aux cellules. Quant au dioxyde de carbone, déchet de la respiration cellulaire transporté aussi par le sang, il doit en sortir. C'est dans les alvéoles des poumons que se font ces échanges gazeux.

1er CYCLE

└ Diffusion

«Alvéole» provient du mot latin alveolus, *qui signifie «petite cavité».*

En quoi consistent ces alvéoles? Ce sont de minuscules cavités qui constituent la majeure partie du volume des poumons. Les alvéoles sont remplies d'air. De multiples petits vaisseaux sanguins (qu'on appelle des «capillaires») enveloppent chacune des alvéoles. Les échanges gazeux se font par **DIFFUSION** entre l'air contenu dans les alvéoles pulmonaires et le sang qui circule dans les capillaires qui les entourent.

La figure 6.24 (*à la page suivante*) montre les alvéoles et les échanges gazeux qui s'y font.

Le sang qui arrive aux alvéoles des poumons est pauvre en oxygène et riche en dioxyde de carbone. Au contraire, l'air contenu dans les alvéoles est riche en oxygène et pauvre en dioxyde de carbone. Les échanges gazeux se font donc de la façon suivante :

- comme la concentration en oxygène est plus grande dans l'air des alvéoles que dans le sang des capillaires, l'oxygène (O_2) diffuse de l'intérieur des alvéoles vers le sang;

- comme la concentration en dioxyde de carbone est plus grande dans le sang des capillaires que dans l'air des alvéoles, le dioxyde de carbone (CO_2) diffuse du sang vers les alvéoles.

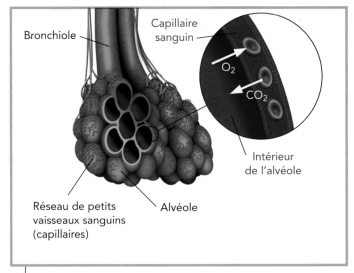

6.24 Les échanges gazeux entre le milieu extérieur et le sang s'effectuent dans les alvéoles pulmonaires.

Le tabac ferait un milliard de morts au cours du XXIᵉ siècle

Lorsqu'on fume une cigarette, au lieu d'air frais chargé d'oxygène, c'est de la fumée qui entre dans nos voies respiratoires et dans les alvéoles de nos poumons. À la longue, les substances cancérigènes et les irritants contenus dans cette fumée causent des dommages permanents à notre santé.

Si la tendance actuelle se maintient, le tabac devrait faire un milliard de morts au XXIᵉ siècle, soit 10 fois plus qu'au cours du siècle précédent, selon deux études publiées à l'occasion de la conférence de l'Union internationale contre le cancer.

On estime à 1,25 milliard le nombre de femmes et d'hommes qui fument actuellement. Plus de la moitié devrait en mourir, en raison d'un cancer du poumon

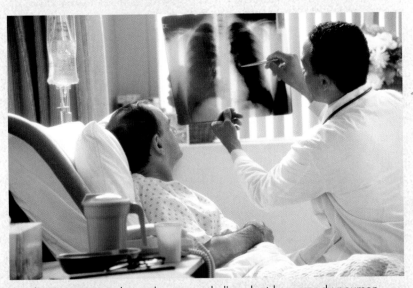

Le tabac peut causer de nombreuses maladies, dont le cancer du poumon.

(responsable d'un décès sur cinq liés au cancer) ou de maladies cardiovasculaires et pulmonaires. En Chine seulement, où 300 millions de personnes fument désormais, le cancer du poumon pourrait tuer un million de fumeurs par an.

Les deux études sont destinées à servir de référence aux médecins, responsables politiques, universitaires et avocats travaillant dans le domaine de la santé publique.

Adapté de : AMERICAN PRESS, «Le tabac ferait un milliard de morts au cours du XXIᵉ siècle», *Le Droit*, 12 juillet 2006, p. 21.

3 LA CIRCULATION DU SANG ET DE LA LYMPHE

Comme nous l'avons vu, les nutriments entrent dans la circulation sanguine lors de leur absorption dans le tube digestif. L'oxygène, lui, traverse les alvéoles pulmonaires et passe aussi dans le sang. De là, ces substances voyagent à travers tout le corps pour nourrir les cellules. De la même façon, les déchets ou les produits fabriqués par les cellules circulent par le sang afin d'être éliminés ou utilisés ailleurs dans le corps.

Le sang et la circulation sanguine jouent donc des rôles très importants dans l'organisme. C'est ce que nous verrons dans cette section. Nous verrons aussi le rôle de la lymphe, un liquide dérivé du sang.

3.1 LA COMPOSITION DU SANG

Le sang est le seul tissu liquide de notre organisme. Il est rouge et visqueux. Le corps d'un homme peut en contenir de 5 L à 6 L et celui d'une femme, de 4 L à 5 L.

Bien qu'il semble homogène, le sang est un mélange de type colloïdal, soit un mélange liquide dans lequel on trouve des cellules en suspension. Les cellules du sang sont appelées les «éléments figurés». Le liquide qui constitue le sang s'appelle le «plasma». Le tableau 6.27 (*à la page suivante*) présente les éléments (liquide et figurés) qui composent le sang.

Lorsqu'on prélève un échantillon de sang, on peut séparer les éléments figurés et le plasma à l'aide de la **CENTRIFUGATION**. Les éléments figurés, qui occupent environ 45 % du volume sanguin, se déposent au fond de l'éprouvette et forment un dépôt rouge. Le plasma, plutôt transparent et de couleur jaune doré, flotte au-dessus de ce dépôt. La figure 6.26 montre le résultat de la centrifugation du sang.

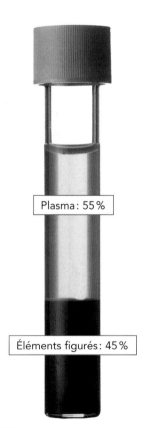

Plasma : 55 %

Éléments figurés : 45 %

6.26 Les éléments figurés constituent 45 % du volume sanguin et le plasma, 55 %.

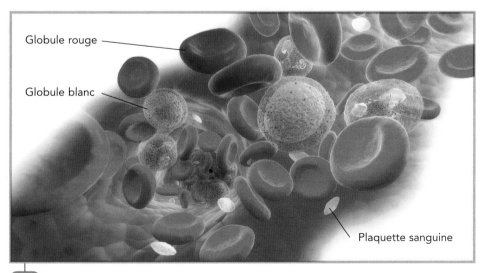

Globule rouge

Globule blanc

Plaquette sanguine

6.25 Les éléments figurés du sang comprennent les globules rouges, les globules blancs et les plaquettes sanguines.

Élément liquide	Description		Fonctions
Plasma	Liquide jaunâtre, constitué à 90 % d'eau. De nombreuses substances y sont dissoutes, dont des nutriments, des anticorps, des hormones et des déchets de l'activité cellulaire.		• Transport des nutriments aux cellules • Transport des déchets de l'activité cellulaire aux organes excréteurs • Transport d'hormones, d'anticorps, de protéines et de plusieurs autres substances

Éléments figurés	Nombre par ml de sang	Description	Fonctions
Globules rouges	4 à 6 milliards	Cellules de couleur rouge, en forme de disques biconcaves. Elles n'ont pas de noyau et peu d'organites.	• Transport de l'oxygène grâce à une protéine, appelée «hémoglobine», contenue dans les globules rouges • Transport du CO_2
Globules blancs	4 à 11 millions	Cellules transparentes.	• Défense et immunité de l'organisme
Plaquettes sanguines	150 à 400 millions	Fragments irréguliers provenant de grosses cellules de la moelle osseuse.	• Coagulation sanguine

L'anémie est une maladie provoquant un manque d'oxygène dans le sang. Trois causes peuvent expliquer cette maladie : un nombre insuffisant de globules rouges dans le sang, une quantité insuffisante d'hémoglobine dans les globules rouges ou des anomalies de l'hémoglobine.

3.2 LES GROUPES SANGUINS ET LES TRANSFUSIONS SANGUINES

Les quatre groupes sanguins, A, B, AB et O, sont bien connus. Mais qu'est-ce qui détermine auquel de ces groupes appartient le sang d'une personne ? C'est la présence ou l'absence de deux substances sur la membrane des globules rouges qui permet de le savoir :

• la substance A ;
• la substance B.

En plus des substances A et B, les globules rouges peuvent porter une autre substance sur leur membrane :

• le facteur rhésus, communément appelé «facteur Rh».

Le facteur Rh permet de subdiviser les quatre groupes sanguins A, B, AB et O en Rh positif et en Rh négatif.

Prenons un exemple. Si les globules rouges d'une personne portent à la fois la substance A et le facteur Rh, on dira que son groupe sanguin est A⁺. Si ses globules rouges portent seulement la substance A, son groupe sanguin sera A⁻. Le tableau 6.29 montre les substances présentes sur les globules rouges des huit groupes sanguins.

6.28 Le facteur rhésus porte ce nom parce qu'il fut d'abord découvert sur les globules rouges d'un macaque rhésus.

Groupe sanguin		A⁺	A⁻	B⁺	B⁻	AB⁺	AB⁻	O⁺	O⁻
Substance(s) présente(s) sur la membrane des globules rouges	Substance A	💧	💧			💧	💧		Aucune des trois substances n'est présente.
	Substance B			💧	💧	💧	💧		
	Facteur Rh	💧		💧		💧		💧	
Illustration des globules rouges									

La figure 6.30 présente la répartition des groupes sanguins dans la population québécoise.

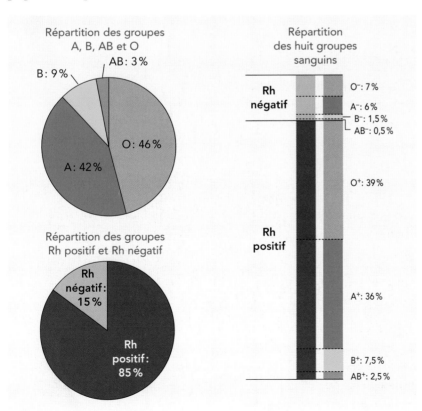

Répartition des groupes A, B, AB et O
AB: 3%
B: 9%
O: 46%
A: 42%

Répartition des groupes Rh positif et Rh négatif
Rh négatif: 15%
Rh positif: 85%

Répartition des huit groupes sanguins
Rh négatif
O⁻: 7%
A⁻: 6%
B⁻: 1,5%
AB⁻: 0,5%
Rh positif
O⁺: 39%
A⁺: 36%
B⁺: 7,5%
AB⁺: 2,5%

6.30 La répartition des groupes sanguins dans la population québécoise (selon Héma-Québec).

1868
1943

Karl Landsteiner

Au début des années 1900, Karl Landsteiner, un médecin autrichien, découvrit l'existence des substances A et B permettant de classer le sang dans les groupes A, B, AB et O. De plus, il participa à la découverte du facteur rhésus en 1941.

LES TRANSFUSIONS SANGUINES

Certaines personnes aux prises avec des maladies du sang doivent recevoir des transfusions sanguines régulièrement pour vivre. Des transfusions sanguines peuvent aussi être nécessaires dans d'autres cas, notamment lors d'une perte importante de sang due à une blessure ou au cours d'une opération chirurgicale.

> ◗ Une TRANSFUSION SANGUINE est l'injection d'une certaine quantité de sang à une personne.

Une transfusion sanguine nécessite un donneur et un receveur. Il peut arriver que le donneur et le receveur soient la même personne. C'est le cas, notamment, de gens qui mettent leur sang en réserve en vue d'une opération chirurgicale.

> ◗ Un DONNEUR de sang est une personne qui donne son sang en vue d'une transfusion.

> ◗ Un RECEVEUR de sang est une personne qui reçoit du sang lors d'une transfusion.

Avant la découverte des groupes sanguins en 1902, bien des transfusions résultaient en la mort du receveur. Maintenant, nous connaissons bien les règles de la transfusion sanguine.

Sang pour sang artificiel

À travers le monde, il manque chaque année plus de 50 millions de litres de sang pour satisfaire tous les besoins de transfusion. Qui plus est, le vieillissement de la population et la multiplica-tion des traitements hospitaliers laissent prévoir une demande croissante.

Dans ce contexte, nombre de chercheurs travaillent à l'élaboration d'un sang artificiel. Déjà, un laboratoire privé américain annonce avoir mis au point un produit substitut du sang. Ce dernier est fabriqué à l'aide de molécules d'hémoglobine humaine, libérées des globules rouges qui les enveloppent habituellement. Contrairement à son modèle naturel, le substitut ne pose pas de problème de compatibilité entre donneurs et receveurs.

Selon la compagnie qui le produit, le substitut aurait été expérimenté sur 720 accidentés de la route, ce qui aurait amélioré leurs chances de survie. Certains experts demeurent toutefois sceptiques quant aux bienfaits de ce sang artificiel, étant donné que la compagnie refuse de divulguer les détails de ses recherches. Celle-ci invoque le secret professionnel.

La fabrication de sang artificiel pourrait permettre de satisfaire la demande croissante de sang pour les transfusions.

Adapté de: Émilie TRAN PHONG, «Sang pour sang artificiel», *L'Express*, 14 septembre 2006.

La principale règle qui régit les transfusions sanguines est la suivante :

- la membrane des globules rouges du donneur ne doit pas porter des substances différentes de celles qui sont sur la membrane des globules rouges du receveur.

Prenons l'exemple d'une personne qui est de groupe sanguin B$^+$, c'est-à-dire dont la membrane des globules rouges porte la substance B et le facteur Rh :

- cette personne peut recevoir du sang d'un donneur de groupe sanguin B$^+$, B$^-$, O$^+$ ou O$^-$, car la membrane des globules rouges du donneur ne porte pas de substances autres que la substance B et le facteur Rh ;
- cette personne ne peut recevoir de sang d'un donneur de groupe sanguin A$^+$, A$^-$, AB$^+$ ou AB$^-$, car la membrane des globules rouges du donneur porte la substance A, une substance qui ne se trouve pas sur la membrane des globules rouges du receveur.

Lorsqu'une personne peut recevoir du sang d'une autre personne, on dit qu'il y a compatibilité sanguine entre ces deux personnes. En appliquant la règle de la transfusion sanguine pour tous les groupes sanguins, on peut connaître toutes les possibilités de compatibilité sanguine. Le tableau 6.31 présente ces possibilités.

> La COMPATIBILITÉ SANGUINE est le fait qu'une personne puisse recevoir du sang d'une autre personne.

6.31 LA COMPATIBILITÉ SANGUINE

Receveur	Donneur							
	O$^-$	O$^+$	B$^-$	B$^+$	A$^-$	A$^+$	AB$^-$	AB$^+$
AB$^+$	●	●	●	●	●	●	●	●
AB$^-$	●		●		●		●	
A$^+$	●	●			●	●		
A$^-$	●				●			
B$^+$	●	●	●	●				
B$^-$	●		●					
O$^+$	●	●						
O$^-$	●							

Légende :
● = transfusion possible

Le tableau de la compatibilité sanguine nous permet de faire les constatations suivantes :

- les transfusions entre personnes de même groupe sanguin sont possibles ;
- comme les personnes du groupe sanguin O$^-$ peuvent donner de leur sang aux personnes de tous les groupes sanguins, le groupe O$^-$ est le « donneur universel » ;
- comme les personnes du groupe sanguin AB$^+$ peuvent recevoir du sang de personnes de tous les groupes sanguins, le groupe AB$^+$ est le « receveur universel ».

Les substances A et B que l'on trouve sur la membrane des globules rouges s'appellent des «agglutinogènes». Lors d'une transfusion sanguine entre groupes sanguins incompatibles, il y a introduction, dans le sang du receveur, de globules rouges présentant des agglutinogènes qui n'y sont habituellement pas présents. Ces agglutinogènes étrangers sont alors perçus comme étant des agresseurs et sont reconnus par des anticorps présents dans le plasma du receveur, les agglutinines. Ces dernières provoquent une agglutination des globules rouges étrangers en se fixant sur leurs agglutinogènes. L'agglutination forme des caillots de sang et peut mener à la mort du receveur.

3.3 LE SYSTÈME CARDIOVASCULAIRE

Nous avons vu que le sang est le véhicule de transport des substances dans le corps humain. Le réseau de transport que le sang emprunte porte le nom de «système cardiovasculaire». Ce système comprend le sang, les vaisseaux sanguins dans lesquels il circule ainsi que le cœur qui le pompe et l'envoie partout dans le corps.

Par convention, dans les schémas montrant le système cardiovasculaire (*comme la figure 6.32*) :

- on représente en rouge les vaisseaux qui transportent du sang riche en oxygène;
- on représente en bleu les vaisseaux qui transportent du sang riche en dioxyde de carbone.

LES VAISSEAUX SANGUINS

Les vaisseaux sanguins forment un circuit fermé à l'intérieur duquel circule le sang. Ce réseau de transport est énorme. Si on additionnait la longueur de tous les vaisseaux sanguins d'un adulte, on obtiendrait une longueur totale d'environ 100 000 km.

Les vaisseaux sanguins se divisent en trois catégories :

- les artères;
- les capillaires;
- les veines.

«Cardiovasculaire» provient du mot grec kardia, qui signifie «cœur», et du mot latin vasculum, qui signifie «petit vase, vaisseau».

6.32 Le système cardiovasculaire comprend le sang, les vaisseaux sanguins et le cœur.

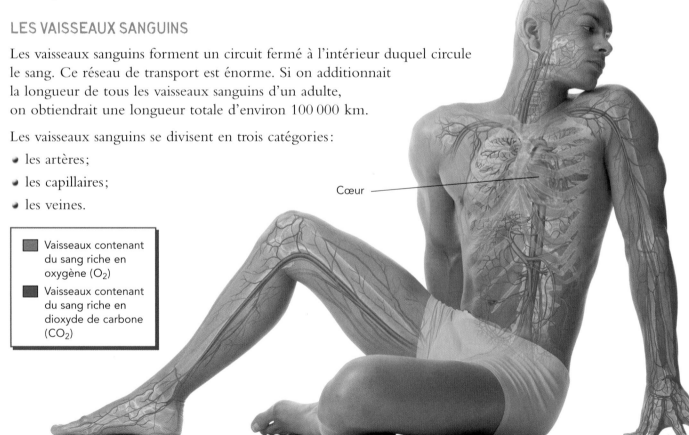

Cœur

■ Vaisseaux contenant du sang riche en oxygène (O₂)

■ Vaisseaux contenant du sang riche en dioxyde de carbone (CO₂)

Les artères

Les artères sont les plus gros vaisseaux sanguins de l'organisme. Elles transportent le sang du cœur vers les autres parties du corps. Leur paroi très épaisse leur permet de résister à la pression élevée du sang qu'elles transportent.

> ▶ Une ARTÈRE est un vaisseau sanguin qui transporte le sang du cœur vers les autres parties de l'organisme.

Les capillaires

Les artères se ramifient en artères de plus en plus petites. Les plus petites artères, les artérioles, se raccordent aux plus petits vaisseaux sanguins de l'organisme, les capillaires. Ceux-ci irriguent tous les tissus de notre corps. Ils sont si petits que les globules rouges y circulent en file indienne. Leur paroi est mince : elle est constituée d'une seule

«Capillaire» provient du mot latin capillus, qui signifie «cheveu».

couche de cellules. Cette caractéristique permet les échanges entre le sang et les cellules des organes. C'est donc dans les capillaires que les nutriments, l'oxygène et d'autres substances diffusent vers les cellules et que le sang récolte le dioxyde de carbone et les autres déchets produits par les cellules.

> ▶ Un CAPILLAIRE est un vaisseau sanguin de petit diamètre et aux parois très minces dans lequel ont lieu les échanges entre le sang et les cellules d'un organe.

Les veines

Une fois que les capillaires ont irrigué les organes, ils se réunissent pour former des veinules qui, à leur tour, se joignent pour former des veines. Le sang retourne au cœur par ces gros vaisseaux.

> ▶ Une VEINE est un vaisseau sanguin qui ramène le sang vers le cœur.

Comme le sang doit traverser des capillaires dont le diamètre est très petit, sa pression à l'intérieur des veines est très basse. Pour retourner au cœur, le sang progresse surtout grâce aux contractions de nos muscles. Ceux-ci pressent les veines, ce qui fait circuler le sang.

Dans les veines des parties inférieures de l'organisme, comme les jambes, le sang aurait plutôt tendance à se diriger vers le sol que vers le cœur, à cause de la gravité. Or, ces veines possèdent des valvules qui empêchent le sang de redescendre. La figure 6.35 illustre ces valvules.

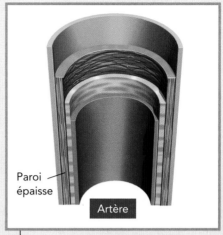

Paroi épaisse — Artère

6.33 Les artères ont une paroi très épaisse, ce qui leur permet de résister à la pression élevée du sang.

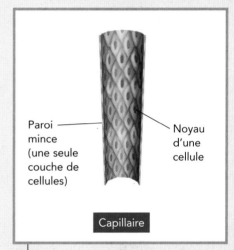

Paroi mince (une seule couche de cellules) — Noyau d'une cellule — Capillaire

6.34 Les capillaires ne sont formés que d'une couche de cellules.

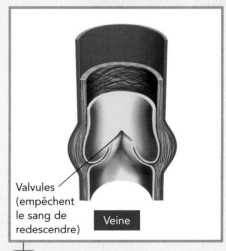

Valvules (empêchent le sang de redescendre) — Veine

6.35 Les veines des parties inférieures du corps possèdent des valvules qui empêchent le sang de redescendre.

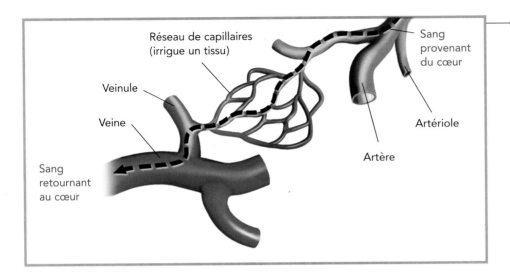

6.36 Le sang circule des artères vers les capillaires, puis des capillaires vers les veines. Il retourne au cœur, puis recommence ce même circuit.

L'ensemble des vaisseaux sanguins forme un circuit fermé. La figure 6.36 montre la relation qui existe entre les divers vaisseaux sanguins du système cardiovasculaire.

LE CŒUR

Le cœur est l'organe qui permet la propulsion du sang. C'est la pompe du système cardiovasculaire. Chez l'adulte, il a la grosseur d'un poing. Il est situé dans la cage thoracique, entre les deux poumons. À quoi ressemble l'intérieur du cœur et comment le cœur fonctionne-t-il ? Nous répondrons à cette question à l'aide de la figure 6.37 et de ce qui suit.

L'intérieur du cœur

Le cœur est un muscle creux comportant quatre cavités :

- l'oreillette droite ;
- le ventricule droit ;
- l'oreillette gauche ;
- le ventricule gauche.

L'oreillette droite communique avec le ventricule droit ; l'oreillette gauche communique avec le ventricule gauche. Cependant, le côté droit et le côté gauche du cœur ne communiquent pas ensemble : ils sont séparés par une cloison.

Tant du côté droit que du côté gauche, le sang traverse des valvules pour passer de l'oreillette vers le ventricule. Ces valvules, appelées «valvules auriculo-ventriculaires», empêchent le sang de revenir vers l'arrière.

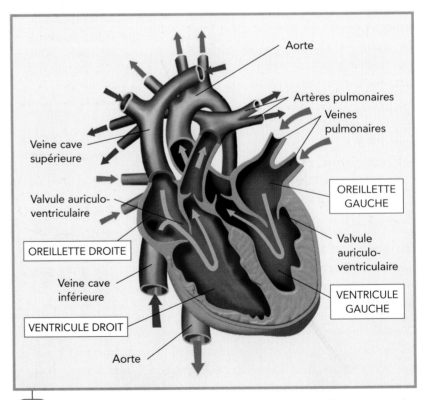

6.37 Le cœur comporte deux oreillettes et deux ventricules. La partie gauche et la partie droite du cœur sont séparées par une cloison.

Plusieurs vaisseaux sont rattachés au cœur. Comme le sang entre dans le cœur par les oreillettes, on trouve des veines (veines caves et veines pulmonaires) rattachées à ces deux cavités. De plus, comme le sang sort du cœur par les ventricules, ce sont des artères (aorte et artères pulmonaires) qui sont rattachées à ces deux cavités.

Le fonctionnement du cœur

C'est en se contractant que le cœur fait circuler le sang dans tout l'organisme :

- Le cœur, d'abord détendu, laisse entrer le sang dans les oreillettes. Cette période de remplissage s'appelle la DIASTOLE.

- Ensuite, les deux oreillettes se contractent simultanément pour éjecter le sang dans les ventricules. Quelques dixièmes de seconde plus tard, ce sont les ventricules qui se contractent, chassant ainsi le sang avec une très grande pression dans les artères rattachées au cœur. La phase de contraction du cœur s'appelle la SYSTOLE.

Les pulsations que nous pouvons ressentir à la gorge, au poignet ou aux tempes nous permettent de prendre notre pouls. Ces pulsations correspondent aux contractions de notre ventricule gauche. Chez une personne au repos, le cœur bat environ 75 fois par minute. Le rythme cardiaque varie selon l'âge, le sexe, la forme physique et l'intensité de l'activité physique.

LES VOIES DE CIRCULATION

Le cœur fonctionne comme une double pompe. Comme le côté droit du cœur est séparé du côté gauche par une cloison, le sang peut ainsi être pompé par chacun de ces côtés dans deux voies de circulation différentes. De cette façon, le sang peut emprunter :

- la circulation pulmonaire (le côté droit du cœur en est la pompe);
- la circulation systémique (le côté gauche du cœur en est la pompe).

La figure 6.38 et le tableau 6.39 (*à la page suivante*) résument en quoi consistent ces deux voies de circulation.

UNE POMPE FIABLE

Au cours d'une journée, le cœur pompe le sang près de 100 000 fois dans notre corps. Cela équivaut à battre environ 3 milliards de fois durant une vie de 80 ans.

«*Diastole*» *provient du mot grec* diastolê, *qui signifie* «*dilatation*».

«*Systole*» *provient du mot grec* systolê, *qui signifie* «*resserrement, contraction*».

LABO
N° 59

Sang riche en O_2 et pauvre en CO_2

Sang pauvre en O_2 et riche en CO_2

Circulation pulmonaire

Veines pulmonaires

Artères pulmonaires

Cœur

Veines caves

Circulation systémique

Aorte et autres artères

6.38

Le sang peut emprunter deux voies de circulation : la circulation pulmonaire ou la circulation systémique.

La circulation pulmonaire	La circulation systémique
La circulation pulmonaire est la voie de circulation la plus courte.	Dans la circulation systémique, le sang emprunte un trajet plus long, car il circule dans tout l'organisme.
C'est le côté droit du cœur qui en est la pompe.	C'est le côté gauche du cœur qui en est la pompe.
Le sang qui emprunte cette voie de circulation est chargé de dioxyde de carbone.	Le sang qui emprunte cette voie de circulation est chargé d'oxygène.
• Le sang part du ventricule droit en empruntant une artère pulmonaire et se dirige vers les poumons.	• Le sang est expulsé dans l'aorte, la plus grosse artère de notre organisme, à partir du ventricule gauche.
• Dans les capillaires des poumons, il se débarrasse du dioxyde de carbone et s'enrichit d'oxygène.	• De là, l'aorte se divise en artères qui conduisent le sang vers les capillaires des différents organes de notre corps.
• Chargé d'oxygène, il revient vers le cœur par une veine pulmonaire, qui se jette dans l'oreillette gauche.	• Le sang livre alors l'oxygène, les nutriments et d'autres substances aux cellules qui forment nos tissus tout en recueillant le gaz carbonique et d'autres déchets.
	• Appauvri en oxygène et plus riche en gaz carbonique, il revient ensuite à l'oreillette droite du cœur par les veines caves.

 CARREFOUR éoucation physique

L'activité physique et ses bienfaits sur le cœur

Une personne active physiquement bénéficie de nombreux bienfaits sur sa santé.

Il est prouvé que faire des séances d'activité physique (d'intensité moyenne, élevée ou très élevée) d'une durée de 30 minutes ou plus trois fois par semaine rend le cœur plus efficace.

Ce cœur entraîné est de plus gros volume et ses parois sont plus épaisses, ce qui augmente sa force de contraction. Cette contraction efficace fait généralement en sorte que les gens actifs physiquement ont une fréquence cardiaque au repos moins élevée que les personnes sédentaires. En effet, la fréquence de certains athlètes peut être de seulement 40 battements par minute au repos, alors que dans la population, le rythme cardiaque est en général de 75 battements par minute !

Comme ses contractions sont plus efficaces, le cœur d'une personne entraînée revient à sa fréquence normale plus rapidement après un effort soutenu que celui d'une personne sédentaire. Il a une meilleure capacité de récupération.

Ainsi, adopter un mode de vie sain et actif, c'est se garantir un cœur vigoureux, qui répond à la demande énergétique avec un meilleur rendement et, par conséquent, qui permet d'améliorer et de préserver sa santé.

Faire de l'activité physique de bonne intensité trois fois par semaine rend le cœur plus efficace.

3.4 LE SYSTÈME LYMPHATIQUE

Dans ce chapitre, nous avons vu que le rôle de la circulation sanguine est d'apporter certaines substances aux cellules et d'en transporter d'autres des cellules vers le lieu de leur élimination. En fait, ces échanges ne se font pas directement entre le sang et les cellules. Les substances échangées doivent traverser un liquide dans lequel baignent nos cellules, le liquide intercellulaire. Ce liquide est à la base d'un autre système important dans la nutrition de notre organisme : le système lymphatique.

«Lymphatique» provient du mot latin *lymphaticus*, *qui signifie «relatif à l'eau».*

LE LIQUIDE INTERCELLULAIRE

Le liquide intercellulaire est formé à partir de constituants du sang. Il contient :

- de l'eau et d'autres substances provenant du plasma sanguin ;
- des globules blancs.

Ainsi, les capillaires laissent continuellement échapper de l'eau et d'autres substances présentes dans le plasma sanguin au travers de leurs pores, de minuscules trous dispersés dans leur paroi, un peu comme un tuyau percé peut laisser s'échapper de l'eau. Il sort environ trois litres de liquide par jour des capillaires.

Les globules blancs, quant à eux, sortent des capillaires grâce à un phénomène qu'on appelle la «**DIAPÉDÈSE**». Dans leur forme habituelle, les globules blancs sont trop gros pour passer par les pores de la membrane des capillaires. Cependant, ils ont la capacité de se déformer et de s'effiler pour pouvoir y passer. La figure 6.40 illustre la diapédèse.

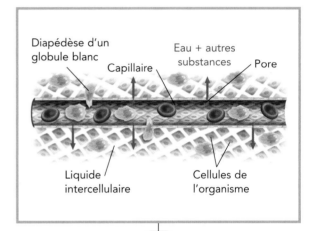

6.40 Dans la diapédèse, les globules blancs se déforment pour passer par les pores de la membrane des capillaires.

> ▶ Le **LIQUIDE INTERCELLULAIRE** est un liquide clair contenant de l'eau et d'autres substances du plasma sanguin, dans lequel baignent les cellules du corps. Il renferme aussi des globules blancs.

LA LYMPHE ET LA CIRCULATION LYMPHATIQUE

Nos cellules ne peuvent pas conserver leurs déchets, sinon elles mourraient. Elles les rejettent donc dans le liquide intercellulaire. Or, pour rejoindre les organes d'élimination des déchets, ceux-ci doivent retourner dans le sang. Cela est possible grâce au système lymphatique.

Le système lymphatique est constitué de vaisseaux dans lesquels le liquide intercellulaire se déverse. Une fois dans ces vaisseaux, le liquide intercellulaire porte le nom de «lymphe». Les vaisseaux dans lesquels circule la lymphe s'appellent des «vaisseaux lymphatiques». Leur rôle est de ramener la lymphe vers le sang.

> ▶ La **LYMPHE** est un liquide issu du liquide intercellulaire qui circule dans les vaisseaux lymphatiques pour évacuer les déchets cellulaires.

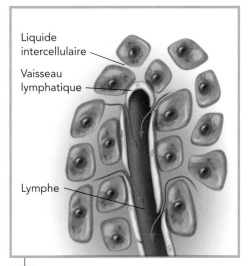

Liquide intercellulaire

Vaisseau lymphatique

Lymphe

6.41 Le liquide intercellulaire devient de la lymphe quand il entre dans les vaisseaux lymphatiques.

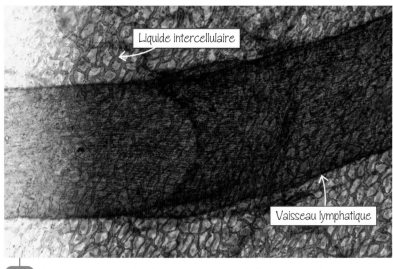

Liquide intercellulaire

Vaisseau lymphatique

6.42 Les vaisseaux lymphatiques transportent la lymphe vers le sang. De cette façon, les déchets provenant des cellules pourront se rendre aux organes d'élimination.

Le système lymphatique ne dispose pas d'un cœur pour faire circuler la lymphe. Tout comme dans les veines, ce sont des contractions musculaires qui permettent à la lymphe de circuler dans le système lymphatique. Les plus gros vaisseaux lymphatiques possèdent des valvules qui empêchent la lymphe de revenir en arrière.

LA DÉFENSE DE NOTRE ORGANISME

Les virus et les bactéries qui proviennent de l'extérieur sont considérés comme des agresseurs par notre organisme. Lorsqu'ils réussissent à pénétrer dans notre corps, ils se retrouvent normalement dans le liquide intercellulaire, dans la lymphe ou dans le sang. Or, ces trois liquides contiennent de nombreux globules blancs, qui sont des défenseurs de notre organisme. La défense de notre corps contre les agresseurs peut donc s'effectuer dans ces liquides.

De plus, comme le montre la figure 6.43, la lymphe est filtrée par des ganglions durant son parcours dans le système lymphatique. À l'intérieur de ces ganglions, on trouve des globules blancs en concentration très élevée. Les ganglions lymphatiques sont ainsi des régions privilégiées pour lutter contre les agresseurs de notre organisme.

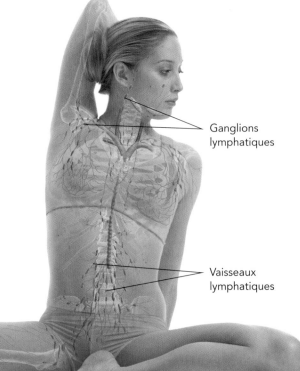

6.43

Comme le système cardiovasculaire, le système lymphatique s'étend partout dans le corps. Mais, contrairement au système cardiovasculaire, le système lymphatique n'est pas un circuit fermé.

Ganglions lymphatiques

Vaisseaux lymphatiques

Les globules blancs peuvent agir de deux façons :

• certains ingèrent les agresseurs par phagocytose ;
• certains sécrètent des anticorps pour neutraliser les agresseurs.

Lors de la phagocytose, les globules blancs se déforment et leur membrane cellulaire entoure l'agresseur. Ce phénomène est illustré aux figures 6.44 et 6.45. Une fois à l'intérieur du globule blanc, l'agresseur est détruit grâce à des substances sécrétées par les lysosomes.

▶ La PHAGOCYTOSE est le mécanisme par lequel les globules blancs ingèrent et détruisent certains micro-organismes.

À L'ATTAQUE !

Sans l'attaque et la destruction des micro-organismes par nos globules blancs, une simple coupure pourrait nous être fatale. En effet, les micro-organismes pourraient alors peu à peu envahir notre corps.

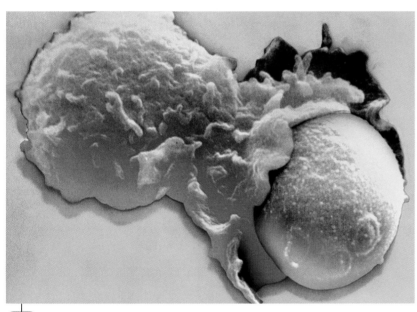

6.44 Ce globule blanc entoure un agresseur pour le détruire. C'est de la phagocytose.

1845
1916

Ilia Ilitch Metchnikov

C'est ce zoologiste et microbiologiste russe qui a découvert le système immunitaire chez l'être humain. Il a réussi à montrer que certaines cellules du sang peuvent défendre notre organisme en phagocytant des micro-organismes étrangers.

Comme nous venons de l'indiquer, les globules blancs peuvent également produire des anticorps pour défendre l'organisme contre un agresseur. Le mode d'action des anticorps est le suivant (*voir aussi la figure 6.45, à la page suivante*) :

• les anticorps reconnaissent les antigènes, c'est-à-dire des éléments présents sur un agresseur ;
• chaque anticorps s'attache à un antigène. Cela a pour effet de neutraliser l'agresseur. Celui-ci ne pourra plus se reproduire, ni agresser d'autres cellules. Une fois neutralisé, l'agresseur peut être éliminé.

▶ Un ANTICORPS est une substance sécrétée par des globules blancs pour neutraliser les agresseurs de notre organisme.

▶ Un ANTIGÈNE est une substance reconnue comme étrangère par l'organisme et qui provoque la formation d'anticorps.

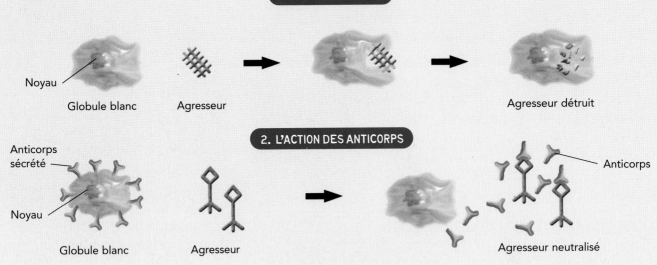

1. LA PHAGOCYTOSE

Noyau

Globule blanc — Agresseur → → Agresseur détruit

2. L'ACTION DES ANTICORPS

Anticorps sécrété

Noyau

Anticorps

Globule blanc — Agresseur → Agresseur neutralisé

6.45 La phagocytose et la production d'anticorps sont les stratégies utilisées par nos globules blancs pour notre défense.

Les anticorps produits par les globules blancs ont deux caractéristiques:

- ils sont spécifiques: ils ne peuvent reconnaître que les antigènes pour lesquels ils ont été produits. Cela veut dire qu'il faut un anticorps différent pour chaque antigène;

- ils sont immunisants: les globules blancs gardent en mémoire, parfois toute une vie, la façon de les produire. C'est pourquoi nous n'avons certaines maladies (comme la varicelle) qu'une seule fois dans notre vie.

4 L'ÉLIMINATION DES DÉCHETS

LABO Nº 60

L'activité cellulaire produit de nombreux déchets. Ces déchets sont toxiques pour notre organisme. Il faut donc les éliminer. Lorsqu'on élimine une substance de notre organisme en l'évacuant à l'extérieur, cela s'appelle de l'**EXCRÉTION**.

L'élimination des déchets s'effectue principalement grâce aux poumons, aux reins et aux glandes sudoripares. Si le dioxyde de carbone ne peut être excrété par les poumons, nous mourrons au bout de quelques minutes. Si les reins et les glandes sudoripares ne peuvent excréter les autres déchets, notre survie ne sera que de quelques jours.

Le fonctionnement des poumons a déjà été expliqué lors de l'étude du système respiratoire. Voyons brièvement comment les glandes sudoripares participent au maintien de l'équilibre sanguin avant de passer à l'étude du système urinaire.

6.46 Il nous est indispensable de respirer pour éliminer le dioxyde de carbone, un déchet pour l'organisme.

LES GLANDES SUDORIPARES

La surface de notre corps porte quelque 2 500 000 glandes sudoripares. Ces glandes déversent leur sécrétion, la sueur, par des conduits qui s'ouvrent à la surface de notre peau, les pores sudoripares (*voir le chapitre 7, page 217*).

La sudation (ou transpiration) est un mécanisme qui aide surtout à maintenir la température de notre corps constante par temps chaud ou lorsque nous fournissons un effort soutenu. La sueur est constituée d'eau et de déchets provenant du sang. C'est pourquoi la sueur a aussi un rôle à jouer dans l'excrétion.

4.1 LE SYSTÈME URINAIRE

Le système urinaire comprend les reins, les uretères, la vessie et l'urètre. La figure 6.47 et le tableau 6.48 (*à la page suivante*) présentent ce système.

6.47

Le système urinaire est composé des reins, de la vessie et de canaux qui conduisent l'urine.

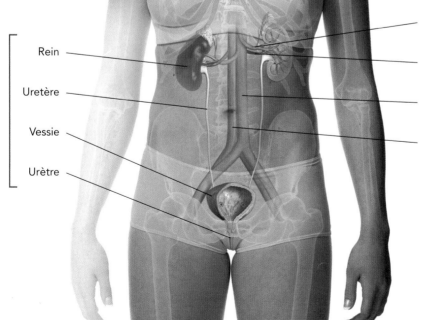

Système urinaire
- Rein
- Uretère
- Vessie
- Urètre

- Artère rénale
- Veine rénale
- Aorte
- Veine cave inférieure

1911
–

Wilhelm Kolff

Ce médecin d'origine hollandaise est considéré comme le père des organes artificiels. En 1943, s'aidant des travaux de plusieurs scientifiques, il réussit à mettre au point un rein artificiel fonctionnel chez l'être humain. Durant toute sa carrière, il a consacré beaucoup d'efforts au développement d'organes artificiels.

Structures du système urinaire	Description	Fonctions
Reins	Organes rougeâtres, en forme de haricot	Élimination des déchets et maintien de l'équilibre sanguin par la production d'urine (en excrétant le surplus d'eau et des produits toxiques, dont l'urée)
Uretères	Canaux d'environ 25 cm de long; chacun relie un rein à la vessie	Acheminement de l'urine fabriquée dans les reins vers la vessie
Vessie	Réservoir aux parois élastiques, en forme de poire	Entreposage de l'urine jusqu'à la miction (action d'uriner); la vessie peut contenir environ 1 L d'urine
Urètre	Canal de 3 à 4 cm de long chez la femme et d'environ 20 cm de long chez l'homme	Acheminement de l'urine de la vessie jusqu'à l'extérieur de l'organisme

4.2 LA COMPOSITION DE L'URINE

LABO
Nº 61

Le rein est l'organe de filtration du sang. Il permet de libérer le sang de certains de ses déchets. Le produit de la filtration par les reins est l'urine.

C'est l'urée qui constitue le principal déchet provenant du sang. Lorsque des cellules utilisent des protéines pour obtenir de l'énergie, l'oxydation des acides aminés mène ultimement à la formation de ce déchet. L'équation de cette oxydation peut s'écrire comme ci-dessous.

Acide aminé + oxygène ⟶ énergie + eau + urée

6.49 L'équation de l'oxydation des acides aminés.

6.50 La filtration du sang et la composition de l'urine.

Rein

Artère rénale

Filtration

Sang contenant des déchets et des substances en excès

Sang épuré

Veine rénale

Uretère

Vessie

Urine

Eau

Urée et autres déchets

Minéraux

Substances en excès

Urètre

Les reins contribuent à maintenir l'équilibre sanguin. Ils stabilisent la quantité d'eau dans le sang, ce qui permet le maintien d'une concentration constante des minéraux. Si le sang contient des substances en excès ou des substances toxiques, le rein pourra les excréter. L'urine est donc composée des constituants suivants:

- de l'eau, principalement (à 95%);
- de l'urée (2,5%) et d'autres déchets;
- des minéraux;
- des substances qui sont en excès dans le sang.

L'urine peut également contenir:

- des protéines, du glucose, des lipides ou des globules sanguins. Leur présence est cependant une indication d'un problème de santé;
- des traces de médicaments ou de drogues que la personne a consommés. (C'est pourquoi on vérifie parfois la présence de produits dopants dans l'urine des athlètes pour détecter les cas de dopage.)

Notons que la quantité d'urine produite dépend en partie de la concentration en minéraux de notre sang et de la quantité d'eau présente dans l'organisme. En effet, si la concentration en minéraux dans l'organisme est trop basse, le rein excrète plus d'eau, ce qui a pour effet d'y augmenter la concentration en minéraux. Ainsi, la quantité d'urine produite augmente. Par ailleurs, si l'organisme manque d'eau ou que la concentration en minéraux est trop élevée, le rein excrète alors moins d'eau et on éprouve une sensation de soif.

POUR DES SPORTS D'ÉLITE SANS DOPAGE

Aux Jeux olympiques de 1976, les nageuses de l'Allemagne de l'Est ont remporté 11 médailles d'or. Après leurs victoires, elles s'enfermaient dans une pièce et se réinjectaient de l'urine exempte de drogues. Malheureusement, les technologies n'étaient pas assez avancées pour les prendre en défaut.

Depuis, les choses ont bien changé. L'équipe de Christiane Ayotte, directrice du laboratoire de contrôle du dopage à l'INRS-Institut Armand-Frappier, a mis au point de nouvelles méthodes de dépistage, basées sur les molécules contenues dans l'urine. Pour resserrer les contrôles, le Comité international olympique a aussi mis sur pied l'Agence mondiale antidopage, en 1999.

La partie n'est pas gagnée pour autant. «Les contrôles en laboratoire sont bons, dit Mme Ayotte. Mais les athlètes changent leurs pratiques quelques jours avant la compétition pour éviter de se faire pincer. Il faudrait les suivre comme des espions pour enrayer le dopage!»

Adapté de: Vincent BROUSSEAU-POULIOT, «Dopage: les balbutiements de la résistance», *La Presse*, 10 juillet 2006, p. PLUS5.

Un échantillon d'urine peut servir à vérifier la présence de produits dopants chez les athlètes.

VERDICT

1 LES ALIMENTS ET LEUR UTILISATION PAR L'ORGANISME
(p. 160-172)

1. Voici ce que Véronique a mangé au souper :

> 1 filet de saumon
> de l'Atlantique grillé
>
> 1 pomme de terre au four
>
> 5 ml de beurre
> (sur la pomme de terre)
>
> 3 bouquets de brocoli
> bouillis
>
> 2 verres (500 ml)
> de lait à 2 %
>
> 125 ml de crème glacée
> au chocolat
>
> 60 g de fraises
> (sur la crème glacée)

Pour chaque aliment consommé par Véronique :

a) indiquez le groupe alimentaire auquel appartient l'aliment ;

b) indiquez la quantité d'énergie fournie par l'aliment (*voir l'annexe 2, «La valeur nutritive de quelques aliments», à la fin de ce manuel*).

2. Vous buvez un verre (250 ml) de lait à 2 %.

a) Combien de grammes de protéines, de glucides et de lipides ce verre contient-il ?

b) Combien de microgrammes (μg) de vitamine A renferme-t-il ?

c) Quelle quantité d'énergie est fournie par ce verre de lait ?

3. Voici l'étiquette de valeur nutritive qui figure sur l'emballage d'un sac de pain aux raisins.

VALEUR NUTRITIVE	
Pour 2 tranches (64 g)	
Teneur	% valeur quotidienne
CALORIES 120	
LIPIDES 2 g	
SATURÉS 0,5 g	3 %
+TRANS 0g	
CHOLESTÉROL 0 mg	3 %
SODIUM 230 mg	
POTASSIUM 200 mg	10 %
GLUCIDES 34 g	6 %
FIBRES 2 g	10 %
SUCRES 12 g	8 %
PROTÉINES 6 g	
VITAMINE A	
VITAMINE C	0 %
CALCIUM	0 %
FER	4 %
THIAMINE	15 %
RIBOFLAVINE	10 %
NIACINE	10 %
FOLATE	15 %
PHOSPHORE	25 %
MAGNÉSIUM	6 %
ZINC	8 %
	6 %

a) Si vous mangez deux tranches de pain aux raisins, est-ce que vous aurez comblé une partie importante de la consommation quotidienne recommandée en lipides ? Expliquez votre réponse.

b) Ce pain aux raisins contient de la niacine (ou vitamine B3). Quelles sont les autres vitamines qu'il contient ?

c) Ce pain aux raisins contient du zinc. Quels sont les autres minéraux qu'il contient ?

4. Pour chacun des énoncés suivants, indiquez s'il se rapporte à une transformation chimique ou à une transformation mécanique.

a) Les dents broient et coupent la nourriture.

b) La salive transforme l'amidon.

c) L'estomac brasse la nourriture.

d) Les sucs digestifs transforment les protéines.

5. Pour chaque structure du tube digestif, indiquez :

   a) quel(s) type(s) de transformation (mécanique ou chimique) il s'y produit ;

   b) les substances qui y sont sécrétées pour la digestion, s'il y a lieu ;

   c) les glandes sécrétant ces produits ;

   d) les substances nutritives qui sont transformées à l'aide de ces sécrétions.

   Vous pouvez consigner vos réponses dans un tableau semblable à celui ci-dessous.

Stucture	Type de transfor- mation	Substances sécrétées	Glandes sécrétant ces substances	Substances nutritives transformées

6. La digestion prépare les substances nutritives à leur passage à l'intérieur de l'organisme.

   a) Comment appelle-t-on le passage de nutriments du tube digestif vers le sang ou la lymphe ?

   b) Dans quelle partie du tube digestif la majeure partie des nutriments passe-t-elle vers le sang ou la lymphe ?

2 LA RESPIRATION (p. 172-176)

7. Notre système respiratoire nous permet de puiser dans l'air un gaz essentiel pour vivre.

   a) Quel est ce gaz ?

   b) Quelle est l'équation qui permet de résumer le rôle de ce gaz dans la nutrition ?

8. À la cafétéria, un élève de première secondaire s'étouffe. Une fois soulagé, il se demande ce qui a bien pu se passer dans son corps pour que se manifeste cette toux soudaine. Comment lui expliqueriez-vous ?

9. Voici quelques énoncés concernant la respiration. Pour chacun d'eux, indiquez s'il s'agit d'un événement se produisant lors de l'inspiration ou lors de l'expiration.

   a) Les muscles intercostaux et le diaphragme se contractent.

   b) Les muscles intercostaux et le diaphragme se relâchent.

   c) Le volume de nos poumons augmente.

   d) Le volume de nos poumons diminue.

   e) La pression de l'air dans nos poumons diminue.

   f) La pression de l'air dans nos poumons augmente.

   g) Un mouvement d'air a lieu de l'intérieur de nos poumons vers l'extérieur.

3 LA CIRCULATION DU SANG ET DE LA LYMPHE (p. 177-190)

10. Voici la photo d'une goutte de sang vue au microscope.

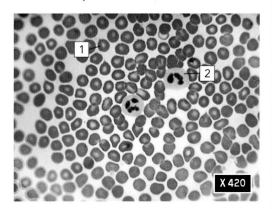

X 420

   a) Indiquez le nom de chaque élément numéroté ainsi que ses fonctions.

   b) Quel autre élément figuré du sang n'est pas présent sur cette photo ? Donnez sa fonction.

   c) Quel pourcentage du volume sanguin est constitué d'éléments figurés ?

11. a) Comment s'appelle le liquide dans lequel baignent les éléments figurés du sang?

b) Quels sont les principaux constituants de ce liquide?

12. Voici les groupes sanguins de quatre amis:

- Joseph: AB^+
- Karla: B^+
- Maxime: O^-
- Samir: A^-

a) Dessinez les globules rouges de ces quatre personnes en prenant bien soin d'illustrer les substances qui se trouvent sur leur membrane.

b) Samir est victime d'un grave accident de voiture et perd beaucoup de son sang. Il doit subir une transfusion sanguine. Lequel de ses amis pourrait lui donner du sang? Expliquez votre réponse.

c) Lequel de ces quatre amis peut être considéré comme un receveur universel?

13. Pour chacun des énoncés suivants, indiquez de quel type de vaisseau sanguin il s'agit.

a) Vaisseau qui retourne le sang au cœur.

b) Vaisseau où ont lieu la plupart des échanges entre le sang et les cellules de l'organisme.

c) Vaisseau dans lequel le sang circule à pression élevée.

d) Vaisseau dans lequel le sang circule grâce aux contractions de nos muscles.

e) Vaisseau dans lequel les globules rouges circulent en file indienne.

f) Vaisseau dans lequel le sang circule du cœur vers les capillaires sanguins.

14. Voici un schéma montrant le cœur et les principaux vaisseaux qui lui sont rattachés.

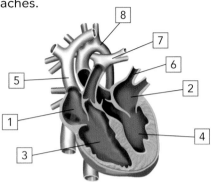

Indiquez le nom de chacune des structures numérotées et précisez si elle contient du sang riche en oxygène ou du sang riche en dioxyde de carbone. Vous pouvez consigner vos réponses dans un tableau semblable à celui ci-dessous.

	Structure	Sang riche en oxygène	Sang riche en dioxyde de carbone
1			

15. Il existe deux voies de circulation du sang à l'intérieur de notre organisme.

a) Comment s'appelle la voie de circulation qui amène le sang vers les poumons avant de retourner au cœur?

b) Comment s'appelle la voie de circulation qui amène le sang vers toutes les parties de notre organisme?

16. Le sang, le liquide intercellulaire et la lymphe sont trois liquides contenus dans notre organisme.

a) Indiquez comment des éléments du plasma et des globules blancs peuvent sortir du système cardiovasculaire pour se retrouver dans le liquide intercellulaire et la lymphe.

b) Reproduisez un tableau semblable à celui ci-dessous et indiquez où circulent le sang, le liquide intercellulaire et la lymphe.

Liquide	Lieu où il circule
Sang	

17. En observant de la lymphe au microscope, une microbiologiste observe un globule blanc qui entoure un micro-organisme.

a) De quel phénomène s'agit-il ?

b) Quel autre moyen peuvent employer les globules blancs pour défendre notre organisme ?

 4 L'ÉLIMINATION **DES DÉCHETS**
(p. 190-193)

18. a) Quels sont les organes et les structures qui permettent la formation, la circulation et l'entreposage de l'urine ?

b) Donnez l'équation qui permet de résumer la production d'urée par nos cellules.

c) Quels sont les organes qui permettent l'élimination du dioxyde de carbone ?

19. Pour les situations suivantes, indiquez si la quantité d'urine produite augmente ou diminue.

a) Nicole a bu plusieurs verres d'eau avant d'aller en classe.

b) Jean-Philippe a mis beaucoup de sel sur ses frites.

c) Andrès a oublié sa gourde d'eau et a fait une randonnée à bicyclette au cours de laquelle il a beaucoup transpiré.

20. La présence de certains éléments du sang dans l'urine peut indiquer un problème de santé. De quels éléments s'agit-il ?

RÉSEAU DE CONCEPTS

COMMENT CONSTRUIRE UN RÉSEAU DE CONCEPTS

Préparez votre propre résumé du chapitre 6 en construisant un réseau de concepts à partir des termes et expressions qui suivent.

- Acides aminés
- Acides gras
- Aliments
- Dioxyde de carbone
- Eau
- Fonction de nutrition
- Globules blancs
- Globules rouges
- Glucides
- Glucose
- Glycérol
- Lipides
- Lymphe
- Minéraux
- Nutriments
- Oxygène
- Plaquettes sanguines
- Plasma
- Protéines
- Sang
- Substances nutritives
- Système cardiovasculaire
- Système digestif
- Système lymphatique
- Système respiratoire
- Système urinaire
- Urine
- Vitamines

LES TROUBLES DE L'ALIMENTATION

Les troubles de l'alimentation sont des perturbations graves du comportement alimentaire. On en distingue principalement trois : ce sont l'anorexie, la boulimie et la frénésie alimentaire. Le tableau 6.51 décrit ces trois troubles.

6.51 LES TROUBLES ALIMENTAIRES

Trouble alimentaire	Description	Complications possibles
Anorexie	• Alimentation limitée en calories • Obsession à conserver un poids corporel beaucoup plus bas que le poids santé • Crainte intense d'engraisser • Des crises de boulimie peuvent survenir	• Problèmes cardiaques • Déséquilibre sanguin • Manque d'énergie • Décès
Boulimie	• Ingestion de grandes quantités de nourriture suivie d'une forme de purge (vomissement, prise de laxatif, exercices physiques excessifs) • Obsession à conserver un poids corporel le plus bas possible • Crainte intense d'engraisser • Besoin intense de se maîtriser	• Lésions de l'estomac • Problèmes cardiaques • Déséquilibre sanguin • Manque d'énergie • Problèmes dentaires
Frénésie alimentaire	• Épisodes d'ingestion excessive de nourriture, mais sans purge	• Obésité

Contrairement à ce que croient bien des gens, les troubles alimentaires ne sont pas régis par la volonté de la personne atteinte. Cette personne a plutôt l'impression qu'elle se nourrit adéquatement. Plusieurs facteurs contribuent à provoquer l'apparition des troubles alimentaires, comme une faible estime de soi et une très grande préoccupation ou une perception erronée de la forme du corps.

Les troubles de l'alimentation peuvent être traités. Les traitements comprennent des thérapies pour analyser et changer le comportement alimentaire inadéquat, des conseils en nutrition et de la médication. Plus les traitements commencent tôt, meilleurs sont les résultats.

1. Bien des spécialistes considèrent que les messages publicitaires utilisant des mannequins de taille fine constituent un facteur qui augmente le risque de développer des troubles alimentaires.

   a) Comment ces messages publicitaires peuvent-ils constituer un facteur de risque des troubles alimentaires ?

   b) Quelle solution proposeriez-vous pour contrer ce problème ?

2. Quelles recommandations feriez-vous à une personne qui souhaite avoir une alimentation saine ?

KATHERINE GAUDREAU-PROVOST

Pour la plupart des sportifs de haut niveau, tant professionnels qu'amateurs, l'alimentation est une grande préoccupation. Comme chaque athlète a des besoins nutritionnels différents et qu'il est souvent difficile de s'y retrouver, plusieurs font appel à des spécialistes de la nutrition, comme Katherine Gaudreau-Provost. Le travail de nutritionniste sportive consiste principalement à établir les besoins nutritionnels des athlètes et à leur conseiller des menus qui leur sont appropriés. Pour ce faire, Mme Gaudreau-Provost doit donc être au courant du calendrier d'entraînement et de compétition des athlètes. De plus, elle doit connaître leur masse musculaire et adipeuse (graisse) afin d'adapter leur alimentation. Elle peut aussi donner des conseils aux athlètes sur les bonnes pratiques alimentaires. Bref, tout doit être calculé de façon que les athlètes puissent pratiquer leur sport avec excellence.

6.52

Jennifer Heil, qui a triomphé en ski acrobatique (épreuve des bosses) aux Jeux olympiques de Turin en 2006, a bénéficié des conseils de Katherine Gaudreau-Provost.

NOM

Katherine Gaudreau-Provost

EMPLOI

Nutritionniste sportive

RÉGION OÙ ELLE OCCUPE SON EMPLOI

Partout au Québec

FORMATION

BAC en kinésiologie, avec spécialisation en physiologie de l'exercice clinique, BAC en diététique

RÉALISATION DONT ELLE PEUT ÊTRE FIÈRE

Avoir conçu des régimes alimentaires pour des athlètes de haut niveau

6.53 QUELQUES MÉTIERS ET PROFESSIONS CONNEXES À L'EMPLOI DE MME GAUDREAU-PROVOST

Métier ou profession	Formation requise	Durée de la formation	Tâches principales
Cuisinier ou cuisinière	DEP en cuisine d'établissement	1350 heures	• Préparer et faire cuire des aliments • Commander et entretenir le matériel d'une cuisine
Technicien ou technicienne en diététique	DEC en techniques de diététique	3 ans	• S'assurer que les menus correspondent aux besoins • S'assurer de la salubrité en alimentation
Physiothérapeute	BAC en physiothérapie	3-4 ans	• Aider les personnes blessées à retrouver leurs capacités motrices

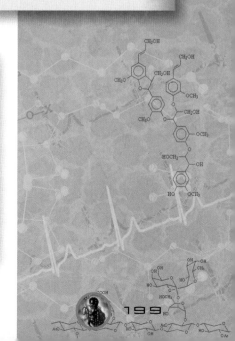

1989 — Première greffe de tissus fœtaux cérébraux pour le traitement de la maladie de Parkinson

1949 — Découverte d'un traitement au lithium contre certaines maladies mentales

1929 — Invention de l'électroencéphalographie, un enregistrement de l'activité cérébrale

1851 — Invention de l'ophtalmoscope, qui permet d'examiner la rétine

1837 — Découverte des neurones

1795 — Mise au point de l'électrothérapie pour le traitement des paralysies faciales

1756 — Découverte de l'action des nerfs sur les muscles

VERS 1160 — Découverte du rôle de la rétine dans la vision

VERS -375 — Découverte des nerfs

VERS -1300 — Mise au point d'opérations de la cataracte

VERS -3000 — Premier traitement d'un os fracturé par son immobilisation

VERS -12 000 — Premières chirurgies crâniennes

L'HUMAIN

EN RELATION

AVEC SON MILIEU

L'être humain est en constante relation avec son milieu. Par exemple, sourire à une amie, répondre à une question, s'arrêter à un feu rouge, manger quand il a faim ou frissonner quand il a froid constituent des réactions de l'être humain à des signaux de son environnement interne ou externe. C'est que le corps humain est équipé de systèmes sensibles et complexes qui peuvent détecter et analyser les signaux de l'environnement et lui permettre de réagir en conséquence. C'est de ces systèmes qu'il sera question dans ce chapitre.

1 LE SYSTÈME NERVEUX

Plusieurs organes de notre corps fonctionnent sans que nous en soyons conscients : notre cœur pompe régulièrement le sang qui circule dans nos vaisseaux sanguins ; notre estomac digère notre dernier repas ; certains de nos muscles sont contractés pour maintenir notre posture ; nous clignons des yeux plusieurs fois par minute afin de les humidifier ; nos reins purifient notre sang. Pendant ce temps, nous étudions ou nous rêvons à nos activités de la fin de semaine, nous discutons avec nos amis ou nous nageons dans la piscine. Comment notre corps peut-il arriver à coordonner toutes ces actions qui se font en même temps ? Qui en est le chef d'orchestre ? C'est notre système nerveux.

En effet, le système nerveux coordonne toutes les fonctions de l'organisme pour qu'elles s'exécutent en harmonie. Pour ce faire, il reçoit, traite, emmagasine et transmet l'information qui lui provient du milieu interne ou externe :

- Il recueille l'information grâce à des récepteurs répartis un peu partout dans l'organisme, par exemple dans la rétine de l'œil, dans l'oreille interne ou dans l'estomac.

- Il transmet cette information par les nerfs jusqu'à des centres de traitement (par exemple, le cerveau). Ces centres analysent l'information et déterminent ce qu'elle signifie. Par exemple, le cerveau interprète un message reçu comme étant un son ou certains signaux du corps comme étant une sensation de faim.

- Il emmagasine l'information pour que celle-ci puisse être réutilisée à court ou à long terme. Par exemple, le cerveau pourra reconnaître un son déjà entendu s'il lui parvient de nouveau.

- Il transmet l'information provenant des centres de traitement jusqu'aux différentes régions de l'organisme pour qu'une action en résulte. Par exemple, les nerfs transmettent des messages aux muscles de l'estomac pour la digestion ou aux muscles du bras pour qu'ils se contractent.

7.1 Le système nerveux comprend le système nerveux central et le système nerveux périphérique.

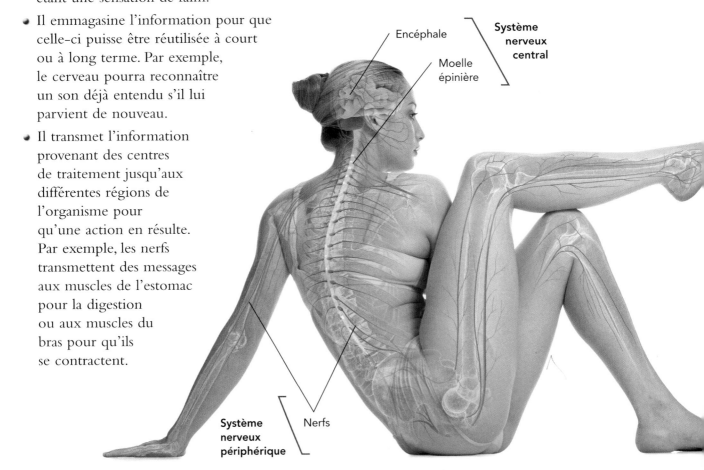

Encéphale

Moelle épinière

Système nerveux central

Système nerveux périphérique

Nerfs

▶ Le SYSTÈME NERVEUX est le système qui assure la réception, le traitement, l'emmagasinage et la transmission de l'information provenant des différentes parties du corps et du milieu extérieur.

Le système nerveux comprend le système nerveux central (l'encéphale et la moelle épinière) et le système nerveux périphérique (les nerfs).

1.1 LE NEURONE

Un être humain possède en moyenne 100 milliards de neurones, aussi appelés «cellules nerveuses». Tout le système nerveux fonctionne à l'aide de neurones. Ceux-ci assurent la réception et la transmission de l'information.

«Neurone» provient du mot grec neuron, qui signifie «nerf, fibre».

▶ Un NEURONE est une cellule spécialisée du système nerveux assurant la réception et la transmission de messages.

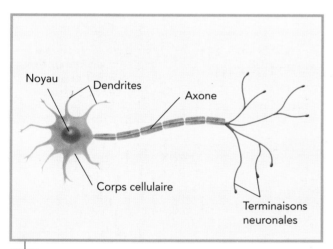

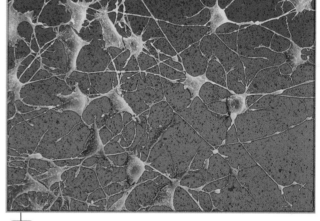

7.2 Le neurone est l'unité fonctionnelle du système nerveux.

7.3 Des neurones vus au microscope.

Comme le montre la figure 7.2, le neurone se divise en quatre parties:

- les dendrites;
- le corps cellulaire (qui contient le noyau);
- l'axone;
- les terminaisons neuronales.

«Dendrite» provient du mot grec dendron, qui signifie «arbre».

Le rôle des neurones est de capter des stimulus, de les transformer en influx nerveux et de transmettre ces influx nerveux (*voir la page suivante*).

▶ STIMULUS est le nom donné à tout ce qui est de nature à être perçu par un organisme vivant et à y déclencher une réaction. Les sons, la lumière, la chaleur, les chocs électriques, les odeurs et les hormones sont des exemples de stimulus.

▶ L'INFLUX NERVEUX est un message de nature électrique se propageant dans les neurones.

LES CARACTÉRISTIQUES DU NEURONE

Les neurones sont des cellules spécialisées. Voici les caractéristiques que possède chaque neurone et qui le différencient des autres types de cellules :

- Le neurone est excitable : il réagit à un stimulus en le transformant en signal électrique (l'influx nerveux).

- Le neurone est conductible : il transmet l'influx nerveux. Celui-ci peut ainsi traverser le neurone et passer d'un neurone à un autre jusqu'aux organes.

- Le neurone consomme une quantité importante d'oxygène et de glucose. En l'absence d'oxygène, il ne peut survivre que quelques minutes.

- Le neurone peut vivre plus de 100 ans. En fait, une personne conserve les mêmes neurones toute sa vie.

- Le neurone est incapable de se reproduire : il n'est pas remplacé s'il est détruit.

1852
1934

Santiago Ramón y Cajal

Ce médecin et physiologiste espagnol publia plusieurs articles décrivant la structure du système nerveux et le mode de communication des neurones. Il reçut, en 1906, le prix Nobel de médecine pour l'ensemble de ses travaux sur le système nerveux.

LA TRANSMISSION DE L'INFLUX NERVEUX

L'influx nerveux voyage de neurone en neurone, jusqu'à ce qu'il atteigne sa cible, par exemple un muscle. Il circule habituellement des dendrites vers les terminaisons neuronales. En effet, comme on peut le constater à la figure 7.4 :

- les dendrites d'un neurone reçoivent les messages, ou stimulus, et les transforment en influx nerveux ;

- l'influx nerveux est alors transmis jusqu'aux terminaisons neuronales en passant par l'axone ;

- l'influx nerveux passe d'un neurone à l'autre grâce à des **NEUROTRANSMETTEURS** (des substances chimiques) sécrétés par les terminaisons dans le mince espace qui sépare deux neurones. La zone de jonction entre deux neurones s'appelle une « synapse ».

> ▶ Une SYNAPSE est une zone de jonction entre deux neurones qui permet la transmission de l'influx nerveux.

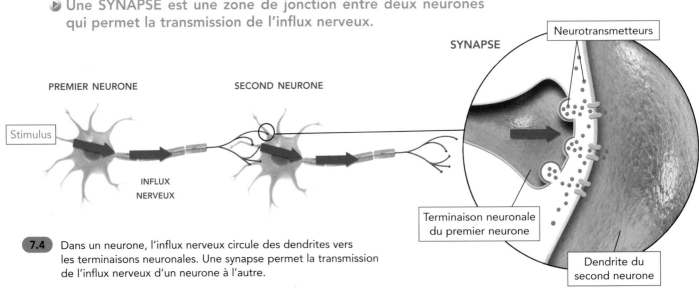

7.4 Dans un neurone, l'influx nerveux circule des dendrites vers les terminaisons neuronales. Une synapse permet la transmission de l'influx nerveux d'un neurone à l'autre.

L'influx nerveux se propage très rapidement dans les neurones. Il peut atteindre une vitesse de 430 km/h. C'est ce qui assure la rapidité des échanges d'information entre les différentes parties de l'organisme.

Dans le système nerveux, les neurones, plus particulièrement leurs axones, peuvent se regrouper en nerfs. Comme le montre la figure 7.5, les axones formant un nerf sont entourés de tissus de protection et de quelques vaisseaux sanguins.

> Un NERF est une structure permettant de faire circuler l'information entre le système nerveux central et les différentes régions de l'organisme.

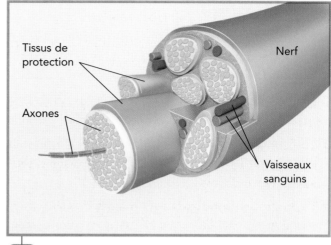

7.5 Un nerf est constitué d'axones, de tissus de protection et de quelques vaisseaux sanguins.

1.2 LE SYSTÈME NERVEUX PÉRIPHÉRIQUE

Le système nerveux périphérique relie les différentes régions du corps au système nerveux central en assurant la circulation de l'influx nerveux. Ainsi, il perçoit les stimulus internes et externes par les récepteurs sensoriels et achemine les commandes jusqu'aux différentes régions de l'organisme pour qu'une action en résulte. Le système nerveux périphérique comprend tous les nerfs qui sillonnent l'organisme. Il est illustré à la figure 7.1 (*voir la page 202*).

> Le SYSTÈME NERVEUX PÉRIPHÉRIQUE relie les différentes régions du corps au système nerveux central.

Il existe deux types de nerfs : les nerfs sensitifs et les nerfs moteurs. Certains nerfs sont mixtes, c'est-à-dire qu'ils sont à la fois sensitifs et moteurs. Avant de nous attarder aux nerfs sensitifs et aux nerfs moteurs, voyons d'abord en quoi consistent les récepteurs sensoriels.

LES RÉCEPTEURS SENSORIELS

Les récepteurs sensoriels sont des cellules nerveuses spécialisées. Ils captent les différents stimulus externes et internes, et les transforment en influx nerveux. Les récepteurs sensoriels se trouvent un peu partout dans l'organisme, et plus particulièrement dans les organes des sens (*voir la section 2, à la page 213*). Ces derniers permettent de capter les différents stimulus provenant du milieu extérieur, comme les odeurs ou les sons. Les autres récepteurs sensoriels répartis dans l'organisme perçoivent l'information en provenance des organes internes. Par exemple, les muscles sont munis de récepteurs qui indiquent leur degré d'étirement.

> Un RÉCEPTEUR SENSORIEL capte les stimulus et les transforme en influx nerveux.

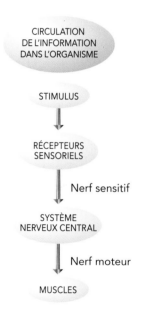

7.6 Le système nerveux périphérique permet la circulation de l'information dans l'organisme.

LES NERFS SENSITIFS

Les nerfs sensitifs transmettent l'information captée par les récepteurs sensoriels. Par exemple, le nerf optique, relié à l'œil, est un nerf sensitif. Il permet d'acheminer l'information perçue par l'œil jusqu'au cerveau.

> *«Sensitif» provient du mot latin* sensitivus, *qui signifie «qui appartient aux sens».*

Les nerfs sensitifs permettent aussi de percevoir les stimulus internes de plusieurs organes vitaux. Cette information est alors redirigée vers le système nerveux central. Par exemple, le cœur est entouré de nerfs sensitifs. Ceux-ci perçoivent tout changement dans le fonctionnement du cœur, comme les variations de la pression artérielle.

> Les NERFS SENSITIFS acheminent l'information provenant des récepteurs sensoriels sous forme d'influx nerveux jusqu'au système nerveux central.

LES NERFS MOTEURS

Les nerfs moteurs transmettent l'influx nerveux provenant du système nerveux central principalement vers les muscles (aussi vers les glandes). Cette information permet aux muscles de réagir et de produire les différents mouvements volontaires ou involontaires. Par exemple, lorsque la lumière est trop intense, la pupille de l'œil se contracte. Lorsque la concentration en oxygène dans le sang est insuffisante, les rythmes cardiaque et respiratoire augmentent. Pour qu'il soit possible de lever un bras, le cerveau doit envoyer aux muscles le signal de se contracter.

> *«Moteur» provient du mot latin* movere, *qui signifie «mouvoir».*

> Les NERFS MOTEURS transmettent les commandes du système nerveux central aux muscles afin de produire des mouvements volontaires ou involontaires.

1.3 LE SYSTÈME NERVEUX CENTRAL

Le système nerveux central coordonne la majorité des activités du système nerveux. Comme nous l'avons vu à la figure 7.1 (*voir la page 202*), il est constitué de l'encéphale et de la moelle épinière.

> *«Encéphale» provient du mot grec* egkephalos, *qui signifie «qui est dans la tête».*

LABOS
Nos 62 et 63

UNE PROTECTION OBLIGATOIRE

Le saviez-vous? Le port du casque est maintenant obligatoire dans les parcs à neige du Québec. En effet, une loi oblige cette protection depuis la saison de ski 2006-2007.

L'ENCÉPHALE

L'encéphale regroupe un amas important de cellules nerveuses. Il est constitué du cerveau, du cervelet et du tronc cérébral. Ces organes mous de l'encéphale sont protégés par les os du crâne et les méninges.

> L'ENCÉPHALE est constitué des organes du système nerveux situés dans le crâne.

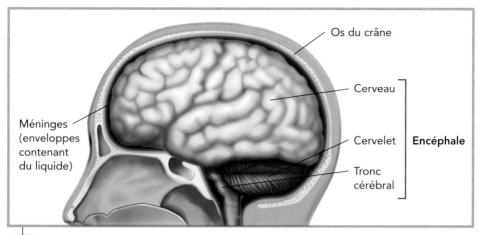

7.7 L'encéphale est la partie du système nerveux qui est protégée par les os du crâne.

L'encéphale communique avec l'ensemble de l'organisme à l'aide de 12 paires de nerfs, qu'on appelle les «nerfs crâniens».

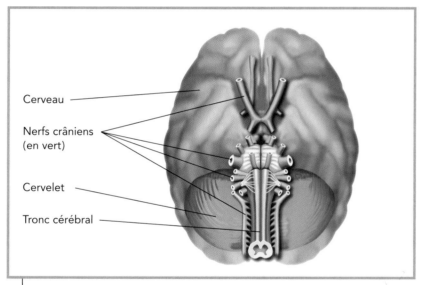

7.8 L'encéphale vu de dessous et les 12 paires de nerfs crâniens qui en émergent.

Le cerveau

Le cerveau est le centre de commande des mouvements volontaires, de l'interprétation des sens et de l'intelligence. De plus, il est le siège des émotions. À lui seul, le cerveau pèse environ 1300 g (l'ensemble de l'encéphale pèse environ 1600 g). Il est divisé en deux hémisphères: l'hémisphère droit, qui commande le côté gauche du corps, et l'hémisphère gauche, qui commande le côté droit.

Comme le montre la figure 7.9, à la page suivante, le cerveau est composé d'une couche externe de matière grise, qu'on appelle le cortex cérébral, et d'une couche interne de matière blanche. La matière grise du cortex régit les fonctions supérieures du cerveau (l'intelligence).

vers 1073
1162

Abū Marwān Ibn Zuhr

Ce médecin arabe, aussi connu sous le nom d'Avenzoar, étudia et publia plusieurs traités sur les maladies reliées au cerveau. Il s'intéressa aux comas, à l'épilepsie et aux migraines. Il aborda aussi le rôle de la psychologie dans le traitement des maladies.

«Cortex» est un mot latin repris en français, qui signifie «enveloppe, écorce».

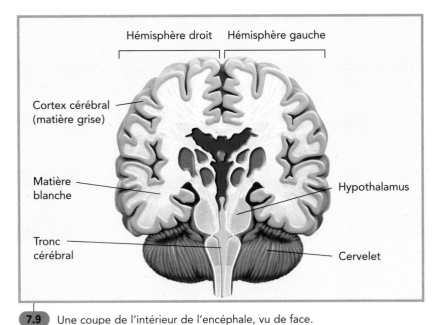

Hémisphère droit   Hémisphère gauche

Cortex cérébral
(matière grise)

Matière
blanche

Hypothalamus

Tronc
cérébral

Cervelet

7.9 Une coupe de l'intérieur de l'encéphale, vu de face.

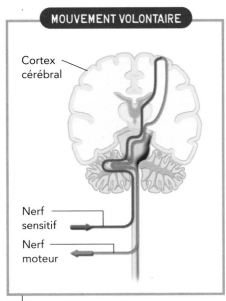

MOUVEMENT VOLONTAIRE

Cortex
cérébral

Nerf
sensitif

Nerf
moteur

7.10 Le trajet de l'influx nerveux lors
d'un mouvement volontaire.

▸ Le CERVEAU est le centre de commande des mouvements volontaires, de l'interprétation des sens et de l'intelligence. Il est aussi le siège des émotions et de la régulation des fonctions physiologiques.

Le tableau 7.11 présente les différentes fonctions assurées par le cerveau.

Quand la musique ne veut rien dire

Ernesto Che Guevara souffrait d'amusie.

Pour le révolutionnaire latino-américain Ernesto «Che» Guevara, entendre une symphonie ou un autobus dans les rues de La Havane, c'était du pareil au même. Inculte, le Che? Pas du tout, il faisait plutôt partie des quelque 5% d'êtres humains atteints d'«amusie».

Les gens qui souffrent de ce trouble sont incapables de retenir une mélodie ou de distinguer des rythmes. Aucune différence pour eux entre *Ô Canada* ou *Stairway to Heaven*. Cela n'a rien à voir avec la surdité ou une défi-cience intellectuelle. Au contraire, les «amusiques» sont des gens autant – sinon plus – intelligents que la moyenne.

Les chercheurs croient que l'amusie résulterait d'une malformation présente à la naissance. Elle pourrait aussi survenir à la suite d'une blessure au cortex temporal (situé près des tempes). Logique! C'est dans cette région du cerveau que logent les structures essentielles à la perception musicale.

Adapté de: Valérie GAUDREAU, «L'amusie, ou quand la musique ne veut rien dire», *Le Soleil*, 27 mai 2006, p. A5.

Fonction	Description	Exemple
Commande des mouvements volontaires	Lorsqu'on veut commander un mouvement, par exemple lever un bras, la zone de motricité volontaire envoie un influx nerveux. Ce signal du cerveau parvient alors jusqu'aux muscles du bras, en passant par le cervelet et la moelle épinière.	
Interprétation des messages captés par les sens	Lorsqu'un des organes des sens, comme l'oreille ou la peau, perçoit un stimulus extérieur, il achemine l'information jusqu'au cerveau sous forme d'influx nerveux. Pour chaque sens, c'est une zone particulière du cerveau qui analyse et interprète cette information. C'est ainsi qu'on peut entendre un son et en déduire qu'il s'agit d'une moto qui passe dans la rue.	
Siège de l'intelligence	Résoudre un problème, lire, écrire, parler sont des exemples de facultés intellectuelles qu'on associe à l'intelligence. On a ciblé les zones du cerveau qui gèrent certaines facultés intellectuelles, mais il reste difficile en général de les délimiter. Ces facultés nécessitent en effet l'activité de plusieurs zones du cerveau au même moment. Il est à noter que nous utilisons 100 % de la capacité de notre cerveau, et non seulement 10 % à 15 %, comme le prétendent certains.	
Siège des émotions	La gestion des émotions (joie, tristesse, colère, peur, etc.) est très complexe. Comme l'intelligence, elle implique l'activité de plusieurs zones du cerveau au même moment.	
Régulation des fonctions physiologiques	L'hypothalamus, une région située à la base du cerveau, assure les grandes fonctions de l'organisme (faim, soif, éveil, régulation de la température, etc.). Il commande notamment l'activité de l'hypophyse, une glande importante du corps.	

Plusieurs des fonctions du cerveau sont associées à l'activité plus intense de zones particulières, comme on peut le voir à la figure 7.12.

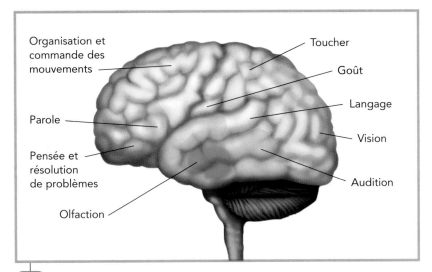

Organisation et commande des mouvements

Parole

Pensée et résolution de problèmes

Olfaction

Toucher

Goût

Langage

Vision

Audition

7.12 Chaque zone du cerveau est responsable d'une fonction particulière.

Une atteinte à l'une de ces zones entraîne un dérèglement dans la fonction qui y est associée. Par exemple, si la zone auditive est affectée, la personne peut alors souffrir de surdité même si ses oreilles sont en parfaite santé. De la même façon, si une zone associée à la motricité est endommagée, la mobilité d'un ou plusieurs membres peut en être affectée et entraîner leur paralysie. En effet, plusieurs paralysies sont causées par un dysfonctionnement du cerveau.

1796
1881

Jean-Baptiste Bouillaud

Vers 1850, ce médecin français démontra qu'une lésion à une zone antérieure du cerveau pouvait entraîner la perte de la parole. Il fut ainsi le premier à localiser le centre de la parole.

Le cervelet

Le cervelet est le centre de l'équilibre. Il assure la coordination des mouvements d'après l'information qu'il reçoit continuellement de toutes les parties du corps. Ainsi, il assure le maintien de la posture en réglant constamment la contraction des différents muscles. Par exemple, c'est le cervelet qui nous permet de marcher sur une ligne droite ou de danser sans tomber. Il nous permet aussi de courir, de parler et de jouer du piano.

> ▶ Le CERVELET est le centre de l'équilibre et de la coordination des mouvements.

Il existe plusieurs troubles associés au centre de l'équilibre. Par exemple, le mal des transports ou le vertige surviennent lorsque des données contradictoires sont traitées par le cervelet. Ces troubles provoquent alors des nausées et des étourdissements.

7.13 C'est le cervelet qui permet à cet équilibriste de marcher sur le fil sans tomber.

Le tronc cérébral

Le tronc cérébral se rattache à la moelle épinière, au cerveau et au cervelet. De plus, 10 paires de nerfs crâniens en émergent. Le tronc cérébral est le centre de traitement des stimulus internes : il perçoit et analyse les différents changements qui se produisent dans l'organisme. Il commande ainsi les mouvements involontaires des organes des différentes fonctions vitales, comme la respiration, la digestion et la circulation sanguine. Par exemple, lorsqu'on mange, le tronc cérébral envoie des signaux aux différents organes et glandes du système digestif afin d'assurer le bon déroulement de la digestion. Il est aussi responsable du mouvement de l'œsophage qui permet de faire avancer les aliments jusqu'à l'estomac.

> ▶ Le **TRONC CÉRÉBRAL** est le centre de traitement des stimulus internes et le centre de commande des mouvements involontaires.

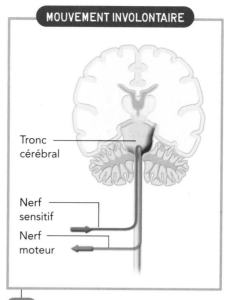

MOUVEMENT INVOLONTAIRE

Tronc cérébral

Nerf sensitif

Nerf moteur

7.14 Le trajet de l'influx nerveux lors d'un mouvement involontaire.

LA MOELLE ÉPINIÈRE

On peut comparer la moelle épinière à un gros câble de communication qui assure le lien entre les différentes régions de l'organisme et l'encéphale. En effet, la majorité des influx nerveux passent par la moelle épinière (sauf en ce qui concerne les nerfs crâniens). C'est aussi la moelle qui traite et assure le relais de l'information dans le phénomène des réflexes, comme nous le verrons plus loin.

> ▶ La **MOELLE ÉPINIÈRE** est un organe du système nerveux qui relie les différentes régions de l'organisme à l'encéphale. Elle est aussi le siège de certains réflexes.

La circulation de l'influx nerveux vers l'ensemble du corps est assurée par les 31 paires de nerfs rattachées à la moelle épinière. On les appelle les nerfs rachidiens. La figure 7.15 montre les nerfs rachidiens et la structure d'une section de la moelle épinière. Comme l'encéphale, la moelle épinière est formée de tissu mou. Elle est protégée par des méninges et par les os de la colonne vertébrale.

> «Rachidien» provient du mot «rachis», qui signifie «colonne vertébrale».

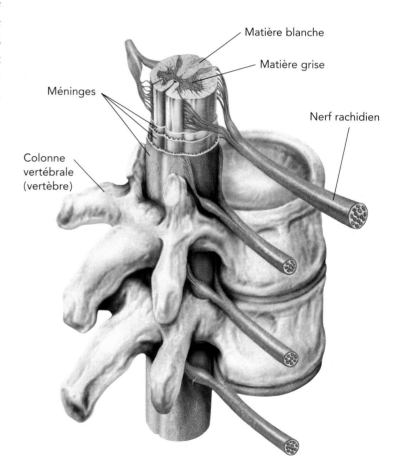

Matière blanche

Matière grise

Méninges

Nerf rachidien

Colonne vertébrale (vertèbre)

7.15 Les 31 paires de nerfs rachidiens sont rattachées à la moelle épinière.

Comme nous l'avons vu précédemment, la moelle épinière est le siège des réflexes. Un réflexe est une réaction rapide et involontaire à un stimulus. Par exemple, lorsqu'un insecte nous pique le bras, nous le retirons sans même y penser. Le signal capté et envoyé par les cellules nerveuses de la peau est alors automatiquement redirigé vers les muscles du bras par la moelle épinière (*voir la figure 7.17*). Ce n'est qu'après la réaction que le cerveau analyse l'événement.

« Réflexe » provient du mot latin reflexus, qui signifie « réfléchir ».

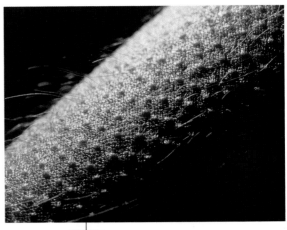

7.16 La chair de poule est un réflexe.

Retirer sa main d'un objet trop chaud, cligner des yeux lorsque la lumière est trop forte sont d'autres exemples de réflexes. Ainsi, les réflexes nous permettent de réagir rapidement lorsqu'il y a urgence. Certains réflexes permettent aussi de rétablir rapidement les fonctions normales de notre organisme : par exemple, la chair de poule est un réflexe qui entraîne le redressement des poils pour tenter de conserver la chaleur du corps.

> ▶ Un **RÉFLEXE** est une réaction rapide et involontaire à un stimulus.

Le trajet qu'emprunte l'influx nerveux lors d'un réflexe s'appelle l'« arc réflexe ». Comme on peut le constater à l'aide de la figure 7.18, la distance parcourue par l'influx nerveux dans l'arc réflexe est beaucoup plus petite que s'il avait à se rendre jusqu'au cerveau. C'est un raccourci qui permet de réagir rapidement en situation d'urgence.

> ▶ Un **ARC RÉFLEXE** est le trajet emprunté par l'influx nerveux lors d'un réflexe.

UN POISON INSIDIEUX

Le plomb, un métal toxique, peut se retrouver dans les aliments, l'air, l'eau potable, la peinture, mais aussi dans certains bijoux bon marché ou cosmétiques. Il s'accumule dans notre corps au fur et à mesure des expositions. Il a un effet nocif sur le système nerveux, surtout chez les jeunes enfants.

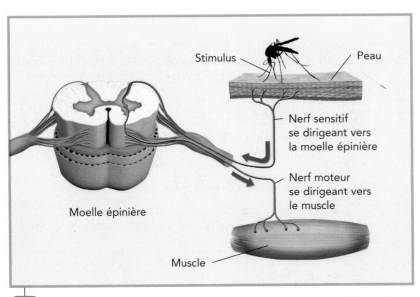

Stimulus — Peau

Nerf sensitif se dirigeant vers la moelle épinière

Nerf moteur se dirigeant vers le muscle

Moelle épinière

Muscle

7.17 Un réflexe se produit rapidement, car l'information reçue par la moelle épinière est automatiquement redirigée vers les muscles.

RÉFLEXE

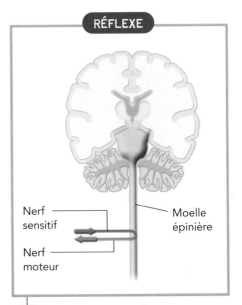

Nerf sensitif

Nerf moteur

Moelle épinière

7.18 Le trajet de l'influx nerveux lors d'un réflexe (trajet aussi appelé « arc réflexe »).

2 LES ÔRGANES DES SENS

Cette section porte sur l'organisation et la fonction de chacun des organes des sens.

2.1 L'ŒIL

L'œil est l'organe sensoriel associé à la vue. Il capte les rayons lumineux émis par les sources de lumière ou réfléchis par les objets. L'œil peut normalement distinguer environ 2000 couleurs différentes. De plus, il s'adapte à l'intensité lumineuse. La figure 7.19 présente l'anatomie de l'œil et le tableau 7.20 présente une brève description des principales structures de l'œil.

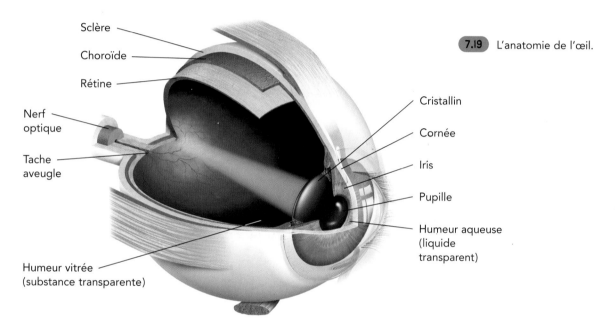

7.19 L'anatomie de l'œil.

Sclère
Choroïde
Rétine
Nerf optique
Tache aveugle
Humeur vitrée (substance transparente)
Cristallin
Cornée
Iris
Pupille
Humeur aqueuse (liquide transparent)

7.20 LES STRUCTURES DE L'ŒIL

Structure	Description
Sclère	Membrane rigide et opaque d'environ 1 mm d'épaisseur. Elle protège l'œil des chocs et lui donne sa forme. C'est aussi ce qu'on appelle le «blanc de l'œil».
Choroïde	Membrane intermédiaire, noire et riche en vaisseaux sanguins. Elle nourrit l'œil.
Rétine	Membrane interne, mince et beige. Elle est tapissée de plusieurs millions de cellules nerveuses sensibles à la lumière qui transforment l'information perçue en influx nerveux. Cependant, le point de jonction entre le nerf optique et la rétine, la tache aveugle, est insensible à la lumière.
Cornée	Membrane rigide et transparente, prolongement antérieur de la sclère. Elle est légèrement plus bombée que le reste de l'œil.
Iris	Disque coloré et troué qui est le prolongement de la choroïde. Il régularise la quantité de lumière qui pénètre dans l'œil par son ouverture, la pupille.
Cristallin	Lentille de forme allongée dont la courbure est variable. Le cristallin est retenu par des muscles. Il contribue à former une image claire sur la rétine.
Humeur aqueuse	Liquide transparent qui remplit l'espace entre la cornée et le cristallin.
Humeur vitrée	Substance gélatineuse et transparente. Elle remplit l'espace entre le cristallin et la rétine.

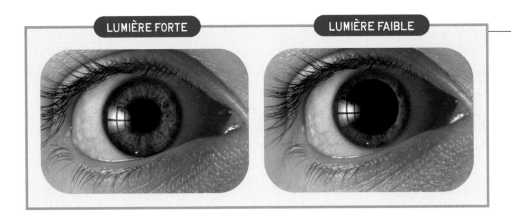

LUMIÈRE FORTE

LUMIÈRE FAIBLE

7.21 L'iris se dilate et la pupille rétrécit quand il fait clair pour laisser entrer moins de lumière. L'iris se contracte et la pupille s'agrandit quand il fait sombre pour laisser entrer plus de lumière dans l'œil.

Le cristallin fonctionne à la manière des lentilles d'un objectif de caméra. Il change de forme en fonction de la distance de l'objet afin de former une image claire sur la rétine. On dit alors que le cristallin s'accommode. La figure 7.22 présente la forme du cristallin en fonction de la distance de l'objet observé. (*Pour en savoir plus sur la formation de l'image dans l'œil, voir le chapitre 4.*)

«*Accommoder*» *provient du mot latin* accommodare, *qui signifie* «*adapter*».

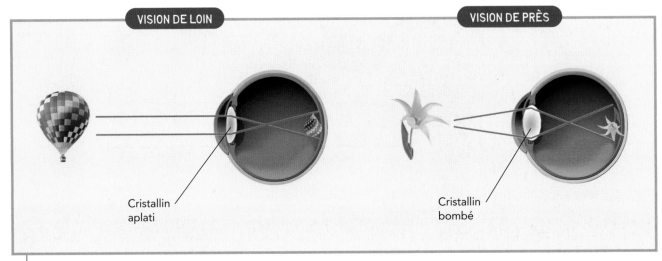

VISION DE LOIN

VISION DE PRÈS

Cristallin aplati

Cristallin bombé

7.22 Le cristallin s'étire et prend une forme aplatie quand on regarde un objet éloigné. Le cristallin se raccourcit et prend une forme bombée quand on regarde un objet rapproché.

Les cellules nerveuses de la rétine sont des récepteurs sensoriels photosensibles, c'est-à-dire qu'elles transforment la lumière perçue en influx nerveux. Certaines de ces cellules nerveuses (les cônes) sont spécialisées pour reconnaître les couleurs, tandis que d'autres (les bâtonnets) ne perçoivent que les variations d'intensité lumineuse.

Les influx nerveux provenant des cellules de la rétine sont acheminés au cerveau par le nerf optique. L'information est alors traitée et analysée par le cerveau. En particulier, ce dernier doit superposer les images obtenues par chaque œil: c'est ce qui nous permet d'estimer les distances et de percevoir le relief des objets.

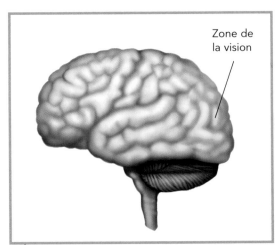

Zone de la vision

7.23 Les cellules nerveuses de la rétine transforment la lumière en influx nerveux. Cet influx nerveux se rend à la zone visuelle du cerveau par le nerf optique. C'est alors qu'on voit.

L'oreille est l'organe des sens associé à l'ouïe. Il capte les sons et les transforme en influx nerveux. L'oreille se divise en trois sections, soit l'oreille externe, l'oreille moyenne et l'oreille interne. La figure 7.24 présente l'anatomie de l'oreille et le tableau 7.25 présente une brève description des principales structures de l'oreille.

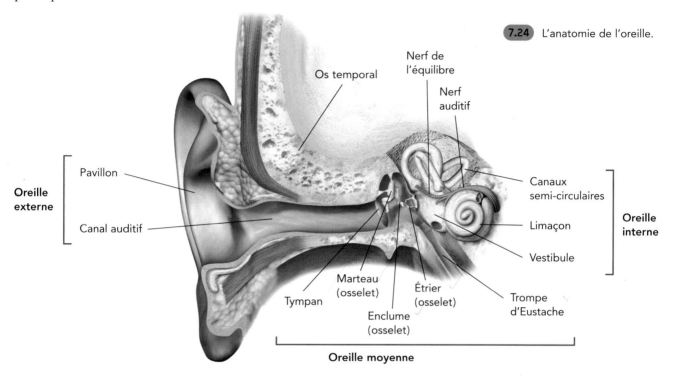

7.24 L'anatomie de l'oreille.

7.25 LES STRUCTURES DE L'OREILLE

	Structures	Description
Oreille externe	Pavillon	Seule partie visible de l'oreille. Le pavillon a une forme d'entonnoir afin de capter plus efficacement les vibrations de l'air que nous percevons comme des sons.
	Canal auditif	Conduit légèrement courbe d'une longueur d'environ 2,5 cm qui achemine les vibrations jusqu'au tympan. Des poils et des glandes sébacées empêchent les corps étrangers de pénétrer dans l'oreille.
Oreille moyenne	Tympan	Mince membrane flexible et fibreuse, d'environ 1 cm de diamètre. Le tympan bouge au rythme des vibrations des ondes sonores.
	Osselets	Os miniatures, situés dans une cavité d'un os du crâne, l'os temporal. Les trois osselets, le marteau, l'enclume et l'étrier, sont articulés et ils peuvent bouger l'un par rapport à l'autre.
	Trompe d'Eustache	Canal reliant l'oreille moyenne au pharynx (gorge). Il permet d'équilibrer la pression de chaque côté du tympan lors de la déglutition.
Oreille interne	Canaux semi-circulaires	Ces canaux forment un labyrinthe rempli de liquide et sculpté dans l'os temporal. Ils jouent un rôle dans l'équilibre du corps en mouvement. Ils sont reliés au nerf de l'équilibre.
	Vestibule	Structure reliant les canaux semi-circulaires au limaçon. Le vestibule joue un rôle dans l'équilibre du corps en position stationnaire. Il est relié au nerf de l'équilibre.
	Limaçon	Structure remplie de liquide. Ses parois sont tapissées de cellules nerveuses auditives reliées au nerf auditif.

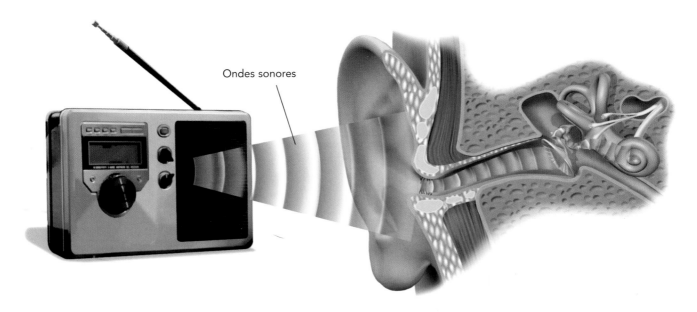

Ondes sonores

7.26 Les vibrations sonores se propagent jusqu'au liquide du limaçon.

Comment entendons-nous les sons? Les sons proviennent de vibrations d'un milieu, le plus souvent de l'air. Les sources sonores (les voix, les instruments de musique, les moteurs, par exemple) provoquent des variations de pression de l'air, ce qui crée des ondes sonores. Ces vibrations sonores sont captées par le pavillon de l'oreille. Elles sont ensuite transmises aux différentes structures jusqu'au liquide du limaçon dans l'oreille interne. Chaque partie de l'oreille a pour rôle d'amplifier les ondes sonores. La figure 7.26 présente le trajet des vibrations sonores jusqu'à l'intérieur de l'oreille.

Le limaçon est tapissé de cellules nerveuses dont l'extrémité est sensible aux vibrations du liquide qu'il contient. Ces cellules transforment l'information perçue en influx nerveux, qui est transmis au cerveau par le nerf auditif. C'est alors qu'on analyse et entend les sons.

L'oreille est aussi le siège de l'équilibre. Certaines cellules du vestibule de l'oreille interne détectent constamment la position de la tête: c'est ainsi qu'un plongeur peut retrouver la surface de l'eau. Ces cellules sont aussi responsables de l'équilibre du corps en position stationnaire: elles nous permettent de stabiliser notre posture.

D'autres cellules de l'oreille interne sont responsables de l'équilibre du corps en mouvement. Elles nous permettent de percevoir les changements de vitesse et de direction. C'est ainsi que nous pouvons marcher ou danser sans tomber.

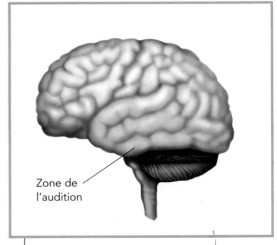

Zone de l'audition

7.27 Les cellules nerveuses du limaçon transforment les ondes sonores en influx nerveux. Cet influx nerveux se rend à la zone auditive du cerveau par le nerf auditif. C'est alors qu'on entend.

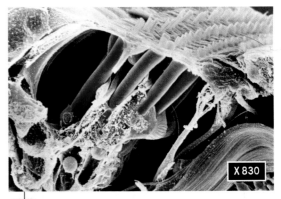

X 830

7.28 Les cellules nerveuses du limaçon vues au microscope.

  CHAPITRE 7

2.3 LA PEAU

LABO
N° 66

La peau est l'organe des sens lié au toucher. Elle recouvre toute la surface de notre corps. C'est donc un organe très vaste. La figure 7.29 présente les différentes structures d'une section de la peau.

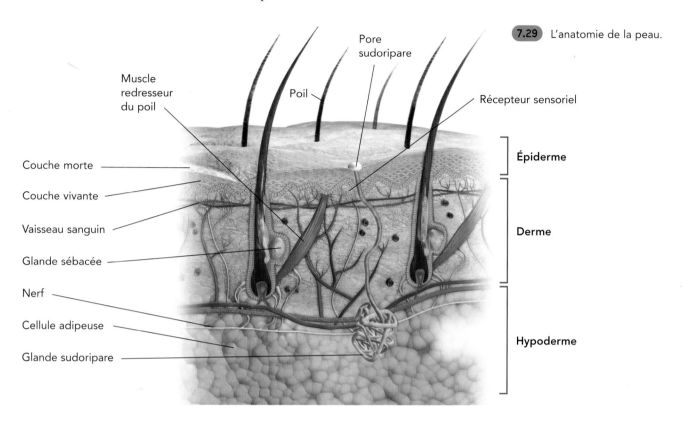

7.29 L'anatomie de la peau.

La peau se divise en trois couches distinctes, soit l'épiderme, le derme et l'hypoderme. Le tableau 7.30 présente une brève description des principales structures de la peau.

7.30 LES STRUCTURES DE LA PEAU

	Structures	Description
Épiderme	Couche morte	Couche superficielle de la peau. Sous l'action de la pression atmosphérique, ces cellules éclatent et meurent.
	Couche vivante	Couche de cellules se divisant constamment. Les nouvelles cellules poussent les anciennes vers l'extérieur. Elles favorisent la cicatrisation.
Derme	Récepteurs sensoriels	Structures qui captent les stimulus.
	Vaisseaux sanguins	Ces vaisseaux nourrissent les cellules de la peau.
	Glandes sébacées	Glandes qui sécrètent du sébum, une substance grasse qui imperméabilise la peau.
	Glandes sudoripares	Glandes qui produisent la sueur, qui est acheminée à la surface de la peau par des pores.
	Poils	Structures qui prennent naissance dans le derme et recouvrent partiellement l'épiderme. Un muscle permet le redressement du poil (chair de poule).
Hypoderme	Cellules adipeuses	Cellules contenant du gras et qui constituent une réserve d'énergie et un isolant thermique.

Les récepteurs sensoriels de la peau permettent de percevoir différentes sensations :

- les sensations tactiles (toucher, pression) ;
- les sensations thermiques (chaleur, froid) ;
- les sensations douloureuses (douleur).

Chaque sensation est captée par des récepteurs particuliers, dont les terminaisons nerveuses sont libres ou contenues dans une capsule protectrice. La figure 7.31 présente les différents types de terminaisons nerveuses en fonction des sensations perçues.

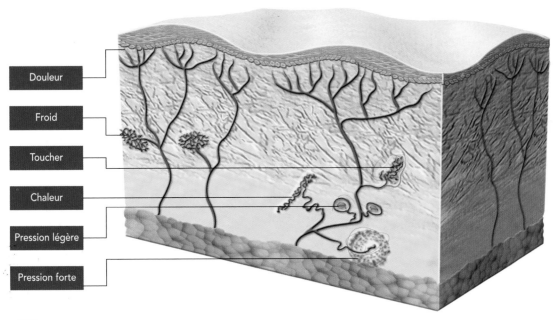

Douleur

Froid

Toucher

Chaleur

Pression légère

Pression forte

7.31 Chaque terminaison nerveuse est spécialisée en fonction de la sensation perçue.

Les récepteurs sensoriels ne sont pas répartis uniformément dans notre corps. En effet, certaines régions sont plus sensibles à la chaleur, comme l'intérieur des poignets ou la surface des joues. D'autres comportent une plus grande quantité de récepteurs tactiles, comme le dessous des pieds ou le dessous des bras.

Les récepteurs sensoriels se regroupent pour former les nerfs sensitifs afin d'acheminer l'information perçue jusqu'au cerveau.

La peau n'est pas seulement associée au sens du toucher. Ainsi, elle protège les organes internes et constitue une barrière contre l'intrusion de corps étrangers. Elle élimine certains déchets lors de la sécrétion de la sueur. Finalement, elle participe à la production de la vitamine D, qui favorise l'absorption du calcium.

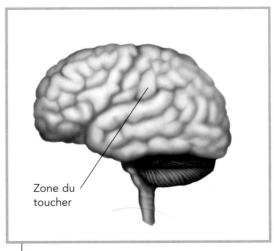

Zone du toucher

7.32 Les récepteurs sensoriels de la peau se regroupent pour former les nerfs sensitifs. Ces nerfs transmettent l'influx nerveux au cerveau (zone du toucher). C'est alors qu'on ressent la douleur, le froid, la pression, etc.

  CHAPITRE 7

Le nez est l'organe sensoriel lié à l'odorat. Comme la peau, il a plus d'une fonction. En effet, il permet aussi l'inspiration et l'expiration de l'air. La figure 7.33 présente l'anatomie du nez.

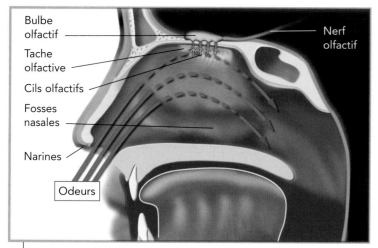

Bulbe olfactif
Tache olfactive
Cils olfactifs
Fosses nasales
Narines
Odeurs
Nerf olfactif

7.33 L'anatomie du nez.

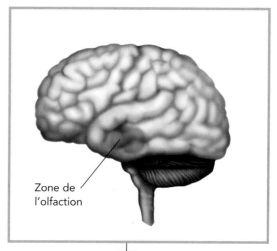

Zone de l'olfaction

7.34 Les cellules nerveuses de la tache olfactive transforment les odeurs en influx nerveux. Cet influx nerveux se rend à la zone olfactive du cerveau par le nerf olfactif. C'est alors qu'on sent les odeurs.

Les cellules nerveuses sensibles aux odeurs (émanations provenant de substances odorantes) sont situées dans la paroi supérieure des fosses nasales. Elles sont concentrées dans une petite surface d'environ 5 cm^2 qu'on nomme la «tache olfactive». Ces cellules, au nombre de plus de 15 millions, se regroupent dans le bulbe olfactif, qui forme l'extrémité du nerf olfactif. Celui-ci achemine au cerveau les influx nerveux produits par les cellules de la tache olfactive.

L'ODORAT, UN SENS NÉGLIGÉ MAIS PERFORMANT

Très doués pour détecter de nouvelles odeurs et pour distinguer différentes odeurs entre elles, les êtres humains arrivent par contre difficilement à les nommer.

Dès notre plus jeune âge, nous négligeons notre sens de l'odorat. Nous ne nous entraînons pas à décrire ce que nous sentons. Pourtant, nous sommes habitués à le faire pour ce que nous voyons et ce que nous entendons.

L'odorat n'est pas utile seulement pour décrire un parfum, mais aussi pour reconnaître ce que nous goûtons. La preuve: si on dépose un mélange de cannelle et de sucre sur la langue d'une personne qui se pince le nez, elle ne percevra que le goût sucré. Lorsqu'elle ouvrira à nouveau les narines, la sensation de sucré disparaîtra et un goût de cannelle surgira.

Adapté de: Pauline GRAVEL, «L'odorat, un sens négligé mais performant», *Le Devoir*, 10 juin 2006, p. A8.

L'odorat nous permet de reconnaître la présence de la cannelle dans un chocolat chaud.

2.5 LA LANGUE

LABO
N° 67

La langue est un organe musculaire sur lequel se trouvent plusieurs récepteurs sensoriels associés au goût. Les figures 7.35 et 7.36 présentent l'anatomie de la langue.

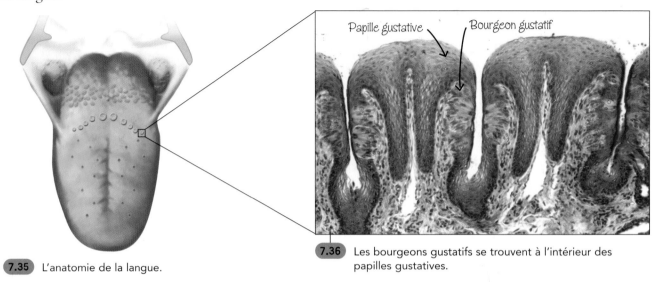

Papille gustative   Bourgeon gustatif

7.36 Les bourgeons gustatifs se trouvent à l'intérieur des papilles gustatives.

7.35 L'anatomie de la langue.

Les récepteurs sensoriels de la langue forment des bourgeons gustatifs, situés dans les papilles gustatives. Trois nerfs crâniens acheminent l'influx nerveux provenant des bourgeons gustatifs vers le cerveau.

L'être humain peut reconnaître cinq saveurs :

- le salé (qu'on associe, par exemple, au sel de table);
- le sucré (qu'on associe, par exemple, aux bonbons);
- l'acide (qu'on associe, par exemple, au citron);
- l'amer (qu'on associe, par exemple, à l'endive ou au navet);
- l'umami (une saveur récemment découverte qu'on associe, par exemple, au goût de la viande).

«Umami» *provient du japonais et signifie «savoureux».*

On sait aujourd'hui que les cinq saveurs sont perçues par toutes les papilles gustatives, peu importe l'endroit où celles-ci se trouvent sur la langue.

Généralement, le sens du goût est seulement attribué à la langue. Pourtant, la perception des saveurs ne constitue que 10 % de l'information sensorielle associée au goût. En effet, le goût est pratiquement indissociable de l'odorat, car les odeurs de l'aliment remontent vers le nez par le fond de la gorge. Ces odeurs stimulent les récepteurs olfactifs et permettent la perception de l'arôme de l'aliment, qui constitue 90 % de la sensation du goût.

La langue dispose aussi de récepteurs sensibles à la température (aliment chaud ou froid), à la douleur (sensation de piquant) et aux propriétés tactiles (texture) des aliments.

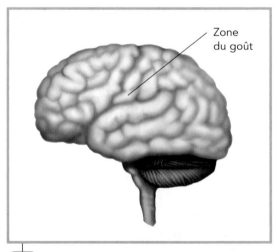

Zone du goût

7.37 Les bourgeons gustatifs transforment les saveurs en influx nerveux. Cet influx nerveux se rend à la zone gustative du cerveau par les trois nerfs liés au goût. C'est alors qu'on goûte les saveurs.

3 LE SYSTÈME MUSCULOSQUELETTIQUE

Comme nous l'avons vu, le système nerveux commande et coordonne les différents mouvements de notre corps. Le système qui permet les mouvements s'appelle le «système musculosquelettique». Ce système comporte l'ensemble des os, des articulations et des muscles. Sans lui, nous ne pourrions pas nous tenir debout, marcher, écrire, ni même sourire.

3.1 LES OS

L'ensemble des os constitue le squelette du corps humain. On compte habituellement 206 os différents. Ils se regroupent en trois régions anatomiques, soit la tête, le tronc et les membres. La figure 7.38 présente un squelette humain divisé selon les trois régions anatomiques. Quelques os y sont nommés.

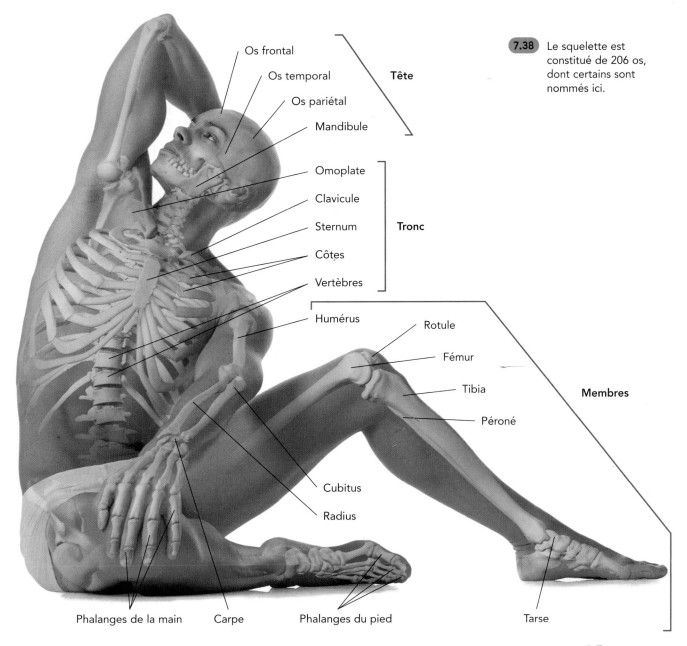

7.38 Le squelette est constitué de 206 os, dont certains sont nommés ici.

Os frontal
Os temporal
Os pariétal
Mandibule
Tête

Omoplate
Clavicule
Sternum
Côtes
Vertèbres
Tronc

Humérus
Rotule
Fémur
Tibia
Péroné
Membres

Cubitus
Radius

Phalanges de la main   Carpe   Phalanges du pied   Tarse

▶ Un OS est un organe dur et solide qui forme le squelette.

Les os sont principalement constitués de tissu osseux. Ce tissu se renouvelle constamment, même chez l'adulte. Le tissu osseux est le matériau le plus dur de l'organisme. Il en existe deux types, soit l'os compact et l'os spongieux. Il est facile de les distinguer à l'œil nu. La figure 7.39 permet d'observer que l'os compact est dense tandis que l'os spongieux comporte de nombreuses petites cavités. Les os contiennent de l'os spongieux et de l'os compact en proportion variable.

Les os ont aussi des formes et des grosseurs très variées. Par exemple, l'os de la cuisse, le fémur, peut atteindre une longueur de 60 cm, tandis que les osselets de l'oreille ont à peine la grosseur d'un petit pois. Selon leur apparence, les os sont divisés en quatre catégories (*voir les figures 7.40 à 7.43, à la page suivante*):

- les os longs : ce sont des os plus longs que larges. Ils comprennent habituellement un corps mince (ou «diaphyse») et deux extrémités bombées (ou «épiphyses»). Ils sont principalement constitués d'os compact. Le centre des os longs contient également de la moelle osseuse, une substance molle et graisseuse, ainsi que des vaisseaux sanguins. On trouve ces os principalement dans les membres ;

- les os courts : ce sont des os généralement de forme cubique. Ils sont principalement constitués d'os spongieux. On les trouve surtout dans les poignets et les chevilles ;

- les os plats : ce sont des os minces, de forme aplatie et généralement courbée. Ils sont composés de deux couches minces d'os compact séparées par une couche d'os spongieux. Les os du crâne, les côtes, le sternum et les omoplates sont des exemples d'os plats ;

- les os irréguliers : ce sont des os qui n'appartiennent pas aux autres catégories et qui sont de forme irrégulière. On les trouve principalement dans la colonne vertébrale.

DE BONS VIEUX OS

D'après Kino-Québec, les activités physiques vigoureuses pratiquées durant l'adolescence, comme le soccer, la course, le ski ou la danse, ont un effet bénéfique sur la masse et la densité osseuses. Elles permettraient de diminuer les risques d'ostéoporose à l'âge adulte.

1514
1564

André Vésale

Ce médecin flamand publia, en 1543, un traité sur l'anatomie humaine, qui marqua le début de l'anatomie moderne. De plus, il créa une nomenclature des os et des muscles.

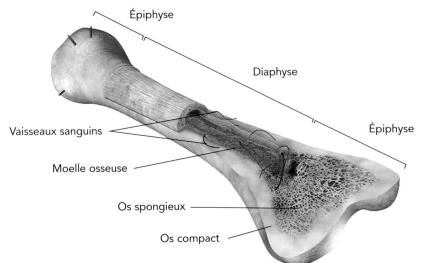

Épiphyse

Diaphyse

Épiphyse

Vaisseaux sanguins

Moelle osseuse

Os spongieux

Os compact

7.39 L'intérieur d'un os long.

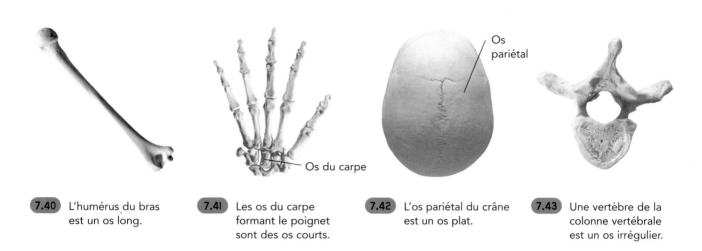

Os pariétal

Os du carpe

7.40 L'humérus du bras est un os long.

7.41 Les os du carpe formant le poignet sont des os courts.

7.42 L'os pariétal du crâne est un os plat.

7.43 Une vertèbre de la colonne vertébrale est un os irrégulier.

Le tableau 7.44 présente les différentes fonctions des os.

7.44 LES FONCTIONS DES OS

Fonction	Description
Soutien	Les os forment une structure rigide qui constitue la charpente de notre corps. Ils assurent le maintien de la posture lorsque nous nous tenons debout, assis ou accroupis. Ils servent de support ou de point d'ancrage aux organes mous, comme les muscles, le cœur ou les poumons.
Protection	Les os protègent les organes internes. Par exemple, la cage thoracique entoure et protège les organes vitaux contenus dans le thorax, comme le cœur ou les poumons. De même, les os du crâne protègent l'encéphale.
Mouvement	Sous l'action des muscles, les os agissent comme des leviers. C'est ce qui nous permet de nous déplacer ou de soulever une partie de notre corps. Ainsi, les os forment à la fois une structure rigide et flexible.
Stockage	Des matières grasses sont stockées dans les cavités internes des os. De plus, le tissu osseux lui-même représente une réserve de minéraux, principalement de calcium et de phosphore. Des échanges se font régulièrement entre les os et le sang afin de combler les besoins de l'organisme en minéraux et d'en maintenir des niveaux adéquats.
Production des globules sanguins	La moelle osseuse présente dans la cavité de certains os produit les éléments figurés du sang, c'est-à-dire les globules rouges, les globules blancs et les plaquettes sanguines.

3.2 LES ARTICULATIONS

Les différents os formant le squelette doivent être solidement retenus ensemble tout en assurant une certaine mobilité, lorsque c'est nécessaire. Ce sont les articulations qui assurent cette fonction. Ainsi, une articulation est le point de jonction entre deux ou plusieurs os. Presque tous les os comportent au moins une articulation.

> ▶ Une ARTICULATION est le point de jonction entre deux ou plusieurs os.

LA STRUCTURE DES ARTICULATIONS

Les articulations peuvent différer en fonction de leur composition. Par exemple, certaines articulations retiennent les os ensemble à l'aide d'une capsule articulaire dont la cavité est remplie de liquide synovial, un liquide qui sert de lubrifiant. De plus, elles sont habituellement renforcées par des ligaments, des bandes de tissu fibreux reliant les os entre eux. Les articulations de ce type offrent une grande liberté de mouvement. Afin de diminuer l'usure des os, l'extrémité de ceux-ci est protégée par du cartilage, un tissu blanchâtre, élastique et parfaitement lisse. La figure 7.45 présente un exemple d'articulation.

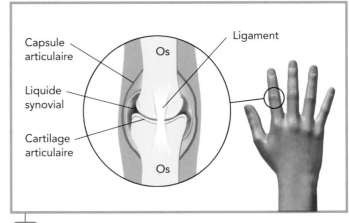

7.45 La structure des articulations est variable. Celle qui est illustrée permet une grande mobilité.

LA MOBILITÉ DES ARTICULATIONS

Le degré de mobilité d'une articulation varie beaucoup de l'une à l'autre :

- Certaines articulations sont complètement immobiles, comme celles qui relient les os du crâne. Ainsi, leur solidité permet de protéger le cerveau des coups reçus à la tête ;

- D'autres articulations sont semi-mobiles, comme celles qui relient les vertèbres. Ainsi, ces articulations permettent de protéger la moelle épinière tout en assurant la flexion de la colonne vertébrale ;

- Finalement, plusieurs articulations sont très mobiles, comme celles du coude ou de la hanche. Il existe une grande variété d'articulations mobiles.

La figure 7.46 présente des exemples d'articulations.

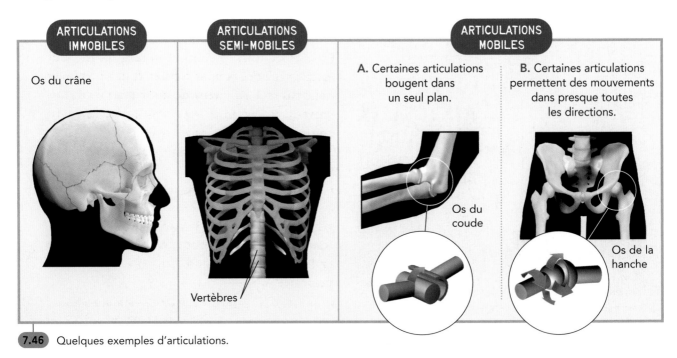

7.46 Quelques exemples d'articulations.

LA MÉCANIQUE DES ARTICULATIONS

La mobilité des articulations permet différents mouvements des membres de notre corps. Les figures ci-dessous présentent les principaux.

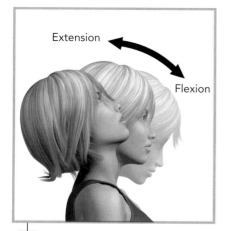

Extension

Flexion

7.47 L'extension augmente l'angle entre deux os. La flexion diminue cet angle.

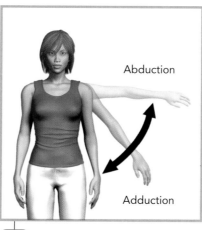

Abduction

Adduction

7.48 L'abduction augmente la distance entre un membre et la position médiane du corps. L'adduction diminue cette distance.

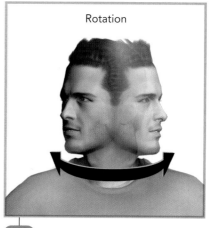

Rotation

7.49 La rotation est le mouvement d'un os autour d'un axe.

Une crevette dans la rotule

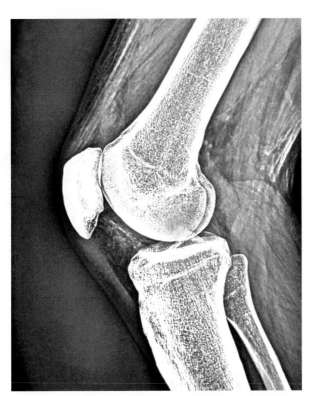

Il est possible de réparer le cartilage du genou grâce au chitosane qui provient de la carapace d'un crustacé.

L'ancien défenseur du Canadien de Montréal, Serge Savard, est aujourd'hui partisan de la crevette… ou plutôt du chitosane que l'on obtient en broyant la carapace du petit crustacé. Grâce à cette molécule, les genoux de l'ex-vedette de hockey, autrefois très abîmés, se sont remis à plier aisément.

Réparer le cartilage du genou est un casse-tête. En effet, ce tissu ne contient ni sang, ni nerfs, ni assez de cellules pour se réparer. Il ne se régénère donc pas seul, à l'inverse de notre peau ou de nos cheveux. En revanche, des cellules souches sont présentes dans l'os qu'il recouvre en temps normal. Si elles sont stimulées, elles peuvent se différencier en cellules réparatrices.

Une compagnie a mis au point un gel, fabriqué à base de chitosane. Lorsqu'il est injecté dans le genou, ce produit favorise la différenciation des cellules souches. Serge Savard a été l'un des premiers à en faire l'essai et il a beaucoup moins de douleur désormais. ■

Adapté de: Isabelle MASINGUE, «Une crevette dans la rotule», *Québec Science*, septembre 2004, p. 13.

3.3 LES MUSCLES

Les muscles constituent la chair qui entoure les os et les différents organes. Ils forment notre silhouette. La figure 7.50 présente quelques exemples de muscles.

> «*Muscle*» provient du mot latin *musculus*, *qui signifie* «*petite souris*».

> ▶ Un MUSCLE est un organe capable de se contracter et d'assurer les mouvements.

Même s'il est évident que les muscles sont associés au mouvement, ils assurent aussi d'autres fonctions (*voir le tableau 7.51*).

7.50 Voici quelques exemples de muscles qui forment la silhouette du corps.

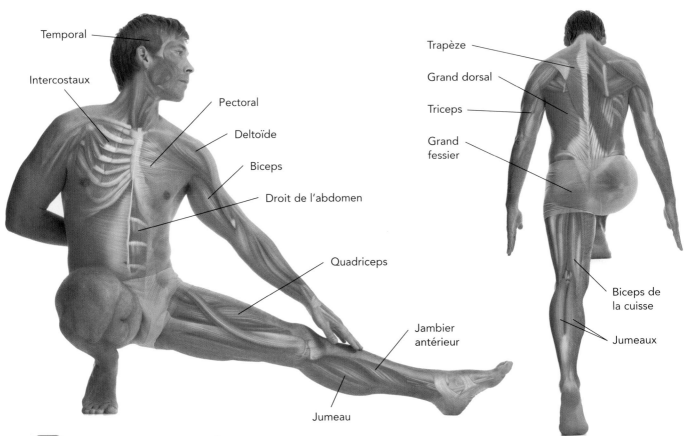

Temporal
Intercostaux
Pectoral
Deltoïde
Biceps
Droit de l'abdomen
Quadriceps
Jambier antérieur
Jumeau

Trapèze
Grand dorsal
Triceps
Grand fessier
Biceps de la cuisse
Jumeaux

7.51 LES FONCTIONS DES MUSCLES

Fonction	Description
Production du mouvement	Les muscles assurent les différents mouvements des membres et des organes du corps. Certains mouvements sont volontaires, donc commandés par la pensée. Lever un bras est un exemple de mouvement volontaire. D'autres sont involontaires, c'est-à-dire qu'ils se produisent sans qu'on ait à y penser. Le mouvement de l'estomac lors du brassage des aliments est un exemple de mouvement involontaire. Chaque mouvement résulte d'une contraction musculaire suivie d'un relâchement. Ainsi, le muscle raccourcit pour ensuite reprendre sa position initiale.
Maintien de la posture	Même lorsque nous ne bougeons pas, nos muscles se contractent et se relâchent. En effet, ils doivent travailler constamment afin de maintenir notre posture.
Stabilisation des articulations	L'action des muscles permet de renforcer et de stabiliser les articulations. Sans les muscles, certaines d'entre elles ne pourraient rester en place.
Dégagement de chaleur	Lors d'une contraction musculaire, 75 % de l'énergie utilisée est transformée en chaleur. Cette énergie «perdue» contribue à maintenir la température de l'organisme à environ 37 °C.

Les différentes fonctions décrites dans le tableau précédent sont assurées par trois types de muscles : les muscles squelettiques, les muscles lisses et le muscle cardiaque. Les figures ci-dessous présentent les fibres de ces muscles vues au microscope.

7.52 Les muscles squelettiques comportent des stries caractéristiques. Ils permettent les mouvements du squelette.

7.53 Les muscles lisses ne sont pas striés. Ils permettent les mouvements involontaires des organes internes.

7.54 Le muscle cardiaque est un muscle strié particulier. Il permet les battements du cœur.

LES MUSCLES SQUELETTIQUES

Les muscles squelettiques sont les seuls muscles volontaires. Ils sont fixés aux os du squelette. En se contractant, ils permettent aux os de bouger. Ils réagissent rapidement avec une grande force, mais pour une courte durée. Ils se fatiguent facilement et doivent se reposer entre deux périodes d'activité intense : ils ont donc peu d'endurance.

Le muscle squelettique est constitué de plusieurs fibres musculaires regroupées en faisceaux. Il doit sa force au tissu conjonctif qui recouvre chaque fibre musculaire et chaque faisceau. L'ensemble du muscle est aussi recouvert de tissu conjonctif dont l'extrémité se fusionne pour former le tendon. Ce sont donc par les tendons que les muscles sont fixés aux os.

> *« Tendon » provient du mot grec* tenôn, *qui signifie « tendre, étirer ».*

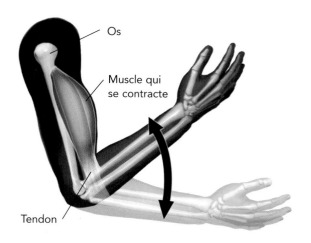

7.55 Le muscle raccourcit pendant la contraction, puis il reprend sa position initiale.

LES MUSCLES LISSES

Les muscles lisses constituent les parois de certains organes, comme la vessie, l'estomac ou l'utérus. Ce sont des muscles involontaires qui permettent le déplacement de certaines substances dans les voies de l'organisme.

Les muscles lisses sont moins forts que les muscles squelettiques, mais ils sont plus endurants. Ils travaillent lentement mais inlassablement.

LE MUSCLE CARDIAQUE

Comme son nom l'indique, c'est le muscle qui constitue le cœur. C'est un type de muscle unique, qui ne se retrouve pas ailleurs dans l'organisme. Il est involontaire comme les muscles lisses, mais sa structure ressemble au muscle squelettique. Il est fort et endurant.

Le muscle cardiaque forme les ventricules du cœur. Au repos, ces cavités se remplissent de sang. Ensuite, lorsque le muscle cardiaque se contracte, le sang est propulsé dans les artères. Le sang est alors pompé dans l'organisme.

   CARREFOUR ÉDUCATION PHYSIQUE

Des muscles vigoureux

La pratique régulière de l'activité physique permet d'augmenter sa force et son endurance musculaires.

Un muscle est fort quand il développe une forte tension au moment d'une contraction maximale. Ainsi, on peut juger de la force de ses muscles lorsqu'on soulève un sac très lourd, qu'on déplace un meuble ou qu'on tire sur la laisse d'un chien peu docile.

Un muscle est endurant lorsqu'il peut répéter ou maintenir pendant un certain temps une contraction modérée. Par exemple, selon l'endurance de ses muscles, on pourra exécuter plusieurs redressements assis, descendre sur sa planche à neige dans la piste intermédiaire plusieurs fois par jour, ou encore peindre avec énergie et enthousiasme tous les murs de sa chambre !

Un muscle entraîné est donc plus fort et plus endurant. Il possède alors de la vigueur musculaire. L'amélioration de la vigueur musculaire entraîne plusieurs effets bénéfiques. Elle permet notamment d'exercer ses activités quotidiennes (telles que monter un escalier, transporter des charges ou se rendre à l'école à pied) avec une vigueur accrue. Elle entraîne une meilleure performance dans la pratique d'un sport ou d'une activité physique. Elle permet aussi d'améliorer sa posture, de renforcer ses os et ses tendons, ainsi que de réduire les risques de blessure et de maux de dos. Finalement, elle apporte une sensation générale de mieux-être (amélioration de son image corporelle et de son estime de soi).

Des muscles vigoureux favorisent la performance dans la pratique d'un sport.

LE SYSTÈME NERVEUX (p. 202-212)

1. L'illustration suivante présente le système nerveux. Nommez chacune des structures pointées.

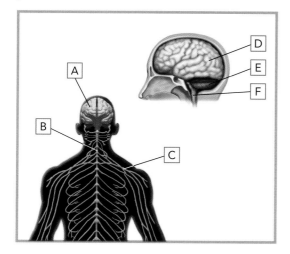

2. Associez chacun des exemples suivants à une ou plusieurs fonctions du système nerveux, soit recevoir, traiter, emmagasiner ou transmettre l'information.

   a) Ressentir de la douleur après une piqûre par un insecte.

   b) Raconter ses souvenirs de voyage.

   c) Lever la jambe pour éviter un obstacle.

   d) Écouter sa musique préférée.

3. L'illustration suivante présente deux neurones qui se suivent. Nommez chacune des structures pointées.

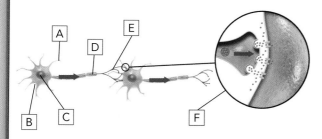

4. Comment se nomment les substances chimiques qui permettent de transmettre l'influx nerveux d'un neurone à l'autre ?

5. L'encéphale communique avec l'ensemble de l'organisme à l'aide de 12 paires de nerfs. Pourquoi les nerfs sont-ils habituellement associés par paires ?

6. Pour chacun des exemples suivants, indiquez l'organe de l'encéphale susceptible d'en être responsable.

   a) Chanter une chanson.

   b) Marcher sur un fil sans tomber.

   c) Apprendre par cœur le texte d'une pièce de théâtre.

   d) Rire d'une bonne blague.

   e) Digérer un bon repas.

   f) Marcher pour se rendre à l'école.

7. Lorsque le médecin frappe notre genou à l'aide d'un petit marteau, il teste nos réflexes.

   a) Indiquez le trajet de l'influx nerveux lors de ce réflexe.

   b) Comment s'appelle le trajet de l'influx nerveux dans ce cas ?

8. Pour chacun des exemples suivants, indiquez s'il s'agit de nerfs sensitifs ou de nerfs moteurs.

   a) Le nerf optique achemine l'influx nerveux au cerveau.

   b) Des nerfs acheminent les stimulus provenant de l'estomac.

   c) Certains nerfs acheminent l'influx nerveux aux muscles entourant l'intestin.

   d) Certains nerfs transmettent les stimulus provenant des muscles.

2 LES ORGANES DES SENS (p. 213-220)

9. Pour chacun des organes des sens:

    a) nommez le sens qui lui est associé;

    b) nommez la structure abritant les récepteurs sensoriels;

    c) nommez le ou les stimulus captés par ces récepteurs sensoriels.

    Inscrivez vos réponses dans un tableau semblable à celui ci-dessous.

Organe	Sens	Structure abritant les récepteurs sensoriels	Stimulus captés par ces récepteurs sensoriels

10. Le cristallin s'accommode en fonction de la distance de l'objet observé. Pour chacune des illustrations suivantes, indiquez si l'objet est rapproché ou éloigné.

    a)

    b)

11. Nommez chacune des structures pointées.

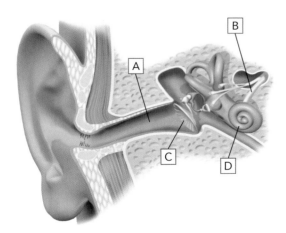

12. Pourquoi a-t-on l'impression que les aliments n'ont aucun goût lorsqu'on a le nez congestionné?

13. À quoi correspond chacune des descriptions suivantes?

    a) Région de la rétine dans laquelle aucune image ne peut se former.

    b) Récepteurs sensoriels qui captent les saveurs.

    c) Structures jouant un rôle dans l'équilibre.

    d) Organe responsable de la production de la vitamine D.

    e) Transmetteur de l'influx nerveux de l'œil jusqu'au cerveau.

3 LE SYSTÈME MUSCULO-SQUELETTIQUE (p. 221-228)

14. À quel type d'os chacune des descriptions suivantes correspond-elle?

    a) Os de forme cubique, constitué principalement d'os spongieux.

    b) Os plus long que large, constitué principalement d'os compact.

    c) Os de la colonne vertébrale.

    d) Os de forme aplatie.

15. Quelle est la fonction des os dans chacun des cas ci-dessous?

    a) Les os du crâne entourent les organes de l'encéphale.

    b) Sans les os, nous serions aussi mous qu'une limace.

    c) Chez certains patients atteints de leucémie, on pratique une greffe de moelle osseuse.

    d) Les minéraux sont essentiels au bon fonctionnement de l'organisme.

16. Quelle est la différence entre un tendon et un ligament?

17. Pour chacun des exemples suivants, indiquez le mouvement articulaire dont il est question.

a)

b)

c)

18. Quelle est la fonction des muscles dans chacune des situations suivantes ?

a) Les gardes de la Gendarmerie royale se tiennent debout sans bouger pendant plusieurs heures.

b) La température du corps se maintient à environ 37 °C.

c) Les aliments se déplacent dans l'œsophage.

d) Les muscles renforcent les points de jonction entre les os.

19. De quel type de muscle s'agit-il ?

a) Muscle qui forme les ventricules du cœur.

b) Muscle qui constitue la paroi des viscères.

c) Muscle qui permet les mouvements volontaires.

RÉSEAU DE CONCEPTS

COMMENT CONSTRUIRE UN RÉSEAU DE CONCEPTS

Préparez votre propre résumé du chapitre 7 en construisant un réseau de concepts à partir des termes et des expressions qui suivent :

- Articulations
- Cerveau
- Cervelet
- Encéphale
- Moelle épinière
- Muscle cardiaque
- Muscles
- Muscles lisses
- Muscles squelettiques
- Nerfs
- Nerfs moteurs
- Nerfs sensitifs
- Neurones
- Organes des sens
- Os
- Récepteurs sensoriels
- Système musculosquelettique
- Système nerveux
- Système nerveux central
- Système nerveux périphérique
- Tronc cérébral

LORSQUE LES ÉMOTIONS NOUS ENVAHISSENT

Nos comportements sont souvent influencés par nos émotions, de la joie à la tristesse, de la colère à la peur, en passant par la surprise. Nous sommes quotidiennement confrontés à plusieurs d'entre elles, mais lorsqu'un sentiment de tristesse généralisé nous envahit, c'est que la dépression nous guette.

Il est normal de se sentir déprimé de temps à autre. La déprime passagère peut avoir différentes causes. Certaines sont psychologiques et reliées à notre expérience de vie, comme la perte d'un être cher ou un échec scolaire. D'autres sont dites physiologiques, c'est-à-dire qu'elles sont associées au fonctionnement de notre organisme. Par exemple, les taux hormonaux, le nombre d'heures d'ensoleillement, l'alimentation et le sommeil peuvent influencer notre humeur.

Lorsque la déprime prend le dessus et empêche de mener une existence normale, on parle alors de «dépression». Chez les personnes atteintes de dépression, les neurotransmetteurs qui devraient assurer la communication entre les neurones ne fonctionnent pas normalement. Il en résulte un dérèglement du système nerveux central.

7.56 Une personne qui souffre de dépression ne peut plus mener une vie normale.

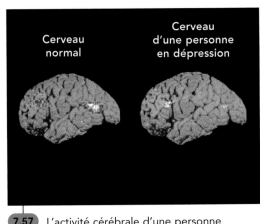

7.57 L'activité cérébrale d'une personne souffrant de dépression est moins intense.

La dépression est une maladie mentale qui doit être prise au sérieux. Le traitement comprend deux facettes:

- Le traitement médical est basé sur la prise de médicaments. Ceux-ci agissent sur les neurotransmetteurs afin de rétablir une communication efficace entre les neurones;
- Le traitement psychologique vise à corriger la perception de son environnement et à développer une confiance en soi.

1. L'analyse d'un ensemble de facteurs permet un diagnostic de la dépression. Nommez quelques symptômes pouvant être liés à cette maladie.

2. Les premiers à intervenir auprès des personnes souffrant de dépression sont souvent les amis. Nommez quelques ressources qui pourraient les conseiller dans leur intervention.

ÉRICK VILLENEUVE

Érick Villeneuve est un concepteur et metteur en scène de spectacles multimédias. Lorsqu'il conçoit un spectacle, son principal souci est de communiquer aux spectateurs les émotions des artistes sur scène en faisant appel à leurs sens. Ainsi, il se sert de techniques originales afin de créer des effets sonores, olfactifs et visuels. L'une de ces techniques consiste en une projection d'images légèrement superposées qui forment une mosaïque géante de très grande résolution. Une autre utilise des détecteurs de mouvement qui permettent de synchroniser les gestes de l'artiste, la musique et l'image. Même l'odorat est un sens sollicité dans certains spectacles conçus par Érick Villeneuve lorsqu'il diffuse différentes odeurs dans la salle par les conduits de ventilation.

NOM
Érick Villeneuve

EMPLOI

Concepteur, metteur en scène et réalisateur multimédia

RÉGION OÙ IL OCCUPE SON EMPLOI

Un peu partout dans le monde

FORMATION

DEC en informatique (programmeur-analyste)

RÉALISATION DONT IL PEUT ÊTRE FIER

Avoir développé des techniques de mise en scène permettant de faire appel aux sens des spectateurs

7.58 Érick Villeneuve a signé la mise en scène et la direction artistique de «Era, Intersection of Time», un spectacle multimédia permanent présenté à Shanghai, en Chine.

7.59 QUELQUES MÉTIERS ET PROFESSIONS CONNEXES À L'EMPLOI DE M. VILLENEUVE

Métier ou profession	Formation requise	Durée de la formation	Tâches principales
Infographiste	DEP en procédés infographiques	1800 heures	Utiliser des appareils et logiciels pour assembler divers éléments graphiques
Concepteur ou conceptrice d'applications multimédias	DEC en techniques d'intégration multimédia	3 ans	Assembler et intégrer les éléments de contenus multimédias (textes, images, vidéo, son, etc.)
Ingénieur ou ingénieure du bâtiment	BAC en génie du bâtiment	4 ans	Concevoir, planifier et superviser divers aspects de la construction

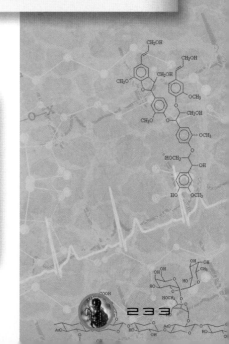

1998 — Premières cultures de cellules
souches humaines

1997 — Obtention d'un premier mammifère
cloné : la brebis Dolly

1978 — Naissance du premier bébé obtenu
grâce à la fécondation *in vitro*

1972 — Obtention d'un premier OGM : des
gènes sont introduits dans une bactérie

1939 — Réalisation des premières
cultures cellulaires végétales

1928 — Découverte de la pénicilline

1907 — Réalisation des premières
cultures cellulaires animales

1897 — Découverte des premiers virus

1885 — Premier essai réussi
du vaccin contre la rage

1863 — Mise au point
de la pasteurisation

1798 — Réalisation de la première
vaccination

1674 — Découverte de l'existence
des micro-organismes

VERS -3000 — Plus ancienne preuve
de la fabrication du yogourt

ENTRE -6000 ET -10 000 — Début de la production du fromage,
du pain au levain, du vin et de
l'agriculture du blé et de l'orge

L'HUMAIN

ET LES

BIOTECHNOLOGIES

Lorsque vous mangez du pain, du fromage, du yogourt ou lorsque vous buvez du lait ou certains jus, vous consommez des aliments produits grâce aux biotechnologies. Les applications des biotechnologies ne se trouvent cependant pas qu'en alimentation. Le chien de race qui vous tient compagnie, les vaccins qui vous protègent de certaines maladies en sont aussi des exemples. Peut-être même aurez-vous un jour recours à la biotechnologie pour avoir des enfants.

Les biotechnologies tentent de combler de nombreux besoins de notre société. Au point que certains soutiennent que nous passons actuellement de l'ère informatique à l'ère des biotechnologies. Cependant, dans ce domaine qui évolue si vite, les espoirs sont aussi grands que les craintes. Il importe donc de bien comprendre les procédés et les applications propres aux biotechnologies afin de se faire une opinion éclairée sur leur utilité et sur les risques qu'elles représentent.

1 QU'EST-CE QU'UNE BIOTECHNOLOGIE ?

Comme son nom l'indique, une biotechnologie est un procédé qui fait appel à la fois à la science des êtres vivants (la biologie) et à la science des techniques (la technologie). Plus précisément, une biotechnologie utilise des êtres vivants, comme des bactéries, ou des substances provenant d'êtres vivants, comme des gènes, afin de répondre à un besoin ou à un désir. Par exemple, c'est grâce aux biotechnologies que nous dégustons du fromage et que nous fabriquons plusieurs médicaments, tels les antibiotiques.

> «Biotechnologie» provient des racines grecques bios, qui veut dire «vie», teknê, qui veut dire «procédé», et logia, qui veut dire «théorie».

1er CYCLE
- Cellules animales et végétales
- Constituants cellulaires visibles au microscope
- Gènes et chromosomes
- Reproduction asexuée

> La BIOTECHNOLOGIE est l'ensemble des techniques appliquées à des êtres vivants ou à des substances provenant d'êtres vivants pour répondre à un besoin ou à un désir.

Les biotechnologies font souvent appel à des micro-organismes. Avant de décrire les procédés et les applications des biotechnologies, il est donc utile de connaître certains termes associés au domaine de la microbiologie (*voir la figure 8.1*).

Les techniques propres à la biotechnologie sont nombreuses. Celles qui ont été utilisées très tôt dans l'histoire de l'humanité font partie des biotechnologies traditionnelles, tandis que les techniques développées au cours des trois derniers siècles sont classées dans les biotechnologies modernes.

8.1 QUELQUES TERMES RELATIFS AUX MICRO-ORGANISMES

ADN
Grosse molécule présente dans toutes les cellules des êtres vivants et dans certains virus. Chez les plantes et les animaux, l'ADN est situé dans le noyau. L'ADN contient toute l'information génétique d'un individu.

LEVURE
Être vivant unicellulaire appartenant au groupe des champignons. Les levures possèdent un noyau, dans lequel se trouve leur ADN. Elles se reproduisent principalement de façon asexuée. Lorsque les conditions sont propices, elles peuvent se multiplier très rapidement.

BACTÉRIE
Être vivant unicellulaire dépourvu de noyau. L'ADN des bactéries se trouve directement dans leur cytoplasme. Les bactéries ont un mode de reproduction asexué. Lorsque les conditions sont propices, elles peuvent se multiplier très rapidement.

VIRUS
Entité incapable de se reproduire seule. Pour se reproduire, les virus doivent pénétrer dans une cellule vivante afin d'utiliser ses structures.

ENZYME
Molécule sécrétée par les cellules. Les instructions nécessaires à leur production se trouvent dans les gènes. Les enzymes ont pour fonction d'accélérer des réactions chimiques dans l'organisme.

PLASMIDE
Segment d'ADN en forme d'anneau qu'on trouve dans la plupart des bactéries et dans plusieurs levures. Les plasmides sont très utilisés en biotechnologie parce qu'il est relativement facile d'y insérer de nouveaux gènes.

2 LES BIOTECHNOLOGIES TRADITIONNELLES

Les biotechnologies traditionnelles trouvent des applications dans des domaines comme l'agriculture, l'élevage et l'alimentation.

2.1 L'AGRICULTURE ET L'ÉLEVAGE

1er CYCLE
- Modes de reproduction chez les végétaux
- Modes de reproduction chez les animaux
- Reproduction sexuée
- Espèce
- Population

Les origines des biotechnologies traditionnelles remontent très loin dans l'histoire de l'humanité. Lorsque les êtres humains sont passés du statut de chasseurs-cueilleurs à celui d'agriculteurs et d'éleveurs, il y a environ 10 000 ans, ils ont observé que les plantes qu'ils utilisaient présentaient de nombreuses variations. Par le fait même, ils ont découvert que certaines de ces variations constituaient des caractéristiques avantageuses. Par exemple, à l'intérieur d'une même espèce, certains spécimens avaient meilleur goût, d'autres produisaient plus de fruits ou de graines, tandis que d'autres encore résistaient plus facilement aux maladies ou à la sécheresse.

Pour obtenir des plants ayant les caractéristiques souhaitées, les agriculteurs ont d'abord sélectionné ceux qui présentaient ces caractéristiques. Puis, ils les ont reproduits entre eux. À chaque nouvelle génération, ils recommençaient ce processus de sélection et de reproduction. Au bout de plusieurs générations, ils obtenaient finalement une culture dans laquelle tous les plants possédaient les caractéristiques voulues.

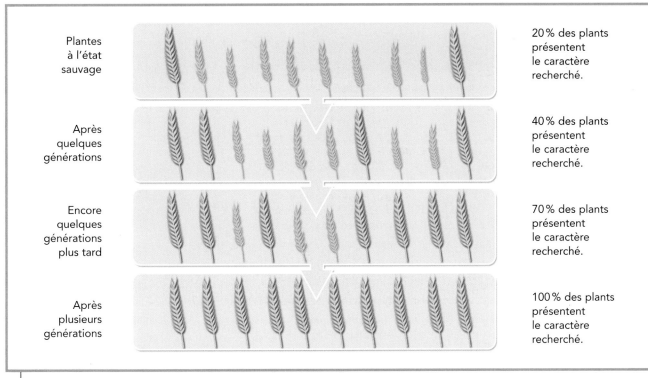

Plantes à l'état sauvage — 20 % des plants présentent le caractère recherché.

Après quelques générations — 40 % des plants présentent le caractère recherché.

Encore quelques générations plus tard — 70 % des plants présentent le caractère recherché.

Après plusieurs générations — 100 % des plants présentent le caractère recherché.

8.2 La reproduction sélective permet d'accroître la présence d'un caractère recherché dans une population (ici la quantité de grains dans un plant de céréales).

Cette technique, appliquée sur plusieurs générations, s'appelle la «reproduction sélective». C'est en fait une sorte de sélection artificielle. Comme elle utilise des êtres vivants en vue de répondre à un besoin (améliorer une culture), il s'agit d'une biotechnologie.

Lorsque les êtres humains ont commencé à domestiquer les animaux, ils ont utilisé les mêmes techniques de reproduction sélective. C'est ce qui a permis notamment l'émergence de vaches produisant plus de lait, de moutons produisant plus de laine, etc. C'est également ainsi que les différentes races de chien ont été développées.

8.4 Le blé tendre et le blé dur sont deux variétés de blé issues de la même espèce sauvage. Le blé tendre a été sélectionné afin de produire une farine idéale pour la boulangerie et la pâtisserie. Le blé dur produit plutôt une semoule idéale pour les pâtes alimentaires.

8.3 Tous les chiens appartiennent à la même espèce. La reproduction sélective a cependant permis de développer des races très différentes les unes des autres.

2.2 L'ALIMENTATION

LABOS
Nᵒˢ 69 et 70

Dans l'histoire de l'humanité, plusieurs découvertes ont été le fruit du hasard. Par exemple, il y a environ 10 000 ans, des gens ont observé que le lait conservé dans des sacs faits à partir d'estomacs de chameaux se transformait en fromage. Comme ils trouvaient que le fromage avait bon goût, ils ont continué à en produire. Par la suite, les techniques de fabrication du fromage se sont diversifiées et améliorées pour en arriver à celles que l'on connaît aujourd'hui.

À l'époque, les êtres humains ne comprenaient pas vraiment ce qui se passait. Nous savons maintenant que ce sont les enzymes contenues naturellement dans les sécrétions de l'estomac du chameau qui permettent la transformation du lait en fromage. Nos ancêtres pratiquaient donc une forme de biotechnologie sans le savoir.

De nos jours, la plupart des enzymes utilisées pour la production du fromage sont synthétisées en industrie ou proviennent d'estomacs de veaux.

Le fromage n'est pas le seul aliment issu de la biotechnologie. Le tableau 8.5 en présente d'autres.

8.5 LA TRANSFORMATION DE CERTAINS ALIMENTS

Aliment de départ	Êtres vivants ou substance provenant d'êtres vivants utilisés	Aliment transformé
lait	enzymes	fromage
lait	bactéries	yogourt
céréale (par exemple. l'orge)	levures	bière
céréale (par exemple, le blé)	levures	pain au levain
jus (par exemple, le jus de raisin	levures	vin

8.6 En entreposant du lait dans des estomacs de chameaux, nos ancêtres ont découvert accidentellement comment fabriquer le fromage.

Les produits issus de la biotechnologie traditionnelle sont encore bien présents de nos jours. Cependant, depuis trois siècles, de nouvelles techniques faisant appel à des êtres vivants ou à des substances provenant d'êtres vivants ont été développées: ce sont les biotechnologies modernes.

3 LES BIOTECHNOLOGIES MODERNES

Les techniques utilisées par les biotechnologies modernes sont nombreuses. Elles reposent sur une meilleure connaissance de la cellule et de l'ADN. Conséquemment, on peut les ramener à deux procédés: les cultures cellulaires (qui s'intéressent aux cellules) et les transformations génétiques (qui touchent au noyau cellulaire et à l'ADN).

- Une culture cellulaire permet de multiplier une souche de cellules sélectionnées en vue d'un usage précis. La préparation des vaccins est un exemple de biotechnologie nécessitant d'importantes cultures cellulaires.

- Une transformation génétique implique une manipulation de l'information génétique d'un être vivant. Il s'agit donc d'un travail sur le noyau des cellules ou sur un ou plusieurs gènes. La réalisation d'un clone est un exemple de technique qui nécessite une transformation génétique.

1881
1955

Alexander Fleming

En 1928, ce biologiste écossais remarqua que toutes les bactéries qui se trouvaient à proximité d'une de ses cultures de moisissures mouraient. Il pensa alors que cette moisissure, un champignon de l'espèce *Penicillium notatum*, devait sécréter une substance capable de tuer les bactéries. Fleming parvint à isoler cette substance. Il la nomma «pénicilline». C'est le premier antibiotique connu.

Tandis que les biotechnologies traditionnelles étaient surtout axées sur l'agriculture, l'élevage et l'alimentation, les biotechnologies modernes possèdent un champ d'application beaucoup plus large : médecine, production industrielle, environnement, etc. Le tableau 8.7 présente quelques exemples d'applications dont nous discuterons au cours des prochaines pages.

8.7 QUELQUES DOMAINES D'APPLICATION DES BIOTECHNOLOGIES MODERNES

Domaines	Exemples	Procédé utilisé
Agriculture et élevage	Plantes modifiées pour résister à des maladies, à des insectes, à des herbicides ou à des conditions climatiques difficiles (froid, sécheresse, etc.)	Transformations génétiques
	Animaux modifiés pour grandir plus vite ou pour donner plus de viande	Transformations génétiques
Alimentation	Aliments transformés pour offrir une meilleure valeur nutritive ou pour se conserver plus longtemps	Transformations génétiques
Médecine	Virus ou bactéries transformés pour les rendre inoffensifs et cultivés pour préparer des vaccins	Cultures cellulaires et transformations génétiques
	Embryons cultivés pour traiter l'infertilité	Cultures cellulaires
	Cellules souches cultivées pour former des tissus et des organes de rechange	Cultures cellulaires

Pour comprendre comment il est possible de réaliser ces différentes applications, examinons plus en détail ces deux procédés de base que sont les cultures cellulaires et les transformations génétiques.

3.1 LES CULTURES CELLULAIRES

Les scientifiques ont mis au point le procédé des cultures cellulaires pour cultiver des micro-organismes en dehors de leur milieu d'origine. De cette façon, ils peuvent contrôler leur croissance et obtenir de grandes quantités de micro-organismes ou de substances utiles.

> ▶ Une **CULTURE CELLULAIRE** est un procédé qui vise la multiplication de cellules en dehors du milieu ou de l'organisme dont elles proviennent.

Lorsqu'on parle de croissance cellulaire, on fait référence au nombre de cellules et non à leur taille. Ainsi, on dira qu'il y a croissance cellulaire lorsqu'il y a augmentation du nombre de cellules dans une culture.

> ▶ La **CROISSANCE CELLULAIRE** est l'augmentation du nombre de cellules dans une culture cellulaire.

LE PROCÉDÉ UTILISÉ POUR RÉALISER UNE CULTURE CELLULAIRE

Le principe des cultures cellulaires est très simple : il suffit de déposer les cellules qu'on veut cultiver dans un milieu de culture reproduisant les conditions nécessaires à leur croissance et à les laisser se multiplier.

Le procédé est quelque peu différent selon qu'on utilise des cellules provenant d'êtres vivants unicellulaires ou pluricellulaires. En effet, les cellules des êtres unicellulaires, comme les bactéries et les levures, proviennent de milieux très divers (écosystèmes forestiers, écosystèmes aquatiques, tube digestif des animaux, etc.). Par contre, les cellules des êtres pluricellulaires occupent des fonctions spécialisées à l'intérieur d'un organisme vivant (végétal ou animal). Dans chaque cas, il faut reproduire les conditions de croissance du milieu d'origine des cellules choisies afin de favoriser leur croissance.

> «Unicellulaire» contient le préfixe «uni», du latin unus, qui signifie «un».

> «Pluricellulaire» contient le préfixe «pluri», du latin plures, qui signifie «plusieurs».

Les étapes de ce procédé sont présentées à la figure 8.8.

ÊTRES VIVANTS UNICELLULAIRES | ÊTRES VIVANTS PLURICELLULAIRES

① Prélèvement d'un échantillon dans le milieu d'origine.

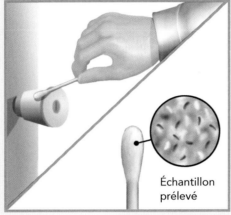
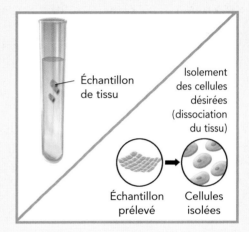

Échantillon prélevé

Échantillon de tissu

Isolement des cellules désirées (dissociation du tissu)

Échantillon prélevé — Cellules isolées

② Transfert dans un milieu de culture approprié.

③ Incubation dans des conditions favorables.

④ Obtention de nouvelles cellules.

8.8 Les étapes d'une culture cellulaire typique.

LES MILIEUX DE CULTURE CELLULAIRE

Pour qu'il y ait croissance cellulaire, les cellules prélevées doivent être placées dans un milieu qui répond à leurs besoins. Celui-ci doit donc leur fournir tous les éléments nécessaires à leur croissance. C'est ce qu'on appelle un «milieu de culture».

> ▶ Un MILIEU DE CULTURE est un milieu dans lequel on trouve tous les éléments nécessaires à la croissance de cellules mises en culture.

La composition des milieux de culture varie selon la nature des cellules que l'on désire multiplier. Par exemple, un milieu pour cultiver des bactéries n'aura pas la même composition qu'un autre qui servira à cultiver des cellules humaines.

Voici les principaux paramètres à contrôler dans un milieu de culture:

- la teneur en eau;
- la composition en nutriments;
- la teneur en minéraux;
- la teneur en dioxygène et en dioxyde de carbone;
- la température;
- le pH;
- la quantité de lumière (dans le cas des bactéries et des cellules végétales qui ont besoin de lumière pour leur croissance).

Généralement, les milieux de culture sont liquides ou solides. Les milieux liquides sont aussi appelés «bouillons de culture».

1843
1910

Robert Koch

En 1882, ce médecin allemand réussit à identifier le micro-organisme responsable de la tuberculose, une maladie qui s'attaque aux poumons. Grâce à des cultures cellulaires, Koch a pu déterminer que cette maladie est provoquée par une bactérie qu'on appelle aujourd'hui le bacille de Koch.

MILIEU LIQUIDE

Le milieu liquide est un bouillon de culture dans lequel sont dissous tous les éléments nécessaires à la croissance des cellules.

Avant la culture cellulaire.　　Après la culture cellulaire.

MILIEU SOLIDE

Le milieu solide est un bouillon de culture auquel on a ajouté une substance qui lui donne une texture gélatineuse.

Colonies de micro-organismes

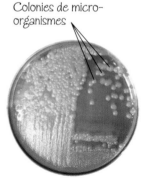

Avant la culture cellulaire.　　Après la culture cellulaire.

8.9 Les milieux de culture liquide et solide.

De façon générale, les milieux liquides conviennent bien lorsqu'on veut obtenir une croissance rapide, tandis que les milieux solides sont plus pratiques pour recenser et identifier certains micro-organismes.

LA CROISSANCE ET LA CONSERVATION DES CULTURES CELLULAIRES

Au cours d'une culture cellulaire, le taux de croissance n'est pas constant. Il s'effectue plutôt selon une courbe dans laquelle on peut distinguer quatre phases:

1. La phase d'adaptation. Les cellules s'adaptent à leur nouvel environnement. Il n'y a pratiquement pas de croissance cellulaire.

2. La phase de croissance rapide. Les cellules se divisent rapidement. Elles consomment une grande partie des nutriments contenus dans le milieu de culture.

3. La phase stationnaire. Il y a autant de cellules qui meurent que de nouvelles cellules produites. Cela est dû soit à un épuisement des nutriments, soit à une accumulation de déchets ou soit à un manque d'espace.

4. La phase de déclin. Le nombre de cellules diminue. Les nutriments et l'espace sont trop rares et les déchets sont trop nombreux.

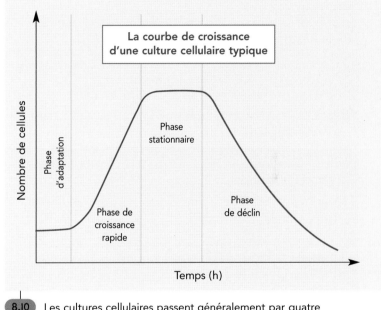

8.10 Les cultures cellulaires passent généralement par quatre phases au cours de leur croissance.

À la fin de la phase de croissance rapide, le nombre de cellules atteint son maximum.

Lorsqu'une culture cellulaire atteint la phase stationnaire, il peut être utile de procéder à l'arrêt de la culture et à sa conservation afin de l'analyser ou de l'utiliser plus tard. Normalement, les cultures cellulaires que l'on désire conserver sont rapidement congelées. Par exemple, il existe des entreprises qui cultivent des cellules aux caractéristiques particulières, les congèlent et les vendent ensuite à des chercheurs qui en ont besoin pour leurs travaux.

LA STÉRILISATION DU MATÉRIEL

Avant de réaliser une culture cellulaire, il faut s'assurer que le milieu de culture et tout le matériel utilisé pour faire la culture cellulaire sont exempts de micro-organismes qui pourraient croître en même temps que les cellules que l'on désire cultiver. Autrement dit, le milieu de culture et les instruments doivent être stériles.

«Stérile» provient du latin sterilis, qui signifie «qui ne rapporte rien».

De même, lorsque la culture est terminée, il faut détruire les micro-organismes pour empêcher toute contamination.

> Un MILIEU STÉRILE est un milieu exempt de tout micro-organisme vivant.

Tous les objets laissés à l'air libre portent de très nombreux micro-organismes, comme le montre la figure 8.11. Les traitements les plus courants pour stériliser le matériel sont présentés au tableau 8.12.

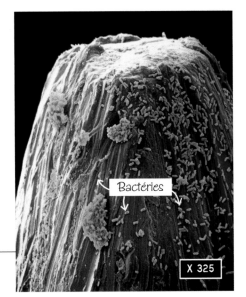
Bactéries
X 325

8.11

La pointe d'une aiguille peut porter un grand nombre de bactéries.

8.12 LES PRINCIPAUX TRAITEMENTS POUR STÉRILISER LE MATÉRIEL SCIENTIFIQUE

Traitement et description	Inconvénients possibles
Traitement à la flamme Le matériel est chauffé au-dessus d'une flamme. Les micro-organismes meurent à cause de la chaleur.	Le matériel peut fondre sous la chaleur de la flamme.
Traitement au four à chaleur sèche Le matériel est chauffé à l'intérieur d'un four, ce qui tue les micro-organismes.	Le matériel qui ne résiste pas à la chaleur peut casser.
Traitement chimique Le matériel est trempé dans une solution (comme le peroxyde d'hydrogène) ou exposé à un gaz (comme l'oxyde d'éthylène), ce qui tue les micro-organismes. Lorsqu'un gaz est utilisé, ce traitement se fait généralement dans un autoclave.	Les substances utilisées sont souvent nocives pour la santé humaine et difficiles à manipuler en toute sécurité.
Traitement à la vapeur d'eau Ce traitement se fait généralement dans un autoclave, c'est-à-dire un appareil qui possède une chambre hermétique dans laquelle on dépose le matériel à stériliser. La pression élevée et la chaleur font mourir les micro-organismes.	Le matériel qui ne résiste pas à l'humidité ne peut pas être stérilisé à la vapeur d'eau.
Traitement par rayonnements Le matériel est exposé à des rayonnements (rayons X, rayons ultraviolets, rayons gamma, etc.) qui tuent les micro-organismes.	L'exposition aux rayonnements peut être nocive pour la santé humaine.

8.13 Le traitement à la flamme.

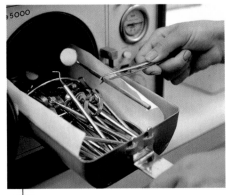

8.14 Un autoclave.

3.2 LES TRANSFORMATIONS GÉNÉTIQUES

Tous les êtres vivants possèdent des adaptations génétiques qui leur sont très utiles. Prenons par exemple le cas de la plie arctique. Ce poisson vit au fond des océans, là où l'eau est très froide, avoisinant les 4 °C. Elle possède cependant des gènes qui l'aident à résister à la froideur de l'eau: ils la rendent capable de sécréter une substance qui agit à la façon d'un antigel.

1er CYCLE
Adaptations physiques et comportementales

De nos jours, il est possible de modifier l'information génétique d'une espèce afin d'obtenir un résultat souhaité. Cela peut se faire en ajoutant un ou plusieurs gènes provenant de l'ADN d'une autre espèce, ou encore en retirant ou en modifiant certains gènes déjà présents. On effectue alors une transformation génétique. Par exemple, des chercheurs ont isolé les gènes qui permettent à la plie arctique de résister au froid et ils les ont ajoutés à l'ADN de saumons, afin de permettre leur élevage en eau froide.

> Une **TRANSFORMATION GÉNÉTIQUE** est la modification du génome d'une espèce par le retrait ou la modification d'un ou de plusieurs de ses gènes ou encore par l'introduction de gènes provenant d'une autre espèce.

Les transformations génétiques produisent des êtres vivants ayant des caractéristiques qu'ils ne posséderaient pas naturellement.

8.15 La plie arctique (à gauche) vit dans des eaux très froides. Ses gènes lui permettent de sécréter une substance qui la protège du froid. Des chercheurs ont transféré ces gènes à des saumons (à droite). Ces derniers sont maintenant capables, eux aussi, de résister au froid.

Les êtres vivants issus d'une transformation génétique s'appellent des «organismes génétiquement modifiés», ou plus simplement des OGM. On les appelle aussi de plus en plus des «organismes transgéniques».

> Un **OGM** (organisme génétiquement modifié) est un être vivant dont l'ADN a été modifié par transformation génétique afin de le doter de caractéristiques qu'il ne posséderait pas naturellement.

En théorie, tous les êtres vivants, des bactéries aux animaux, en passant par les plantes, peuvent être génétiquement modifiés. Lorsque les caractéristiques acquises par transformation génétique sont transmises aux descendants, ces derniers sont eux aussi des OGM.

LE PROCÉDÉ GÉNÉRALEMENT UTILISÉ POUR RÉALISER UNE TRANSFORMATION GÉNÉTIQUE

Pour illustrer les étapes d'une transformation génétique, examinons un cas concernant le maïs. Cette plante est d'un grand intérêt agricole puisque c'est la céréale la plus cultivée dans le monde. La majeure partie du maïs cultivé sert à l'alimentation animale.

La larve de la pyrale du maïs est un insecte qui peut ravager les cultures de maïs. Cependant, des chercheurs ont découvert qu'une bactérie, appelée *Bacillus thuringiensis* ou bactérie Bt, est capable de sécréter une substance qui tue cette larve. Ils ont donc introduit le gène responsable de la production de cette substance dans le génome du maïs. L'OGM ainsi créé s'appelle «maïs Bt». Jusqu'à présent, cette variété de maïs s'est avérée inoffensive pour la santé humaine et animale.

Cette transformation génétique s'est effectuée en plusieurs étapes, qui sont celles généralement suivies pour toutes les transformations génétiques. La figure 8.16 présente ces étapes.

1926
–

Paul Berg

Ce biochimiste américain est considéré comme le père des transformations génétiques. Il a en effet découvert, avec ses collaborateurs, comment on pouvait transférer un gène d'une cellule à une autre. Il a reçu le prix Nobel de chimie en 1980.

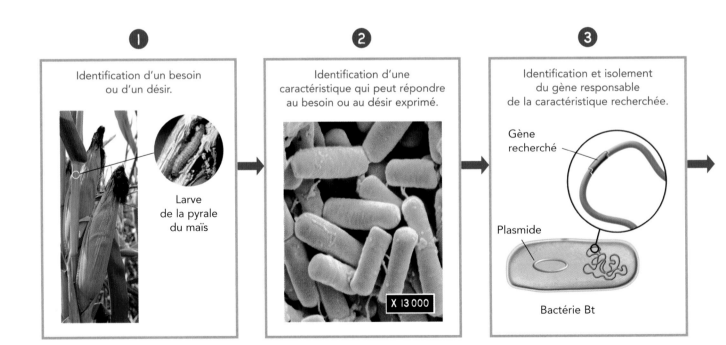

① Identification d'un besoin ou d'un désir.

Larve de la pyrale du maïs

Comment empêcher la larve de la pyrale du maïs de ravager des cultures entières ?

② Identification d'une caractéristique qui peut répondre au besoin ou au désir exprimé.

X 13 000

La bactérie Bt (*Bacillus thuringiensis*) peut sécréter une substance qui tue la larve de la pyrale du maïs.

③ Identification et isolement du gène responsable de la caractéristique recherchée.

Gène recherché

Plasmide

Bactérie Bt

Le gène responsable de la production de la substance qui tue la larve de la pyrale du maïs est isolé.

8.16 Les étapes généralement suivies lors d'une transformation génétique.

LE CLONAGE

Dans la nature, tout être vivant capable de se reproduire de façon asexuée engendre des individus qui lui sont génétiquement identiques. Il s'agit alors de clonage naturel. La plupart des micro-organismes et des plantes peuvent utiliser cette forme de reproduction. Les individus obtenus par clonage s'appellent des «clones».

Par contre, d'autres êtres vivants, comme l'être humain, n'ont pas la capacité de se reproduire de façon asexuée. Pour cloner ces organismes, il faut recourir au processus de transformation génétique. Il s'agit alors de clonage artificiel. Il existe cependant une exception. En effet, les vrais jumeaux peuvent être considérés comme des clones naturels l'un de l'autre.

> Le CLONAGE est une technique qui consiste à produire un être vivant génétiquement identique à un autre.

Le principe du clonage artificiel consiste à remplacer le noyau d'un ovule ou d'un œuf non fécondé par le noyau d'une cellule prélevée sur l'individu que l'on désire cloner. C'est ainsi qu'on a obtenu la brebis Dolly, en 1997. Dolly est le premier mammifère cloné à partir d'une cellule spécialisée adulte.

Le clonage réussi d'un mammifère adulte a semé la controverse dans notre société. En effet, comme nous sommes nous aussi des mammifères, il est donc théoriquement possible de cloner un être humain.

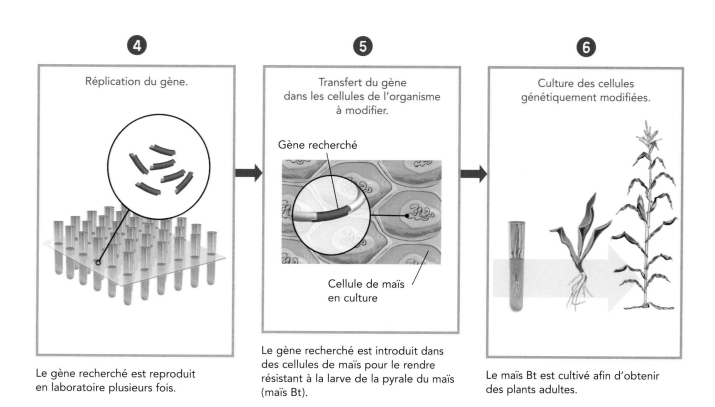

4 Réplication du gène.

Le gène recherché est reproduit en laboratoire plusieurs fois.

5 Transfert du gène dans les cellules de l'organisme à modifier.

Gène recherché

Cellule de maïs en culture

Le gène recherché est introduit dans des cellules de maïs pour le rendre résistant à la larve de la pyrale du maïs (maïs Bt).

6 Culture des cellules génétiquement modifiées.

Le maïs Bt est cultivé afin d'obtenir des plants adultes.

Le clonage d'un être humain pourrait viser deux objectifs :

- Le clonage reproductif. Un tel clonage viserait à créer un individu génétiquement identique à celui qui se fait cloner. Dans ce cas, on chercherait à faire naître un bébé.

- Le clonage thérapeutique. Celui-ci pourrait servir à produire du tissu ou des organes de rechange. Le clonage permettrait alors d'obtenir des embryons dont les cellules seraient cultivées pour former le tissu ou l'organe désiré. Puisque les cellules embryonnaires contiendraient la même information génétique que celle de la personne qui a été clonée, cette technique permettrait d'éviter que le tissu ou l'organe de rechange soit rejeté au moment de son implantation.

8.17 La brebis Dolly.

Au Canada, toute forme de clonage humain est actuellement interdite, que ce soit à des fins reproductives ou à des fins thérapeutiques.

Starbuck II, un clone québécois

Dans son enclos du Centre d'insémination artificielle du Québec, à Saint-Hyacinthe, le taureau Starbuck II impressionne avec sa tonne de chair et d'os et son tour de taille plus grand qu'un humain. Mais le plus étonnant, ce n'est pas sa stature, c'est sa provenance : il n'a ni père ni mère ! Il s'agit d'un clone, conçu à partir d'un morceau d'oreille du légendaire Starbuck.

Starbuck, l'original, a engendré environ 200 000 vaches laitières et des centaines de taureaux avant de s'éteindre en 1998. Son sperme a été vendu dans plus de 70 pays dans l'espoir d'étendre la lignée génétique de ce spécimen presque parfait de taureau.

Son clone aussi produit de la semence. Toutefois, elle n'a jamais quitté Saint-Hyacinthe, où elle s'empile dans les congélateurs. En effet, il est actuellement interdit au Canada, comme dans plusieurs pays, de vendre des œufs, du lait ou de la viande provenant d'animaux clonés.

Adapté de : Philippe MERCURE, «Les animaux clonés dans votre assiette», *La Presse*, 15 janvier 2006, p. PLUS6.

Starbuck II est un clone du taureau Starbuck.

4. QUELQUES APPLICATIONS AGROALIMENTAIRES

Les applications des biotechnologies modernes sont nombreuses dans le domaine agroalimentaire. Examinons d'abord les utilisations des OGM en agriculture et en élevage. Nous nous concentrerons ensuite sur un procédé permettant de prolonger la conservation des aliments: la pasteurisation.

4.1 LES OGM

Les recherches en génie génétique ont permis de développer de nombreux organismes génétiquement modifiés. Au Canada, c'est l'Agence canadienne d'inspection des aliments, en collaboration avec Santé Canada et Environnement Canada, qui s'occupe d'encadrer le développement des OGM. Avant d'approuver la culture d'un OGM ou la production d'un aliment contenant des OGM, le gouvernement canadien tente de s'assurer que celui-ci ne présente aucun risque pour la santé humaine ou pour l'environnement. Actuellement, les producteurs ne sont pas obligés d'indiquer sur leurs étiquettes qu'un aliment ou un produit contient des OGM.

LES PLANTES GÉNÉTIQUEMENT MODIFIÉES

Depuis toujours, les agriculteurs cherchent des façons d'améliorer les plantes qu'ils cultivent. Jusqu'au milieu du 20e siècle, les techniques qu'ils utilisaient relevaient des biotechnologies traditionnelles, comme la reproduction sélective. Depuis l'arrivée des biotechnologies modernes, les agriculteurs peuvent maintenant compter sur les transformations génétiques pour améliorer leur rendement.

Voici quelques exemples de transformations génétiques apportées à des plantes un peu partout dans le monde afin d'en améliorer le rendement ou la conservation:

- résistance à des herbicides (maïs, soja, lin, canola, coton, betterave);
- résistance à des insectes (maïs, pomme de terre, tomate, coton);
- résistance à des virus (courge, papaye, pomme de terre);
- mûrissement retardé (tomate).

Les transformations génétiques peuvent avoir pour objectif non seulement d'améliorer le rendement des récoltes, mais aussi d'améliorer les propriétés nutritives des plantes cultivées. Voici quelques modifications génétiques effectuées en ce sens:

- augmentation de la qualité des huiles (soja, canola);
- augmentation de la quantité de certaines substances nutritives (riz);
- réduction du pouvoir allergène (arachide, soja, riz, pomme de terre).

LA CONTROVERSE DU RIZ DORÉ

Des chercheurs suisses ont mis au point une variété de riz appelée «riz doré». Ce riz est capable de produire du bêta-carotène, une substance que notre corps peut transformer en vitamine A. Le but de ces chercheurs est d'aider les populations pauvres qui se nourrissent principalement de riz et qui ont souvent des carences en vitamine A. Cependant, certaines personnes croient qu'il serait préférable d'offrir à ces populations une alimentation plus diversifiée plutôt que des OGM.

Déjà, une grande partie du maïs, du soja et du canola cultivé au Québec sont des OGM. Il y a cependant très peu d'OGM parmi les autres plantes cultivées au Québec.

Quantité totale de maïs cultivé en 2005 : 3 450 000 tonnes.

Quantité totale de soja cultivé en 2005 : 540 000 tonnes.

Quantité totale de canola cultivé en 2005 : 11 800 tonnes.

| | Non OGM |
| | OGM |

8.18 La proportion d'OGM dans les cultures de maïs, de soja et de canola au Québec, en 2005. Source : Gouvernement du Québec.

LES ANIMAUX GÉNÉTIQUEMENT MODIFIÉS

Les percées scientifiques dans le domaine de l'élevage sont moins nombreuses que dans le domaine de l'agriculture, en raison notamment des coûts plus élevés de la recherche et de la complexité plus grande des manipulations requises.

Actuellement, au Canada, il est interdit de commercialiser un animal génétiquement modifié.

Voici quelques modifications génétiques qui pourraient éventuellement être faites sur des animaux ou qui l'ont déjà été :

- croissance plus rapide (saumon) ;
- fumier moins nocif pour l'environnement (porc) ;
- production de lait sans lactose (souris, vache) ;
- production de lait plus semblable au lait humain (vache).

8.19 Le saumon du haut est un OGM ayant reçu un gène accélérant la croissance. Celui du bas est un poisson normal du même âge.

> **POUR OU CONTRE L'EXPÉRIMENTATION ANIMALE ?**
>
> Les laboratoires de recherche du monde entier utilisent souvent des animaux pour effectuer différents tests et expériences, par exemple pour vérifier la toxicité d'un médicament. Il est parfois possible de remplacer les animaux par la culture de tissus et d'organes humains, ou encore par l'utilisation de modèles informatiques, mais ces moyens sont encore peu courants.

Bienfaits	Craintes
• Permet d'obtenir les résultats souhaités au bout d'une seule génération.	• Puisqu'on ne connaît pas entièrement l'action des gènes, on pourrait accidentellement créer des OGM dangereux pour l'être humain ou pour d'autres espèces.
• Permet de transférer un gène utile d'une espèce à une autre.	• Les aliments génétiquement modifiés pourraient entraîner l'apparition de nouvelles allergies alimentaires.
• Permet la mise sur pied de banques de gènes.	• Si l'on ne cultive que des plantes transgéniques, cela peut menacer la biodiversité.
• Peut permettre d'avoir de meilleures récoltes, notamment grâce à la création d'OGM résistant aux herbicides ou aux insectes.	• Les OGM pourraient accroître la résistance bactérienne aux antibiotiques.
• Peut permettre d'obtenir des aliments plus nutritifs.	• La résistance aux insectes nuisibles que possèdent certaines plantes transgéniques pourrait mener à la disparition d'insectes utiles.
• Peut permettre d'obtenir des aliments moins allergènes.	• La résistance aux herbicides de certains OGM pourrait être transférée à des mauvaises herbes.
	• Le pollen des OGM cultivés pourrait envahir d'autres champs de culture. Le contrôle des OGM serait alors menacé.

4.2 LA PASTEURISATION

La culture des cellules dans un milieu de culture adéquat leur permet de se multiplier. Or, il arrive que certains aliments constituent des milieux de culture adéquats pour certains micro-organismes indésirables. Leur prolifération peut altérer la nourriture ou être dangereuse pour notre santé. Les aliments suivants sont des exemples de milieux dans lesquels plusieurs micro-organismes trouvent les conditions idéales pour leur croissance : le lait, la crème, les jus de fruits, la bière, le vin et le cidre.

Pour éviter la prolifération des micro-organismes indésirables dans les aliments, un procédé est souvent employé. Il s'agit de la pasteurisation.

Lors de la pasteurisation, l'aliment est chauffé à une température donnée pendant une période de temps définie selon la nature de l'aliment.

La température et le temps de chauffage sont fixés de manière à tuer la plupart des micro-organismes nuisibles, sans pour autant altérer le goût ni les propriétés nutritives de l'aliment.

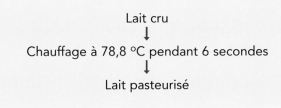

8.21 Une technique de pasteurisation du lait.

1822
1895

Louis Pasteur

C'est en l'honneur de ce célèbre scientifique français que la pasteurisation porte ce nom. Pasteur développa ce procédé en 1863, en réponse à un groupe de marchands qui lui demandèrent de trouver pourquoi la bière et le vin prenaient un goût de vinaigre avec le temps. Pasteur découvrit que cela venait de la présence de micro-organismes et qu'on pouvait les détruire en les chauffant.

La pasteurisation du lait : les enfants d'abord

C'est Stuart Foster, un médecin de l'Hôpital pour enfants de Toronto, qui a créé la première usine canadienne de pasteurisation du lait au Canada. C'était en 1908, soit 30 ans avant que ce procédé ne devienne obligatoire au pays. Le docteur Foster et son équipe voulaient ainsi préserver la santé des enfants en éliminant les bactéries développées pendant la conservation et le transport du lait.

Au Québec, à la même époque, un enfant sur quatre mourait avant l'âge d'un an. Ce taux de mortalité infantile était le plus élevé au Canada et dans toute l'Amérique du Nord. Il était dû en partie à la contamination du lait distribué de porte en porte dans des bouteilles sans couvercle, ce qui pouvait propager des maladies comme la tuberculose, le choléra et la thyphoïde. Pourtant, le lait pasteurisé existait à Montréal, mais il était distribué seulement dans les quartiers les plus favorisés. En 1926, le gouvernement québécois rendit la pasteurisation du lait obligatoire. Cette adoption a suscité de nombreux débats. Certains politiciens s'opposaient en effet à ce procédé coûteux qui, selon eux, risquait de ruiner les petits producteurs de lait.

Entre-temps, des mesures d'hygiène avaient été mises sur pied dans les villes. La plus efficace a été les «Gouttes de lait», des sortes de dispensaires organisés dans les paroisses pour assurer la distribution d'un lait de qualité aux enfants. Une des plus célèbres Gouttes de lait était celle de l'Hôpital Sainte-Justine, à Montréal.

Au début du 20e siècle, la distribution de lait non pasteurisé pouvait favoriser la propagation de bactéries dangereuses pour la santé.

> La PASTEURISATION est un procédé au cours duquel un aliment est chauffé pendant un certain temps afin de détruire la plupart des micro-organismes nuisibles qu'il peut contenir.

La pasteurisation est utilisée principalement pour trois raisons :
- offrir des aliments moins dangereux pour la santé ;
- prolonger le temps de conservation des aliments ;
- préserver les propriétés nutritives des aliments.

Même si un aliment a été pasteurisé, il faut quand même le réfrigérer. De cette façon, la croissance des micro-organismes qui n'ont pas été détruits par la pasteurisation sera ralentie. Par exemple, du lait pasteurisé laissé à la température de la pièce devrait être jeté au bout de quelques heures.

Les lois canadiennes exigent que le lait soit traité avant sa consommation afin d'éviter qu'il ne contienne des micro-organismes nuisibles. La pasteurisation reste le traitement le plus utilisé, mais il en existe aussi d'autres (irradiation, ultracentrifugation, microfiltration, etc.).

8.22 **LES BIENFAITS ET LES CRAINTES LIÉS À LA PASTEURISATION**

Bienfaits	Craintes
• La pasteurisation réduit le risque de contamination de certains aliments. • La pasteurisation a permis de diminuer la mortalité infantile.	• La pasteurisation peut détruire des substances utiles (bactéries, vitamines, etc.).

5 QUELQUES APPLICATIONS MÉDICALES

La médecine a largement profité du développement des biotechnologies modernes. Par exemple, plusieurs diagnostics sont maintenant plus faciles à poser grâce à la culture cellulaire de divers prélèvements (sanguins, urinaires, buccaux, etc.), tandis que les transformations génétiques font espérer la venue de nouveaux traitements pour les maladies génétiques, le cancer, la maladie d'Alzheimer, etc. De nombreux médicaments sont maintenant produits par des bactéries, des plantes ou des mammifères transformés génétiquement.

Dans cette section, nous traiterons plus particulièrement de trois domaines d'application des biotechnologies en médecine. Il s'agit de la vaccination, du traitement de l'infertilité et de la production de tissus et d'organes de rechange.

5.1 LA VACCINATION

Grâce aux globules blancs et aux anticorps qu'il produit, notre système immunitaire nous protège contre les agents infectieux qui causent une maladie. Lorsque nous sommes capables de résister à un agent infectieux, nous pouvons dire que nous sommes immunisés contre la maladie qu'il cause.

> ◉ **L'IMMUNITÉ** est la capacité de résister à l'apparition d'une maladie en combattant l'agent infectieux qui en est la cause.

Les globules blancs défendent notre organisme principalement de deux façons :

• en détruisant les agents infectieux par **PHAGOCYTOSE** ;

• en sécrétant des anticorps capables de neutraliser les agents infectieux ou les antigènes qu'ils produisent (*voir le chapitre 6, à la page 189*).

1749
1823

Edward Jenner

Ce médecin britannique a remarqué que les gens ayant déjà été en contact avec des vaches atteintes de la vaccine n'étaient pratiquement jamais atteints de la variole. Comme les vaches infectées produisaient du pus, une substance contenant de nombreux globules blancs et agents infectieux morts ou affaiblis, il injecta du pus à des personnes en santé, ce qui les immunisa contre la variole. Il venait ainsi de réaliser le premier vaccin.

LA RÉACTION IMMUNITAIRE DE L'ORGANISME

Lorsqu'un agent infectieux envahit notre organisme pour la première fois, le système immunitaire doit produire de nouveaux anticorps pour le combattre. Cela peut lui prendre plusieurs jours, voire quelques semaines, pour fabriquer les bons anticorps en quantités suffisantes pour neutraliser l'agent infectieux. Si l'agent infectieux est dangereux, il peut donc avoir le temps de se reproduire suffisamment pour causer des dommages importants à notre organisme.

Cependant, une fois que notre organisme a été envahi par un agent infectieux et qu'il l'a combattu, le système immunitaire garde en mémoire la façon de fabriquer les anticorps nécessaires pour défendre notre organisme. De plus, plusieurs exemplaires des anticorps restent présents dans notre organisme, même si l'agent infectieux a été éliminé. De cette façon, si un

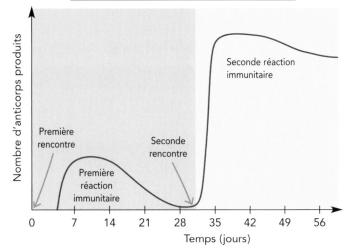

La réaction immunitaire de l'organisme après la rencontre d'un agent infectieux

8.23 Dans cet exemple, l'organisme met plusieurs jours à réagir lors de sa première rencontre avec un agent infectieux. Cependant, lors de sa seconde rencontre (et de toutes les suivantes), la réaction est non seulement beaucoup plus rapide mais aussi beaucoup plus intense (le nombre d'anticorps produit est plus élevé).

agent infectieux nous envahit de nouveau, notre corps possèdera déjà des anticorps pour le combattre et il pourra également en produire de nouveaux dans un délai de 12 à 24 heures. Puisque l'agent infectieux est combattu rapidement, les conséquences de la maladie sont alors beaucoup moins graves.

LE RÔLE DE LA VACCINATION

Grâce à la vaccination, il est possible d'introduire des agents infectieux atténués d'une maladie dans notre organisme. Un agent infectieux atténué est inoffensif pour la santé humaine.

Le système immunitaire apprend ainsi comment combattre une maladie à l'aide de l'agent infectieux atténué introduit par le vaccin. De cette façon, même s'il met plusieurs jours pour le faire, il n'y a pas de danger pour la santé, puisque l'agent atténué ne peut pas causer de maladie.

Si un agent infectieux contre lequel notre organisme a été vacciné envahit notre organisme, il sera combattu rapidement, puisque notre système immunitaire disposera déjà des anticorps pour le combattre et qu'il pourra en produire de nouveaux très rapidement. C'est de cette façon que la vaccination protège l'individu contre des maladies.

> ◗ Un **VACCIN** est une préparation capable d'immuniser l'organisme contre une ou plusieurs maladies.

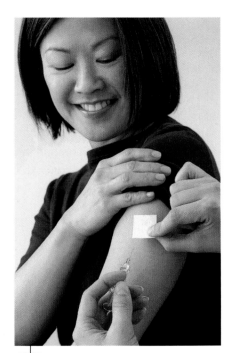

8.24 La plupart des vaccins sont administrés au moyen d'une injection.

Les vaccins sont généralement administrés au moyen d'une injection. Il existe aussi des vaccins qui se donnent par la bouche.

LA FABRICATION DES VACCINS

La fabrication des vaccins commence par une culture cellulaire massive de l'agent infectieux.

Les cellules cultivées sont ensuite traitées afin de les rendre inoffensives. Deux méthodes de traitement sont principalement utilisées. Selon la méthode choisie, on distingue deux types de vaccins : les vaccins vivants et les vaccins inertes.

Les vaccins vivants

Pour obtenir un vaccin vivant, on traite chimiquement les cultures d'agents infectieux. Ces traitements chimiques ont pour but d'enrayer leur pouvoir de provoquer une maladie. On mélange ensuite les agents infectieux atténués avec divers produits pharmaceutiques qui permettent de mieux les conserver. L'agent infectieux présent dans le vaccin est donc toujours vivant, mais il a perdu son pouvoir de provoquer une maladie.

De nouvelles méthodes faisant appel aux transformations génétiques ont récemment été développées afin de fabriquer des vaccins vivants. Ces méthodes consistent à transformer génétiquement des agents infectieux afin de les rendre inoffensifs. Ces agents infectieux n'ont donc plus à être traités chimiquement avant d'être utilisés dans les vaccins.

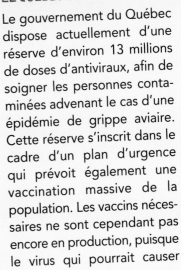

GRIPPE AVIAIRE : LE QUÉBEC SE PRÉPARE

Le gouvernement du Québec dispose actuellement d'une réserve d'environ 13 millions de doses d'antiviraux, afin de soigner les personnes contaminées advenant le cas d'une épidémie de grippe aviaire. Cette réserve s'inscrit dans le cadre d'un plan d'urgence qui prévoit également une vaccination massive de la population. Les vaccins nécessaires ne sont cependant pas encore en production, puisque le virus qui pourrait causer une épidémie n'est pas encore connu.

La production d'un vaccin vivant

MÉTHODE TRADITIONNELLE	MÉTHODE FAISANT APPEL AUX TRANSFORMATIONS GÉNÉTIQUES
Culture de l'agent infectieux	Transformation génétique de l'agent infectieux
↓	↓
Traitements chimiques pour rendre l'agent infectieux inoffensif	Culture de l'agent infectieux modifié
↓	↓
Ajout de produits pharmaceutiques	Ajout de produits pharmaceutiques

 8.25 Deux méthodes de fabrication d'un vaccin vivant.

Les vaccins inertes

Quant aux vaccins inertes, ils sont généralement mis au point en n'utilisant qu'une ou plusieurs parties de l'agent infectieux, c'est-à-dire celles qui seront reconnues par les anticorps. Ces parties sont appelées des «antigènes».

La première étape est donc d'identifier les antigènes responsables d'une maladie. Une fois les antigènes identifiés, il faut les isoler. Les antigènes sont ensuite traités chimiquement afin de les rendre inoffensifs. Finalement, les antigènes atténués sont mélangés avec divers produits pharmaceutiques qui permettent de mieux les conserver. Un vaccin inerte ne contient donc pas d'agents infectieux vivants.

En 1985, on a mis au point un premier vaccin inerte obtenu grâce à des transformations génétiques. Il permettait l'immunisation contre l'hépatite B. En transformant génétiquement des bactéries, des levures ou des cellules animales, il est possible de leur faire produire en grande quantité les antigènes d'un agent infectieux.

La production d'un vaccin inerte

MÉTHODE TRADITIONNELLE	MÉTHODE FAISANT APPEL AUX TRANSFORMATIONS GÉNÉTIQUES
Culture de l'agent infectieux	Introduction du gène permettant de sécréter les antigènes recherchés dans un micro-organisme
↓	↓
Isolement des antigènes	Culture du micro-organisme modifié
↓	↓
Ajout de produits pharmaceutiques	Isolement des antigènes
	↓
	Ajout de produits pharmaceutiques

8.26 Deux méthodes de fabrication d'un vaccin inerte.

VACCIN CONTRE LE CANCER DU COL DE L'UTÉRUS

Selon les spécialistes, 60 % des femmes de moins de 25 ans portent en elles le virus du papillome humain (VPH). La majorité d'entre elles s'en débarrasse de façon naturelle. Chez les malchanceuses toutefois, ce virus peut entraîner le cancer du col de l'utérus.

Si ce cancer est diagnostiqué à temps, les chances d'y survivre sont de 95 %. Le dépistage se fait au moyen du test PAP, au moment de l'examen gynécologique.

Depuis peu, les femmes peuvent aussi choisir d'être vaccinées. Pour l'instant, le gouvernement du Québec n'inclut pas ce vaccin dans la série administrée gratuitement aux jeunes d'âge scolaire. Les médecins recommandent

donc aux jeunes femmes d'économiser pour se le payer (le vaccin peut coûter jusqu'à 500 $ dans certaines cliniques). Le cancer du col de l'utérus est le seul cancer contre lequel on peut actuellement se prémunir à l'aide d'un vaccin.

Adapté de: Marie CAOUETTE, « Il existe un vaccin contre le cancer du col de l'utérus », *Le Soleil*, 19 décembre 2006, p. A8.

Le cancer du col de l'utérus est généralement causé par un virus.

Les vaccins vivants provoquent généralement une réponse immunitaire plus vigoureuse que les vaccins inertes. Cependant, il existe un très faible risque qu'un agent infectieux atténué retrouve sa **VIRULENCE**. Un vaccin vivant contenant de tels agents infectieux provoquerait alors la maladie plutôt que de simplement immuniser contre elle.

LA VACCINATION AU QUÉBEC

Afin de prévenir les maladies infectieuses potentiellement dangereuses, le gouvernement du Québec propose un calendrier de vaccination à tous les citoyens du Québec. Les vaccins proposés ne sont pas obligatoires, mais ils sont payés par le régime québécois d'assurance maladie. D'autres vaccins sont parfois recommandés par les médecins, selon le risque couru par chaque individu. Par exemple, le gouvernement recommande de vacciner tous les enfants de moins de deux ans contre la grippe. Cependant, les personnes plus âgées peuvent aussi obtenir ce vaccin, moyennant certains frais.

Le tableau 8.27 montre que certains vaccins immunisent contre plusieurs maladies en même temps. Ces vaccins sont appelés des «vaccins combinés». D'autre part, certains vaccins sont donnés plus d'une fois. Les doses supplémentaires sont des «vaccins de rappel». Toutes ces mesures ont pour but de stimuler adéquatement le système immunitaire afin qu'il soit le plus efficace possible en cas de contact avec une maladie dangereuse.

DES VACCINS COMESTIBLES

Des recherches sont présentement en cours pour mettre au point des tomates transgéniques capables d'immuniser l'être humain contre l'hépatite B et peut-être même le sida. Si ces recherches aboutissent, nous pourrions assister un jour à la mise en marché de vaccins comestibles, accessibles même dans les pays les plus pauvres.

8.27 LE CALENDRIER RÉGULIER DE VACCINATION AU QUÉBEC (en vigueur depuis le 1er janvier 2006)

Nom du vaccin	Maladies prévenues par le vaccin	Type de vaccin	Âge pour la première dose	Âge pour les vaccins de rappel
DCaT-Polio-Hib	• Diphtérie (D) • Coqueluche (Ca) • Tétanos (T) • Poliomyélite (Polio) • Infections graves à l'*Haemophilus influenzae* de type b (Hib)	Inerte	2 mois	4, 6 et 18 mois et entre 4 et 6 ans (sans le Hib)
Pneumocoque	• Infections graves à pneumocoque	Inerte	2 mois	4 et 12 mois
Influenza	• Grippe	Inerte	Entre 6 et 23 mois	Aucun
Varicelle	• Varicelle	Vivant	12 mois	Aucun
RRO	• Rougeole (R) • Rubéole (R) • Oreillons (O)	Vivant	12 mois	18 mois
Méningocoque	• Infections graves à méningocoque	Inerte	12 mois	Aucun
Hépatite B	• Hépatite B	Inerte	9 ans	Aucun
DCaT	• Diphtérie (D) • Coqueluche (Ca) • Tétanos (T)	Inerte	Entre 14 et 16 ans	Tous les 10 ans

Source : Ministère de la Santé et des Services sociaux, Gouvernement du Québec.

Bienfaits	Craintes
• Les vaccins protègent contre plusieurs maladies graves.	• Certains vaccins peuvent provoquer des effets secondaires désagréables (dont des réactions allergiques).
• Les vaccins nous évitent d'avoir à souffrir d'une maladie avant d'être immunisés contre elle.	
• Les vaccins diminuent la mortalité infantile et augmentent l'espérance de vie.	• Les vaccins peuvent favoriser l'apparition de nouvelles souches de maladies résistantes.
• Les vaccins peuvent permettre l'éradication de certaines maladies (par exemple la variole).	• Il existe un très faible risque qu'un agent infectieux affaibli servant à un vaccin redevienne virulent.

5.2 LE TRAITEMENT DE L'INFERTILITÉ

Du point de vue médical, l'infertilité se définit comme étant l'incapacité de concevoir un enfant après 12 mois de relations sexuelles sans moyen de contraception. Au Canada, entre 10% et 15% des couples sont infertiles.

Certains de ces couples se tournent vers l'adoption ou la biotechnologie pour avoir un ou plusieurs enfants. Lorsque des gens utilisent la biotechnologie pour les aider à procréer (c'est-à-dire avoir des enfants), on dit qu'ils ont recours à la «procréation médicalement assistée».

> La PROCRÉATION MÉDICALEMENT ASSISTÉE est un ensemble de pratiques médicales qui ont pour but d'aider les femmes à devenir enceintes.

1er CYCLE

– Fécondation
– Gamètes
– Grossesse
– Organes reproducteurs

Parmi les techniques utilisées par la procréation médicalement assistée, nous présenterons ici la stimulation ovarienne, l'insémination artificielle, la fécondation *in vitro* et la fécondation par micro-injection.

LA STIMULATION OVARIENNE

La stimulation ovarienne a pour but de stimuler la maturation d'un ou de plusieurs follicules ovariens à la fois au cours d'un cycle ovarien par la prise de médicaments. Grâce à cette stimulation, un ou plusieurs ovules prêts à être fécondés peuvent donc être libérés en même temps, ce qui augmente les chances de fécondation. Cette technique est généralement utilisée lorsque la femme ovule rarement ou pas du tout.

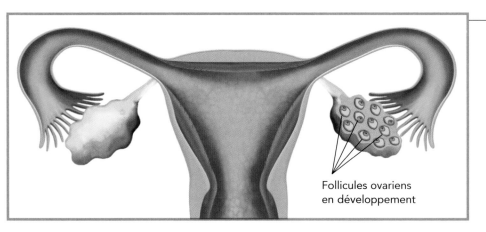

8.29 La stimulation ovarienne.

Follicules ovariens en développement

L'INSÉMINATION ARTIFICIELLE

Si les spermatozoïdes n'arrivent pas à traverser le col de l'utérus, s'ils sont trop peu nombreux ou si leur mobilité est réduite, l'insémination artificielle peut alors être envisagée. Cette technique consiste à injecter des spermatozoïdes directement dans l'utérus le jour de l'ovulation. Avant l'insémination, le sperme peut être traité afin d'augmenter sa concentration en spermatozoïdes.

> «Insémination» provient du latin inseminare, qui signifie «semer».

LA FÉCONDATION *IN VITRO*

La fécondation *in vitro* est une technique qui consiste à réaliser la fécondation entre le spermatozoïde et l'ovule en laboratoire (dans une éprouvette ou une boîte de Pétri) plutôt que dans les trompes de Fallope. Après 2 à 7 jours de développement en culture, les embryons les plus vigoureux sont réimplantés dans l'utérus pour poursuivre leur développement jusqu'à la naissance. Les bébés issus d'une fécondation *in vitro* sont parfois appelés «bébés-éprouvette», bien qu'en réalité ils n'aient passé que quelques jours dans du matériel de laboratoire.

> «In vitro» est une expression latine qui signifie «dans le verre».

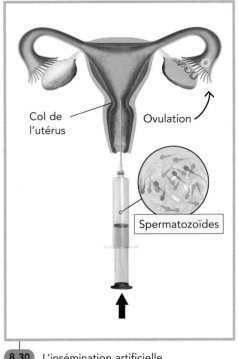

8.30 L'insémination artificielle.

Une fécondation *in vitro* s'effectue généralement en quatre étapes:

1. La stimulation ovarienne.

   La femme commence par suivre un traitement de stimulation ovarienne favorisant la maturation de plusieurs follicules ovariens en même temps. De cette façon, plusieurs ovules sont produits.

2. Le prélèvement des ovules et l'obtention du sperme.

   Au moment de l'ovulation, les ovules sont prélevés directement dans les follicules ovariens. Habituellement, le sperme de l'homme est recueilli le même jour.

3. La fécondation en laboratoire.

   Les ovules sont mis en présence des spermatozoïdes dans une éprouvette ou une boîte de Pétri. Les ovules fécondés se développent alors dans un milieu de culture cellulaire favorable au développement des embryons.

4. Le transfert des embryons dans l'utérus.

   Après 2 à 7 jours de développement, les embryons les mieux développés sont transférés dans l'utérus. De deux à quatre embryons peuvent être transférés dans l'utérus afin qu'au moins un d'entre eux se développe normalement. Les embryons qui n'ont pas été transférés peuvent être congelés afin d'être implantés plus tard dans l'utérus, si la fécondation *in vitro* n'a pas fonctionné ou si le couple désire d'autres enfants.

> **LA FÉCONDATION *IN VITRO* ET LE DÉPISTAGE PRÉNATAL**
>
> Les couples dont les chances de transmettre une maladie héréditaire grave sont élevées peuvent avoir recours à la fécondation *in vitro*, même s'ils ne sont pas infertiles. Cette méthode permet en effet d'effectuer un dépistage de la maladie parmi les embryons produits en laboratoire et de ne réimplanter que ceux qui n'en sont pas atteints.

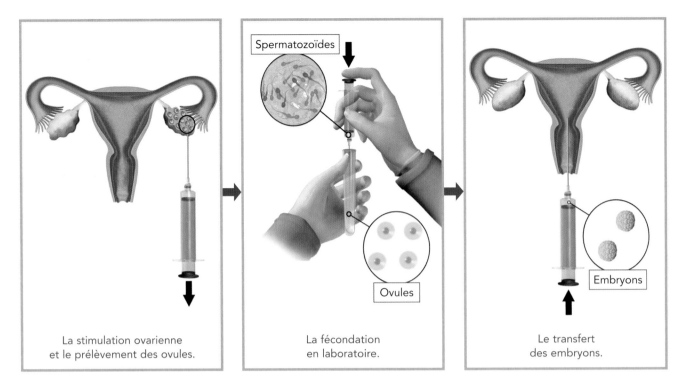

La stimulation ovarienne
et le prélèvement des ovules.

Spermatozoïdes

Ovules

La fécondation
en laboratoire.

Embryons

Le transfert
des embryons.

8.31 Les étapes de la fécondation *in vitro*.

LA FÉCONDATION PAR MICRO-INJECTION

La fécondation par micro-injection suit les mêmes étapes que la fécondation *in vitro*. Par contre, à l'étape de la fécondation en laboratoire, on injecte directement un spermatozoïde dans chaque ovule à l'aide d'une microseringue.

Cette technique est utilisée lorsqu'il y a très peu de spermatozoïdes ou lorsque la fécondation pose problème. Lorsqu'il y a peu ou pas de spermatozoïdes dans le sperme de l'homme, on peut tenter d'en prélever directement dans les testicules ou dans l'épididyme.

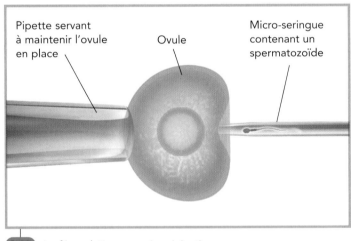

Pipette servant
à maintenir l'ovule
en place

Ovule

Micro-seringue
contenant un
spermatozoïde

8.32 La fécondation par micro-injection.

8.33 LES BIENFAITS ET LES CRAINTES LIÉS AU TRAITEMENT DE L'INFERTILITÉ

Bienfaits	Craintes
• Permet à des couples infertiles d'avoir des enfants.	• Risque de grossesses multiples (jumeaux, triplés, etc.).
	• Coûts élevés du traitement (accessible aux couples aisés seulement).
	• La fécondation *in vitro* peut produire des embryons qui ne se développeront pas et qui seront peut-être congelés afin de servir de source de cellules souches (*voir Craintes liées aux cellules souches*).
	• Risque d'essayer de choisir les caractéristiques d'un enfant par la sélection des embryons qui seront implantés.

Choisir le sexe de son enfant

Des milliers de couples du monde entier qui souhaitent choisir le sexe de leur futur enfant se rendent aux États-Unis, où une méthode d'avant-garde leur permet d'accéder à ce luxe controversé, moyennant environ 19 000 $.

À la clinique de fertilité qui offre ce service, située à Los Angeles, plus de la moitié des couples viennent de l'étranger: Chine, Singapour, Thaïlande, Japon, Allemagne, Grande-Bretagne, etc. «Tous les pays où c'est interdit par la loi», souligne le docteur Jeffrey Steinberg, directeur de la clinique.

La technique consiste à obtenir plusieurs ovules de la mère et à les féconder *in vitro*. L'analyse de l'ADN permet de savoir quels embryons vont produire un garçon ou une fille. Ils sont ensuite implantés dans l'utérus de la mère.

Des bioéthiciens dénoncent les risques de déséquilibre démographique induits par cette méthode. En Chine et en Inde, où les couples préfèrent avoir des garçons, on observe déjà un déficit de petites filles.

Adapté de: AGENCE FRANCE-PRESSE, «Choisir le sexe de son enfant: un luxe controversé», *Le Soleil*, 14 mai 2006, p. 10.

Une clinique de Los Angeles permet aux couples de choisir le sexe de leur futur enfant.

5.3 LA PRODUCTION DE TISSUS ET D'ORGANES DE RECHANGE

Notre organisme est constitué de deux classes de cellules: les cellules spécialisées et les cellules souches. Les cellules spécialisées remplissent des rôles particuliers dans notre organisme. Par exemple, les cellules du foie produisent des substances nécessaires, entre autres, à la digestion, les neurones transportent l'influx nerveux, etc. Ce ne sont là que deux exemples parmi les 200 types de cellules spécialisées que compte notre corps.

> Une **CELLULE SPÉCIALISÉE** est une cellule qui joue un rôle particulier dans l'organisme. Lorsqu'elle se divise, elle donne des cellules ayant la même spécialisation qu'elle.

Lorsqu'on met une cellule spécialisée en culture, elle ne donne que des cellules qui ont la même spécialisation qu'elle. Par exemple, une cellule musculaire mise en culture ne produira que des cellules musculaires. De plus, les cellules spécialisées ne se divisent pas indéfiniment. La capacité de se diviser varie beaucoup d'un type de cellules à l'autre. Par exemple, la culture des neurones est très peu efficace parce que ce type de cellules ne se divise pratiquement pas.

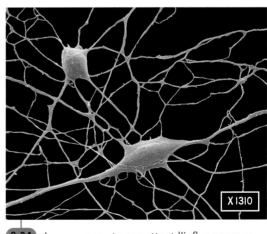

X 1310

8.34 Les neurones transmettent l'influx nerveux. Ce sont des cellules spécialisées.

Les cellules souches, quant à elles, ne remplissent au-cun rôle particulier. Elles présentent cependant deux particularités importantes:

- elles ont la capacité de se diviser quasi indéfi-niment;
- dans des conditions appropriées, elles peuvent se transformer en cellules spécialisées.

> Une CELLULE SOUCHE est une cellule qui ne joue pas de rôle particulier dans l'or-ganisme. Elle a cependant la capacité de se diviser un très grand nombre de fois et de se transformer en différentes cellules spécialisées.

Grâce à ces deux particularités, il est possible d'utiliser les cellules souches pour produire des tissus et des organes de rechange.

Chez l'adulte, les cellules souches sont peu nombreuses si on les compare aux cellules spécialisées. On en trouve entre autres dans le sang et dans la moelle osseuse. Par contre, les premières cellules de l'embryon sont des cel-lules souches. Elles se spécialisent au cours du développement pour donner les différentes cellules spécialisées du corps. Il est donc possible d'obtenir des cellules souches à partir d'un embryon, d'un cordon ombilical ou d'un placenta.

8.35 Des cellules souches provenant du sang d'un embryon humain.

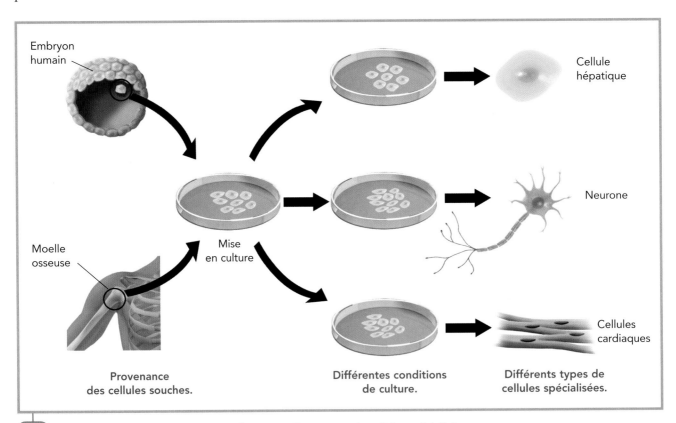

8.36 Les cellules souches peuvent se transformer en divers types de cellules spécialisées. Leur culture peut donc permettre de créer des tissus ou des organes de rechange.

  CHAPITRE 8

LES NORMES ÉTHIQUES LIÉES À LA CULTURE DES CELLULES SOUCHES

La culture des cellules souches soulève la controverse, car certains principes moraux peuvent être transgressés lorsqu'on pratique cette forme de biotechnologie. Par exemple, certaines personnes croient que la vie d'un individu débute dès qu'un spermatozoïde féconde un ovule. Pour ces personnes, l'utilisation d'embryons pour la culture de cellules souches est donc moralement inacceptable.

Afin que les principes moraux reflétant les valeurs de notre société soient respectés lors de la culture des cellules souches, l'Institut de la recherche scientifique canadienne impose certaines normes éthiques à tous les scientifiques qui désirent effectuer des cultures cellulaires avec des cellules souches.

> ▶ Une **NORME ÉTHIQUE** est une règle qui vise à faire respecter certains principes moraux.

Voici quelques-unes des normes éthiques liées à l'utilisation des cellules souches :

- les embryons utilisés ne doivent pas avoir été obtenus à la suite de transactions commerciales ;
- la femme enceinte qui donne son embryon ne doit pas avoir été forcée à le faire ;
- la femme enceinte qui donne son embryon doit être au courant qu'il servira à des fins de recherche sur les cellules souches ;
- le cordon ombilical et le placenta peuvent être utilisés pour des recherches sur les cellules souches si les deux parents sont d'accord ;
- les cellules souches humaines doivent être obtenues à la suite du consentement de la personne qui en fait le don. Dans le cas d'une personne mineure, il faut le consentement d'un parent ou d'un tuteur.

8.37 Un échantillon de tissu épithélial obtenu grâce à la culture cellulaire de cellules souches.

8.38 LES BIENFAITS ET LES CRAINTES LIÉS À LA CULTURE DES CELLULES SOUCHES

Bienfaits	Craintes
- La culture des cellules souches peut permettre entre autres de guérir certaines formes de cancer des ganglions et du sang. - La culture de cellules souches pourrait permettre un jour de guérir des maladies telles que la maladie d'Alzheimer, la maladie de Parkinson, la sclérose en plaque et plusieurs maladies cardiaques.	- La recherche sur les cellules souches peut mener à la destruction d'embryons humains. - Les besoins en cellules souches humaines pourraient mener à un marché commercial ou même à un trafic illégal d'embryons.

1 QU'EST-CE QU'UNE BIOTECHNOLOGIE ? (p. 236)

1. Quelle est la différence entre une biotechnologie et une technologie ?

2. Qui suis-je ?

   a) Pour me reproduire, je dois m'introduire dans une cellule afin d'utiliser ses structures.

   b) Je permets d'accélérer des réactions chimiques de l'organisme.

   c) Je suis un organisme unicellulaire dépourvu de noyau cellulaire.

   d) Je suis un champignon unicellulaire.

   e) Je suis un segment d'information génétique en forme d'anneau.

   f) Je suis une molécule contenant toute l'information génétique d'un individu.

2 LES BIOTECHNOLOGIES TRADITIONNELLES (p. 237-239)

3. Quand les êtres humains ont-ils commencé à faire de la biotechnologie ?

4. Qu'est-ce qui distingue la reproduction sélective de la reproduction naturelle ?

5. Les épagneuls bretons sont excellents pour pointer et rapporter le gibier, car ils ont été sélectionnés pour leur calme, leur prudence et leur flair. Donnez deux exemples de caractéristiques recherchées ayant permis de créer la race des huskies.

6. Observez les photos ci-dessous.

   a) Parmi ces produits, lequel ou lesquels sont fabriqués à l'aide d'enzymes ?

   b) Lequel ou lesquels sont fabriqués à l'aide de levures ?

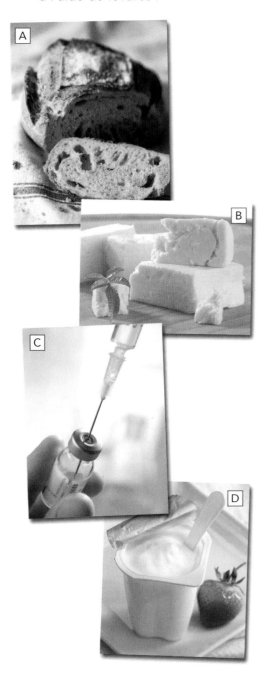

7. Nommez deux raisons qui expliquent le développement des biotechnologies modernes.

8. Dans le domaine des cultures cellulaires, que signifie l'expression «croissance cellulaire»?

9. Les illustrations suivantes montrent, dans le désordre, les étapes à suivre pour réaliser une culture cellulaire d'êtres vivants unicellulaires. Replacez ces étapes en ordre et nommez-les.

A

B

C

D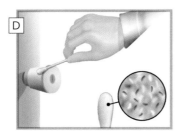

10. Un milieu de culture cellulaire doit fournir tous les éléments nécessaires à la croissance des cellules.

a) Quels sont les sept principaux paramètres à contrôler dans un milieu de culture cellulaire?

b) Quelles sont les deux sortes de milieux de culture?

11. Le diagramme suivant montre la courbe de croissance d'une culture cellulaire typique en fonction du temps. Nommez les quatre phases illustrées et donnez-en une courte description.

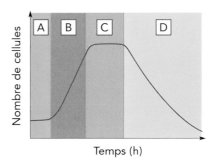

12. Pourquoi faut-il stériliser le matériel de laboratoire avant et après une culture cellulaire?

13. Les énoncés suivants décrivent différents traitements utilisés pour stériliser le matériel de laboratoire. Nommez le traitement décrit dans chaque cas.

a) Ce traitement tue les micro-organismes en les chauffant dans un four.

b) Ce traitement tue les micro-organismes en les exposant à des rayonnements.

c) Ce traitement tue les micro-organismes en les exposant à une flamme.

d) Ce traitement tue les micro-organismes en les exposant à une solution ou à un gaz.

e) Ce traitement tue les micro-organismes en utilisant une pression et une chaleur élevées.

14. On parle beaucoup des OGM dans notre société.

a) Que signifie le sigle OGM?

b) Quel procédé permet d'obtenir des OGM?

c) Quelles sont les six étapes généralement suivies pour obtenir un OGM?

15. Le clonage soulève la controverse dans notre société.

    a) Qu'est-ce que le clonage ?

    b) Quel est le principe du clonage artificiel ?

    c) Qu'est-ce qui distingue le clonage reproductif du clonage thérapeutique ?

    d) Quelle est la position du Canada concernant le clonage humain ?

16. Le clonage existe aussi à l'état naturel.

    a) Donnez un exemple de clones naturels chez les végétaux.

    b) Donnez un exemple de clones naturels chez les animaux.

17. Pourquoi certains éleveurs recourent-ils à l'insémination artificielle plutôt qu'à une méthode de reproduction naturelle pour augmenter la taille de leurs troupeaux ?

4 QUELQUES APPLICATIONS AGROLIMENTAIRES (p. 249-253)

18. Les OGM soulèvent la controverse.

    a) Donnez trois exemples qui démontrent l'utilité des OGM.

    b) Indiquez trois craintes suscitées par l'utilisation des OGM.

19. Nommez trois caractéristiques qui ont déjà été transférées à des plantes dans le but d'améliorer le rendement des récoltes.

20. Pourquoi certains agriculteurs préfèrent-ils cultiver des plants génétiquement modifiés résistant aux herbicides ?

21. Nommez trois plantes génétiquement modifiées cultivées en grande quantité au Québec.

22. Pourquoi est-il plus facile de transformer génétiquement une plante qu'un animal ? Donnez deux raisons.

23. La pasteurisation est un traitement qu'on fait subir à certains aliments.

    a) Quel est le but de la pasteurisation ?

    b) Comment réalise-t-on une pasteurisation ?

    c) Pourquoi pasteurise-t-on certains aliments et non d'autres ?

5 QUELQUES APPLICATIONS MÉDICALES (p. 253-263)

24. Les vaccins permettent de développer une immunité face à certains agents infectieux. Qu'est-ce que l'immunité ?

25. Observez les illustrations suivantes. Nommez le type de vaccin représenté par chacune.

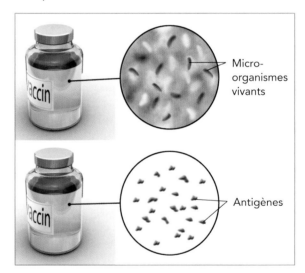

Micro-organismes vivants

Antigènes

26. Selon le calendrier régulier de vaccination au Québec, tous les enfants devraient recevoir un vaccin nommé RRO.

    a) Contre quelles maladies ce vaccin permet-il de développer une immunité ?

    b) Combien de doses un enfant devrait-il recevoir et à quel âge ?

27. Qu'est-ce que la procréation médicalement assistée ?

28. Les illustrations suivantes montrent quatre techniques employées pour traiter l'infertilité. Nommez-les.

1
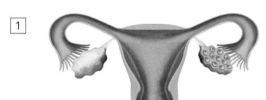

2
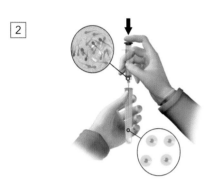

3
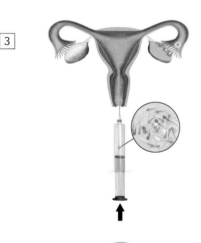

4

29. Notre organisme comprend deux classes de cellules : les cellules spécialisées et les cellules souches.

a) Définissez ces deux classes de cellules.

b) Pourquoi la culture des cellules souches soulève-t-elle la controverse ?

RÉSEAU
DE CONCEPTS

COMMENT CONSTRUIRE UN RÉSEAU DE CONCEPTS

Préparez votre propre résumé du chapitre 8 en construisant un réseau de concepts à l'aide des termes et des expressions qui suivent :

- Applications
- Biotechnologies
- Biotechnologies modernes
- Biotechnologies traditionnelles
- Clonage
- Cultures cellulaires
- Fabrication de vaccins
- OGM
- Pasteurisation
- Procédés
- Procréation médicalement assistée
- Production de tissus et d'organes de rechange
- Reproduction sélective
- Transformations d'aliments
- Transformations génétiques

LES ANTIBIOTIQUES

Rares sont les personnes qui n'ont jamais eu besoin de prendre un antibiotique. Un antibiotique est une substance capable de tuer des bactéries ou d'empêcher leur multiplication.

8.39 LES DEUX MODES D'ACTION POSSIBLES DES ANTIBIOTIQUES

Mode d'action	Description
Action bactéricide	Antibiotique capable de tuer des bactéries.
Action bactériostatique	Antibiotique qui empêche la multiplication des bactéries. Le système immunitaire se charge d'éliminer les bactéries restantes.

Dans la nature, on trouve des micro-organismes qui produisent naturellement des antibiotiques de toutes sortes. Il est donc possible d'obtenir divers antibiotiques grâce à la culture cellulaire de ces micro-organismes.

Bien des gens croient à tort que les antibiotiques peuvent guérir toutes les maladies. Or, certaines maladies, telles la varicelle et la grippe, ne sont pas causées par des bactéries mais par des virus. Les antibiotiques sont incapables de combattre les virus. Avant de prescrire un antibiotique, les médecins doivent donc vérifier si la maladie dont souffre une personne est d'origine bactérienne ou virale. La cause d'une maladie peut être vérifiée grâce à la culture cellulaire d'un prélèvement effectuée chez la personne malade.

Malheureusement, les bactéries subissent parfois des modifications qui les rendent résistantes aux antibiotiques. C'est pourquoi il faut parfois prescrire plus d'un antibiotique pour venir à bout de certaines infections. L'apparition de bactéries résistantes oblige les scientifiques à rechercher sans cesse de nouveaux antibiotiques.

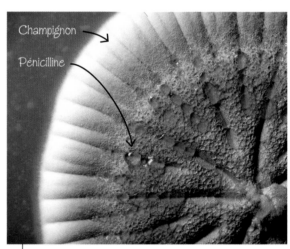

Champignon

Pénicilline

8.40 Le champignon *Penicillium notatum* peut être cultivé pour produire de grandes quantités de pénicilline. Certaines personnes sont cependant allergiques à cet antibiotique.

1. Le virus du Nil occidental est transmis à l'être humain lorsqu'il se fait piquer par un moustique infecté. Ce virus cause une forte fièvre et peut entraîner la mort. Est-ce qu'un traitement aux antibiotiques est adéquat pour combattre ce virus ? Expliquez votre réponse.

2. Quelle question les pharmaciens devraient toujours poser à leurs clients avant de leur remettre un antibiotique à base de pénicilline ?

MÉLANIE DEMERS

Lorsqu'une personne est atteinte d'un cancer, il arrive que certaines cellules cancéreuses se détachent de la tumeur principale pour former de nouvelles tumeurs ailleurs dans l'organisme. Ces nouvelles tumeurs portent le nom de «métastases». Grâce aux biotechnologies, Mélanie Demers et son équipe ont découvert qu'une protéine, la galectine-7, était impliquée dans la formation des métastases.

Mme Demers et son équipe ont réalisé plusieurs cultures cellulaires de tumeurs cancéreuses. Ils ont analysé la quantité de galectine-7 produite par ces cellules cancéreuses. Ils se sont alors rendu compte que plus les cellules cancéreuses cultivées produisaient de la galectine-7, plus elles formaient rapidement des tumeurs cancéreuses. Cette découverte est très prometteuse, car elle signifie qu'il serait possible de dépister des cancers en mesurant la présence de galectine-7 dans l'organisme. Elle pourrait aussi mener à la mise au point de médicaments qui empêcheraient les cellules cancéreuses de produire de la galectine-7 et retarderaient ainsi la formation des métastases.

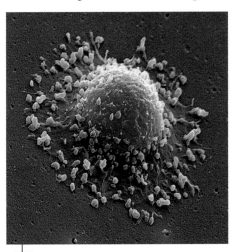

8.41 Cette photo montre une cellule cancéreuse associée à un cancer des poumons.

NOM	Mélanie Demers
EMPLOI	Chercheure à l'Institut Armand-Frappier
RÉGION OÙ ELLE OCCUPE SON EMPLOI	Laval
FORMATION	Baccalauréat en biologie et maîtrise en immunologie-virologie
RÉALISATION DONT ELLE PEUT ÊTRE FIÈRE	Avoir effectué une recherche en laboratoire qui a permis de mieux comprendre la prolifération des cancers

8.42 QUELQUES MÉTIERS ET PROFESSIONS CONNEXES À L'EMPLOI DE MME DEMERS

Métier ou profession	Formation requise	Durée de la formation	Tâches principales
Infirmier ou infirmière auxiliaire	DEP en santé, assistance et soins infirmiers	1800 heures	Aider des personnes ayant divers besoins en santé
Technicien ou technicienne de laboratoire	DEC en techniques de laboratoire	3 ans	Faire des manipulations en laboratoire, des compilations, des traitements, et transmettre des données expérimentales
Pathologiste	Doctorat en médecine avec spécialisation en anatomopathologie	9 ans et plus	Examiner les tissus humains en vue d'identifier et d'analyser des maladies

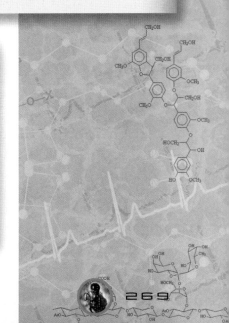

L'UNIVERS

TERRE ET ESPACE

L'HUMAIN EST APPARU ET A ÉVOLUÉ SUR LE SEUL ENDROIT CONNU ABRITANT LA VIE : LA TERRE.

Même si, à nos yeux, cette planète paraît très grande, elle ne représente pourtant qu'un point minuscule dans cette immensité qu'est l'Univers.

L'histoire de la Terre remonte à plus de quatre milliards d'années. Elle raconte l'émergence de nombreuses espèces, dont la nôtre, mais aussi l'extinction de plusieurs. Pour comprendre à quel point la vie est précieuse, nous devons nous intéresser à la situation de la Terre dans l'Univers, à l'histoire de notre planète au fil des temps géologiques, ainsi qu'aux conditions qui ont favorisé le développement de la vie.

SOMMAIRE

2006 — Lancement de la sonde *New Horizons* (à destination de Pluton)

2003 — Découverte de la planète naine Eris

1990 — Mise en orbite du télescope spatial Hubble

1930 — Découverte de la planète naine Pluton

1917 — Détermination de la place du système solaire dans notre galaxie

1846 — Découverte de la planète Neptune

1801 — Découverte de la planète naine Cérès

1785 — Première description de la structure de notre galaxie

1781 — Découverte de la planète Uranus

1718 — Découverte du mouvement des étoiles

1655 — Découverte des anneaux de Saturne

1609 — Découverte de la rotation du Soleil sur lui-même

1608 — Invention de la lunette astronomique

1543 — Publication de l'idée que la Terre et les planètes tournent autour du Soleil

VERS 150 — Diffusion de l'idée que le Soleil tourne autour de la Terre

VERS -1500 — Construction des premiers cadrans solaires

VERS -3300 — Premières descriptions de constellations

L'HUMAIN

ET SA PLANÈTE
DANS L'UNIVERS

À 100 km/h, un voyage jusqu'au Soleil durerait plus de 170 ans. En effet, la distance à parcourir est d'environ 150 millions de kilomètres. Cette distance peut sembler énorme. Pourtant, elle est insignifiante à l'échelle de l'Univers. À tel point que le kilomètre est une unité de mesure trop petite pour exprimer les distances entre les astres. Malgré ses 12 756 km de diamètre, notre planète n'est qu'un point minuscule dans l'Univers. Mais puisque c'est l'endroit où nous vivons, elle est très importante à nos yeux. Comment pouvons-nous la situer dans cette immensité ? Pour y arriver, nous tenterons d'évaluer les distances qui nous séparent des astres les plus proches et nous nous familiariserons avec quelques outils permettant d'observer et de mieux comprendre les objets lumineux qui brillent dans le ciel.

1 L'OBSERVATION DU CIEL

Depuis la nuit des temps, la fascination pour les étoiles a amené les êtres humains à scruter la voûte céleste. Au départ, toutes les observations se faisaient à l'œil nu. Au fil du temps, le développement d'instruments d'observation de plus en plus précis et les débuts de l'exploration spatiale ont permis de nouvelles découvertes et une meilleure compréhension de l'Univers.

1.1 LES INSTRUMENTS D'OBSERVATION

Le premier instrument d'observation utilisé en astronomie, et pendant longtemps le seul, est l'œil. Des instruments technologiques ont ensuite été conçus pour prolonger nos sens. Par exemple, le télescope permet de voir plus en détail les objets très éloignés. Le radiotélescope, quant à lui, permet de capter les ondes radio émises par les astres.

> «Astronomie» est dérivé du grec astron, qui signifie «étoile».

L'OBSERVATION À L'ŒIL NU

Jusqu'au 17ᵉ siècle, les êtres humains se sont fiés uniquement aux phénomènes qu'ils pouvaient observer de leurs propres yeux pour tenter de situer notre planète dans l'Univers. Ils ont pu, notamment, observer les phénomènes astronomiques suivants:

- l'alternance du jour et de la nuit;
- le mouvement apparent des étoiles dans le ciel;
- l'alternance des saisons;
- les phases de la Lune.

L'observation astronomique la plus évidente est probablement l'alternance du jour et de la nuit. Elle a conduit les êtres humains à définir les notions de «jour» et de «nuit» et à mettre au point les premières horloges pour mesurer le temps.

UN CADRAN VIVANT

Le plus gros cadran solaire d'Amérique du Nord se trouve à Sainte-Angèle-de-Laval, au Québec. Depuis 2002, on peut y lire l'heure en se tenant debout à l'endroit indiqué sur sa ligne centrale.

9.1 L'alternance du jour et de la nuit est causée par la rotation de la Terre sur elle-même.

9.2 Le déplacement de l'ombre du Soleil sur un cadran solaire permet de mesurer le temps.

La nuit, lorsqu'on observe le ciel attentivement, on s'aperçoit que presque tous les objets célestes semblent tourner autour d'un point. Dans l'hémisphère Nord, ce point est situé près de l'étoile Polaire.

9.3 L'exposition d'un ciel étoilé sur une pellicule photographique durant plusieurs heures permet de voir que les étoiles semblent tourner autour d'un point situé près de l'étoile Polaire.

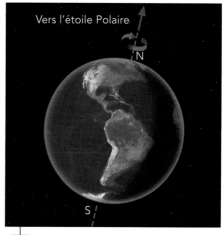

9.4 La Terre tourne sur elle-même selon un axe incliné qui pointe près de l'étoile Polaire. C'est pourquoi nous avons l'impression que tout le ciel tourne autour d'un point situé à proximité de cette étoile.

Cette observation a permis la découverte de cinq planètes (Mercure, Vénus, Mars, Jupiter et Saturne) et de deux autres astres (la Lune et le Soleil). Les

«Planète» provient du grec planêtês *qui signifie «corps errant».*

êtres humains ont compris très tôt que ces sept objets célestes étaient différents des autres parce qu'ils décrivaient une trajectoire différente dans le ciel de celle des étoiles.

Une autre observation astronomique évidente est l'alternance des saisons. Elle a conduit plusieurs civilisations à définir la notion d'«année» et à mettre au point leurs propres calendriers, outils très pratiques dans le domaine de l'agriculture. De la même façon, l'observation des phases de la Lune a conduit à la notion de «mois».

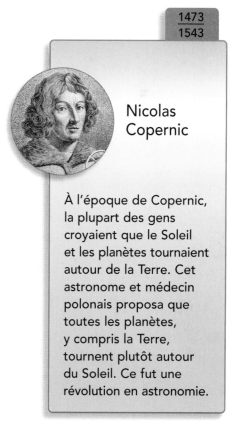

1473
1543

Nicolas Copernic

À l'époque de Copernic, la plupart des gens croyaient que le Soleil et les planètes tournaient autour de la Terre. Cet astronome et médecin polonais proposa que toutes les planètes, y compris la Terre, tournent plutôt autour du Soleil. Ce fut une révolution en astronomie.

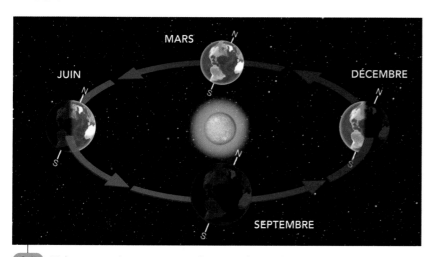

9.5 L'alternance des saisons s'explique par la révolution de la Terre autour du Soleil et par l'inclinaison de l'axe terrestre.

Une aurore polaire.

D'autres phénomènes d'origine astronomique sont aussi visibles à l'œil nu. Le passage d'une comète près de la Terre, les éclipses solaires et lunaires, les aurores polaires, les étoiles filantes et les chutes de météorites en sont quelques exemples.

L'OBSERVATION À L'AIDE D'INSTRUMENTS TECHNOLOGIQUES

Depuis le 17ᵉ siècle, les scientifiques ont mis au point plusieurs instruments technologiques pour localiser et observer plus efficacement les objets de la voûte céleste.

Les lunettes astronomiques et les télescopes sont parmi les plus anciens instruments utilisés pour observer le ciel. Ils ont contribué à convaincre la plupart des astronomes que c'est la Terre qui tourne autour du Soleil, et non l'inverse. Ces instruments ont aussi aidé Isaac Newton, au 17ᵉ siècle, à développer la théorie de la **GRAVITATION UNIVERSELLE**.

Petit à petit, les instruments se sont perfectionnés et diversifiés. De nos jours, on construit des observatoires, on met en orbite des satellites artificiels, dont le télescope spatial Hubble, et on envoie des sondes spatiales explorer l'Univers. Ces instruments technologiques de plus en plus poussés ont permis, entre autres :

- de découvrir de nouvelles planètes (d'abord à l'intérieur, puis à l'extérieur du système solaire) ;
- d'observer des galaxies et des nébuleuses (nuages de poussière cosmique) ;
- de déterminer la vitesse de la lumière ;
- de valider certains aspects d'une théorie sur l'origine de l'Univers (le big-bang).

1642
1727

Isaac Newton

Ce scientifique anglais a développé plusieurs théories scientifiques, mais sa théorie de la gravitation universelle est probablement la plus célèbre. Elle sert notamment à expliquer le mouvement des planètes. Selon cette théorie, la gravité croît avec la masse et décroît avec la distance. Le Soleil attire donc tous les autres objets du système solaire parce que sa masse est beaucoup plus grande que celle des planètes.

1. Module laboratoire Columbus
2. Module de centrifugeuse
3. Nœud 2
4. Module japonais JEM
5. Module logistique d'expérimentation du JEM
6. Module japonais d'expérimentation dans le vide spatial
7. Panneaux de régulation thermique
8. Bras robotique japonais
9. Panneaux solaires
10. Poutre principale de la station
11. Panneaux solaires de la section russe
12. Bras robotique européen
13. Module de contrôle Zarya
14. Module de service
15. Panneaux de régulation thermique
16. Palette porteuse brésilienne Express
17. Module d'habitation américain
18. Vaisseau *Soyouz*
19. Laboratoire scientifique américain Destiny
20. Nœud 3

9.7 Schéma de la Station spatiale internationale, telle qu'elle sera une fois complétée.

Depuis le milieu du 20e siècle, plusieurs pays ont mis sur pied des programmes spatiaux dans le but de mieux comprendre le système solaire ainsi que l'ensemble de l'Univers. Ces programmes ont notamment permis d'envoyer dans l'espace plusieurs personnes et plusieurs engins spatiaux. Quelques stations spatiales ont été construites ou sont en construction : Saliout 1 à 7, Skylab, MIR et la Station spatiale internationale.

Les figures 9.8 à 9.18 (*voir les pages 278 et 279*) retracent quelques étapes de l'exploration humaine de l'espace.

UNE TRACE HUMAINE DANS L'ESPACE

Quel objet fabriqué par l'être humain est actuellement le plus éloigné de la Terre ? Il s'agit de la sonde *Voyager 1*, qui se trouve à plus de 15 milliards de kilomètres de nous.

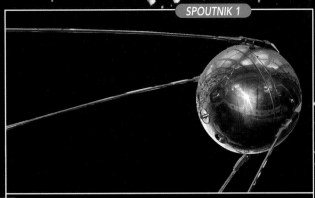

SPOUTNIK 1

9.8 Agence spatiale soviétique, 4 octobre 1957 :
Spoutnik 1 devient le premier satellite artificiel
placé en orbite autour de la Terre.

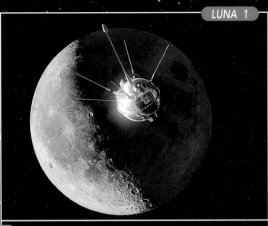

LUNA 1

9.9 Agence spatiale soviétique, 2 janvier 1959 :
Luna 1 est la première sonde à survoler
un autre astre que la Terre, soit la Lune.

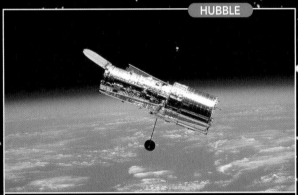

HUBBLE

9.14 Agence spatiale américaine (NASA), 24 avril
1990 : Hubble, le premier télescope spatial, est
placé en orbite autour de la Terre. Il n'est donc
pas gêné par l'atmosphère terrestre au cours
de ses observations.

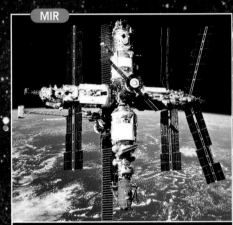

MIR

9.13 Agence spatiale russe, de 1986 à
2001 : Destinée à être habitée en
permanence, la station spatiale
MIR a servi de laboratoire spatial
à de nombreux astronautes.

SOHO

9.15 Agence spatiale américaine (NASA) et
Agence spatiale européenne (ESA),
2 décembre 1995 : La sonde *SOHO* est
lancée pour étudier le Soleil en continu.

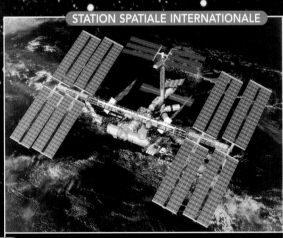

STATION SPATIALE INTERNATIONALE

9.16 Groupe de pays, 20 novembre 1998 :
Le premier élément de la Station spatiale
internationale est mis en orbite. La station
devrait être achevée en 2010.

VOSTOK 1

MARINER 2

9.10 Agence spatiale soviétique, 12 avril 1961 :
Youri Gagarine devient le premier homme
dans l'espace.

9.11 Agence spatiale américaine (NASA),
14 décembre 1962 : *Mariner 2* survole Vénus.
Il s'agit de la première sonde à survoler
une autre planète que la Terre.

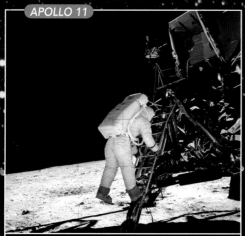

APOLLO 11

9.12 Agence spatiale américaine (NASA),
20 juillet 1969 : Neil Armstrong et
Edwin Aldrin deviennent les premiers
êtres humains à marcher sur la Lune.

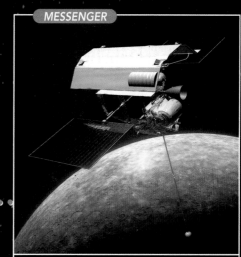

MESSENGER

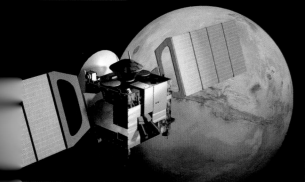

MARS EXPRESS

9.18 Agence spatiale américaine (NASA),
3 août 2004 : La sonde *Messenger*
est lancée. Elle devrait se mettre en
orbite autour de Mercure en mars
2011, après avoir survolé Vénus.

Agence spatiale européenne (ESA), 18 janvier
2004 : La sonde *Mars Express* détecte la
présence d'eau sous forme de glace sur Mars.

9.19 QUELQUES INSTRUMENTS TECHNOLOGIQUES UTILISÉS EN ASTRONOMIE

Instrument	Description
Lunette astronomique (aussi appelée «télescope réfracteur»)	Instrument permettant de recueillir et d'amplifier la lumière à l'aide de lentilles.
Télescope (aussi appelé «télescope réflecteur»)	Instrument permettant de recueillir et d'amplifier la lumière à l'aide de miroirs.
Jumelles	Instrument comportant deux lunettes astronomiques permettant de voir les objets en trois dimensions.
Radiotélescope	Instrument permettant de recueillir et d'amplifier les ondes radio émises par les astres.
Radar	Instrument permettant, entre autres, de mesurer la distance qui nous sépare des autres astres.
Observatoire	Construction terrestre offrant les meilleures conditions possibles pour observer l'Univers à l'aide d'instruments perfectionnés.
Satellite artificiel	Engin non habité mis en orbite autour d'un astre afin de recueillir et de transmettre de l'information sur celui-ci ou sur d'autres astres.
Sonde spatiale	Engin non habité lancé dans l'espace, destiné à l'exploration d'autres astres que la Terre.
Fusée spatiale	Engin, habité ou non, lancé dans l'espace et dont seule une partie est généralement récupérable.
Navette spatiale	Engin habité récupérable (capable d'atterrir), lancé dans l'espace.
Station spatiale	Construction placée en orbite autour de la Terre (ou d'un autre astre), destinée à être habitée et à accomplir plusieurs missions.

Un télescope.

Le radiotélescope de l'observatoire Parkes (Australie).

L'observatoire du mont Mégantic, au Québec.

La sonde *Galileo* (États-Unis).

Une lunette astronomique.

Des jumelles.

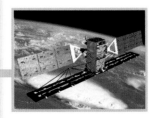

Le satellite *Radarsat 2* (Canada) est équipé d'un radar.

Le satellite *Alouette 1* (Canada).

La fusée *Delta II* (États-Unis).

La station Skylab (États-Unis).

La navette *Atlantis* (États-Unis).

1.2 LES MESURES EN ASTRONOMIE

Pour mesurer les distances sur la Terre, on utilise souvent le kilomètre. Ainsi, on peut dire que la ville de Québec est située à environ 250 km de la ville de Montréal. Cependant, en astronomie, les distances sont gigantesques. La plupart du temps, elles dépassent les millions de kilomètres ! Par exemple, la planète la plus proche de la Terre, Vénus, se trouve à plus de 43 000 000 de kilomètres de notre planète. Les astronomes utilisent donc des unités de mesure mieux adaptées aux dimensions de l'Univers. Nous verrons ici l'unité astronomique et l'année-lumière.

L'UNITÉ ASTRONOMIQUE

L'unité astronomique (UA) est une unité de mesure qui correspond à la distance moyenne entre la Terre et le Soleil. Si la Terre n'est pas toujours à la même distance du Soleil, c'est parce que la trajectoire qu'elle décrit autour du Soleil est une ellipse, c'est-à-dire un cercle légèrement allongé.

Depuis qu'on utilise le radar en astronomie, soit depuis le milieu du 20e siècle, on évalue la valeur de l'unité astronomique à 149 597 870,691 km.

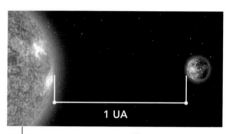

9.20 La Terre est située en moyenne à 1 UA du Soleil.

▶ **L'UNITÉ ASTRONOMIQUE (UA)** est une unité de mesure qui correspond à la distance moyenne entre la Terre et le Soleil, soit environ 150 millions de kilomètres.

CARREFOUR MATHÉMATIQUE

Les calculs avec des grands nombres

Dans le langage courant, le mot «astronomique» évoque souvent quelque chose de très gros, en particulier de très grands nombres.

Les scientifiques utilisent la notation scientifique pour faciliter la manipulation des grands nombres ou des nombres très petits.

Ex.: 43 000 000 s'écrit $4,3 \times 10^7$ en notation scientifique.

Pour additionner ou soustraire deux nombres écrits en notation scientifique, il faut s'assurer qu'ils ont tous les deux le même ordre de grandeur, c'est-à-dire le même exposant à la puissance de 10. Si ce n'est pas le cas, il faut d'abord en transformer un des deux. On peut ensuite additionner ou soustraire les deux nombres décimaux.

Ex.: $(1,2879 \times 10^4) + (3,4089 \times 10^1) = (1,2879 \times 10^4) + (0,003\ 408\ 9 \times 10^4)$
$= (1,2879 + 0,003\ 408\ 9) \times 10^4$
$= 1,291\ 308\ 9 \times 10^4$

Pour multiplier deux nombres écrits en notation scientifique, il faut multiplier les deux nombres décimaux, puis additionner les exposants des puissances de 10.

Ex.: $(1,045 \times 10^7) \times (6,7789 \times 10^4) = (1,045 \times 6,7789) \times (10^{7+4})$
$= 7,083\ 950\ 5 \times 10^{11}$

Pour diviser deux nombres écrits en notation scientifique, il faut diviser les deux nombres décimaux, puis soustraire les exposants des puissances de 10.

Ex.: $(9,2928 \times 10^7) \div (3,63 \times 10^3) = (9,2928 \div 3,63) \times (10^{7-3})$
$= 2,56 \times 10^4$

On confond souvent les mots «exact» et «précis». Une valeur «exacte» correspond à la valeur réelle d'une mesure ou d'une donnée. Par exemple, deux plus deux font exactement quatre. Une valeur «précise» dépend de la précision de l'instrument utilisé et comporte toujours une marge d'erreur. Par exemple, le radar permet de mesurer la valeur de l'unité astronomique avec une marge d'erreur de plus ou moins six mètres. C'est peu, comparativement à 150 millions de kilomètres. Pour obtenir une valeur encore plus précise, donc se rapprocher davantage de la valeur exacte, il faudrait augmenter la précision de nos radars, ce que les chercheurs des générations futures seront sans doute capables de faire.

L'unité astronomique est l'unité de mesure la plus appropriée pour décrire les distances à l'intérieur du système solaire.

L'ANNÉE-LUMIÈRE

Beaucoup d'objets dans l'Univers sont situés à des distances trop grandes pour être exprimées à l'aide de l'unité astronomique. C'est pourquoi une autre unité de mesure, basée sur la vitesse de la lumière, est également très utilisée en astronomie.

Dans le vide, la lumière peut franchir 299 792 km en seulement 1 s. En une année, elle est donc capable de franchir à peu près 9 500 milliards de kilomètres.

$$299\,792\ \frac{km}{s} \times 60\ \frac{s}{min} \times 60\ \frac{min}{h} \times 24\ \frac{h}{j} \times 365,26\ j$$
$$= 9\,460\,530\,000\,000\ km$$

Cette distance correspond à une unité de mesure qu'on appelle «année-lumière». Le symbole de l'année-lumière est al.

> ▶ Une ANNÉE-LUMIÈRE (al) est une unité de mesure qui correspond à la distance parcourue par la lumière en une année, soit environ 9 500 milliards de kilomètres.

L'année-lumière est l'unité de mesure la plus appropriée pour décrire les distances entre les étoiles.

1644
1710

Ole Christansen Römer

Cet astronome danois est le premier à avoir estimé la distance que parcourt la lumière en une seconde. Ses calculs ont permis de confirmer que la lumière ne se propage pas instantanément, mais possède au contraire une vitesse maximale.

9.21 QUELQUES CARACTÉRISTIQUES DE L'UNITÉ ASTRONOMIQUE ET DE L'ANNÉE-LUMIÈRE

Unité de mesure	Symbole	Équivalent en kilomètres	Utilisation
Unité astronomique	UA	150 millions	Exprimer les distances à l'intérieur du système solaire
Année-lumière	al	9 500 milliards	Exprimer les distances entre les étoiles

Au cours de la prochaine section, nous verrons comment on peut situer la Terre dans cette immensité qu'est l'Univers. L'unité astronomique et l'année-lumière nous seront très utiles pour y parvenir.

2 LA TERRE DANS L'UNIVERS

Avant d'entreprendre notre voyage jusqu'aux confins de l'Univers, il convient de connaître la signification de certains termes. La figure 9.22 les présente, ainsi que leur définition.

1er CYCLE
└ Système solaire

9.22 Quelques termes utiles en astronomie.

ASTRE

Tout objet naturel de l'Univers. Synonymes: corps céleste, objet céleste.

Quelques astres visibles dans le ciel nocturne.

ÉTOILE

Astre qui brille par lui-même grâce à l'énergie qu'il produit.

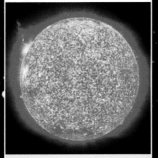

Notre étoile: le Soleil.

PLANÈTE

Astre qui ne brille pas par lui-même, de forme sphérique, qui tourne autour d'une étoile et dont l'orbite n'est partagée par aucun autre astre, sauf ses propres satellites.

Notre planète : la Terre.

PLANÈTE NAINE

Astre qui ne brille pas par lui-même, de forme sphérique, qui tourne autour d'une étoile et qui partage son orbite avec d'autres astres qui ne sont pas ses satellites.

Une planète naine: Cérès.

PETIT CORPS DU SYSTÈME SOLAIRE

Tout astre en orbite autour du Soleil qui n'est ni une planète, ni une planète naine. Par exemple: les astéroïdes et les comètes.

La ceinture d'astéroïdes regroupe une multitude de petits corps du système solaire.

SATELLITE

Astre en orbite autour d'un astre autre qu'une étoile.

Io, un satellite de Jupiter.

ASTÉROÏDE

Astre de forme irrégulière, en orbite autour du Soleil.

L'astéroïde Ida.

COMÈTE

Astre couvert de glace qui se sublime et se désagrège en partie lorsqu'il passe près du Soleil. La traînée qui en résulte forme une queue éclairée par le Soleil.

La comète Hale-Bopp.

2.1 LA TERRE ET LA LUNE

La Lune est le seul satellite naturel de la Terre. Elle est située à une distance moyenne de 384 000 km de la Terre. À 100 km/h, il faudrait 160 jours pour franchir la distance qui sépare notre planète de son satellite.

9.23 La distance Terre-Lune équivaut à 30 fois le diamètre terrestre. Le diamètre de la Lune est plus de trois fois plus petit que celui de la Terre. Sur cette figure, les distances et les diamètres sont à l'échelle.

9.24 QUELQUES DONNÉES SUR LA LUNE

Type de surface	Température à la surface le jour	Température à la surface la nuit	Diamètre à l'équateur	Atmosphère
Roches	127 °C	– 173 °C	3 476 km	Ne possède pas d'atmosphère

Notre satellite naturel n'émet pas de lumière et pourtant, il brille dans le ciel. C'est parce qu'une partie de la lumière du Soleil est réfléchie sur sa surface, comme sur un miroir.

La Lune présente toujours la même face à la Terre. Cela vient du fait qu'elle met autant de temps à faire un tour complet de la Terre qu'à faire un tour complet sur elle-même, soit 27,32 jours (*voir la figure 9.25*).

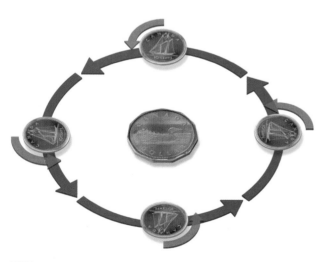

9.25 La pièce de 1 $ représente la Terre. La pièce de 10 ¢ représente la Lune. Ce modèle aide à comprendre que la durée de la rotation de la Lune est équivalente à celle de sa révolution. C'est pourquoi la Lune nous présente toujours la même face.

9.26 La face visible de la Lune.

2.2 LA TERRE DANS LE SYSTÈME SOLAIRE

Le système solaire se compose d'une étoile, de huit planètes (Mercure, Vénus, Terre, Mars, Jupiter, Saturne, Uranus et Neptune), de planètes naines (actuellement, il y en a trois : Cérès, Pluton et Eris), ainsi que de nombreux satellites naturels, astéroïdes et comètes. L'étoile du système solaire est le Soleil. Tout le système solaire est organisé autour de cette étoile.

▶ Le SYSTÈME SOLAIRE est constitué du Soleil et de tous les astres en orbite autour de lui.

LE SOLEIL

Le Soleil est la principale source de chaleur et de lumière du système solaire. L'énergie du Soleil provient des réactions nucléaires qui ont lieu dans le cœur de cette étoile. La lumière émise par le Soleil met environ huit minutes à se rendre sur Terre.

MONDES EXOTIQUES

Les pluies de Vénus contiennent de l'acide sulfurique, celles de Jupiter, de l'ammoniac. Titan, un satellite de Saturne, possède des océans de méthane. Les volcans d'Io, un satellite de Jupiter, crachent du soufre, tandis que ceux d'Europe, un autre satellite de Jupiter, crachent de l'eau.

9.27 QUELQUES DONNÉES SUR LE SOLEIL

Température moyenne en surface	Température moyenne au centre	Diamètre
6000 °C	15 000 000 °C	1 390 000 km

LES PLANÈTES ET LES PLANÈTES NAINES

Le système solaire comporte huit planètes. À l'heure actuelle, il compte aussi trois planètes naines. Au cours des prochaines années, on s'attend à ce que plusieurs autres astres accèdent au titre de planète naine. La figure 9.29 (*voir les pages 286 et 287*) indique l'emplacement des planètes et des planètes naines, tandis que le tableau 9.30 (*également aux pages 286 et 287*) décrit quelques-unes de leurs caractéristiques.

LA CEINTURE D'ASTÉROÏDES

Entre les planètes Mars et Jupiter, se trouve une ceinture d'astéroïdes. La plupart des astéroïdes de notre système solaire en font partie, ainsi que la planète naine Cérès, découverte en 1801. Si on regroupait Cérès et tous les astéroïdes ensemble, le diamètre du corps formé serait plus de deux fois plus petit que celui de la Lune. Jusqu'à présent, aucune sonde n'est entrée en collision avec un astre de cette ceinture et il est peu probable que cela se produise dans l'avenir. En effet, la distance moyenne entre deux astéroïdes dépasse plusieurs fois la distance entre la Terre et la Lune.

9.28 À l'avant-plan : Cérès. À l'arrière plan : le Soleil. Entre les deux, une multitude de petits astres forment la ceinture d'astéroïdes.

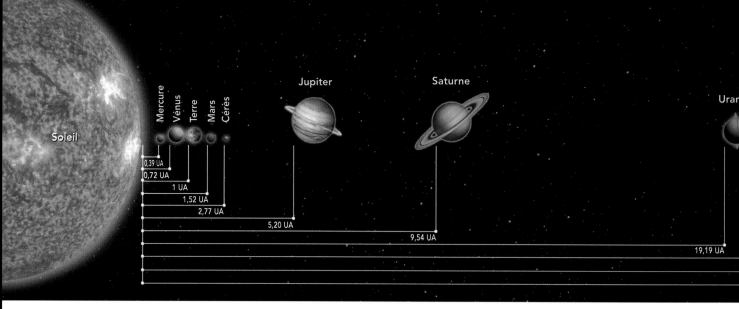

9.30 QUELQUES DONNÉES SUR LES PLANÈTES ET LES PLANÈTES NAINES

Nom	Renseignements	Type de surface	Température moyenne à la surface
Mercure	Il y fait très chaud le jour, à cause de la proximité du Soleil. Cependant, ses nuits sont très froides, car elle n'a pratiquement pas d'atmosphère pour retenir la chaleur.	Roches	167 °C (Varie entre −180 °C et 450 °C)
Vénus	C'est le troisième astre le plus brillant du ciel, après le Soleil et la Lune. Son atmosphère est principalement constituée de dioxyde de carbone, un gaz à effet de serre. C'est pourquoi sa température est si élevée.	Roches	477 °C
Terre	Les océans confèrent à notre planète une couleur bleue, parsemée de brun et de vert, à cause des continents, et de blanc, à cause des nuages et de la neige.	Roches et eau liquide	20 °C
Mars	Sa couleur rouge est observable à l'œil nu. Cette couleur provient de l'abondance de l'oxyde de fer, c'est-à-dire de rouille. Elle possède une quantité appréciable d'eau sous forme de glace.	Roches	−40 °C
Cérès (Planète naine)	À elle seule, cette planète naine contiendrait le tiers de toute la masse de la ceinture d'astéroïdes.	Roches	−100 °C
Jupiter	C'est la plus grosse planète du système solaire. Sa masse est deux fois et demie plus grande que celle de toutes les autres planètes réunies. De plus, son diamètre est 11 fois plus grand que celui de la Terre.	Gaz	−110 °C
Saturne	C'est la deuxième plus grosse planète du système solaire. Elle se distingue par ses magnifiques anneaux, qui sont visibles même avec un télescope peu puissant.	Gaz	−180 °C
Uranus	Elle n'est pas visible à l'œil nu. Elle a été découverte en 1781, grâce à la lunette astronomique.	Gaz	−221 °C
Neptune	Elle a été découverte en 1846. On l'appelle parfois «l'autre planète bleue». C'est le méthane contenu dans son atmosphère qui lui confère cette couleur.	Gaz	−230 °C
Pluton (Planète naine)	Cette planète naine est plus petite que la Lune. Elle a été découverte en 1930. Jusqu'en 2006, on l'a considérée comme une planète.	Glaces	−238 °C
Eris (Planète naine)	Son orbite très elliptique varie entre 37,77 UA et 97,56 UA. Elle a été découverte en 2003.	Glaces	−243 °C

9.29 Distances moyennes entre les planètes, les planètes naines et le Soleil. (Les dimensions des astres ne sont pas à l'échelle.)

Diamètre à l'équateur	Durée de la révolution autour du Soleil	Durée de la rotation	Nombre de satellites naturels connus	Constituants principaux de l'atmosphère
4878 km	88 jours	58,7 jours	0	Hydrogène et hélium (atmosphère très mince)
12 104 km	224,7 jours	243 jours	0	Dioxyde de carbone et diazote
12 756 km	365,26 jours	23 h 56 min 04 s	1 (la Lune)	Diazote et dioxygène
6794 km	1,88 année	24 h 37 min 23 s	2 (Phobos et Deimos)	Dioxyde de carbone, diazote et argon
940 km	4,6 années	9 h 4 min 28 s	0	Peu connue
142 800 km	11,86 années	9 h 55 min 30 s	63 (dont Io, Europe, Ganymède et Callisto)	Dihydrogène, hélium et méthane
120 000 km	29,46 années	10 h 39 min 25 s	33 (dont Titan)	Dihydrogène, hélium et méthane
51 120 km	84,04 années	17 h 12 min	27	Dihydrogène, hélium et méthane
49 528 km	164,8 années	16 h 6 min	13 (dont Triton)	Dihydrogène, hélium et méthane
2290 km	247,7 années	6,39 jours	3 (dont Charon)	Peu connue
Environ 2400 km	Environ 557 années	Peu connue	1 (Dysnomia)	Peu connue

Pluton perd son statut de planète

Après une semaine de débats passionnés, les astronomes réunis à Prague (République tchèque) du 14 au 25 août 2006, à l'occasion du congrès de l'Union astronomique internationale, ont adopté une nouvelle définition du mot «planète» qui exclut Pluton.

Selon cette définition, une planète est un corps céleste sphérique qui tourne autour d'une étoile, en l'occurrence notre Soleil. Autre critère: l'orbite d'une planète doit être exempte de tout débris cosmique. Or, Pluton ne répond pas à cette dernière obligation. En effet, elle n'est pas dotée d'une gravité suffisante pour faire le vide autour d'elle.

Pluton et son principal satellite, Charon.

Pluton voyait son statut contesté depuis plusieurs années. D'abord, elle est bien plus petite qu'on le pensait au moment de sa découverte, en 1930, par l'Américain Clyde Tombaugh. De plus, alors que la structure des planètes classiques est constituée de roches (comme la Terre) ou de gaz (comme Jupiter), Pluton est principalement formée de glaces.

Adapté de: Pauline GRAVEL,
«Le système solaire perd une planète»,
Le Devoir, 25 août 2006, p. A1.

LA CEINTURE DE KUIPER

Le système solaire ne se limite pas au Soleil, à ses huit planètes, à ses trois planètes naines et à la ceinture d'astéroïdes. Au-delà de l'orbite de Neptune, se trouve en effet une seconde ceinture d'astéroïdes et de comètes: la ceinture de Kuiper. L'emplacement de la ceinture de Kuiper, dont la découverte remonte à 1992, n'est pas encore connu avec certitude. On croit qu'elle pourrait s'étendre de 40 UA du Soleil jusqu'à plus de 120 UA. Les planètes naines Pluton et Eris font partie de cette ceinture.

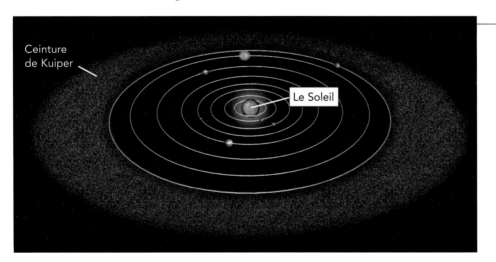

Ceinture de Kuiper

Le Soleil

9.31 La largeur de la ceinture de Kuiper pourrait atteindre environ 80 UA.

Beaucoup plus loin encore dans le système solaire, soit entre environ 40 000 UA et environ 150 000 UA du Soleil, se trouverait un immense réservoir d'astéroïdes et de comètes appelé le «nuage de Oort». Parfois, l'orbite d'un des astéroïdes qui le composent est déviée vers le Soleil. La glace de cet astéroïde fond alors partiellement et il devient une comète. C'est en calculant les orbites de plusieurs comètes passant près du Soleil que les astronomes ont pu déduire l'existence du nuage de Oort. En effet, les objets qui composent le nuage de Oort sont beaucoup trop loin et trop petits pour qu'on puisse les observer directement. L'emplacement du nuage de Oort correspondrait à la limite du système solaire.

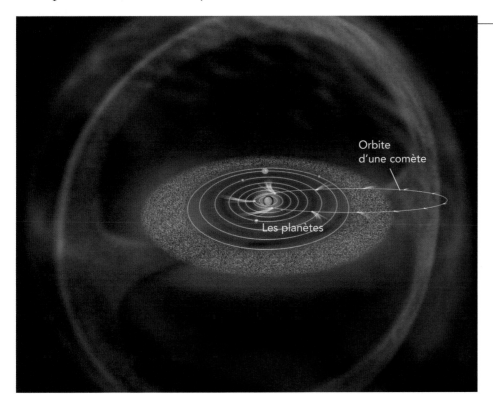

9.32 La forme sphérique du nuage de Oort lui donne l'apparence d'une bulle.

Orbite d'une comète

Les planètes

2.3 LE SYSTÈME SOLAIRE DANS SA GALAXIE : LA VOIE LACTÉE

Les astronomes savent maintenant que le Soleil n'est qu'une étoile parmi tant d'autres. Il en existe de plus petites, de plus grosses, de plus chaudes, de plus froides, de plus vieilles et de plus jeunes. Les scientifiques découvrent aussi de plus en plus d'astres en orbite autour d'autres étoiles. Ce sont les exoplanètes. Il pourrait donc exister d'autres systèmes comparables à notre système solaire.

> «Exoplanète» est formé du préfixe exo qui signifie «au-dehors».

L'étoile la plus près du système solaire se nomme «Proxima du Centaure». Elle est située à 4,22 al de notre planète. Elle est donc environ 275 000 fois plus loin de la Terre que notre Soleil.

DES LUMIÈRES QUI ÉTEIGNENT LES ÉTOILES ⓘ

Pourquoi certaines personnes s'opposent-elles au ski de soirée au mont Orford (en Estrie)? Une des raisons invoquées est de limiter la pollution lumineuse à proximité de l'observatoire du mont Mégantic, le dernier observatoire d'Amérique du Nord encore capable d'observer les limites de notre galaxie. 📖

Les étoiles sont groupées au sein de grands ensembles que l'on appelle des «galaxies». Toutes les galaxies contiennent des astres semblables aux planètes et aux astéroïdes, ainsi que de la poussière cosmique. Toute la matière d'une galaxie est en orbite autour de son centre. Par exemple, le Soleil et tout le système solaire mettent 220 millions d'années à décrire une orbite complète autour du centre de notre galaxie.

> ◗ Une GALAXIE est un énorme regroupement d'étoiles et de matière en orbite autour de son centre.

La galaxie dont fait partie le système solaire se nomme la «Voie lactée».
On l'appelle ainsi parce que, vue de

«Galaxie» est dérivé du grec gala, qui signifie «lait».

la Terre, elle ressemble à une bande laiteuse qui traverse le ciel. Toutes les étoiles visibles à l'œil nu dans le ciel en font partie. Nous sommes capables d'en distinguer à peu près 6000, mais la Voie lactée en contient en réalité environ 200 milliards.

> ◗ La VOIE LACTÉE est la galaxie dans laquelle nous vivons.

La Voie lactée a un diamètre de 100 000 al. Notre Soleil et notre système solaire se trouvent à 26 000 al du centre de la galaxie.

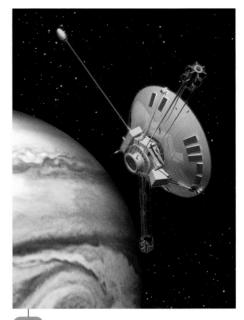

9.33 Après avoir exploré Jupiter, la sonde *Pioneer 10* se dirige présentement vers une étoile située assez près du système solaire: Aldébaran (environ 65 al). À sa vitesse actuelle, soit plus de 43 000 km/h, *Pioneer 10* devrait l'atteindre dans environ deux millions d'années!

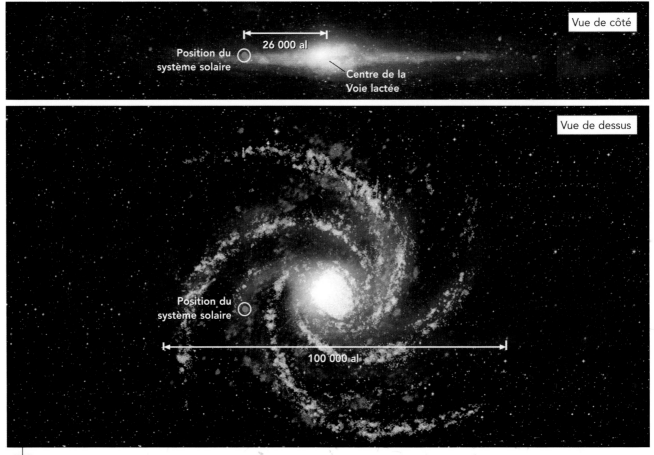

Vue de côté

26 000 al

Position du système solaire

Centre de la Voie lactée

Vue de dessus

Position du système solaire

100 000 al

9.34 La Voie lactée ressemble à un disque.

Les observations actuelles indiquent que la Voie lactée n'est qu'une galaxie parmi les milliards de galaxies que compte l'Univers. Le nombre d'étoiles d'une galaxie peut varier de quelques millions à des centaines de milliards.

 GALAXIE SPIRALE  GALAXIE ELLIPTIQUE GALAXIE IRRÉGULIÈRE

9.35 Les trois types de galaxies.

On classe les galaxies en trois types, selon leur forme : en spirale, elliptique et irrégulière. La Voie lactée est une galaxie spirale.

La galaxie la plus près de la Voie lactée est celle du Grand Chien. Elle se trouve à 25 000 al du système solaire. Il s'agit d'une galaxie plus petite que la nôtre, située juste en dessous du disque de la Voie lactée. Sa forme irrégulière donne l'impression qu'elle est en train d'être aspirée par la gravité de notre galaxie.

1889
1953

Edwin Hubble

C'est à cet astronome et mathématicien américain que revient le classement des galaxies encore utilisé de nos jours. En son honneur, on a donné son nom au premier télescope spatial.

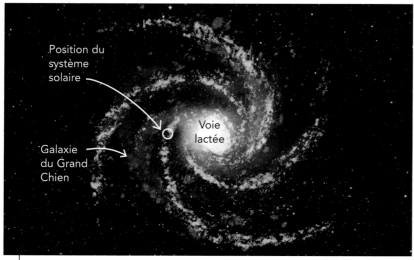

Position du système solaire

Voie lactée

Galaxie du Grand Chien

9.36 La Voie lactée (en bleu) et sa plus proche voisine, la galaxie du Grand Chien (en rouge), découverte en novembre 2003.

La galaxie d'Andromède est située à 2,5 millions d'années-lumière. La Voie lactée et la galaxie d'Andromède sont les deux principales galaxies d'un groupe qui en compte une trentaine. Les scientifiques donnent à ce groupe le nom de «groupe local» ou «amas local». On trouve de tels groupes de galaxies partout dans l'Univers.

L'Univers actuellement observable s'étend sur une distance d'environ 15 milliards d'années-lumière. Encore une fois, il ne s'agit probablement que d'une infime partie de l'Univers entier.

Selon nos connaissances actuelles, l'Univers contient donc un nombre gigantesque d'astres et de galaxies. Combien de galaxies contiennent des systèmes solaires semblables au nôtre? Combien d'astres sont susceptibles d'abriter la vie? Nous ne le savons pas encore. Cependant, les recherches se poursuivent, car l'existence de la vie extra-terrestre est une question qui préoccupe non seulement les astronomes, mais aussi l'humanité tout entière.

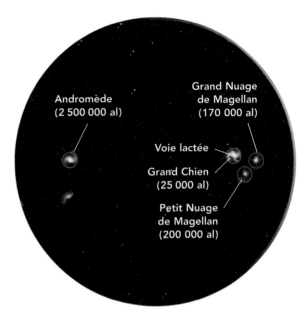

9.37 Le groupe local comprend la Voie lactée et les galaxies qui lui sont voisines.

À la recherche de vie extraterrestre

Ceux qui scrutent le ciel à la recherche de vie extra-terrestre sauront maintenant dans quelles directions pointer leurs instruments. Lors d'une conférence de la Société américaine pour la promotion de la science, Margaret Turnbull a présenté la liste des dix étoiles qui ont le plus de chance d'héberger des êtres vivants.

Pour en arriver à cette liste, cette astronome de l'Institut Carnegie (États-Unis) a sélectionné les étoiles selon leurs caractéristiques physico-chimiques. Tout d'abord l'âge: elles doivent être âgées d'au moins trois milliards d'années, le temps pour une planète de se former et de voir apparaître la vie. Les étoiles doivent aussi être riches en métaux lourds, notamment en fer.

Parmi les dix candidates ainsi retenues, la moitié pourra être «écoutée» par radiotélescope. Les autres, beaucoup plus près de nous, pourraient un jour être observées directement à l'aide de télescopes spatiaux. ■

Adapté de: Yaroslav PIGENET, «À saisir: espace parfait pour vie extraterrestre», *20minutes.fr*, édition du 21 février 2006.

Margaret Turnbull devant le radiotélescope d'Arecibo (Porto Rico).

VERDICT

1 L'OBSERVATION DU CIEL (p. 274-282)

1. Certains phénomènes astronomiques sont visibles à l'œil nu tandis que d'autres nécessitent l'utilisation d'instruments d'observation. Parmi les phénomènes astronomiques suivants, indiquez ceux qu'il est possible d'observer à l'œil nu.

   - Une éclipse de Lune.
   - La grande tache rouge de Jupiter.
   - L'écrasement d'un météorite sur Mars.
   - Le mouvement apparent des étoiles dans le ciel.
   - Les anneaux de Saturne.
   - L'alternance du jour et de la nuit sur Terre.

2. Nommez trois instruments pouvant servir à l'observation du ciel nocturne.

3. Quelles sont les cinq planètes découvertes grâce à l'observation à l'œil nu?

4. Quelles sont les deux planètes découvertes grâce à la lunette astronomique ou au télescope?

5. Donnez une définition des termes «unité astronomique» et «année-lumière».

6. Quelle est la vitesse de la lumière (en km/s)?

7. Le kilomètre, l'unité astronomique et l'année-lumière sont trois unités de mesure des distances. Laquelle est la plus appropriée pour calculer chacune des distances suivantes?

   a) La distance entre Jupiter et Mercure.

   b) La distance entre le Soleil et l'étoile Rigel.

   c) La distance entre la Terre et la Lune.

   d) La distance entre Gaspé et Rouyn-Noranda.

   e) La distance entre la Voie lactée et la galaxie d'Andromède.

8. Le 3 avril 2024, la Terre et Jupiter se trouveront respectivement à 1,0 UA et à 5,0 UA du Soleil.

   a) Combien de fois Jupiter sera-t-elle plus éloignée du Soleil que la Terre?

   b) Ces données sont-elles suffisantes pour connaître la distance entre la Terre et Jupiter à cette date? Expliquez votre réponse à l'aide d'un schéma.

   c) À cette date, Jupiter se trouvera à combien de kilomètres du Soleil?

9. En 1987, on a observé dans le ciel l'explosion de l'étoile SN1987A. Cette étoile était située à 170 000 al de notre planète.

Étoile SN1987A

   a) Depuis combien de temps cette étoile a-t-elle explosé? Expliquez votre réponse.

   b) À quelle distance, en kilomètres, l'étoile SN1987A était-elle de la Terre au moment de son explosion? Montrez les détails de vos calculs.

10. Le Petit Nuage de Magellan est une galaxie voisine de la nôtre. Il est situé à environ 200 000 al. Exprimez cette distance en kilomètres.

2 LA TERRE DANS L'UNIVERS (p. 283-292)

11. Le Soleil est une source de chaleur et de lumière pour la Terre et l'ensemble du système solaire. Peut-on affirmer que le Soleil est une étoile ? Expliquez votre réponse.

12. Longtemps, les êtres humains ont cru que tous les astres tournaient autour de la Terre. Nos connaissances actuelles nous permettent de dire que ce n'est pas le cas. Or, il y a effectivement un astre qui est en orbite autour de la Terre.

    a) Quel est le nom de cet astre ?

    b) À quelle distance de la Terre se trouve-t-il en moyenne ?

13. Combien de temps s'écoule-t-il entre deux pleines lunes ?

14. Quel phénomène est à l'origine de l'énergie du Soleil ?

15. Le diamètre du Soleil est environ combien de fois plus grand que celui de la Terre ?

16. Quelles sont les planètes du système solaire qui ne possèdent aucun satellite naturel connu ?

17. «Mangez vos tartes, mais juste sur une nappe.» Cette phrase peut être utilisée pour se souvenir du nom des planètes, ainsi que leur ordre à partir du Soleil. En effet, la première lettre de chaque mot de cette phrase correspond à la première lettre de chaque planète.

    a) Indiquez à quelle planète correspond la première lettre de chaque mot de la phrase.

    b) Pour chaque planète, indiquez à quelle distance du Soleil elle est située en moyenne.

    c) Nommez les trois planètes naines actuellement connues et indiquez leur distance moyenne du Soleil.

18. Une planète du système solaire est située à 4 500 000 000 km du Soleil.

    a) Quelle est sa distance moyenne du Soleil en unités astronomiques ?

    b) De quelle planète s'agit-il ?

19. Les planètes qui, comme la Terre, ont une surface rocheuse sont aussi appelées «planètes telluriques».

    a) Quelles sont les planètes telluriques du système solaire ?

    b) Une des planètes naines a également une surface rocheuse. Nommez-la.

    c) Nommez les deux autres planètes naines du système solaire et indiquez la composition de leur surface.

20. Il est peu probable qu'un engin spatial puisse se poser sur une planète dont l'orbite est située au-delà de celle de Mars. Pour les explorer, les engins spatiaux doivent se contenter de survoler ces planètes.

    a) Quelles sont les planètes dont l'orbite se trouve au-delà de celle de Mars ?

    b) Pourquoi un engin spatial ne pourrait-il pas se poser sur la surface de ces planètes ?

21. Répondez aux questions suivantes.

    a) Pourquoi la température moyenne à la surface de Vénus est-elle si élevée ?

b) Pourquoi Mars nous paraît-elle rouge?

c) Pourquoi Neptune nous paraît-elle bleue?

22. Qu'est-ce qui distingue une comète d'un astéroïde?

23. La Voie lactée est la galaxie dans laquelle nous vivons.

a) Qu'est-ce qu'une galaxie?

b) À quelle distance sommes-nous du centre de notre galaxie?

c) Environ combien d'étoiles compte la Voie lactée?

d) Comment s'appelle la plus proche voisine de notre galaxie?

e) À quelle distance de notre galaxie se trouve-t-elle?

24. La photo ci-dessous montre la galaxie d'Andromède.

a) S'agit-il d'une galaxie elliptique, spirale ou irrégulière?

b) La Voie lactée est-elle une galaxie du même type que la galaxie d'Andromède? Si non, à quel type appartient-elle?

25. Vrai ou faux?

a) Le Soleil est situé au centre du système solaire.

b) Le système solaire est situé au centre de la Voie lactée.

c) La Voie lactée est située au centre de l'Univers.

RÉSEAU DE CONCEPTS

COMMENT CONSTRUIRE UN RÉSEAU DE CONCEPTS

Préparez votre propre résumé du chapitre 9 en construisant un réseau de concepts à partir des termes et des expressions qui suivent:

- Année-lumière
- Étoiles
- Galaxies
- Lune
- Planètes
- Satellites
- Soleil
- Système solaire
- Terre
- Unité astronomique
- Univers
- Voie lactée

LE MAL DE L'ESPACE

Dans un vaisseau ou une station spatiale en orbite autour de la Terre, les astronautes ne ressentent pas l'effet de la gravité terrestre : ils sont en apesanteur. L'apesanteur est la principale cause du mal de l'espace, un malaise qui touche parfois les astronautes. Il se définit comme étant l'ensemble des symptômes qui se manifestent lors d'un séjour dans l'espace.

Tout d'abord, l'astronaute a de la difficulté à s'orienter, ce qui peut occasionner des nausées, des vertiges et des hallucinations. Normalement, cette situation s'estompe après trois jours, à mesure que le corps s'adapte à l'absence de gravité.

Le manque de gravité provoque aussi des changements physiques chez les astronautes. Plus la durée du séjour est longue, plus ces changements sont importants. La figure 9.38 en présente quelques-uns.

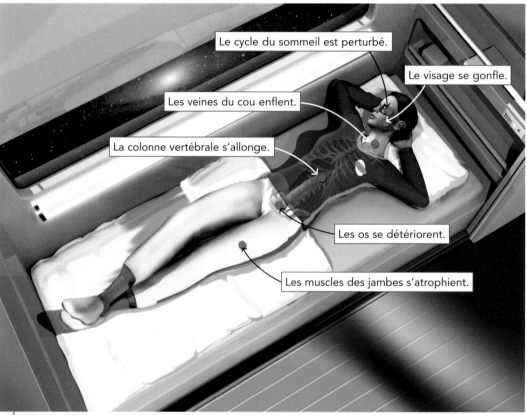

Le cycle du sommeil est perturbé.

Le visage se gonfle.

Les veines du cou enflent.

La colonne vertébrale s'allonge.

Les os se détériorent.

Les muscles des jambes s'atrophient.

9.38 Quelques changements physiques que peut ressentir un ou une astronaute souffrant du mal de l'espace.

1. Imaginez que l'on vous offre un séjour dans l'espace. Accepteriez-vous d'y aller ? Dans un tableau, énumérez les avantages et les inconvénients d'un tel séjour.

2. Le mal de mer et le mal de l'espace présentent des ressemblances et des différences. Énumérez-les dans un tableau.

JULIE PAYETTE

Julie Payette s'est entraînée de nombreuses heures afin de se préparer à accomplir une mission dans l'espace. Du 27 mai au 6 juin 1999, elle a fait partie de l'équipage de la 26ᵉ mission de vol de la navette spatiale *Discovery*. À cette occasion, elle est devenue la première canadienne à pénétrer dans la Station spatiale internationale. Au cours de sa mission, elle a réparé les batteries solaires de la Station, elle s'est occupée du transfert, du rangement et de l'installation de quatre tonnes de matériel, elle a opéré le bras canadien et elle a monté un dossier de photos de l'extérieur de la Station et de parties moins photographiées de la Terre.

9.39 Julie Payette travaillant dans la navette spatiale.

9.40 QUELQUES MÉTIERS ET PROFESSIONS CONNEXES À L'EMPLOI DE Mᵐᵉ PAYETTE

Métier ou profession	Formation requise	Durée de la formation	Tâches principales
Mécanicien ou mécanicienne d'accessoires en aéronefs	DEP en montage mécanique en aérospatiale	1035 heures	● Réparer, installer et entretenir des systèmes mécaniques ou hydrauliques
Pilote d'aéronef	DEC en techniques de pilotage d'aéronefs	3 ans	● Piloter des aéronefs ● Appliquer les règlements de l'aviation
Astrophysicien ou astrophysicienne	BAC en physique avec spécialisation	3 ans et plus	● Mener des recherches scientifiques liées aux phénomènes physiques et astronomiques

NOM

Julie Payette

EMPLOI

Astronaute à la NASA et astronaute en chef de l'Agence spatiale canadienne

RÉGION OÙ ELLE OCCUPE SON EMPLOI

Partout dans le monde, entre autres au Canada et en Europe

FORMATION

Maîtrise en sciences appliquées (ingénierie informatique), licence de pilote professionnelle, brevet de plongée en eaux profondes, formation d'astronaute à la NASA

RÉALISATION DONT ELLE PEUT ÊTRE FIÈRE

Avoir participé au premier amarrage manuel de la navette spatiale *Discovery* à la Station spatiale internationale

2005 — Datation des plus vieux ossements découverts d'*Homo sapiens*: ils ont 195 000 ans

1999 — Inscription du parc national de Miguasha (Gaspésie) sur la Liste du patrimoine mondial de l'UNESCO

1949 — Mise au point de la technique de datation au carbone 14

1947 — Établissement de l'âge de la Terre à 4,6 milliards d'années

1926 — Découverte d'œufs fossilisés de dinosaures

1915 — Théorie de la dérive des continents

1859 — Théories de l'évolution et de la sélection naturelle

1848 — Découverte des premiers squelettes de l'Homme de Néandertal

1822 — Découverte des premiers fossiles de dinosaures

1815 — Démonstration que la présence de fossiles permet de dater certaines roches

1669 — Publication de l'idée selon laquelle les couches rocheuses plus profondes sont plus anciennes

-550 — Découverte de fossiles prouvant que les mers n'ont pas toujours été situées aux mêmes endroits

L'HUMAIN

ET SES ORIGINES

L'histoire de la vie sur la Terre est une très, très longue histoire. Elle dure en fait depuis quelques milliards d'années. Toutefois, notre espèce, *Homo sapiens*, n'existe que depuis 195 000 ans ! À l'échelle des temps, c'est très peu. Ainsi, aucun de nos ancêtres les plus proches n'aurait côtoyé les dinosaures, ces animaux qui ont pourtant dominé notre planète pendant des millions d'années avant de disparaître. Quelles conditions ont permis à la vie d'apparaître sur la Terre ? Comment a-t-elle évolué ? Comment savons-nous que certaines espèces ont déjà existé alors qu'elles sont disparues depuis des millions d'années ? Ce chapitre, qui consiste en une description des grands épisodes de l'histoire de la vie, nous permettra de répondre à ces questions.

1 L'ORIGINE DE LA VIE

La Terre est le seul endroit où l'on observe actuellement de la vie. Depuis sa formation, la Terre a subi de multiples modifications qui ont permis à la vie d'apparaître, puis de se diversifier pour en arriver à prendre toutes les formes qui existent aujourd'hui. Entre la formation de la Terre et la naissance de la vie, il s'est écoulé environ un milliard d'années...

1er CYCLE

- Comètes
- Impacts météoritiques
- Structure interne de la Terre
- Système solaire

1.1 LA FORMATION DE LA TERRE

Il y a environ 4,6 milliards d'années, un nuage de gaz et de poussières a donné naissance au système solaire. Le Soleil s'est formé au centre de ce nuage; il constitue environ 98 % de toute la masse du système solaire. Les planètes et autres corps célestes du système solaire se sont formés autour du Soleil.

La Terre est donc constituée d'une partie de la matière qui est restée en orbite autour du Soleil. Cette matière s'est concentrée pour former notre planète. La Terre s'est ensuite refroidie peu à peu, ce qui a conduit à la formation du noyau, du manteau, puis de la croûte terrestre. La figure 10.1 montre la structure de la Terre depuis sa formation jusqu'à aujourd'hui.

LA TERRE

IL Y A 4,6 MILLIARDS D'ANNÉES

De petites particules de roches, de poussières et des gaz s'assemblent peu à peu sous l'effet de leur propre gravité. Ce phénomène se nomme «l'accrétion». La Terre s'est ainsi formée en plusieurs millions d'années.

IL Y A 4,2 MILLIARDS D'ANNÉES

La pression au centre de la Terre est si forte et la chaleur si intense que les roches fondent et se mélangent. Des gaz se libèrent. La surface de la Terre se refroidit et une écorce de roches solides se forme.

IL Y A 3,5 MILLIARDS D'ANNÉES

Les océans et l'atmosphère se forment. L'atmosphère d'alors se compose de gaz volcaniques qui provoquent des pluies. Ces pluies entraînent la formation des océans. Les surfaces rocheuses qui n'étaient pas immergées dans l'eau forment les premiers continents. C'est à cette époque que serait apparue la vie.

10.1 La formation de la Terre et sa structure actuelle.

Au cours des premiers millions d'années de son existence, la Terre fut bombardée par de nombreux corps célestes (astéroïdes, météorites, comètes). L'un de ces impacts aurait été à l'origine de la formation de la Lune. En effet, on pense que la Lune se serait formée lorsqu'un corps céleste de grande taille aurait frappé la Terre. L'impact aurait provoqué le détachement d'un morceau de la Terre. Les débris de cet impact se seraient rassemblés en orbite autour de la Terre et auraient formé la Lune.

10.2 L'impact d'un immense corps céleste avec la Terre aurait entraîné la formation de la Lune.

La plupart des scientifiques s'entendent pour dire que les bombardements intensifs de météorites auraient cessé il y a 3,9 milliards d'années. La vie pouvait alors apparaître sur Terre. Il fallut cependant que des conditions favorables au développement de la vie soient réunies.

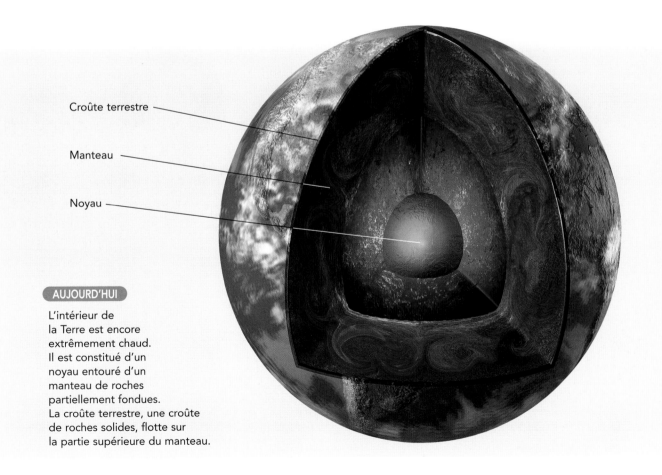

Croûte terrestre

Manteau

Noyau

AUJOURD'HUI

L'intérieur de la Terre est encore extrêmement chaud. Il est constitué d'un noyau entouré d'un manteau de roches partiellement fondues. La croûte terrestre, une croûte de roches solides, flotte sur la partie supérieure du manteau.

1.2 LES CONDITIONS FAVORABLES AU DÉVELOPPEMENT DE LA VIE

Les plus anciennes roches de la Terre ont été découvertes dans le nord du Québec. Elles datent d'environ 3,8 milliards d'années. Certaines de leurs propriétés chimiques laissent croire que la vie aurait pu être possible à cette époque. Cependant, les premiers signes de vie terrestre, c'est-à-dire les plus anciens **FOSSILES** d'organismes, remontent à il y a 3,5 milliards d'années. La vie serait donc apparue il y a 3,5 à 3,8 milliards d'années. Voyons comment cela aurait pu se produire.

Tout d'abord, il faut savoir que tous les êtres vivants sont fabriqués d'eau et de molécules complexes, comme les protéines, les sucres, les lipides, les hormones. Or, les premières molécules qui étaient présentes sur la Terre étaient toutes des molécules simples, comme le dioxyde de carbone (CO_2) et le diazote (N_2). Pour que la vie apparaisse :

- les molécules simples ont d'abord dû se réorganiser en molécules complexes du vivant grâce à des réactions chimiques ;
- ces molécules complexes ont dû s'agencer de façon à former des cellules, et ces cellules devaient être capables de se reproduire en d'autres cellules semblables.

Dans la nature, pour que la synthèse de molécules complexes à partir de molécules simples se réalise, il faut beaucoup d'énergie. De plus, les molécules formées sont très instables : elles peuvent facilement se décomposer. Pour que la vie puisse apparaître, il a donc fallu que certaines conditions soient remplies. Ces conditions constituent les «conditions favorables au développement de la vie».

> ▶ Les **CONDITIONS FAVORABLES AU DÉVELOPPEMENT DE LA VIE** sont les conditions qui ont permis la synthèse des premières molécules du vivant ainsi que leur agencement en cellules vivantes.

Quatre conditions auraient favorisé le développement de la vie sur la Terre. Il s'agit de :

- la présence des éléments chimiques nécessaires ;
- la présence d'une source d'énergie ;
- la présence d'eau liquide ;
- une très longue période de temps.

La figure 10.3 résume comment ces conditions ont pu permettre l'apparition des premières cellules vivantes.

Ainsi, il y a environ 3,5 milliards d'années, ces conditions étaient réunies sur la Terre. L'atmosphère, les océans et les continents étaient en train de se former. Les volcans rejetaient des gaz contenant des éléments nécessaires à la vie. L'eau liquide devenait abondante. Voyons plus en détail ce qu'il en était...

1er CYCLE
- Atmosphère
- Élément
- Molécule

1930
-

Stanley Miller

En 1953, ce scientifique américain, aidé de son professeur, Harold Urey, démontra qu'il est possible de synthétiser en laboratoire des molécules complexes du vivant à partir de certaines molécules simples. Par la suite, de nombreux autres chercheurs tentèrent des expériences similaires avec succès.

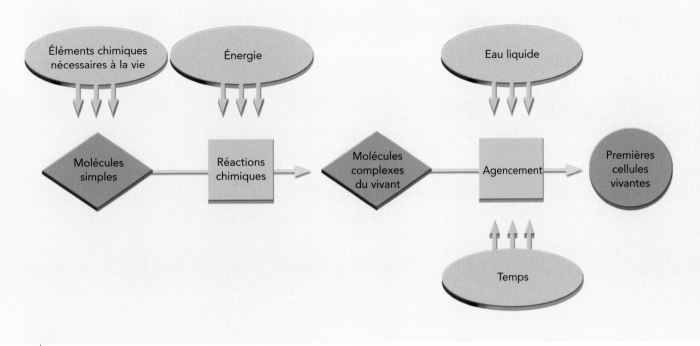

10.3 Un système qui aurait favorisé l'apparition de la vie.

LA PRÉSENCE DES ÉLÉMENTS CHIMIQUES NÉCESSAIRES

Les molécules complexes du vivant sont constituées principalement de quatre éléments :

- le carbone (C);
- l'oxygène (O);
- l'hydrogène (H);
- l'azote (N).

D'autres éléments, tels que le soufre (S), peuvent aussi être présents dans ces molécules.

Les scientifiques ont de bonnes raisons de croire que l'atmosphère des premiers temps de la Terre était composée en grande partie de vapeur d'eau (H_2O), de dioxyde de carbone (CO_2) et de diazote (N_2), ainsi que de faibles quantités de méthane (CH_4), d'ammoniaque (NH_3) et de dioxyde de soufre (SO_2). Ces substances auraient donc pu fournir les éléments nécessaires à la formation des premières molécules complexes.

10.4 Selon plusieurs théories, les substances rejetées par les volcans dans l'atmosphère contenaient les éléments nécessaires (C, N, O, H, S, etc.) à la synthèse de molécules complexes du vivant.

LA PRÉSENCE D'UNE SOURCE D'ÉNERGIE

La synthèse de molécules complexes à partir de molécules simples demande beaucoup d'énergie. C'est pourquoi la présence d'une source d'énergie est une condition favorable au développement de la vie.

Sur la Terre, au temps de l'origine de la vie, les sources d'énergie auraient pu être :

- les rayons ultraviolets provenant du Soleil ;
- les décharges électriques provoquées par la foudre ;
- la chaleur dégagée par les éruptions volcaniques et les sources hydrothermales.

LA PRÉSENCE D'EAU LIQUIDE

L'eau est le principal constituant des êtres vivants. C'est pourquoi il est raisonnable de considérer la présence de l'eau comme une condition favorable au développement de la vie. L'eau aurait favorisé l'apparition de la vie de plusieurs façons :

- D'abord, la formule chimique de l'eau est H_2O. L'eau est donc composée d'hydrogène et d'oxygène, deux constituants essentiels des molécules complexes du vivant.

10.5 Les sources hydrothermales sont des cheminées sous-marines crachant de l'eau très chaude, dans laquelle sont dissous des gaz et des métaux.

- Ensuite, il semble que ce soit dans l'eau liquide que la vie soit apparue. On croit que les molécules complexes baignaient dans l'eau, ce qui formait une sorte de «bouillon primitif». Les molécules pouvaient s'y agencer entre elles jusqu'à ce qu'elles forment des cellules vivantes.

- Enfin, l'eau aurait aussi protégé les premiers êtres vivants des rigueurs du climat qui sévissaient sur la terre ferme.

10.6 Il est fort probable que la vie soit apparue dans l'eau.

L'agencement des molécules complexes en cellules vivantes dépend en partie du hasard. La probabilité d'obtenir le bon agencement était très faible au départ. Les scientifiques considèrent en effet que la probabilité d'obtenir des agencements de molécules complexes menant à la formation de cellules était beaucoup plus petite que 1 sur 1 000 000 000. C'est pourquoi une très longue période de temps a été nécessaire pour conduire à la vie. Ainsi :

- plus le temps disponible était long, plus le nombre d'agencements de molécules était élevé, et plus la possibilité d'obtenir des cellules vivantes était grande.

Une fois toutes les conditions favorables au développement de la vie réunies, les premiers êtres unicellulaires, probablement des cyanobactéries comme celles qui sont illustrées à la figure 10.7, sont apparus. La vie commençait... Elle allait se complexifier et se diversifier au cours des millions d'années qui ont suivi.

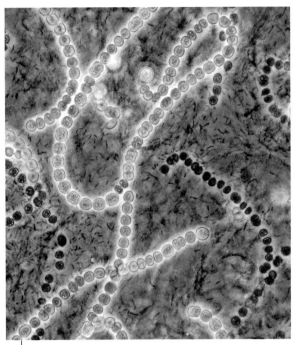

10.7 Les premières formes de vie devaient ressembler à ces cyanobactéries, des bactéries capables de fabriquer leur nourriture grâce aux rayons du Soleil (photosynthèse).

2 L'HISTOIRE DE LA VIE SUR LA TERRE

Une fois la vie apparue, il y a environ 3,5 à 3,8 milliards d'années, elle a ensuite subi plusieurs modifications qui ont mené à la formation de nouvelles espèces, mais aussi à l'extinction de plusieurs d'entre elles.

2.1 LES LOIS DE L'ÉVOLUTION

C'est grâce à un lent processus, que les scientifiques appellent «l'évolution», que la vie s'est diversifiée au cours de son histoire. L'évolution amène des modifications chez les organismes vivants et c'est ainsi qu'apparaissent de nouvelles espèces.

> ▶ L'ÉVOLUTION est un lent processus qui amène des modifications chez les organismes vivants.

L'évolution est le fruit du hasard et du tri :

- D'abord, il arrive que, par hasard, les **GÈNES** subissent des variations qui entraînent des modifications chez certains individus.

- Ensuite, ces modifications sont triées par la «sélection naturelle». Si elles offrent des avantages, qu'elles sont favorables à la survie des individus qui les portent, les modifications seront transmises d'une génération à l'autre. Sinon, les modifications auront tendance à disparaître.

> La **SÉLECTION NATURELLE** est un tri qui s'opère naturellement au sein d'une espèce. Elle se traduit par la reproduction des organismes qui ont les caractéristiques leur permettant de mieux survivre dans leur milieu.

Depuis les débuts de la vie, l'évolution a mené à l'apparition de millions d'espèces de bactéries, de protistes, de champignons, de végétaux et d'animaux. La figure 10.10 (*p. 308 et 309*) présente différents groupes d'êtres vivants qui sont apparus grâce à l'évolution. On estime cependant que 99% des espèces qui sont apparues parmi les groupes d'êtres vivants à un moment ou à un autre sont maintenant disparues. La figure 10.9 montre un exemple d'évolution.

Ainsi, l'histoire de la vie a été marquée par divers épisodes importants, par exemple :

- À l'origine de la vie, l'atmosphère contenait très peu de dioxygène. Les premiers êtres vivants (des bactéries) en ont produit en effectuant la photosynthèse. Le dioxygène s'est d'abord dissous dans l'eau, puis il a fallu plusieurs millions d'années pour qu'il commence à s'accumuler dans l'atmosphère. Des êtres vivants ont alors pu développer des caractéristiques leur permettant de respirer l'oxygène de l'air.

- Au début, la vie s'est multipliée dans l'eau. Peu à peu, les êtres vivants ont développé des caractères qui leur ont permis de coloniser la terre ferme. C'est ainsi, notamment, que la transformation des nageoires de certains poissons en pattes et le développement de poumons auraient permis l'apparition des premiers amphibiens, des animaux capables de vivre autant dans l'eau que sur la terre ferme. De la même façon, les plantes se seraient adaptées à la vie terrestre en développant des racines, par exemple.

  > «Amphibien» provient des mots grecs *amphi* («des deux côtés») et *bioun* («qui vit»).

- Depuis leur apparition sur la Terre, les êtres vivants ont dû s'adapter à divers changements climatiques. Par exemple, certains ont réussi à survivre aux glaciations que la Terre a connues. Une glaciation est une période pendant laquelle le climat est froid et une partie importante des continents est couverte de glace.

10.8 Grâce à la sélection naturelle, le grand panda est doté d'un sixième doigt qui lui permet de bien saisir les tiges de bambou, le principal aliment dont il se nourrit.

Sixième doigt

Pour arriver à suivre l'évolution de la vie, les scientifiques répartissent ses principaux épisodes dans le temps à l'aide d'un outil très utile : l'échelle des temps géologiques. Il en sera question à la section 2.2.

LE PREMIER POISSON QUI SERAIT SORTI DES EAUX

À la fin du dévonien, un moment marquant dans l'évolution de la vie sur Terre est survenu: certains poissons ont pu sortir de l'eau et se déplacer sur la terre ferme lorsque leurs nageoires se sont transformées en pattes.

Des chercheurs ont fait une découverte qui apporte de nouvelles pièces au puzzle de cette «sortie des eaux». Ils ont trouvé, sur le territoire du Nunavut, dans le nord du Canada, le fossile d'une espèce de poisson vieille de 375 millions d'années, nommée *Tiktaalik roseæ*.

L'opercule, un gros os qui sert normalement à ventiler les branchies des poissons, est absent chez cette espèce. L'absence d'opercule signifierait que l'animal utilisait plus souvent ses poumons que ses branchies pour

À droite, le fossile de *Tiktaalik roseæ* découvert au Nunavut. À gauche, une reconstitution montrant à quoi cet animal aurait ressemblé.

respirer. En plus, les nageoires de *Tiktaalik roseæ* comportent une ébauche de doigts.

L'animal vivait sous un climat équatorial (à l'époque, ce qui est aujourd'hui le Nunavut était situé à l'équateur), dans un milieu vaseux et marécageux.

Adapté de: Christiane GALUS, «Découverte du poisson qui, le premier, a marché sur terre», *Le Monde*, 7 avril 2006.

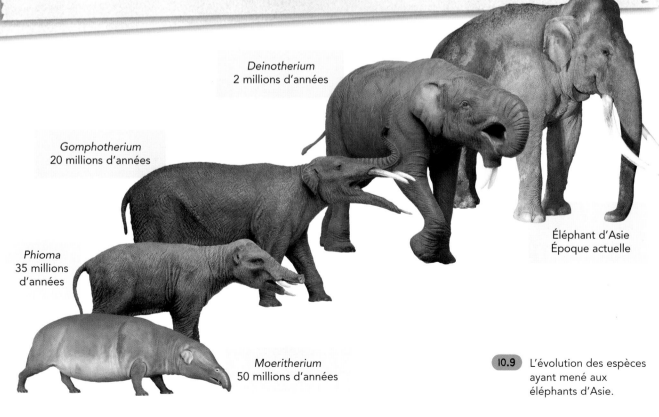

Deinotherium
2 millions d'années

Gomphotherium
20 millions d'années

Phioma
35 millions
d'années

Éléphant d'Asie
Époque actuelle

Moeritherium
50 millions d'années

10.9 L'évolution des espèces ayant mené aux éléphants d'Asie.

PLANTES À FLEURS

Plantes dont les graines sont enfermées dans un fruit

CONIFÈRES

Plantes dont les graines ne sont pas enfermées dans un fruit

FOUGÈRES

Plantes dotées de vaisseaux qui conduisent la sève, ne formant ni fleur ni graine

MOUSSES

Végétaux terrestres, non dotés de vaisseaux pour conduire la sève

ALGUES

Végétaux vivant généralement en milieu aquatique

VÉGÉTAUX

Êtres vivants pluricellulaires se nourrissant par photosynthèse

CHAMPIGNONS

Êtres vivants inaptes au mouvement, se nourrissant par absorption

PROTISTES

Unicellulaires composés d'une cellule à noyau

BACTÉRIES

Unicellulaires composés d'une cellule sans noyau

ÊTRES VIVANTS

PRIMATES

Mammifères dotés de mains pouvant saisir des objets, vivant pour la plupart dans les arbres (les singes et l'être humain font partie de cet ordre)

OISEAUX

Vertébrés couverts de plumes, dotés d'un bec, de deux ailes et de deux pattes

REPTILES

Vertébrés qui portent des écailles et dont les œufs se développent hors de l'eau

POISSONS

Vertébrés aquatiques, dotés de nageoires et d'écailles

MAMMIFÈRES

Vertébrés dont les femelles sont dotées de glandes mammaires pour nourrir les petits

DINOSAURES (ÉTEINTS)

Reptiles ayant vécu au trias, au jurassique et au crétacé

AMPHIBIENS

Vertébrés dotés de quatre pattes, qui sont à la fois aquatiques et terrestres

INSECTES

Invertébrés dotés de trois paires de pattes, d'une ou de deux paires d'ailes et d'une paire d'antennes

INVERTÉBRÉS DIVERS

Invertébrés dotés d'un corps mou parfois enfermé dans une coquille

VERTÉBRÉS

Présence d'une colonne vertébrale

INVERTÉBRÉS

Absence de colonne vertébrale

ANIMAUX

Êtres vivants aptes au mouvement, se nourrissant d'autres êtres vivants ou de leurs restes

L'histoire de la vie est marquée par la succession et le renouvellement des espèces et des groupes d'êtres vivants. Nous présentons ici quelques groupes d'êtres vivants et leurs caractéristiques générales.

2.2 L'ÉCHELLE DES TEMPS GÉOLOGIQUES

L'échelle des temps géologiques débute avec la formation de la Terre, il y a environ 4,6 milliards d'années, et s'étend jusqu'à nos jours.

«Géologique» provient des mots grecs gê, qui signifie «terre», et logia, qui signifie «théorie».

> **L'ÉCHELLE DES TEMPS GÉOLOGIQUES** est un outil présentant les principales divisions de l'histoire de la Terre et de la vie. Ces divisions sont basées sur les grands épisodes de l'histoire du vivant.

L'échelle des temps géologiques est principalement divisée en quatre ères:

- le précambrien, qui a débuté il y a 4,6 milliards d'années;
- le paléozoïque, qui a débuté il y a 543 millions d'années;
- le mésozoïque, qui a débuté il y a 245 millions d'années;
- le cénozoïque, qui a débuté il y a 65 millions d'années.

À leur tour, les trois ères géologiques les plus récentes se divisent en périodes. Chaque ère ou chaque période correspond à une grande étape de l'évolution des milieux et des êtres vivants.

Les pages 312 et 313 présentent une description des ères géologiques et une échelle simplifiée des temps géologiques.

2.3 LES GRANDES EXTINCTIONS D'ESPÈCES

Depuis le début de l'histoire de la vie, les conditions climatiques et chimiques ont varié sur la Terre, parfois brusquement, ce qui a provoqué des modifications dans les milieux de vie. Par exemple, au cours des ans, la température des océans a subi des variations et la composition de l'atmosphère a changé.

Lorsqu'une espèce ne peut pas s'adapter aux changements que subit le milieu dans lequel elle vit, elle est appelée à disparaître. C'est alors qu'on assiste à l'extinction d'une espèce.

> **L'EXTINCTION D'UNE ESPÈCE** est l'élimination de tous les individus qui la composent. Elle est causée par l'incapacité de ces individus à s'adapter à un ou à plusieurs changements de leur milieu.

L'histoire de la vie a comporté cinq épisodes d'extinction massive d'espèces. Lors de ces épisodes, ce sont plusieurs espèces vivantes qui ont disparu dans un court laps de temps. Dans l'échelle des temps géologiques présentée à la page 312, les cinq périodes qui se sont terminées par une extinction massive d'espèces sont marquées d'un astérisque. Nous traiterons plus en profondeur des épisodes dont les causes sont mieux connues, soit ceux du permien et du crétacé, dans les pages suivantes.

1890
1965

Arthur Holmes

Dès le 18e siècle, les scientifiques établissent les premières échelles des temps géologiques. Ce sont les travaux d'Arthur Holmes, un géologue britannique, qui ont permis le développement d'une première échelle comportant une datation précise des temps géologiques, dans les années 1930. C'est pourquoi il est considéré comme le père de l'échelle des temps géologiques.

L'EXTINCTION MASSIVE DU PERMIEN

L'extinction massive du permien s'est produite il y a environ 245 millions d'années. Elle marque la transition entre l'ère paléozoïque et l'ère mésozoïque. Elle a mené à l'extinction de plus de 90 % des espèces marines qui existaient alors ainsi qu'à celle de 70 % des espèces terrestres. C'est la plus grande extinction d'espèces qu'ait connue la Terre.

1er CYCLE

Plaque tectonique

Lors du permien, la dérive des continents aurait entraîné la formation d'immenses fissures dans la croûte terrestre. Cela aurait mené à de violentes éruptions volcaniques, les plus intenses des 500 derniers millions d'années, surtout dans la région où se trouve maintenant la Sibérie. Les volcans auraient rejeté dans l'atmosphère des quantités énormes de dioxyde de carbone, ce qui aurait provoqué un réchauffement du climat sur la Terre et la disparition d'un grand nombre d'espèces incapables de s'adapter.

10.11 D'immenses éruptions volcaniques dues à la dérive des continents auraient mené à un épisode d'extinction massive à la fin du paléozoïque.

Bien que l'hypothèse de l'activité volcanique intense soit considérée comme plausible par un bon nombre de scientifiques, la découverte récente d'un cratère au fond de l'océan Antarctique pourrait aussi expliquer cet épisode d'extinction massive. En effet, selon des mesures géologiques, un cratère enseveli sous 1,6 km de glace aurait été façonné il y a environ 250 millions d'années, soit vers la fin du permien. Ce cratère proviendrait de l'impact d'une météorite de près de 50 km de diamètre. Il aurait créé des dommages catastrophiques pouvant expliquer cette extinction massive des espèces qui peuplaient alors la Terre.

DES EXTINCTIONS À VENIR ?

En 2006, 18 espèces animales, dont l'aigle royal, le caribou, la tortue des bois et le béluga, étaient désignées menacées ou vulnérables au Québec. De plus, 107 autres espèces, sous-espèces ou populations étaient susceptibles d'être ajoutées à cette liste.

Ère	Période	Début de la période (en millions d'années avant nos jours)	Grands épisodes de l'histoire de la vie
Cénozoïque	Quaternaire	1,8	Période dans laquelle nous vivons actuellement
			Apparition des premiers êtres humains
			Épisodes de glaciation (la dernière s'est terminée il y a 10 000 ans)
	Tertiaire	65	Apparition des ancêtres des chimpanzés et des êtres humains
			Apparition des premiers primates
			Multiplication du nombre d'espèces de plantes à fleurs
			Multiplication du nombre d'espèces de mammifères et d'oiseaux
Mésozoïque	Crétacé*	144	Apparition des premières plantes à fleurs
	Jurassique	206	Apparition des premiers oiseaux
			Multiplication du nombre d'espèces de dinosaures
	Trias*	245	Apparition des premiers dinosaures et des premiers mammifères
			Multiplication du nombre d'espèces de conifères
Paléozoïque	Permien*	290	Multiplication du nombre d'espèces de reptiles
			Multiplication du nombre d'espèces d'insectes
	Carbonifère	363	Multiplication du nombre d'espèces d'amphibiens
			Apparition des premiers reptiles
			Apparition des premiers conifères
			Présence d'immenses forêts humides
	Dévonien*	409	Apparition des premiers amphibiens et des premiers insectes
			Multiplication du nombre d'espèces de poissons
	Silurien	439	Multiplication du nombre d'espèces de plantes terrestres
	Ordovicien*	510	Début de la colonisation de la terre ferme par des animaux
			Début de la colonisation de la terre ferme par des végétaux
			Apparition des premiers vertébrés marins (poissons)
			Présence de plusieurs espèces d'algues marines
	Cambrien	543	Multiplication du nombre d'espèces d'invertébrés marins
			Apparition d'invertébrés disposant de coquilles solides
Précambrien		4600	Apparition des premiers animaux: des invertébrés à corps mous
			Apparition des premiers protistes
			Début de l'accumulation du dioxygène dans l'atmosphère
			Apparition des premières bactéries
			Premières manifestations de la vie
			Début de la formation de la Terre

* Période se terminant par une extinction massive d'espèces.

LE CÉNOZOÏQUE

Le cénozoïque, l'ère dans laquelle nous vivons présentement, dure depuis environ 65 millions d'années. C'est au cours de cette ère que sont apparues la plupart des espèces d'oiseaux, de mammifères et de plantes à fleurs que nous connaissons actuellement. Notre espèce serait apparue très tard au cours de cette ère, il y a environ 200 000 ans.

Une scène de la vie au cénozoïque. 10.13

LE MÉSOZOÏQUE

Le mésozoïque est aussi appelé «l'ère des dinosaures», puisque ce sont ces reptiles qui ont dominé la planète au cours de cette ère. Le mésozoïque s'étend sur à peu près 180 millions d'années et se termine par l'extinction des dinosaures, il y a 65 millions d'années.

Une scène de la vie au mésozoïque. 10.14

LE PALÉOZOÏQUE

Le paléozoïque s'étend sur environ 300 millions d'années. Cette ère débute avec l'apparition de nombreuses espèces d'invertébrés disposant de coquilles solides et se termine par une extinction de près de 90 % des espèces marines et de 70 % des espèces terrestres.

Une scène de la vie au paléozoïque. 10.15

LE PRÉCAMBRIEN

Le précambrien couvre 88 % de l'histoire de la planète, soit plus de 4 milliards d'années. C'est au cours de cette ère que s'est formée la Terre et que la vie est apparue. Peu de fossiles proviennent de cette ère, puisque les organismes qui y vécurent avaient tous un corps mou.

Une scène de la vie au précambrien. 10.16

DURÉE RELATIVE DES ÈRES

1,5 %

4 %

6,5 %

88 %

L'EXTINCTION MASSIVE DU CRÉTACÉ

L'extinction massive du crétacé s'est produite il y a environ 65 millions d'années. Elle fut moins importante que l'extinction du permien, mais elle a tout de même causé la disparition d'environ 50 % des espèces marines et de nombreux végétaux et animaux, notamment des dinosaures.

L'hypothèse généralement retenue pour expliquer cette extinction, et qui est aussi la plus spectaculaire, concerne l'impact avec la Terre d'une immense météorite d'au moins 10 km de diamètre. L'impact aurait dégagé énormément de poussières dans l'atmosphère. Ces poussières auraient fait écran au Soleil, ce qui aurait entraîné un refroidissement du climat et une réduction de la photosynthèse par les végétaux, des conséquences fatales pour plusieurs espèces.

10.17 Les dinosaures, dont le nom signifie «terribles lézards» en grec, ont subi une extinction massive au crétacé.

CARREFOUR HISTOIRE

Les «grands-pères du bison»

Les autochtones connaissaient depuis longtemps les fossiles de dinosaures, qu'ils appelaient les «grands-pères du bison». Cependant, ce ne fut qu'en 1874 que le premier scientifique, le géologue Georges Mercer Dawson, découvrit des restes de dinosaures fossilisés au Canada. La notion de «dinosaure», inventée en 1843, était encore toute nouvelle.

À cette époque, les géologues canadiens comme Dawson étaient plutôt à la recherche de gisements de houille que de dinosaures. C'est que la houille, du charbon naturel, était essentielle à la survie du chemin de fer pancanadien, dont la construction avait commencé en 1871.

En 1884, Joseph Burr Tyrell, un assistant de Dawson, découvrit un crâne de dinosaure dans la vallée de Red Deer, dans l'actuelle province de l'Alberta. On appela ce dinosaure l'*Albertosaurus*. Les fouilles qui suivirent permirent d'extraire plus de 300 squelettes de dinosaures dans cette région.

En 1910, quand des scientifiques américains entreprirent des fouilles au Canada, à la recherche de dinosaures, les autorités canadiennes comprirent l'importance de cet héritage et décidèrent de le protéger. C'est alors que fut lancée une sorte de chasse scientifique aux dinosaures.

La découverte d'os de dinosaures à Red Deer, en Alberta, en 1915.

Malgré toutes les conditions difficiles qui ont pu régner sur Terre, il y a toujours eu des espèces qui ont survécu. C'est grâce à l'évolution de certaines de ces espèces que la nôtre a pu apparaître.

 ## LES ORIGINES DE NOTRE ESPÈCE

Souvent, nous entendons dire que notre espèce descend des singes. Or, il serait beaucoup plus juste de dire que les singes sont nos «cousins». En effet, toutes les espèces de singes et toutes les espèces humaines qui ont existé ont un ancêtre commun et font partie du même groupe : l'ordre des primates.

Ce qui a d'abord distingué les espèces humaines de celles des singes était la faculté de se déplacer sur deux pieds, faculté qu'on appelle la «bipédie». Pour qu'un animal soit considéré comme un bipède, ses déplacements doivent être faits sur ses deux pieds. Ainsi, notre espèce est bipède. Bien que les chimpanzés et certains autres singes soient capables de se déplacer sur deux pieds, ils ne sont pas considérés comme des bipèdes puisqu'ils utilisent ce mode de locomotion trop peu souvent.

La lignée humaine se serait distinguée de celle des grands singes il y a quelques millions d'années.

10.18 Le chimpanzé n'est pas bipède, car il marche rarement et malhabilement sur ses deux pieds.

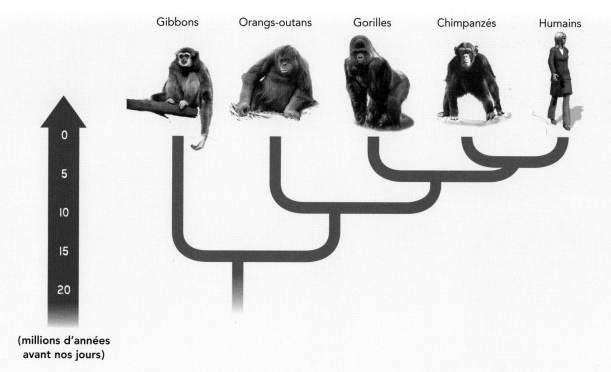

L'évolution des espèces humaines est mal connue des scientifiques, notamment à cause d'un manque de fossiles. La figure 10.20 (*à la page suivante*) situe dans le temps les trois principaux genres connus, soit *Australopithecus* (les australopithèques), *Paranthropus* (les paranthropes) et *Homo* (les humains modernes). Seule l'espèce *Homo sapiens* a survécu.

 10.19 L'évolution des grands singes et des humains. Cette figure montre que les chimpanzés sont nos plus proches cousins.

Les paranthropes sont aussi appelés les «australopithèques robustes». En effet, les paranthropes auraient été plus gros et plus grands que les australopithèques. Leur crâne et leurs dents étaient très robustes. Certains paranthropes ont vécu en même temps que des espèces du genre *Homo*.

Exemple d'espèce

Paranthropus robustus

AUSTRALOPITHECUS

Les australopithèques étaient des humains de petite taille, possédant un crâne plus petit que le nôtre. Les scientifiques croient qu'ils marchaient sur le sol le jour et s'abritaient dans les arbres la nuit. L'évolution des australopithèques aurait donné les genres *Paranthropus* et *Homo*.

Exemple d'espèce

Australopithecus afarensis

1,0

2,4

2,5

2,7

4,4

(millions d'années avant nos jours)

HOMO

Le genre *Homo* est celui qui regroupe notre espèce, *Homo sapiens*, et celles qui nous étaient proches. Toutes les espèces du genre *Homo* auraient eu recours presque exclusivement à la bipédie pour se déplacer, tandis que les espèces des autres genres utilisaient aussi d'autres modes de locomotion.

Deux autres espèces du genre *Homo* ont vécu en même temps que la nôtre :

- L'une d'elles, *Homo neandertalensis* ou «Homme de Neandertal», aurait partagé le territoire de l'Europe, de l'Asie et de l'Afrique avec notre espèce et se serait éteinte il y a 30 000 ans.

- La seconde, *Homo floresiensis*, aurait habité sur l'île de Florès, en Indonésie. Elle se serait éteinte il y a 12 000 ans à la suite d'une éruption volcanique.

Exemples d'espèces

Homo neandertalensis

Homo floresiensis

Homo sapiens

10.20 La lignée humaine.

L'ESPÈCE *HOMO SAPIENS*

Ainsi, notre espèce, *Homo sapiens*, est la seule survivante de la lignée humaine. Elle serait apparue il y a environ 195 000 ans.

Outre la bipédie, d'autres caractéristiques, qui sont apparues grâce à l'évolution, permettent de distinguer notre espèce des autres espèces animales :

- Notre bipédie a eu le grand avantage de libérer nos mains et de permettre leur utilisation pour de multiples usages, comme la fabrication d'outils et de vêtements.

- Nos poils sont plus effilés que ceux des autres mammifères. Quel aurait été l'avantage pour l'être humain d'être quasiment nu ? La réponse se trouve probablement dans le besoin de fraîcheur de nos ancêtres, qui vivaient le jour dans les savanes africaines très chaudes. D'ailleurs, notre espèce est la seule à disposer d'autant de glandes sudoripares sur l'ensemble du corps.

- Notre espèce dispose d'un cerveau très volumineux et très complexe. C'est ce qui nous rend capables de facultés mentales supérieures à celles des autres animaux. En particulier, nous avons une grande capacité d'invention pour répondre à nos multiples besoins et désirs et nous sommes en mesure de communiquer à l'aide de langages complexes.

Cependant, les scientifiques ne sont pas encore certains des raisons qui auraient mené à un développement si important de notre cerveau. Certains avancent que cette évolution visait à nous permettre de mieux vivre en société et à trouver des moyens toujours plus ingénieux quant à la recherche de nourriture ou à la protection contre les prédateurs.

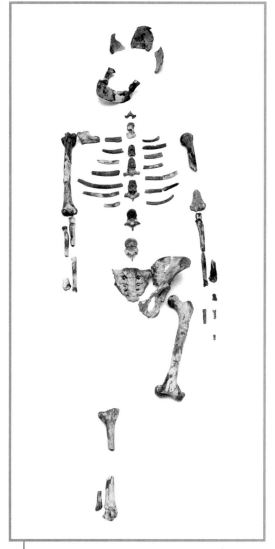

10.21 En 1974, en Éthiopie, le squelette d'une femelle de l'espèce *Australopithecus afarensis* fut découvert. On donna le nom de «Lucy» à cette australopithèque.

10.22 Ces crânes de primates sont placés en ordre chronologique. À l'extrême gauche, on voit le crâne d'un singe de type lémur qui a vécu il y a 50 millions d'années. Les deux crânes de droite sont de l'espèce *Homo sapiens*, l'un datant d'il y a 92 000 ans et l'autre d'il y a 22 000 ans.

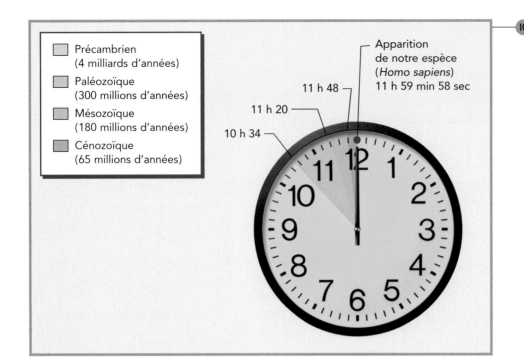

Précambrien
(4 milliards d'années)

Paléozoïque
(300 millions d'années)

Mésozoïque
(180 millions d'années)

Cénozoïque
(65 millions d'années)

10 h 34

11 h 20

11 h 48

Apparition
de notre espèce
(*Homo sapiens*)
11 h 59 min 58 sec

10.23 Si la Terre s'était formée il y a 12 heures, notre espèce, *Homo sapiens*, serait apparue il y a environ 2 secondes.

Somme toute, notre espèce est apparue très tard dans l'histoire de la Terre. Au fil des années, notamment grâce à l'intelligence, elle a fini par dominer la planète et compte maintenant plusieurs milliards d'individus.

Découverte de «la fille de Lucy»

Le squelette presque complet d'une enfant de l'espèce *Australopithecus afarensis* a été découvert en 2000 à Dikika, en Éthiopie. Il s'agit d'un spécimen âgé de 3,3 millions d'années. Déjà, en 1974, un squelette adulte de cette espèce avait été découvert et baptisé «Lucy». Cette fois, les ossements sont ceux d'une fillette de trois ans. L'enfant a été prénommée «Selam».

Australopithecus afarensis tenait à la fois du singe et de l'homme. Cet hominidé avait un petit cerveau. Toutefois, il se tenait debout et marchait.

Les chercheurs ne savent pas si Selam était capable de grimper aux arbres comme un singe. Sa croissance assez lente la rapproche de l'espèce humaine. En effet, l'être humain se développe plus lentement que le singe, sans doute pour permettre le développement de ses fonctions supérieures.

Adapté de: «Découverte de "la fille de Lucy"», site Internet de *BBCAfrique*.

Le crâne de Selam, une jeune australopithèque ayant vécu il y a 3,3 millions d'années.

3 LES FOSSILES

1er CYCLE
- Érosion
- Types de roches

Pour établir l'histoire de la vie sur la Terre, les scientifiques ont recours à des vestiges laissés par les êtres vivants qui ont autrefois peuplé notre planète. Ces vestiges, qu'on appelle les «fossiles», constituent donc des documents qui permettent de reconstituer l'histoire de la vie. Les experts dans l'analyse et la recherche des fossiles s'appellent des «paléontologues».

«Fossile» provient du mot latin fossilis, qui signifie «tiré de la Terre».

10.24 Les paléontologues sont des spécialistes de l'étude des fossiles.

Généralement, lorsqu'un organisme meurt, ses restes sont rapidement décomposés. Or, il arrive parfois que les restes d'un organisme soient placés dans des conditions favorisant leur conservation pendant de très nombreuses années à l'intérieur de la croûte terrestre. On dit alors que les restes se fossilisent.

En plus des restes d'organismes qui sont conservés dans la croûte terrestre, tout autre vestige laissé par un être vivant constitue un fossile. Par exemple, les empreintes de pas laissées par un dinosaure dans un sol qui a durci sont aussi des fossiles.

> Un FOSSILE est un reste ou une trace d'organisme conservé depuis fort longtemps dans la croûte terrestre.

10.25 Cette trace laissée dans la roche est un fossile de trilobite, un organisme qui a vécu dans les mers il y a plus de 225 millions d'années.

Le plus souvent, on découvre les fossiles dans des roches sédimentaires. Celles-ci se forment par l'accumulation de matières solides (sable, limon, argile), appelées «sédiments», dans le fond de l'eau. Avec le temps, les sédiments se compactent et durcissent. C'est ainsi qu'ils deviennent des roches sédimentaires.

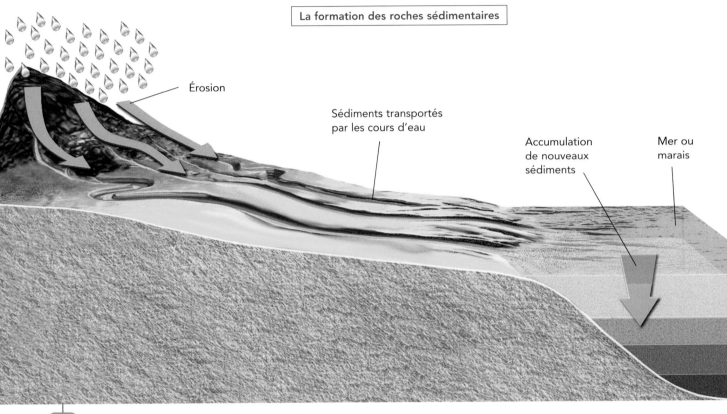

La formation des roches sédimentaires

Érosion

Sédiments transportés par les cours d'eau

Accumulation de nouveaux sédiments

Mer ou marais

10.26 Les roches sédimentaires sont formées par le compactage et le durcissement des sédiments.

3.1 LES TYPES DE FOSSILES

Il existe quatre types de fossiles, qui sont définis par la façon dont ces fossiles se forment. Il peut arriver que certains fossiles soient de type mixte, c'est-à-dire qu'une partie du fossile se soit formée d'une façon et une autre partie d'une autre façon. Les quatre types de fossiles sont:

- les fossiles pétrifiés;
- les fossiles moulés;
- les fossiles piégés;
- les traces fossilisées.

Voyons plus en détail ces différents types de fossiles.

DES FOSSILES GASPÉSIENS

Le rocher Percé, en Gaspésie, n'est pas qu'une attraction touristique: il a aussi une grande valeur géologique. En effet, il renferme de nombreuses espèces de fossiles datant du dévonien, dont des trilobites.

LES FOSSILES PÉTRIFIÉS

Les fossiles pétrifiés sont des restes d'organismes qui durcissent lors de leur fossilisation, devenant souvent aussi durs que de la roche. En général, lorsqu'un organisme meurt, ses tissus mous sont rapidement dégradés. Ce sont donc surtout les tissus durs, comme ceux formant les os, les dents, les coquilles ou les troncs des arbres, qui sont les plus susceptibles de former des fossiles pétrifiés. La figure 10.27 résume la formation de ce type de fossiles.

①  ②  ③  ④

L'organisme meurt. Ses tissus mous sont dégradés ou dévorés par d'autres organismes. Il ne reste que les tissus durs, ou une partie de ceux-ci, qui sont déposés dans le fond de l'eau, parmi les sédiments.

Cette étape dure une longue période de temps. Les tissus durs sont ensevelis sous des couches de sédiments. Petit à petit, les tissus durs de l'organisme sont remplacés par des minéraux qui en conservent la forme.

Avec les mouvements de la croûte terrestre, la couche de roches dans laquelle est contenu le fossile peut remonter à la surface.

Une fois près de la surface, le fossile peut remonter sous l'effet de l'érosion des roches qui le recouvraient ou être découvert lors des fouilles d'un chercheur ou d'une chercheuse.

10.27 La formation d'un fossile pétrifié.

Les restes d'organismes qui se pétrifient conservent habituellement leur forme d'origine. Les figures 10.28 et 10.29 présentent des exemples de fossiles pétrifiés.

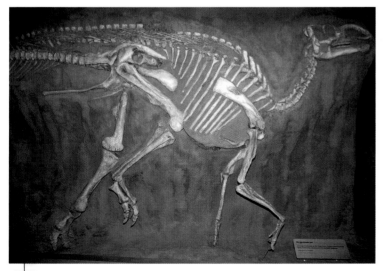

10.28 Le fossile pétrifié d'un squelette de dinosaure.

10.29 Des œufs fossilisés de dinosaure.

LES FOSSILES MOULÉS

Bon nombre de fossiles découverts dans les roches sédimentaires ne sont cependant plus des restes d'organismes. Ils se sont plutôt formés parce que les roches sédimentaires ont moulé la forme des restes de l'organisme, qui se sont par la suite décomposés. Les moules ainsi formés peuvent être vides ou remplis de minéraux. C'est pourquoi nous appelons les fossiles de ce type des «fossiles moulés» ou des «moulages». La figure 10.30 en présente un exemple.

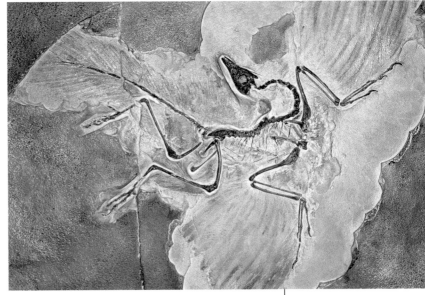

10.30 Un fossile d'archéoptéryx, le premier oiseau connu. La forme des plumes a été moulée tandis que les os se sont pétrifiés.

LES FOSSILES PIÉGÉS

Certains fossiles se forment lorsque des organismes se retrouvent piégés dans de la matière qui les protège des micro-organismes qui auraient pu les décomposer. Leur corps entier, y compris plusieurs de leurs tissus mous, peut se fossiliser. C'est le cas notamment de mammouths, de bisons ou d'êtres humains préhistoriques qui ont été congelés dans la glace et qui s'y sont fossilisés.

C'est aussi le cas de nombreux insectes ou autres petits animaux piégés dans une substance qu'on appelle l'«ambre». L'ambre est le résultat de la solidification de la résine produite par certains végétaux préhistoriques.

10.31 Le fossile de cet insecte a été piégé dans de la résine qui s'est transformée en ambre.

10.32 Ce mammouth, découvert en 2002, a été préservé dans les glaces de la Sibérie pendant environ 20 000 ans.

LES TRACES FOSSILISÉES

Les traces fossilisées sont des traces laissées par un organisme ayant vécu autrefois dans un sol mou, qui s'est durci au cours des années. La figure 10.33 montre des traces fossilisées laissées par un dinosaure.

10.33 Des traces fossilisées de dinosaure.

3.2 LA DATATION DES FOSSILES

La datation des fossiles peut s'effectuer par différentes méthodes. Nous en présentons quelques-unes.

LES COUCHES STRATIGRAPHIQUES ET LA DATATION RELATIVE

Comme nous l'avons vu précédemment, la plupart des fossiles sont conservés dans les roches sédimentaires, qui se forment par l'accumulation de sédiments dans le fond de l'eau.

Dans une coupe de sol, les roches sédimentaires sont disposées en strates, puisque les sédiments plus récents recouvrent les plus anciens. Ces différentes strates forment ce qu'on appelle des «couches stratigraphiques». Ainsi, la disposition des couches stratigraphiques suit deux principes:

- Le principe de continuité: les roches sédimentaires contenues dans une même couche stratigraphique ont été formées au cours d'une même époque.

- Le principe de superposition: plus une couche stratigraphique est profonde dans le sol, plus elle est ancienne.

> ▶ Une **COUCHE STRATIGRAPHIQUE** est une strate constituée de roches sédimentaires formées au cours d'une même époque.

DES SITES CANADIENS RICHES EN FOSSILES

Le parc national de Miguasha, en Gaspésie, est inscrit sur la Liste du patrimoine mondial de l'UNESCO pour la qualité des fossiles du dévonien que l'on y trouve. De même, le parc provincial Dinosaur, en Alberta, fait partie de cette liste pour sa richesse en fossiles de dinosaures et le site fossilifère de Burgess (parcs des montagnes Rocheuses canadiennes) pour ses fossiles d'animaux marins à corps mou.

10.34 Les parois de ce canyon présentent plusieurs couches stratigraphiques.

Comme les fossiles se forment en même temps que les couches stratigraphiques, les principes de continuité et de superposition peuvent donc aussi s'appliquer pour eux. C'est pourquoi :

- les fossiles qui se trouvent dans une même couche stratigraphique ont été formés au cours de la même époque ;
- les fossiles les plus âgés sont enfouis dans des couches stratigraphiques plus profondes que celles qui contiennent les fossiles les plus récents.

Ainsi, la position de deux fossiles l'un par rapport à l'autre parmi les couches stratigraphiques permet de les dater de façon relative. La datation relative n'indique pas l'âge des fossiles : elle permet seulement d'indiquer si un fossile est plus âgé ou plus jeune qu'un autre.

> ▷ La **DATATION RELATIVE** est une méthode qui permet d'établir l'ordre selon lequel des fossiles ont été formés, sans en indiquer l'âge absolu.

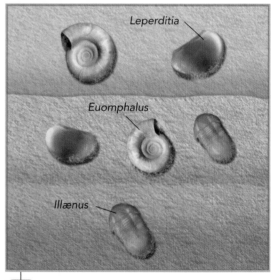

10.35 La disposition de ces fossiles dans les couches stratigraphiques permet de savoir qu'*Illænus* est apparu le premier. Elle permet aussi de savoir qu'*Illænus* a vécu à la même époque qu'*Euomphalus* et *Leperditia*, mais qu'il s'est éteint avant eux.

LA DATATION ABSOLUE

Pendant longtemps, les scientifiques ont utilisé la datation relative des fossiles et des roches, faute de moyens technologiques. Cependant, à partir du milieu du 20e siècle, des méthodes de datation absolue ont été développées. Ces méthodes permettent de donner l'âge des fossiles ou des roches trouvés dans les couches stratigraphiques. Bien que le terme «absolu» soit utilisé, cela ne veut pas dire qu'il n'existe pas de marge d'erreur lorsque l'âge de fossiles ou de roches est déterminé.

> La DATATION ABSOLUE est une méthode qui permet de déterminer l'âge des fossiles en années.

La différence entre une datation relative et une datation absolue peut s'expliquer en prenant des arbres comme exemple. Ainsi, en regardant la taille des arbres, il est possible de les dater de façon relative. On pourra dire qu'un arbre plus petit est plus jeune qu'un arbre plus grand. Pour en connaître l'âge, il faudra cependant les dater de façon absolue en comptant les anneaux annuels de croissance, comme le montre la figure 10.36.

Les premières méthodes de datation absolue des fossiles et des roches utilisaient les propriétés **RADIOACTIVES** de certains éléments. Ainsi, en mesurant la quantité d'éléments radioactifs présents dans une roche ou dans un fossile, il était possible de déterminer son âge.

La datation au carbone 14 est un exemple de méthode exploitant les propriétés radioactives d'un élément. Au cours de sa vie, un organisme absorbe une petite quantité de carbone 14, un type de carbone radioactif. Après la mort de l'organisme, le carbone 14 contenu dans ses restes se désintègre petit à petit en carbone non radioactif, à un rythme régulier. Donc, pour dater un fossile de façon absolue, on peut mesurer la proportion de carbone 14 qu'il contient.

La datation au carbone 14 est une méthode qui s'applique à des fossiles très «jeunes», de moins de 60 000 ans. Pour des fossiles plus anciens, il faut utiliser d'autres éléments radioactifs, comme l'uranium.

Bien que les méthodes de datation absolue à l'aide d'éléments radioactifs soient toujours les plus utilisées de nos jours, d'autres méthodes ont aussi été développées. L'étude de la structure des acides aminés en est un exemple. Quand un organisme meurt, la structure de ses acides aminés change à un rythme constant. En faisant le rapport entre les acides aminés qui ont changé et les acides aminés qui ont toujours leur structure initiale, il est possible de déterminer l'âge d'un fossile.

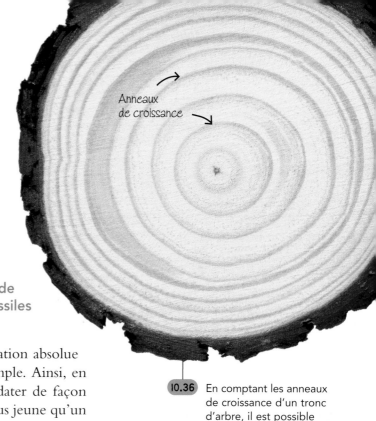

Anneaux de croissance

10.36 En comptant les anneaux de croissance d'un tronc d'arbre, il est possible de le dater de façon absolue. Cet arbre avait 11 ans lors de sa coupe.

1769
1832

Georges Cuvier

Cet anatomiste français est considéré comme étant le père de la paléontologie. Grâce aux nombreuses études qu'il a réalisées sur les fossiles, il a pu établir que les couches stratigraphiques les plus profondes contiennent les fossiles les plus anciens.

VERDICT

1 L'ORIGINE DE LA VIE (p. 300-305)

1. La Terre a pris des millions d'années à se former.

   a) D'où provient la matière qui forme notre planète ?

   b) Combien de temps se serait-il écoulé depuis le début de la formation de la Terre ?

   c) Comment la Lune se serait-elle formée ?

2. Observez les photos suivantes.

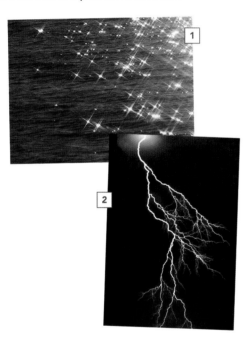

   a) Quelle condition favorable au développement de la vie est illustrée sur la photo 1 ?

   b) Quelle condition favorable au développement de la vie est illustrée sur la photo 2 ?

   c) Quelles sont les deux autres conditions nécessaires au développement de la vie qui ne sont pas illustrées sur ces photos ?

3. a) De quels éléments chimiques les molécules complexes du vivant sont-elles principalement formées ?

   b) Où les scientifiques croient-ils que ces molécules se seraient agencées en cellules vivantes ?

   c) Pourquoi a-t-il fallu une longue période de temps pour que les premières cellules se forment ?

   d) Quand la vie serait-elle apparue ?

   e) Quelles formes de vie auraient été les premières à apparaître sur Terre ?

2 L'HISTOIRE DE LA VIE SUR LA TERRE (p. 305-318)

4. Depuis le début de la vie sur la Terre, de nombreuses espèces sont apparues.

   a) Comment se nomme le processus très lent qui amène des modifications chez les êtres vivants ?

   b) Comment appelle-t-on le tri naturel qui s'opère chez les êtres vivants et qui se traduit par la reproduction des organismes qui sont le mieux adaptés à leur milieu ?

5. Précisez à laquelle des quatre ères géologiques font référence les énoncés suivants.

   a) Ère dans laquelle nous vivons présentement.

   b) Ère marquée par la présence de nombreuses espèces de dinosaures, mais aussi par l'extinction massive de ces reptiles.

   c) Des quatre ères géologiques, c'est la plus longue.

   d) Ère au cours de laquelle sont apparues la plupart des espèces de mammifères.

   e) Ère se terminant par le plus grand épisode d'extinction massive.

6. Voici quelques événements marquants de l'histoire de la vie:
   - Apparition des amphibiens et des insectes
   - Apparition de notre espèce
   - Apparition des dinosaures
   - Premières manifestations de la vie
   - Apparition des vertébrés
   - Extinction de près de 90 % de toutes les espèces marines
   - Apparition des invertébrés à corps mou
   - Apparition des poissons
   - Extinction des dinosaures

   Reproduisez un tableau semblable à celui ci-dessous.

   a) Dans la première colonne, placez ces événements en ordre chronologique.

   b) Dans la seconde colonne, indiquez à quelle ère géologique a eu lieu chacun de ces événements.

   c) Dans la troisième colonne, indiquez à quelle période géologique a eu lieu chacun de ces événements. N'indiquez rien pour les événements qui ont eu lieu au cours du précambrien.

Événement	Ère	Période

7. Voici le fossile d'une espèce de poisson ayant vécu il y a 380 millions d'années dans la région qui est devenue la Gaspésie.

   À quelle ère et à quelle période de l'échelle des temps géologiques ce poisson a-t-il vécu ?

8. *Le parc jurassique*, un premier film d'une saga de science-fiction mettant en vedette des dinosaures, sortait dans les cinémas en 1993. Pourquoi ce titre était-il approprié pour un film traitant des dinosaures ?

9. Les singes et les humains sont des animaux qui font partie de l'ordre des primates.

   a) Quels singes sont nos plus proches cousins ?

   b) Sur quelle caractéristique les paléontologues se penchent-ils pour distinguer les espèces humaines des singes au cours de l'évolution ?

10. La lignée humaine comporte plusieurs espèces qui se sont toutes éteintes, sauf la nôtre.

    a) Quels sont les trois principaux genres de la lignée humaine ?

    b) Quel est le nom scientifique de notre espèce ?

    c) Comment se nomment les deux espèces humaines qui auraient vécu en même temps que notre espèce, mais qui sont maintenant éteintes ?

11. Notre espèce a subi plusieurs adaptations depuis qu'elle est apparue. Expliquez un avantage que lui a apporté chacune des caractéristiques suivantes.

    a) Grâce à la bipédie, nos mains ne servent pas à la locomotion.

    b) Notre cerveau est très développé par rapport à celui des autres espèces.

    c) Nos poils sont plus effilés que ceux des autres mammifères.

    d) Notre espèce est la seule à posséder autant de glandes sudoripares.

12. Expliquez pourquoi il est difficile pour les scientifiques d'établir l'évolution des espèces humaines.

3 LES FOSSILES (p. 319-325)

13. Dans quel type de roches découvre-t-on le plus souvent des fossiles ?

14. Observez les photos suivantes.

a) Indiquez le type de fossiles illustré sur chacune de ces photos.

b) Décrivez brièvement de quelle façon chaque fossile s'est formé.

Vous pouvez consigner vos réponses dans un tableau semblable à celui ci-dessous.

Fossile	Type	Formation

15. a) Quel type de fossiles n'est pas illustré à la question 14 ?

b) Donnez deux exemples de fossiles de ce type en indiquant comment ils se sont formés.

16. Vrai ou faux ? Expliquez votre réponse.

a) Les géologues se spécialisent dans l'analyse et la recherche de fossiles.

b) Un tronc d'arbre peut se fossiliser.

c) On trouve plusieurs fossiles au Québec, surtout dans les roches ignées.

d) Tous les organismes qui meurent deviendront un jour des fossiles.

e) Sur un même fossile, on peut retrouver des parties de l'organisme qui ont été pétrifiées et d'autres qui ont été moulées.

f) La datation relative est beaucoup plus exacte que la datation absolue.

g) Un fossile qui s'est formé il y a 25 millions d'années contient plus de carbone 14 qu'un fossile qui s'est formé il y a 60 millions d'années.

17. Expliquez en vos propres mots en quoi consistent le principe de continuité et le principe de superposition des couches stratigraphiques.

18. De quel type de datation est-il question d'après chacun des énoncés suivants ?

a) Un arbre est plus vieux qu'un autre parce qu'il est plus grand.

b) Un arbre est âgé de 12 ans parce qu'il a 12 anneaux de croissance.

19. a) Sur quelles propriétés de certains éléments se base la datation au carbone 14 ?

b) Comment peut-on déterminer l'âge d'un fossile à l'aide de cette méthode de datation absolue ?

20. Observez bien l'illustration suivante. Elle présente trois couches stratigraphiques ainsi que des fossiles qui en font partie.

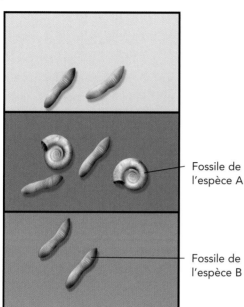

Fossile de l'espèce A

Fossile de l'espèce B

a) De quelle couleur est la couche stratigraphique la plus ancienne ? Expliquez votre réponse en indiquant le principe de stratigraphie sur lequel vous vous appuyez.

b) Quelle espèce est apparue la première ? Expliquez votre réponse.

c) Quelle espèce s'est éteinte la dernière ? Expliquez votre réponse.

d) L'espèce B a-t-elle vécu en même temps que l'espèce A ? Expliquez votre réponse.

e) Quelle forme de datation permet de déterminer l'âge d'une couche stratigraphique d'après sa position par rapport aux autres couches ?

f) Si on estime que les fossiles des espèces A et B ont plus de 60 000 ans, quel élément radioactif pourrait-on employer pour connaître l'âge de ces deux fossiles ?

RÉSEAU DE CONCEPTS

COMMENT CONSTRUIRE UN RÉSEAU DE CONCEPTS

Préparez votre propre résumé du chapitre 10 en construisant un réseau de concepts à partir des concepts suivants :

- Cénozoïque
- Conditions favorables au développement de la vie
- Couches stratigraphiques
- Espèces vivantes
- Extinctions massives d'espèces
- Fossiles
- Histoire de la vie
- Mésozoïque
- Paléozoïque
- Précambrien
- Temps géologiques

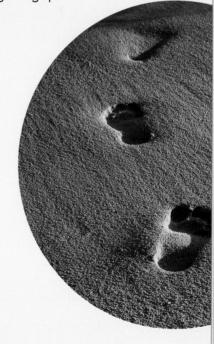

LES ÉPIDÉMIES, CES MALADIES QUI MENACENT LES POPULATIONS HUMAINES

Lorsque, dans une région donnée, pendant une certaine période de temps, le nombre de personnes atteintes d'une maladie particulière augmente rapidement, on dit alors qu'une épidémie sévit. Presque à chaque hiver, par exemple, une épidémie de grippe frappe les Québécois.

Généralement, une épidémie survient lorsque des personnes sont en contact avec une forme de maladie contre laquelle elles ne sont pas immunisées. Les personnes infectées répandront alors la nouvelle maladie vers de nouveaux lieux lors de leurs déplacements.

Au début de l'histoire de l'humanité, il semble que les personnes vivaient en groupes isolés les uns des autres. Comme les échanges entre les groupes étaient rares, les épidémies l'étaient tout autant. C'est donc la création de villes et de routes qui est à l'origine des épidémies. Ainsi, les échanges de maladies entre différentes populations devenaient plus faciles.

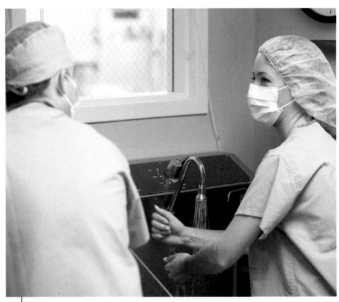

I0.37 En milieu hospitalier, le personnel doit se laver les mains souvent pour limiter la propagation des maladies.

Lorsqu'une épidémie affecte l'ensemble de la population d'un ou de plusieurs continents, on parle alors de pandémie. Parmi les pandémies les plus meurtrières, il faut mentionner:

- la peste noire, qui a tué plus de 20 millions de personnes en Europe entre 1346 et 1350;
- la grippe espagnole, qui a tué près de 40 millions de personnes en Asie, en Europe et en Amérique entre 1918 et 1920;
- le sida, qui a tué 25 millions de personnes à travers le monde jusqu'à maintenant (depuis son apparition en 1981).

1. Quelle est la différence entre une épidémie et une pandémie?

2. Quels sont les moyens que l'on peut privilégier pour limiter la propagation d'une épidémie?

SYLVAIN DESBIENS

Le paléontologue Sylvain Desbiens est un passionné des fossiles. Son emploi au parc national de Miguasha consiste à coordonner les recherches de fossiles et à veiller, avec son équipe, à leur conservation. Il travaille plus particulièrement à l'étude du dévonien québécois et à la recherche de nouveaux sites fossilifères. Au dévonien, une période géologique connue comme étant l'«âge des poissons», le territoire actuel du sud du Québec et de la Gaspésie était situé près de l'équateur: il était englouti en partie sous une mer. Le parc national de Miguasha est reconnu mondialement pour la richesse et la qualité des fossiles de poissons et de plantes datant de cette époque.

NOM

Sylvain Desbiens

EMPLOI

Responsable de la conservation et de la recherche au parc national de Miguasha

RÉGION OÙ IL OCCUPE SON EMPLOI

Miguasha, en Gaspésie

FORMATION

BAC en géologie, maîtrise et doctorat en paléontologie

RÉALISATION DONT IL PEUT ÊTRE FIER

Avoir participé à la découverte de sites importants pour la recherche en paléontologie

10.38 Cette fresque, exposée au musée d'histoire naturelle du parc national de Miguasha, montre l'environnement de Miguasha au cours du dévonien.

10.39 QUELQUES MÉTIERS ET PROFESSIONS CONNEXES À L'EMPLOI DE M. DESBIENS

Métier ou profession	Formation requise	Durée de la formation	Tâches principales
Patrouilleur ou patrouilleuse récréotouristique	DEP en protection et exploitation de territoires fauniques	1320 heures	• Patrouiller des sites et donner de l'information aux visiteurs
Technicien ou technicienne en muséologie	DEC en techniques de muséologie	3 ans	• Travailler à la conservation des pièces de musée • Effectuer l'aménagement d'espaces d'exposition
Géologue	BAC en géologie	3 ans et plus	• Procéder à l'analyse des sols et des roches qu'ils contiennent

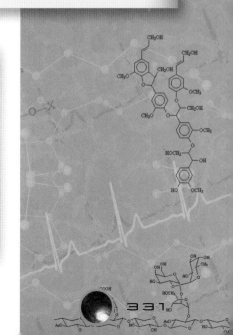

L'UNIVERS

TECHNOLOGIQUE

L'ÊTRE HUMAIN DÉPEND DE LA TECHNOLOGIE.
Sans elle, notre vie ne serait pas ce qu'elle est.
La technologie est à notre service chaque jour, aussi bien lorsque
nous enfilons nos vêtements, lorsque nous allumons une ampoule
électrique, que lorsque nous voyageons en autobus.

La technologie est un processus permettant de concevoir,
de fabriquer et d'entretenir des objets et des systèmes
qui répondent à nos besoins ou à nos désirs. Pour comprendre
comment l'humain utilise la technologie pour créer des objets
ou des systèmes, nous devons nous intéresser aux façons
de les représenter, aux matériaux qui les composent
et aux fonctions de chacune de leurs pièces.

2008 — Inauguration prévue de la plus haute tour du monde, à Dubaï (Émirats arabes unis)

1976 — Achèvement de la construction de la Tour CN, à Toronto

1963 — Premier logiciel de dessin technique

1938 — Invention du stylo à bille

1917 — Achèvement de la construction du pont de Québec, le plus long pont de type cantilever du monde

1896 — Ouverture de la première école d'architecture dans une université canadienne (Université McGill, à Montréal)

1850 — Première fabrique d'instruments de dessin en Amérique du Nord

1564 — Invention du crayon à mine

1040 — Invention d'un système d'imprimerie en Chine

VERS -30 — Rédaction du plus ancien traité d'architecture connu

VERS -2000 — Invention de l'alphabet

VERS -3000 — Début de l'écriture hiéroglyphe

VERS -80 000 — Plus anciennes figures géométriques connues

L'HUMAIN

ET LE LANGAGE DES LIGNES

«Une image vaut mille mots.» Ce dicton très connu s'applique particulièrement bien au domaine de la technologie. En effet, c'est notamment grâce aux images, plus spécialement grâce aux dessins techniques, qu'il y a eu autant d'avancées technologiques dans l'histoire de l'humanité. Pensons par exemple aux aqueducs romains, à la tour Eiffel ou au pont de la Confédération, qui relie l'Île-du-Prince-Édouard et le Nouveau-Brunswick. Jamais leur réalisation n'aurait été possible sans dessins techniques.

Les dessins techniques constituent un langage commun à toutes les personnes qui œuvrent dans le domaine de la technologie. Dans ce chapitre, nous nous familiariserons avec ce langage. Nous saurons ainsi comment les technologues représentent les objets qu'ils désirent fabriquer et nous serons capables, tout comme les ingénieurs et les architectes, de comprendre les renseignements contenus dans un dessin technique.

1 LA COMMUNICATION GRAPHIQUE

L'être humain a une grande faculté de communication. Il peut exprimer sa pensée à l'aide de gestes, de paroles ou de dessins. Lorsqu'il le fait à l'aide de dessins, on dit qu'il s'agit d'une «communication graphique».

> «Graphique» provient du grec *graphikos*, *qui réfère à l'action d'écrire.*

Le besoin de décrire une situation, un objet, une personne ou une idée à l'aide de dessins remonte aux temps les plus anciens de l'histoire de l'humanité. On peut encore voir des dessins datant des temps préhistoriques sur les murs de certaines grottes, comme celle de Lascaux, en France.

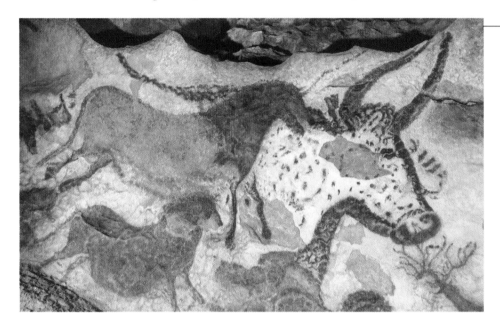

II.1 Les dessins qui ornent les murs de la grotte de Lascaux, en France, auraient été réalisés il y a près de 20 000 ans.

La naissance de la pensée symbolique

On a longtemps cru que les premières formes d'expression symbolique, c'est-à-dire de représentation d'un objet ou d'une idée à l'aide de symboles, avaient vu le jour en Europe, il y a entre 35 000 et 40 000 années. Or, une découverte faite par l'archéologue Christopher S. Henshilwood et son équipe vient de bouleverser cette théorie.

Sur une rive de l'Afrique du Sud, dans la grotte de Blombos, les archéologues ont trouvé deux morceaux d'ocre rouge de quelques centimètres de longueur, gravés et datés de 77 000 ans avant notre ère. La gravure, formée de rangées de lignes parallèles, se retrouve presque identique sur l'un et l'autre morceau. Tout porte à croire qu'il s'agit d'un code symbolique.

Ces trouvailles suggèrent la présence d'une pensée symbolique sur le sol africain, il y a environ 80 000 ans.

Adapté de: Jean-François Dortier, «Quand est apparue la pensée symbolique», *Sciences humaines*, n° 126, avril 2002, p. 32-35.

Ce bloc d'ocre rouge a été gravé par nos ancêtres il y a environ 80 000 ans.

L'écriture est aussi une forme de communication graphique. En effet, les lettres de l'alphabet sont de petits dessins qui ont un sens précis. Le dessin technique est une forme de communication graphique propre au domaine de la technologie. Les types de dessins techniques les plus utilisés sont le dessin de fabrication et le schéma.

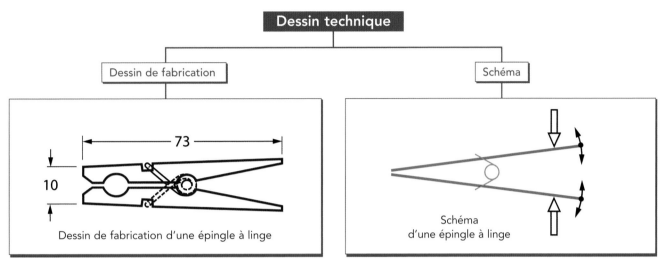

Dessin technique

Dessin de fabrication

Dessin de fabrication d'une épingle à linge

Schéma

Schéma d'une épingle à linge

Les dessins techniques relèvent de la technologie parce qu'ils permettent de concevoir des objets et des systèmes répondant à nos besoins ou à nos désirs.

> ▶ La TECHNOLOGIE est un ensemble de techniques permettant aux êtres humains de concevoir, de fabriquer et d'entretenir des objets et des systèmes qui répondent à leurs besoins ou à leurs désirs.

II.2 Les deux types de dessin technique les plus utilisés en technologie. Les mesures indiquées sont en millimètres.

Dans ce chapitre, nous présenterons d'abord les outils nécessaires pour réaliser les dessins techniques. Nous verrons ensuite les projections et leur utilisation dans les dessins de fabrication. Puis, dans la dernière section, nous traiterons plus particulièrement des schémas.

2 LES LIGNES ET LES TRACÉS DANS LES DESSINS TECHNIQUES

Les dessins techniques renferment des renseignements précis sur un objet ou un système. En effet, c'est notamment grâce à ces dessins que les concepteurs transmettent aux fabricants les formes exactes des objets à construire.

> ▶ Le DESSIN TECHNIQUE est un langage utilisé en technologie permettant de transmettre de l'information sur un objet ou un système.

Pour réaliser un dessin technique, il faut respecter de nombreuses normes. De cette façon, toutes les personnes qui travaillent sur un projet peuvent comprendre et interpréter correctement le sens de ce dessin. Parmi ces normes, on trouve l'utilisation des lignes de base et des tracés géométriques.

2.1 LES LIGNES DE BASE

Tout dessin est formé de lignes. En dessin technique, il existe différentes lignes de base. Des conventions internationales définissent de façon précise l'apparence et la signification de ces lignes.

> ▶ Les **LIGNES DE BASE** utilisées en dessin technique sont des lignes dont l'apparence et la signification sont régies par des conventions internationales.

On utilise trois types de traits pour tracer les lignes de base : le trait fort, le trait moyen et le trait fin. Les lignes de base les plus utilisées en dessin technique sont présentées à la figure 11.3, ci-dessous, et décrites au tableau 11.4 (*voir la page suivante*).

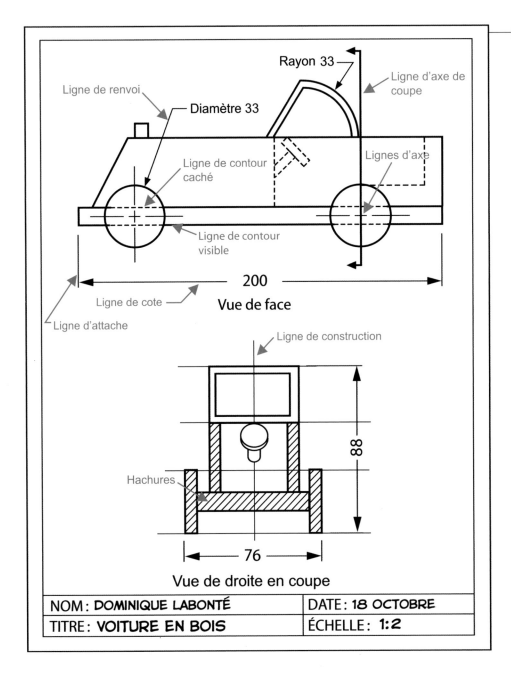

11.3 L'utilisation des lignes de base dans un dessin technique d'une voiture en bois.

Nom	Apparence du trait	Signification	Exemple
Ligne de contour visible	• Fort • Continu	• Représente les contours visibles de l'objet.	
Ligne de contour caché	• Moyen • Composé de petits traits	• Représente les contours cachés de l'objet.	
Ligne de construction	• Fin • Continu	• Sert à l'ébauche du dessin. Lorsque le dessin est terminé, elle est foncée ou effacée.	
Ligne d'axe	• Fin • Laisse voir un petit trait au centre	• Indique le centre d'un cercle ou d'une figure symétrique. • Sert aussi à indiquer l'emplacement d'une section.	
Ligne d'axe de coupe	• Fort • Continu • Muni de deux pointes de flèche indiquant le sens d'observation de la coupe	• Indique l'emplacement d'une coupe.	
Ligne de cote	• Fin • Continu • Muni de deux pointes de flèche	• Indique la longueur d'une dimension de l'objet ou d'une partie de celui-ci. On la place entre deux lignes d'attache.	2,75
Ligne d'attache	• Fin • Continu	• Marque les limites d'une cote.	
Hachure	• Fin • Oblique • Également espacé	• Indique une surface qu'on imagine coupée.	
Ligne de renvoi	• Fin • Continu • Muni d'une pointe de flèche • Comporte généralement un angle de 30°, 45° ou 60°	• Indique à quelle zone du dessin une note fait référence.	

2.2 LES TRACÉS GÉOMÉTRIQUES

Il suffit de connaître quelques règles propres à la géométrie pour tracer la plupart des formes de base du dessin technique, c'est-à-dire les «tracés géométriques». En combinant les différents tracés géométriques et en utilisant adéquatement les lignes de base, on peut réaliser des dessins étonnamment complexes.

> ▶ Les **TRACÉS GÉOMÉTRIQUES** sont des figures dont l'exécution est basée sur les règles de la géométrie, c'est-à-dire l'art de tracer des lignes et des courbes à l'aide d'une règle et d'un compas.

L'utilisation des outils et des règles de la géométrie permet notamment aux dessinateurs de tracer:

- des droites horizontales parfaitement parallèles les unes des autres;
- des droites verticales parfaitement parallèles entre elles et parfaitement perpendiculaires aux droites horizontales;
- des droites obliques;
- des cercles et des **ELLIPSES** qui possèdent des rayons définis.

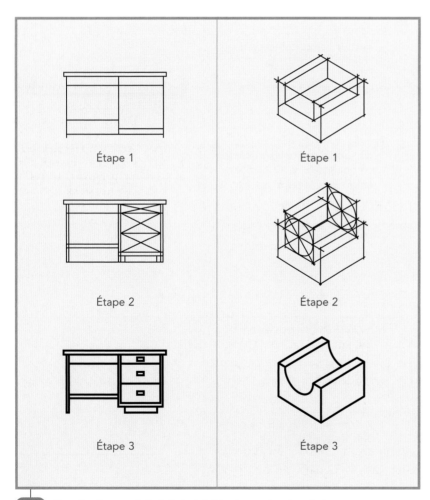

TECH

Nº 1

Vers –90
Vers –20

Marcus Vitruvius Pollio dit Vitruve

Cet architecte romain a servi sous Jules César. Il est l'auteur du seul traité d'architecture datant de l'Antiquité connu de nos jours. Vitruve y souligne l'importance de connaître la géométrie pour réaliser des œuvres architecturales.

UN RUBAN SANS FIN

Le ruban de Möbius, qu'on utilise aussi comme symbole du recyclage, a la particularité de ne posséder qu'une seule face et qu'un seul bord.

COMMENT RÉALISER UN TRACÉ GÉOMÉTRIQUE

II.5 Ces dessins ont été réalisés à l'aide de tracés géométriques.

2.3 LES FAÇONS DE RÉALISER LES DESSINS TECHNIQUES

On peut réaliser un dessin technique de trois façons:

- à main levée. On dit alors que le dessin technique est un «croquis».
- à l'aide d'instruments de dessin technique. On dit alors que le dessin est un «dessin aux instruments».
- à l'aide d'un logiciel de dessin, c'est-à-dire sur ordinateur. On dit alors que le dessin est un «dessin assisté par ordinateur» ou un «DAO».

COMMENT RÉALISER UN DESSIN ASSISTÉ PAR ORDINATEUR (DAO)

CROQUIS

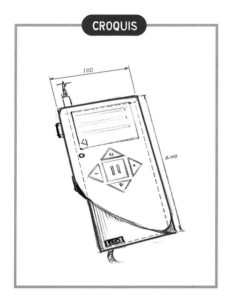

DESSIN AUX INSTRUMENTS

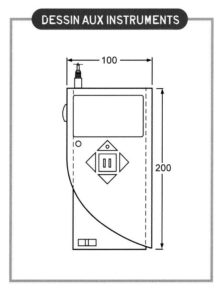

DESSIN ASSISTÉ PAR ORDINATEUR

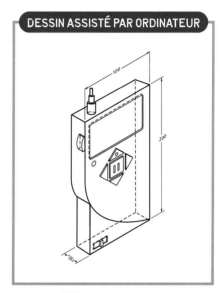

II.6 Les trois façons de réaliser un dessin technique. Lorsqu'ils sont bien exécutés, les dessins aux instruments et les dessins assistés par ordinateur sont pratiquement identiques.

LE CROQUIS

Le croquis est généralement utilisé pour illustrer rapidement un objet. C'est pourquoi il n'en montre souvent que les traits essentiels. Il est exécuté à main levée, simplement à l'aide d'un crayon, d'une gomme à effacer et, si nécessaire, d'une règle. Cependant, même lorsqu'on réalise ce type de dessin, il faut s'efforcer de respecter les conventions du dessin technique, soit l'utilisation des lignes de base et des tracés géométriques.

> ▶ Un **CROQUIS** est un dessin fait à main levée qui respecte, autant que possible, les conventions du dessin technique.

Normalement, les premiers dessins d'un nouvel objet sont des croquis. Ensuite, lorsque les concepteurs se sont entendus sur ce qu'ils veulent construire, des dessinateurs se chargent de réaliser des dessins techniques plus complets et plus précis, à l'aide d'instruments de dessin ou de logiciels spécialisés.

LE DESSIN AUX INSTRUMENTS

La plupart des conventions actuelles du dessin technique ont été établies en fonction du dessin aux instruments puisque, avant l'apparition des logiciels de dessin, l'utilisation d'instruments était nécessaire pour obtenir des dessins techniques très précis.

Aujourd'hui, l'ordinateur a remplacé presque partout l'utilisation des instruments. Cependant, c'est en manipulant les instruments de dessin technique qu'on arrive le plus facilement à maîtriser les règles et les conventions du dessin technique. De plus, les instruments coûtent moins cher que les ordinateurs et les logiciels de dessin et ils permettent de réaliser des dessins tout aussi précis.

Il existe de nombreux instruments de dessin technique. Les plus courants sont présentés à la figure 11.7.

LE DESSIN ASSISTÉ PAR ORDINATEUR

Les logiciels utilisés pour réaliser des dessins techniques sont des «logiciels de dessin». Depuis leur apparition, au cours des années 1960, les logiciels de dessin se sont beaucoup développés, si bien qu'il faut parfois plusieurs heures pour apprendre à les utiliser. Par contre, une fois qu'on maîtrise bien leur fonctionnement, il est souvent plus simple et plus rapide de réaliser un DAO plutôt qu'un dessin aux instruments.

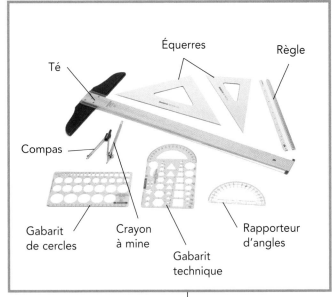

11.7 Quelques instruments de dessin technique.

SCULPTER L'ESPACE À L'ÉCRAN D'UN ORDINATEUR

Les instruments de dessin, longtemps outils privilégiés des architectes et des designers d'intérieur, sont désormais relégués au second plan. Les ordinateurs, équipés de puissants logiciels, ont pris la relève.

À l'époque du travail à la main, il fallait une journée complète pour faire les dessins et une autre pour l'ajout des couleurs, des ombrages, des matériaux, etc. Maintenant, le projet complet d'une résidence peut être réalisé en une journée à peine. On peut même envoyer les plans par courriel à un client situé à l'autre bout de la planète.

L'utilisation des logiciels offre plusieurs autres avantages. Elle permet de présenter le bâtiment sous plusieurs angles, de visualiser un éclairage de jour ou de nuit ou de projeter des ombrages. Pour faire des corrections, les architectes n'ont plus besoin d'effacer ou de reprendre leurs dessins. Quelques clics de souris suffisent.

Adapté de: Stéphanie MARTIN, «Sculpter l'espace à l'écran d'un ordinateur», *Le Soleil*, 11 mars 2006, p. E3.

Design d'intérieur créé à l'aide d'un logiciel de dessin.

3 LES PROJECTIONS
ET LEUR UTILISATION DANS LES DESSINS TECHNIQUES

Lorsqu'on veut représenter un objet à l'aide d'un dessin, une difficulté majeure s'impose à l'esprit : comment représenter correctement un objet qui possède trois dimensions sur une feuille de papier qui n'a que deux dimensions ? C'est pour contourner cette difficulté qu'on a mis au point les différentes projections.

> ⏺ Une PROJECTION est la représentation d'un objet sur une surface à deux dimensions.

Il existe de nombreuses façons de projeter un objet sur une surface plane, telle une feuille de papier. Dans cette section, nous en présenterons trois : la projection à vues multiples, la projection isométrique et la projection oblique. Nous verrons ensuite comment on utilise concrètement ces différentes projections dans le domaine du dessin technique.

Mais d'abord, il convient de procéder à quelques rappels, comme le propose le tableau 11.8.

1452
1519

Léonard de Vinci

Le plus ancien ouvrage connu portant sur la projection a été écrit par ce peintre et homme de science italien. Il s'agit de son « Traité de la peinture ». De Vinci s'est servi des principes qu'il a énoncés dans ce traité pour représenter graphiquement ses nombreuses inventions et ses nombreuses idées.

COMMENT RÉALISER UNE PROJECTION EN DESSIN TECHNIQUE

11.8 LA TERMINOLOGIE ASSOCIÉE À LA DESCRIPTION DE L'ESPACE OCCUPÉ PAR UN OBJET

Concept	Explication	Exemple
Dimension	Un objet occupe généralement trois dimensions dans l'espace : la longueur, la hauteur et la profondeur (ou largeur).	Hauteur / Longueur / Profondeur
Mesure	Les mesures d'un objet correspondent à des nombres associés à une unité de mesure (par exemple, le millimètre).	10 ← Mesure / 10 / 10
Face	Une face est une surface plane, c'est-à-dire qu'elle possède deux dimensions (par exemple, un carré).	Face →
Arête	Une arête est une ligne, c'est-à-dire qu'elle possède une dimension. Elle indique les limites d'une face ou la frontière commune entre deux faces.	Arête →
Sommet	Un sommet est un point, c'est-à-dire qu'il ne possède aucune dimension. Il désigne le point de rencontre entre deux ou plusieurs arêtes.	Sommet →

Les projections peuvent se distinguer les unes des autres sur deux aspects:

- la position de l'objet par rapport à la feuille;
- l'angle entre les rayons visuels et la feuille.

Le tableau 11.9 illustre comment les projections à vues multiples, isométrique et oblique se situent par rapport à ces deux aspects.

11.9 UNE COMPARAISON ENTRE TROIS PROJECTIONS

Projection	Position de l'objet par rapport à la feuille		Angle entre les rayons visuels et la feuille	Résultat
Projection à vues multiples	Une des faces de l'objet est parallèle à la feuille.		Les rayons visuels sont perpendiculaires à la feuille.	Vue de face
Projection isométrique	Une ou plusieurs arêtes de l'objet sont parallèles à la feuille.		Les rayons visuels sont perpendiculaires à la feuille.	
Projection oblique	En règle générale, une des faces de l'objet est parallèle à la feuille.		Les rayons visuels sont obliques.	

Le tableau 11.9 nous permet de constater que, dans le cas de la projection à vues multiples tout comme dans celui de la projection isométrique, les rayons visuels sont perpendiculaires à la feuille. C'est pourquoi on les appelle également des «projections orthogonales».

«*Orthogonal*» provient du latin *orthogonus qui signifie* «*à angle droit*».

▶ Une PROJECTION ORTHOGONALE est une projection dans laquelle tous les rayons visuels partant de l'objet sont perpendiculaires par rapport à la feuille.

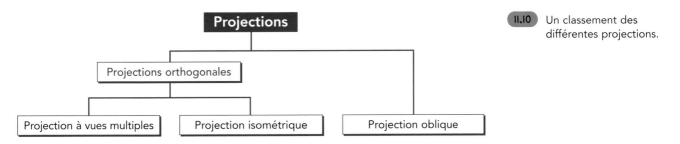

11.10 Un classement des différentes projections.

3.1 LA PROJECTION À VUES MULTIPLES

Chaque objet, quel qu'il soit, peut être vu sous six angles différents: de face, d'arrière, de gauche, de droite, de dessus et de dessous. Ensemble, ces six vues permettent de se faire une idée globale des formes d'un objet.

La figure 11.11 présente les six vues d'un objet. En dessin technique, on choisit habituellement comme vue de face la vue qui décrit le mieux l'objet. Souvent, c'est aussi celle qui présente le plus de détails.

Pour représenter graphiquement chacune de ces six vues, on peut imaginer l'objet au centre d'un cube transparent. Chacune des faces du cube devient alors une surface plane sur laquelle on peut projeter une image de l'objet, comme si on en prenait une photo. Chaque vue de l'objet devient ainsi une projection en deux dimensions sur les faces de ce cube transparent imaginaire.

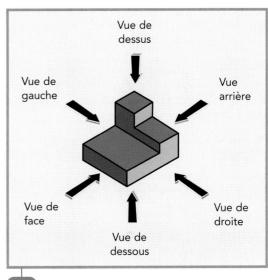

11.11 Les six vues d'un objet.

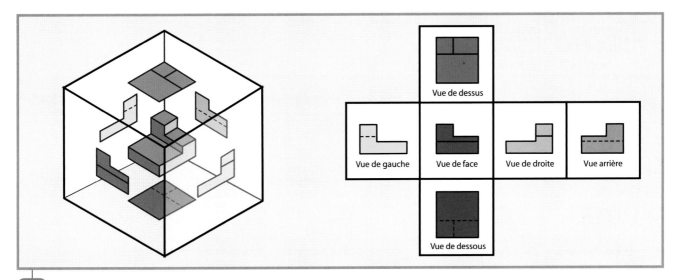

11.12 Chacune des six vues est une projection en deux dimensions de l'objet sur les faces d'un cube transparent imaginaire. Les contours cachés sont représentés par des petits traits.

Souvent, il n'est pas nécessaire de présenter les six vues d'un objet. En effet, les vues de face, de dessus et de droite suffisent habituellement pour représenter correctement un objet. Par convention, au Québec et en Amérique du Nord, ces trois vues sont toujours placées en «L» de la façon indiquée à la figure 11.13. Cette disposition permet de comparer rapidement les dimensions d'une vue à l'autre.

> ▶ Une **PROJECTION À VUES MULTIPLES** est une représentation en deux dimensions des différentes vues d'un objet.

Dans une projection à vues multiples, une des faces de l'objet est parallèle à la feuille. Autrement dit, la longueur et la hauteur de l'objet sont parallèles à la longueur et à la hauteur de la feuille. De plus, l'objet est placé de façon que les rayons visuels frappent la feuille de façon perpendiculaire (*voir le tableau 11.9, à la page 344*).

En conséquence, la projection à vues multiples permet de représenter toutes les mesures en vraies grandeurs ou à l'échelle. De plus, tous les angles sont exacts. C'est pourquoi cette projection est très utilisée dans les dessins de fabrication. Par contre, il faut un certain entraînement ou, à tout le moins, une bonne dose d'imagination, pour visualiser un objet à partir de cette seule représentation. On combine donc souvent une projection à vues multiples avec une projection isométrique.

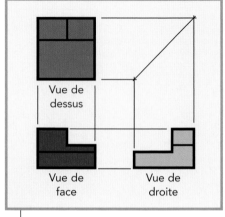

11.13 La disposition habituelle en «L» des vues de dessus, de face et de droite dans un dessin technique.

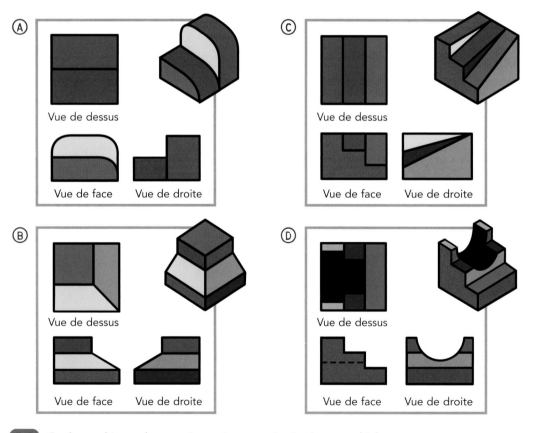

11.14 Quelques objets et leur représentation en projection à vues multiples.

3.2 LA PROJECTION ISOMÉTRIQUE

Plutôt que d'utiliser plusieurs vues à deux dimensions pour représenter un objet, comme dans la représentation à vues multiples, il peut être avantageux de représenter les trois dimensions d'un objet sur une seule vue. On réalise alors une représentation en perspective. La projection isométrique est une forme de dessin en perspective.

> ◉ Un **DESSIN EN PERSPECTIVE** représente les trois dimensions d'un objet dans la même vue.

Dans un dessin en projection isométrique, les arêtes principales de l'objet à représenter sont disposées selon trois axes entre lesquels les angles ont tous la même mesure, soit 120°. On les appelle des «axes isométriques».

«Isométrique» vient des mots grecs isos, qui signifie «égal», et metrikos, qui signifie «mesure».

> ◉ Une **PROJECTION ISOMÉTRIQUE** est la représentation en perspective d'un objet dont les arêtes principales sont disposées selon trois axes isométriques.

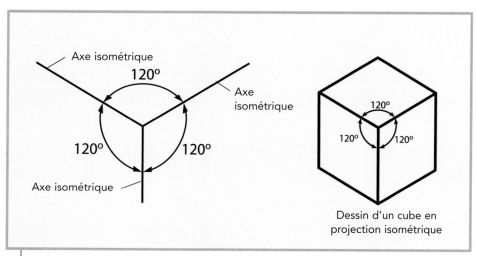

II.15 Les angles entre les axes isométriques sont tous de 120°. Ensemble, ils ont l'allure de la lettre Y.

La conséquence de cette disposition est qu'aucune face de l'objet n'est parallèle à la feuille. L'objet présente plutôt une ou plusieurs arêtes en avant-plan. D'autre part, l'objet est placé de façon que les rayons visuels frappent la feuille de façon perpendiculaire (*voir le tableau 11.9, à la page 344*).

Le résultat est que les mesures de toutes les arêtes parallèles aux axes isométriques sont exactes ou à l'échelle. Par contre, les angles ne sont pas respectés (*voir la figure 11.16*).

II.16 Dans une projection isométrique, les mesures des arêtes parallèles aux axes isométriques sont exactes ou à l'échelle. Cependant, les angles sont déformés.

3.3 LA PROJECTION OBLIQUE

Tout comme les dessins en projection isométrique, ceux en projection oblique montrent les trois dimensions d'un objet. Il s'agit donc d'une représentation en perspective.

Cependant, tandis que, dans une projection isométrique, l'objet est incliné par rapport à la feuille, les dessins en projection oblique présentent généralement une face parallèle à la feuille. Cependant, on suppose que l'objet est placé de façon que les rayons visuels frappent la feuille de façon oblique (*voir le tableau 11.9 à la page 344*).

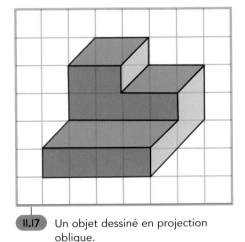

> ▶ Une **PROJECTION OBLIQUE** est une représentation en perspective dans laquelle une face de l'objet est généralement parallèle à la feuille, tandis que la profondeur est représentée par des droites obliques et parallèles entre elles.

11.17 Un objet dessiné en projection oblique.

La projection oblique permet donc de présenter deux dimensions (la longueur et la hauteur) dont les mesures et les angles sont exacts. Par contre, ni les mesures ni les angles de la troisième dimension (la profondeur) ne sont conformes à ceux de l'objet. Habituellement, ils sont réduits.

3.4 L'UTILISATION DES PROJECTIONS DANS LES DESSINS DE FABRICATION

TECH N° 5

Les dessins réalisés par les concepteurs doivent répondre à des besoins très précis. Le choix d'une projection dépend à la fois de ces besoins et de l'objet à représenter. Le plus souvent, une ou plusieurs projections sont combinées dans la réalisation des différents dessins de fabrication d'un projet. Voici les dessins de fabrication les plus souvent utilisés:

- le dessin d'ensemble;
- le dessin d'ensemble éclaté;
- le dessin de détail.

Voyons à quoi servent ces trois dessins de fabrication et quelles sont les projections à privilégier pour réaliser chacun d'eux.

LE DESSIN D'ENSEMBLE

Parmi les dessins nécessaires pour représenter un objet, il faut généralement disposer d'un dessin qui en décrit l'allure générale, c'est-à-dire ses formes, ses pièces et leur disposition. Ce dessin est un «dessin d'ensemble». Les projections les plus utilisées pour réaliser un dessin d'ensemble sont la projection à vues multiples et la projection isométrique.

> ▶ Un **DESSIN D'ENSEMBLE** est un dessin présentant l'allure générale d'un objet.

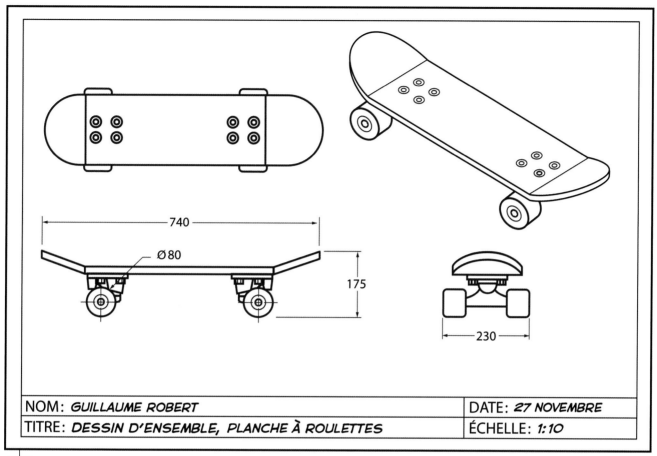

NOM: *GUILLAUME ROBERT*	DATE: *27 NOVEMBRE*
TITRE: *DESSIN D'ENSEMBLE, PLANCHE À ROULETTES*	ÉCHELLE: *1:10*

11.18 Le dessin d'ensemble d'une planche à roulettes.

LE DESSIN D'ENSEMBLE ÉCLATÉ

Lorsqu'un objet contient de nombreuses pièces, le dessin d'ensemble peut être éclaté. Dans ce cas, l'ensemble de l'objet est montré en perspective et chaque pièce est dissociée des autres. La projection la plus souvent utilisée dans cette sorte de dessin est la projection isométrique.

> ▷ Un **DESSIN D'ENSEMBLE ÉCLATÉ** est un dessin sur lequel les diverses pièces de l'objet sont dissociées les unes des autres.

Souvent, ce dessin est accompagné de la nomenclature des pièces, c'est-à-dire de la liste des noms attribués à chaque pièce. En plus du dessin proprement dit, on indiquera donc, par exemple, le nom de chaque pièce, sa quantité, ainsi que les matériaux nécessaires pour la fabriquer.

11.19

Le dessin d'ensemble éclaté d'une planche à roulettes.

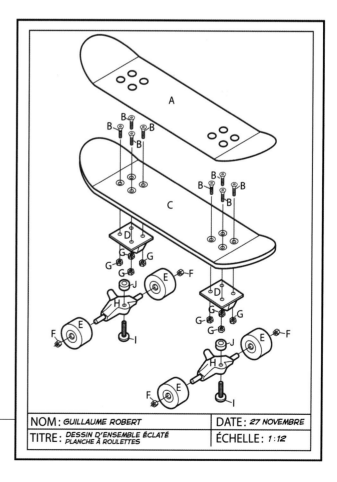

NOM: *GUILLAUME ROBERT*	DATE: *27 NOVEMBRE*
TITRE: *DESSIN D'ENSEMBLE ÉCLATÉ PLANCHE À ROULETTES*	ÉCHELLE: *1:12*

LE DESSIN DE DÉTAIL

Même s'il est très pratique d'avoir une vue d'ensemble d'un objet, il est souvent indispensable de réaliser des dessins qui fournissent les détails nécessaires à la construction de chacune des pièces (dimensions, position et diamètre des trous, etc.). Ces détails sont donnés dans des dessins appelés les «dessins de détail».

Les dessins de détail sont exécutés en utilisant une ou plusieurs vues de la pièce. On utilise donc généralement la projection à vues multiples.

> ▶ Un DESSIN DE DÉTAIL est un dessin qui précise tous les détails utiles à la fabrication d'une pièce.

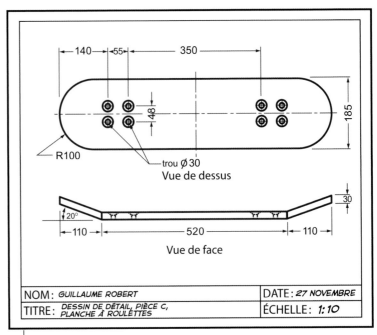

 Le dessin de détail de la pièce C de la planche à roulettes.

Le tableau 11.21 résume l'utilisation des projections dans les différents dessins de fabrication.

11.21 LES PROJECTIONS LES PLUS SOUVENT UTILISÉES DANS LES DESSINS DE FABRICATION

Sorte de dessin	Description	Projections
Dessin d'ensemble	Dessin présentant l'allure générale d'un objet.	• À vues multiples • Isométrique
Dessin d'ensemble éclaté	Dessin sur lequel sont illustrées les diverses pièces de l'objet dissociées les unes des autres.	• Isométrique
Dessin de détail	Dessin sur lequel les différents détails utiles à la fabrication d'une pièce sont précisés.	• À vues multiples

4. LES RENSEIGNEMENTS FOURNIS PAR LES DESSINS DE FABRICATION

TECH Nos 6 à 8

Maintenant que nous avons pris connaissance des sortes de dessins utilisées pour concevoir des objets, examinons plus en détail les renseignements qu'on peut y trouver. Nous verrons d'abord comment on indique les dimensions à l'aide de l'échelle, des cotes et des tolérances. Ensuite, nous examinerons comment on peut montrer les détails qui se trouvent à l'intérieur d'un objet à l'aide des coupes et des sections.

COMMENT RÉALISER UN DESSIN À L'ÉCHELLE

4.1 L'ÉCHELLE

Souvent, il n'est pas pratique de représenter un objet avec ses mesures réelles. En effet, beaucoup d'objets sont trop petits ou trop gros pour être représentés correctement sur une feuille de papier. C'est pourquoi, la plupart du temps, on en fait une représentation réduite ou agrandie. On dit alors que l'on réalise un «dessin à l'échelle».

Lorsqu'on réduit toutes les mesures d'un objet d'un même facteur, on dit qu'on utilise une «échelle de réduction». Au contraire, lorsqu'on agrandit toutes les mesures d'un même facteur, on dit qu'on utilise une «échelle d'agrandissement». Si l'on représente un objet avec ses véritables mesures, on utilise alors une «échelle vraie grandeur».

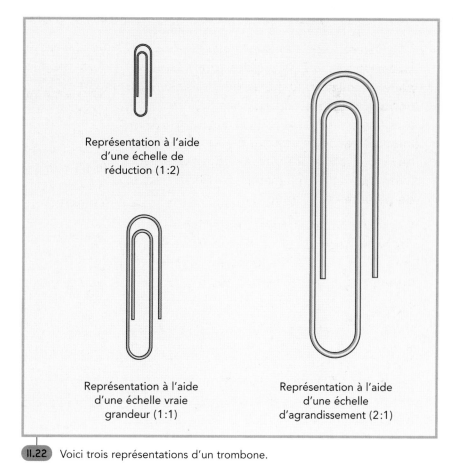

Représentation à l'aide d'une échelle de réduction (1:2)

Représentation à l'aide d'une échelle vraie grandeur (1:1)

Représentation à l'aide d'une échelle d'agrandissement (2:1)

11.22 Voici trois représentations d'un trombone.

> ◉ Dans un dessin de fabrication, l'ÉCHELLE est le rapport entre les mesures de l'objet sur le dessin et les mesures réelles de l'objet.

Pour préciser la valeur de l'échelle, il faut connaître le facteur de réduction et le facteur d'agrandissement. Le tableau 11.23 indique comment préciser l'échelle à l'aide de quelques exemples.

11.23 LES DIFFÉRENTES ÉCHELLES

Échelle	Exemple	Notation
Échelle de réduction	Les mesures d'une maison sont 50 fois plus petites sur le dessin qu'en réalité. Le facteur de réduction, placé à droite, est donc «50».	1:50
Échelle vraie grandeur	Les mesures d'une agrafeuse sont les mêmes sur le dessin qu'en réalité.	1:1
Échelle d'agrandissement	Les mesures des roues d'engrenage d'une montre sont 10 fois plus grandes sur le dessin qu'en réalité. Le facteur d'agrandissement, placé à gauche, est donc «10».	10:1

Comme le facteur d'agrandissement est toujours placé à gauche dans la notation de l'échelle et le facteur de réduction, toujours placé à droite, il s'ensuit que l'emplacement du facteur d'agrandissement ou de réduction permet de distinguer rapidement les deux échelles.

Dans un dessin technique, il est essentiel d'indiquer l'échelle utilisée. On trouve généralement cette information dans le cartouche du dessin. Normalement, le cartouche du dessin contient les renseignements suivants:

- le nom du dessinateur ou de la dessinatrice;
- le titre du dessin;
- la date à laquelle il a été exécuté;
- l'échelle utilisée.

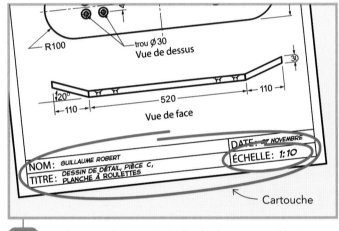

11.24 En dessin technique, l'échelle du dessin est indiquée dans le cartouche.

LA COTATION ET LA TOLÉRANCE

Pour permettre la construction d'une pièce, les dessins de détail doivent fournir tous les renseignements nécessaires concernant les mesures d'une pièce. En dessin technique, on indique les mesures au moyen de la cotation. La cotation indiquée sur un dessin technique correspond toujours aux mesures réelles de l'objet.

La cotation sert d'abord à indiquer les dimensions de l'objet (longueur, hauteur, profondeur). Elle sert également à indiquer l'emplacement de divers éléments sur un dessin, par exemple, la position et le diamètre d'un trou, le rayon d'une courbe, la valeur d'une pente, etc.

La cotation se place généralement à l'extérieur de l'objet, mais on la trouve aussi parfois à l'intérieur, si on y gagne en lisibilité.

> ▶ La **COTATION** est une indication des dimensions réelles et de la position des divers éléments d'un objet.

Pour coter une pièce, on utilise les lignes de cote et les lignes d'attache, de même que quelques symboles :

- Ø, pour indiquer le diamètre d'un trou ou d'un cercle ;
- R, pour indiquer le rayon d'un cercle ou d'un arc de cercle ;
- ⟍, pour indiquer la valeur d'un angle.

Les mesures sont généralement indiquées en millimètres. Cependant, il arrive encore, particulièrement dans le secteur de la construction, que les mesures soient indiquées en pieds et en pouces (système de mesures impérial).

En plus des mesures données grâce à la cotation, les dessins de fabrication indiquent parfois les limites de l'écart acceptable entre la mesure indiquée et la mesure réelle. C'est ce qui s'appelle la «tolérance».

> ▶ La **TOLÉRANCE** est une indication de l'écart maximal acceptable entre une mesure spécifiée et une mesure réelle.

Habituellement, la tolérance n'est indiquée que si cette précision est importante pour le fonctionnement d'un objet. Lorsqu'on la retrouve dans les dessins, elle est indiquée à côté d'une cote, si elle s'applique à un élément ou à une mesure en particulier. Si une tolérance s'applique à l'ensemble des cotes, elle apparaît plutôt dans le cartouche.

Par exemple, dans le cas d'un nichoir pour hirondelles, le diamètre du trou par lequel entrent les hirondelles est important. Un trou trop petit peut emprisonner une hirondelle, tandis qu'un trou trop grand pourrait permettre à d'autres espèces d'oiseaux d'entrer. La figure 11.26 montre comment indiquer la tolérance.

En industrie, plus la tolérance est petite, plus le coût de production est élevé. En effet, il risque alors d'y avoir plus de pièces non conformes. Celles-ci doivent être réusinées ou jetées, ce qui augmente les coûts de production.

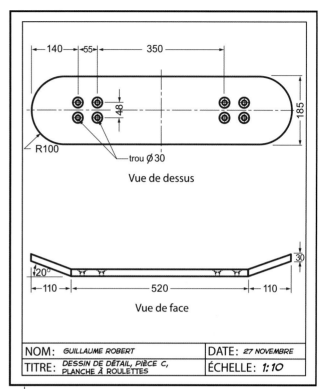

II.25 La ligne de cote et la ligne d'attache sont les deux lignes de base utilisées pour coter un dessin.

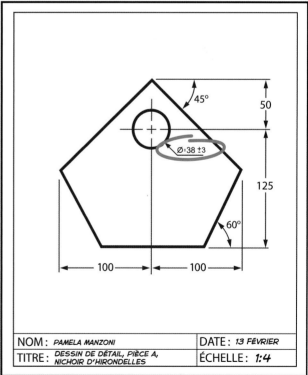

II.26 La tolérance pour le diamètre du trou est indiquée dans ce dessin. Elle nous informe que le diamètre du trou doit se situer entre 35 mm et 41 mm.

4.3 LES COUPES ET LES SECTIONS

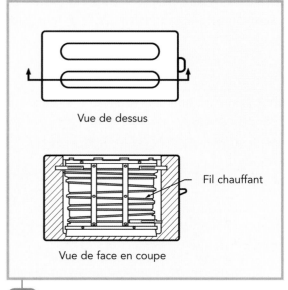

COMMENT RÉALISER UNE VUE EN COUPE ET UNE SECTION

Lorsqu'on illustre un objet à l'aide d'un dessin de fabrication, les détails qu'on voit sont représentés par des lignes de contours visibles (trait continu), tandis que les détails cachés le sont par des lignes de contours cachés (traits composés de petits tirets). Or, certains objets comportent beaucoup de détails cachés qui se superposent les uns aux autres. Leur représentation par des lignes de contours cachés donnerait un dessin incompréhensible. On peut alors avoir recours à une coupe pour rendre plus apparents les détails cachés à l'intérieur d'un objet.

> ◗ Une **COUPE** est une vue de l'intérieur d'un objet permettant de rendre visibles les détails cachés d'un objet.

Quiconque a déjà regardé à l'intérieur d'une fente d'un grille-pain se rend bien compte qu'il y a plusieurs détails qui sont difficiles à voir de l'extérieur. Une coupe permettra de les dessiner (*voir la figure 11.27*).

La première opération à réaliser pour obtenir une coupe est de choisir dans quelle dimension de l'objet (longueur, hauteur ou largeur) le plan de coupe passera. Dans une projection à vues multiples, le plan de coupe est représenté à l'aide d'une ligne d'axe de coupe (*voir la figure 11.28*).

Vue de dessus

Fil chauffant

Vue de face en coupe

11.27 Une vue en coupe facilite l'observation des détails qui se trouvent à l'intérieur d'une fente de grille-pain.

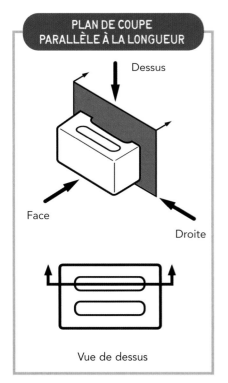

PLAN DE COUPE PARALLÈLE À LA LONGUEUR

Dessus

Face

Droite

Vue de dessus

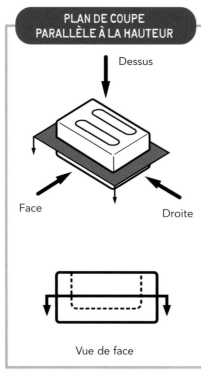

PLAN DE COUPE PARALLÈLE À LA HAUTEUR

Dessus

Face

Droite

Vue de face

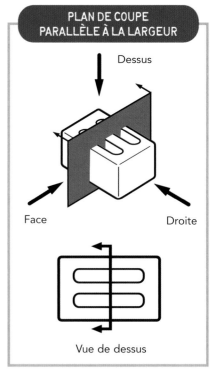

PLAN DE COUPE PARALLÈLE À LA LARGEUR

Dessus

Face

Droite

Vue de dessus

11.28 Trois exemples de plans de coupe : en haut, à l'aide d'une projection isométrique, en bas, à l'aide d'une projection à vues multiples.

On dessine ensuite la vue en coupe en représentant la partie de l'objet située du côté pointé par les flèches de la ligne d'axe de coupe. Sur une vue en coupe, les lignes de contours cachés sont généralement omises. De plus, les surfaces coupées par le plan de coupe sont hachurées.

Pour mieux représenter un objet, les dessinateurs peuvent aussi en présenter des sections. Une section montre une surface qui se trouve sur un plan de coupe. Dans une projection à vues multiples, les sections permettent par exemple de mieux représenter le relief des différentes pièces.

> ⬤ Une SECTION représente une surface située sur un plan de coupe.

Dans un dessin de fabrication, le plan de coupe servant à représenter une section est illustré par une ligne d'axe. Les sections sont dessinées à l'aide de lignes de contours visibles et de hachures. Les sections peuvent être localisées à deux endroits dans un dessin :

- ⬤ à l'intérieur de l'objet représenté (on dit alors qu'il s'agit d'une «section rabattue»);

- ⬤ à l'extérieur de l'objet représenté, si l'illustration d'une section rabattue risque de nuire à la clarté du dessin (on dit alors que c'est une «section sortie»).

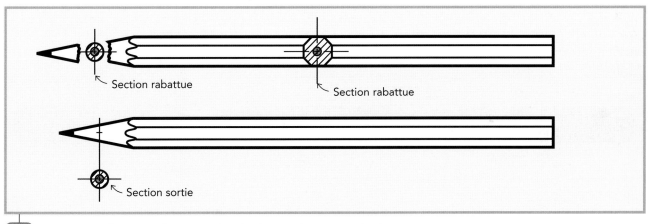

II.29 Les sections illustrées aident à visualiser les formes de ce crayon à mine.

5 LES SCHÉMAS

1er CYCLE
- Types de mouvements
- Effets d'une force
- Schéma de principe
- Schéma de construction
- Matériau
- Fonctions mécaniques élémentaires (liaison, guidage)

Tout comme les dessins de fabrication, les schémas constituent une forme de langage utilisée en dessin technique. Ce sont des dessins simplifiés qui permettent généralement de donner des renseignements sur le fonctionnement ou sur les façons de construire des objets ou des systèmes.

> «Schéma» vient du grec skhêma, *qui signifie «figure».*

> ⬤ Un SCHÉMA est une représentation simplifiée d'un objet, d'une partie d'un objet ou d'un système.

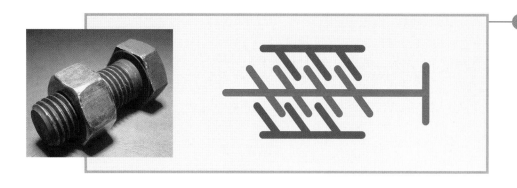

Le schéma d'une vis et d'un écrou. Dans les schémas, la représentation des objets est la plus simplifiée possible.

5.1 LES RÈGLES ET LES SYMBOLES DANS LES SCHÉMAS

TECH
Nos 9 et 10

COMMENT DESSINER
UN SCHÉMA – LES SYMBOLES

Bien que les schémas soient des représentations simplifiées des objets, il n'en demeure pas moins que leur réalisation doit suivre quelques règles pour que le schéma reste compréhensible par tous. Le tableau 11.31 présente quelques-unes de ces règles.

II.31 QUELQUES RÈGLES COURAMMENT UTILISÉES EN SCHÉMATISATION

Élément	Règle
Le traçage	Les traits doivent être propres et clairs. Ils peuvent être tracés à la main ou à l'aide de logiciels de dessin.
La couleur	On peut ajouter de la couleur. Des couleurs différentes sont alors utilisées pour représenter deux pièces différentes qui se touchent. Cela permet une meilleure compréhension du dessin.
La représentation	L'objet est généralement représenté en deux dimensions. Il est possible d'utiliser plusieurs vues, de grossir des détails ou d'utiliser des coupes pour mieux représenter l'objet ou des renseignements à donner.
Les proportions des pièces	Les mesures des pièces n'ont pas à être exactes ou à l'échelle, mais il faut respecter les proportions.
La cotation	La cotation n'est pas obligatoire, mais lorsqu'on l'utilise, elle doit suivre les mêmes règles que les dessins de fabrication.

Afin de simplifier le plus possible la représentation des objets dans les schémas, les technologues ont convenu de nombreux symboles. Ainsi, plusieurs éléments d'un schéma peuvent être représentés à l'aide de symboles, tels que :

- les forces et les contraintes subies par l'objet;
- les mouvements des pièces;
- certaines pièces;
- certaines formes de guidage;
- les composantes des circuits électriques.

Le tableau 11.32, à la page suivante, présente un aperçu des différents symboles pouvant être utilisés en schématisation.

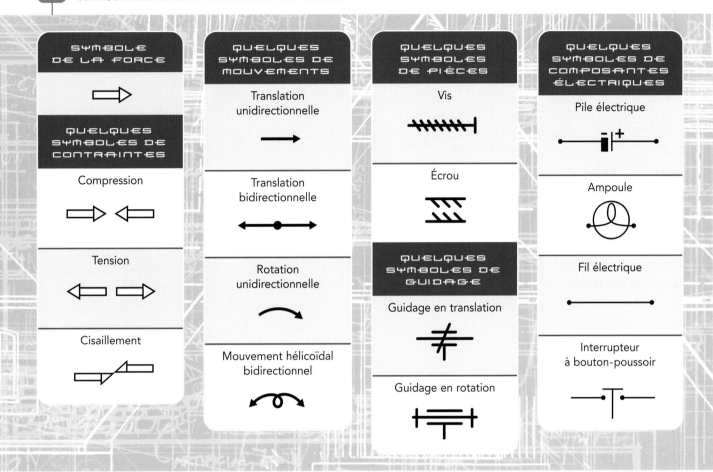

La représentation d'un serre-joint en C, à la figure 11.33, est un exemple de schéma qui respecte les règles de schématisation. Il est propre, les pièces qui se touchent sont de couleurs différentes et la proportion des pièces est respectée. Une seule vue est nécessaire pour représenter cet objet.

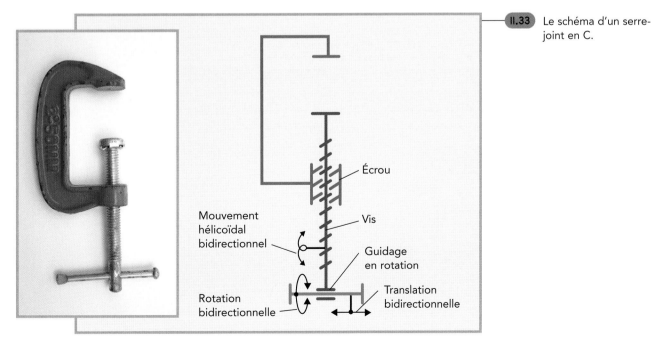

II.33 Le schéma d'un serre-joint en C.

5.2 LES PRINCIPAUX TYPES DE SCHÉMAS

Selon l'information que l'on désire illustrer, il existe divers types de schémas. Les plus connus sont le schéma de principe, le schéma de construction et le schéma électrique.

LE SCHÉMA DE PRINCIPE

Un schéma de principe vise à expliquer les principes de fonctionnement d'un objet, c'est-à-dire les mouvements que les pièces peuvent accomplir et les forces qu'il faut appliquer pour les faire bouger. La figure 11.34 montre deux schémas de principe. Ces schémas comprennent généralement les renseignements suivants :

- une représentation simplifiée des pièces en utilisant, dans la mesure du possible, les symboles appropriés ;
- le nom des pièces illustrées ;
- les symboles des mouvements et des forces impliqués dans le fonctionnement de l'objet ;
- toute autre information utile concernant le fonctionnement de l'objet.

> ▶ Un SCHÉMA DE PRINCIPE est un dessin simplifié qui représente un ou plusieurs principes de fonctionnement d'un objet ou d'un système.

1905
1980

Elizabeth Muriel Gregory MacGill

Cette ingénieure canadienne a été la première femme diplômée en génie aéronautique. Cela lui a permis de participer notamment à la conception du premier avion entièrement métallique construit au Canada. Elle a aussi contribué à l'élaboration et à l'étude de nombreux schémas et dessins de fabrication.

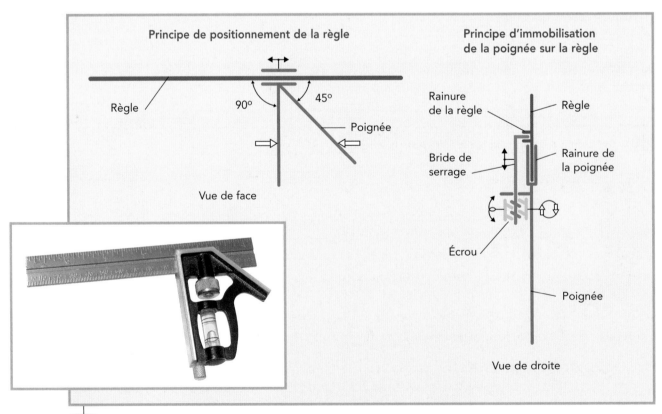

11.34 Ces schémas illustrent deux principes de fonctionnement d'une équerre combinée.

LE SCHÉMA DE CONSTRUCTION

Un schéma de construction sert à montrer les solutions de construction retenues pour assurer le bon fonctionnement d'un objet. Cela signifie qu'un schéma de construction doit renseigner sur les formes et sur la nature des matériaux à utiliser, la façon d'assembler les pièces et les dispositifs dont il faut tenir compte pour que l'objet fonctionne correctement. On y retrouve donc généralement les renseignements suivants :

- les formes importantes à considérer en vue de fabriquer les pièces ;
- le nom et la quantité des pièces illustrées ;
- les matériaux à utiliser ;
- les organes de liaison à employer, s'il y a lieu (*voir le chapitre 12, à la page 385*) ;
- les formes de guidage, s'il y a lieu ;
- toute autre information utile pour la construction de l'objet.

> ▶ Un SCHÉMA DE CONSTRUCTION est un dessin simplifié sur lequel figurent des renseignements concernant les solutions de construction retenues en vue de fabriquer un objet ou un système.

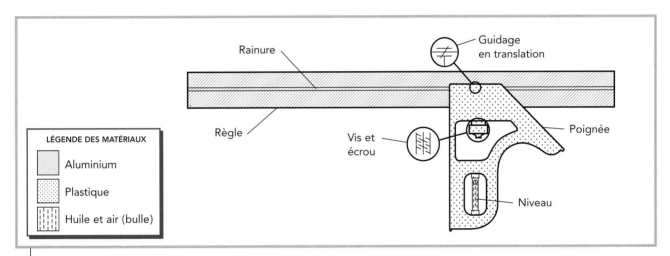

II.35 Un schéma de construction d'une équerre combinée.

LE SCHÉMA ÉLECTRIQUE

En technologie, on utilise souvent les schémas électriques pour représenter de façon simplifiée des circuits électriques. Dans ces schémas, on retrouve les renseignements suivants :

- un symbole représentant chaque composante du circuit électrique ;
- toute autre information utile permettant de comprendre comment le circuit électrique doit être construit.

> ▶ Un SCHÉMA ÉLECTRIQUE est un dessin simplifié réalisé à l'aide de symboles, montrant comment agencer les diverses composantes (ampoule, fil, pile, interrupteur, etc.) d'un circuit électrique.

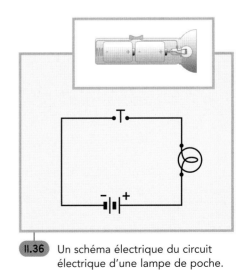

II.36 Un schéma électrique du circuit électrique d'une lampe de poche.

1 **LA COMMUNICATION** GRAPHIQUE
(p. 336-337)

1. Quels sont les deux types de dessins les plus utilisés en technologie ?

2. Qu'est-ce que la technologie ?

2 **LES LIGNES ET LES TRACÉS DANS LES** DESSINS TECHNIQUES
(p. 337-342)

3. Voici la coupe d'un bâton d'antisudorifique.

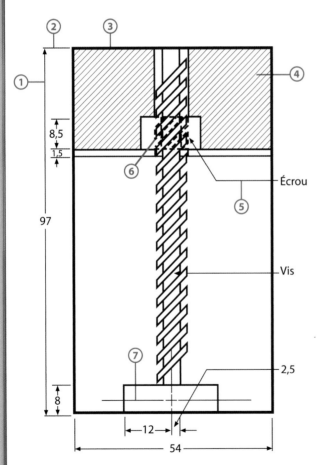

a) Associez chaque numéro du dessin à la ligne de base à laquelle il correspond.

b) Indiquez la fonction des lignes de base pointées dans ce dessin.

c) Deux lignes de base décrites dans le chapitre 11 ne sont pas présentes dans ce dessin. Nommez-les et indiquez leur fonction.

4. Les tracés géométriques peuvent se réaliser à l'aide des instruments de dessin technique.

a) Quels sont les principaux instruments de dessin technique ?

b) Trois sortes de droites peuvent être construites à l'aide des tracés géométriques. Quelles sont-elles ?

c) Nommez deux instruments de dessin technique qui servent principalement à tracer des cercles.

5. Observez ces deux représentations d'un panneau d'arrêt. Laquelle des deux illustrations est un croquis ? Expliquez votre réponse.

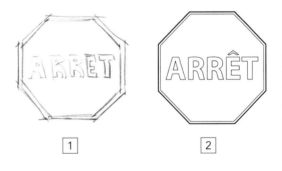

1   2

3 **LES** PROJECTIONS **ET LEUR UTILISATION DANS LES DESSINS TECHNIQUES** (p. 343-351)

6. Il existe différentes façons de représenter un objet sur une surface à deux dimensions : ce sont les projections.

a) Nommez deux projections dont les rayons visuels sont perpendiculaires à la feuille.

b) Quel nom donne-t-on à ces deux projections ?

7. Un objet peut être représenté à l'aide de six vues différentes.

a) Quelles sont ces six vues ?

b) Quelles vues utilise-t-on, par convention, lorsqu'on dessine un objet à l'aide d'une projection à vues multiples ?

8. Observez les trois illustrations suivantes du même objet.

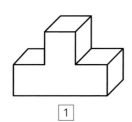

1

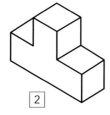

2

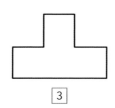

3

a) Quelle projection a été utilisée pour réaliser chaque illustration ?

b) Lesquelles sont des dessins en perspective ?

9. Associez les projections isométriques, à gauche, à leur projection à vues multiples, à droite.

A

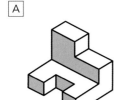

1

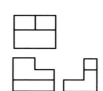

B

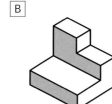

2

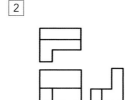

C

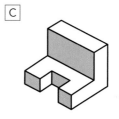

3

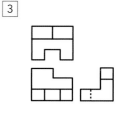

D

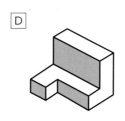

4

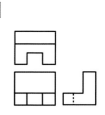

 4. LES RENSEIGNEMENTS
FOURNIS PAR LES DESSINS DE FABRICATION
(p. 351-355)

10. Jonathan construit un modèle réduit d'une voiture. Il réduit de quarante fois toutes les mesures de l'automobile.

a) Quelle échelle utilise-t-il ?

b) Quelle est la notation de cette échelle ?

c) La voiture qu'il a choisie mesure quatre mètres de long. Quelle sera la longueur du modèle réduit ? Donnez votre réponse en millimètres.

11. Le dessin suivant est la reproduction d'un terrain de soccer à l'échelle 1 : 2000. Les finales de la coupe du monde de soccer se jouent sur des terrains ayant les mêmes dimensions. Calculez la longueur et la largeur d'un terrain de soccer à l'aide de sa reproduction à l'échelle.

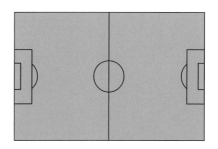

12. Observez le dessin suivant.

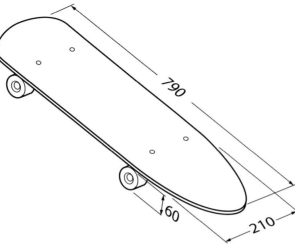

a) Quelle est la longueur de la planche à roulettes ?

b) Quelle est sa largeur ?

c) Quel est le diamètre des roues ?

13. Comment s'appelle l'indication de l'écart maximal permis entre une mesure spécifiée sur un dessin et une mesure réelle ?

14. Associez les projections, à gauche, à leur vue en coupe, à droite.

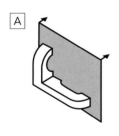

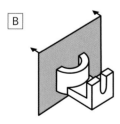

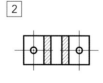

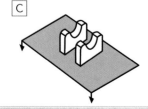

15. Observez cette représentation d'une clé.

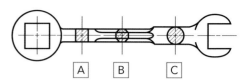

a) Quelle section montre que le bras de la clé a une forme octogonale ?

b) Quelle est la forme du bras de la clé indiquée à la section C ?

c) Est-ce que les sections présentées sont rabattues ou sorties ? Expliquez votre réponse.

5 LES SCHÉMAS (p. 355-359)

16. Observez les schémas de principe et de construction suivants d'une balance de cuisine.

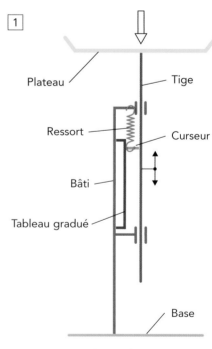

Schéma de principe d'une balance de cuisine

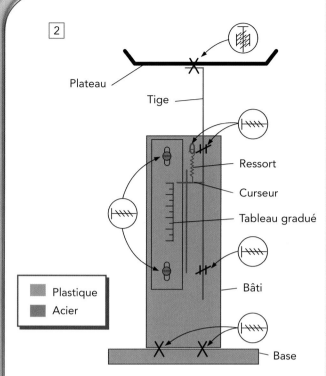

Plateau

Tige

Ressort

Curseur

Tableau gradué

Bâti

Plastique

Acier

Base

Schéma de construction
d'une balance de cuisine

a) Sur quelle partie de la balance
la force est-elle appliquée?

b) Combien de vis sont utilisées au total
dans la construction de cette
balance?

c) Quel mouvement peut avoir la tige?

d) Qu'est-ce qui permet à la tige de
reprendre sa position initiale, une fois
qu'il n'y a plus de force exercée?

RÉSEAU
DE CONCEPTS

COMMENT CONSTRUIRE UN
RÉSEAU DE CONCEPTS

Préparez votre propre résumé du
chapitre 11 en construisant un réseau
de concepts à partir des termes et
des expressions qui suivent:

- Cotation
- Coupe
- Croquis
- Dessin assisté par ordinateur (DAO)
- Dessin aux instruments
- Dessin d'ensemble
- Dessin d'ensemble éclaté
- Dessin de détail
- Dessin de fabrication
- Dessin technique
- Échelle
- Lignes de base
- Projection à vues multiples
- Projection isométrique
- Projection oblique
- Règles
- Schéma de
  construction
- Schéma de
  principe
- Schéma
  électrique
- Schémas
- Section
- Symboles
- Tolérance
- Tracés géométriques

SCOLIOSE, LORDOSE ET CYPHOSE

Vue de côté, notre colonne vertébrale présente quatre courbures qui lui donnent sa forme en S. Normalement, ces courbures nous soutiennent et augmentent l'élasticité et la souplesse de la colonne vertébrale.

Il existe cependant des courbures anormales de la colonne vertébrale. Certaines sont présentes dès la naissance, d'autres surviennent à la suite de maladies. Les mauvaises postures, par exemple lorsque nous sommes assis ou lorsque nous soulevons des objets, peuvent aussi causer des courbures anormales. Pour décrire ces courbures anormales, les termes scoliose, lordose et cyphose sont souvent employés. Le tableau 11.38 les distingue.

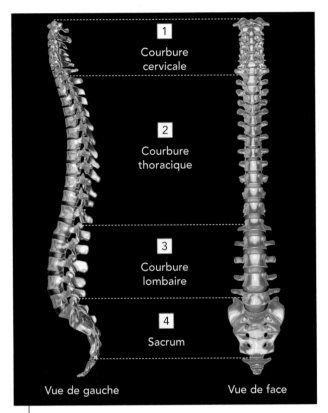

II.37 Les quatre courbures naturelles de la colonne vertébrale.

II.38 LES COURBURES ANORMALES DE LA COLONNE VERTÉBRALE

Nom	Explication
Scoliose	Courbure latérale (vers le côté) de la colonne vertébrale.
Lordose	Courbure vers l'avant excessive de la colonne vertébrale. Les courbures 1 et 3 de la figure 11.37 sont des courbures vers l'avant. Les femmes enceintes souffrent fréquemment de lordose temporaire.
Cyphose	Courbure vers l'arrière excessive de la colonne vertébrale. Les courbures 2 et 4 de la figure 11.37 sont des courbures vers l'arrière. Les travailleurs assis placent souvent leur dos en position arrondie, ce qui peut entraîner une cyphose.

1. Plusieurs personnes arrondissent le dos lorsqu'elles sont assises. Pour remédier à ce problème, il existe des chaises ergonomiques. Le dossier de ces chaises présente les mêmes courbures qu'une colonne vertébrale normale. Faites un croquis en projection isométrique d'un tel dossier.

2. Pour soulever une lourde charge, il est préférable de plier les genoux et de garder le dos droit. De cette façon, on protège la colonne vertébrale. Faites un schéma représentant une personne levant une lourde charge de la bonne façon. N'oubliez pas de montrer le mouvement du dos et de la charge.

DANIEL LANGLOIS

Grâce à Daniel Langlois, l'industrie du cinéma ne peut plus se passer du dessin assisté par ordinateur. En effet, en 1986, il fonda à Montréal une entreprise spécialisée dans le développement de logiciels servant à produire des animations et des effets spéciaux en trois dimensions pour les films et les jeux vidéo. Son entreprise obtint une reconnaissance mondiale en 1993, lorsque ses logiciels furent utilisés pour créer et animer les dinosaures du film *Le parc jurassique*, de Steven Spielberg.

En 1997, Daniel Langlois créa une fondation dont le but était de favoriser l'intégration des arts, des sciences et des technologies.

II.39 Les dinosaures du film *Le parc jurassique* ont été réalisés à l'aide des logiciels mis au point par l'entreprise fondée par Daniel Langlois.

NOM

Daniel Langlois

EMPLOI

Designer et homme d'affaires

RÉGION OÙ IL OCCUPE SON EMPLOI

Au Québec et ailleurs dans le monde

FORMATION

Baccalauréat en design

RÉALISATION DONT IL PEUT ÊTRE FIER

Avoir fondé une entreprise spécialisée dans le développement de logiciels d'animation.

II.40 QUELQUES MÉTIERS ET PROFESSIONS CONNEXES À L'EMPLOI DE M. LANGLOIS

Métier ou profession	Formation requise	Durée de la formation	Tâches principales
Photographe	DEP en photographie	1800 heures	• Choisir ou composer l'environnement idéal pour capter des images • Faire des ajustements techniques sur des images
Technicien ou technicienne en graphisme	DEC en techniques d'animation 3D et en synthèse d'images	3 ans	• Produire des images et des animations informatisées
Informaticien ou informaticienne	BAC en informatique	4 ans	• Développer des logiciels et d'autres produits informatiques

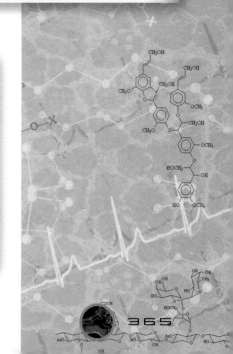

2004 — Fin de l'usage résidentiel du bois traité à l'arsenic au Canada

1989 — Invention des premiers plastiques biodégradables

1913 — Mise au point de l'acier inoxydable

1901 — Ouverture à Shawinigan de la première aluminerie au Canada

1889 — Invention du dérailleur pour la bicyclette

1874 — Invention de l'ampoule électrique

1865 — Synthèse du celluloïd, première matière plastique

1859 — Exploitation du premier puits de pétrole

1800 — Invention de la première pile électrique

1737 — Ouverture à Trois-Rivières de la première fonderie au Canada

VERS 1400 — Invention du patin à glace en fer

Invention d'une horloge dont les engrenages tournent à une cadence régulière

723 — Invention du fer à cheval

VERS 100 —

VERS -1500 — Début du traitement du fer à la chaleur pour améliorer ses propriétés

VERS -3700 — Invention du bronze

VERS -5000 — Début de l'extraction du plomb, du cuivre et de l'étain

L'HUMAIN
ET LES OBJETS
QU'IL FABRIQUE

Le bois, les métaux et les plastiques entrent dans la fabrication de nombreux objets. Nos maisons sont construites en grande partie avec du bois, nos sous-sols sont souvent isolés avec une matière plastique, tandis que l'électricité y circule à travers des matériaux métalliques. Il est indispensable de connaître les propriétés des différents matériaux pour concevoir des objets adaptés à nos besoins.

Le fonctionnement de certains objets peut nous sembler compliqué. Pourtant, il suffit souvent de combiner des systèmes simples et d'appliquer quelques concepts de base de la mécanique et de l'électricité pour comprendre le fonctionnement d'objets complexes, tels les moteurs et les montres.

1 LES OBJETS TECHNIQUES

Un objet technique est un objet fabriqué par les êtres humains. Une chaise, une automobile, une tente, etc., sont des exemples d'objets techniques. À l'inverse, une pierre, un arbre, un glacier, etc., ne sont pas des objets techniques. Ce sont plutôt des objets naturels. Les objets techniques sont conçus dans le but de satisfaire les besoins ou les désirs des êtres humains. Ils relèvent donc de la technologie.

1er CYCLE
- Matière première
- Matériau
- Matériel

> ▶ Un **OBJET TECHNIQUE** est un objet conçu et fabriqué par l'être humain dans le but de satisfaire un ou plusieurs de ses besoins ou de ses désirs.

12.1 Quelques exemples d'objets techniques.

Lorsqu'une substance entre dans la fabrication d'une ou de plusieurs pièces d'un objet technique, on la considère comme un « matériau ». Tout objet technique, quel qu'il soit, est donc fabriqué à l'aide d'un ou de plusieurs matériaux.

«Matériau» est dérivé du latin materia, *qui signifie «ce dont une chose est composée».*

On confond souvent les termes «matière première», «matériau» et «matériel». Voici comment les distinguer:

- Une matière première est une substance d'origine naturelle qu'il faut généralement transformer avant de l'utiliser dans la fabrication d'un objet. Par exemple, les arbres doivent être transformés avant de pouvoir être utilisés pour fabriquer des objets.

- Un matériau est une substance généralement élaborée ou transformée par les êtres humains et qui entre dans la composition des objets. Par exemple, les planches de bois peuvent être utilisées pour fabriquer de nombreux objets.

- Le matériel désigne tous les instruments servant à la fabrication d'un objet. Par exemple, un marteau, un tournevis, une scie, etc. peuvent servir à façonner un morceau de bois.

12.2 Les arbres sont des matières premières.

12.3 Les planches de bois sont des matériaux.

12.4 Un tour et un ciseau à bois constituent du matériel.

Au cours de la section 2, nous examinerons plus en détail les caractéristiques de quelques matériaux pouvant entrer dans la fabrication des pièces d'un objet technique. Nous découvrirons ensuite, dans les sections 3 et 4, comment les pièces d'un objet technique peuvent être assemblées pour remplir diverses fonctions mécaniques, comme la liaison, le guidage, la transmission ou la transformation d'un mouvement. Puis, à la section 5, nous verrons que les pièces d'un objet technique peuvent également occuper des fonctions électriques. Finalement, la section 6 complétera ce chapitre en présentant le processus de fabrication d'un objet technique.

2 LES MATÉRIAUX

1er CYCLE

Effets d'une force

Il existe sur le marché des milliers de matériaux différents. Pour choisir celui ou ceux qui conviendront le mieux à la fabrication d'un objet technique, il faut connaître leurs caractéristiques, c'est-à-dire comment ils réagissent aux forces qui sont exercées sur eux, aux mouvements qu'ils doivent accomplir et aux rigueurs de l'environnement dans lequel ils sont utilisés (température, humidité, pression, etc.).

2.1 LES EFFETS DES FORCES DANS LES MATÉRIAUX

TECH N° 11

Au cours de leur utilisation, les objets techniques sont généralement soumis à une ou à plusieurs forces externes. Ces forces externes agissent en poussant ou en tirant soit sur l'objet, soit sur une ou plusieurs de ses pièces.

LES CONTRAINTES MÉCANIQUES

Les forces externes produisent différents effets à l'intérieur d'un matériau. Ces effets sont aussi appelés des «contraintes mécaniques». Il existe cinq principales contraintes mécaniques: la compression, la traction (aussi appelée la tension), la torsion, la flexion et le cisaillement. Elles sont présentées à la figure 12.5, à la page suivante.

«Contrainte» provient du latin constringere, *qui signifie «serrer».*

▶ Une **CONTRAINTE MÉCANIQUE** décrit l'effet produit dans un matériau par les forces externes exercées sur lui.

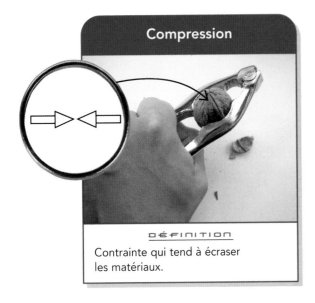

Compression

DÉFINITION

Contrainte qui tend à écraser les matériaux.

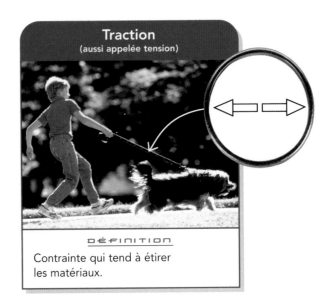

Traction
(aussi appelée tension)

DÉFINITION

Contrainte qui tend à étirer les matériaux.

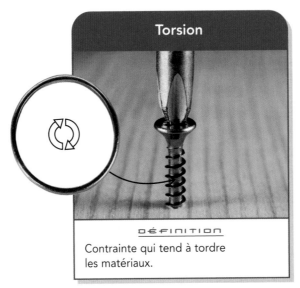

Torsion

DÉFINITION

Contrainte qui tend à tordre les matériaux.

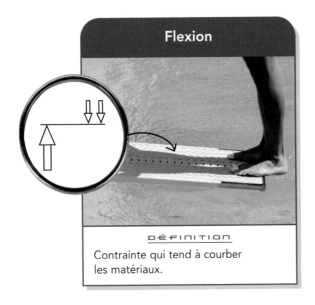

Flexion

DÉFINITION

Contrainte qui tend à courber les matériaux.

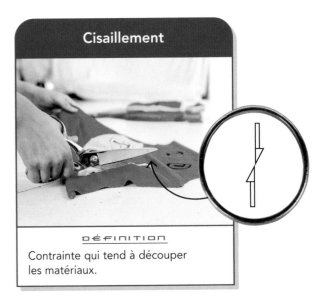

Cisaillement

DÉFINITION

Contrainte qui tend à découper les matériaux.

12.5 Les principales formes de contraintes mécaniques.

Les matériaux peuvent résister aux contraintes qu'ils subissent, mais à l'intérieur d'une certaine limite. Lorsqu'un matériau subit une contrainte, il se déforme. Trois sortes de déformations sont possibles : la déformation élastique, la déformation permanente et la rupture. Plus la contrainte est intense, plus elle risque d'entraîner la rupture du matériau. Le tableau 12.6 présente ces déformations, de la moins intense à la plus intense.

12.6 LES CONSÉQUENCES DE L'EXPOSITION DES MATÉRIAUX À DES CONTRAINTES DE PLUS EN PLUS INTENSES

Conséquence	Explication
Déformation élastique	La ou les contraintes provoquent une déformation temporaire des matériaux. Lorsque les matériaux ne subissent plus de contraintes, ils reprennent leur forme initiale.
Déformation permanente	Même lorsque les matériaux ne subissent plus de contraintes, ils restent déformés.
Rupture	Les matériaux se rompent à la suite des contraintes subies.

LES PROPRIÉTÉS MÉCANIQUES

TECH
N° 12

Les matériaux ne réagissent pas tous de la même façon aux contraintes qu'ils subissent. Par exemple, il est beaucoup plus facile de casser une craie en deux qu'une tige d'acier de la même grosseur. La réaction des matériaux aux contraintes qu'ils subissent peut être décrite à l'aide de leurs propriétés mécaniques.

> Une **PROPRIÉTÉ MÉCANIQUE** décrit le comportement d'un matériau lorsqu'il est soumis à une ou à plusieurs contraintes mécaniques.

Il existe plusieurs propriétés mécaniques. La dureté, l'élasticité, la résilience, la ductilité, la malléabilité et la ténacité en sont des exemples.

Dureté

DÉFINITION

Propriété de résister à la pénétration (réagir à une contrainte de compression locale par une déformation élastique).

Le marbre est dur car il est difficile d'y percer un trou.

Élasticité

DÉFINITION

Propriété de reprendre sa forme après avoir été soumis à une contrainte (réagir à une contrainte par une déformation élastique).

Les ressorts sont généralement élastiques.

Résilience

DÉFINITION

Propriété de résister aux chocs (réagir à une contrainte brève par une déformation élastique).

Cette armature d'acier ajoute beaucoup de résilience à cette construction.

Ductilité

DÉFINITION

Propriété de s'étirer sans se rompre (réagir à une contrainte de traction par une déformation permanente).

On peut étirer le cuivre pour en faire des fils.

Malléabilité

DÉFINITION

Propriété de s'aplatir ou de se courber sans se rompre (réagir à une contrainte de flexion ou de compression par une déformation permanente).

Les métaux sont suffisamment malléables pour être réduits en feuilles.

Ténacité

DÉFINITION

Propriété de résister à la traction sans se déformer de façon permanente (réagir à une contrainte de traction par une déformation élastique).

Le câble de cette grue doit être très tenace pour résister à la traction imposée par le boulet.

12.7 Quelques propriétés mécaniques des matériaux.

Il existe plusieurs catégories de matériaux différents, tels :

- les bois ;
- les métaux ;
- les plastiques ;
- la pierre ;
- la céramique ;
- les textiles ;
- le verre ;
- plusieurs matériaux synthétiques.

Ils se distinguent les uns des autres par leurs caractéristiques. Dans les sections suivantes, nous présenterons plus en détail les caractéristiques des trois premières catégories.

2.2 LES BOIS

Le bois est un matériau dont l'utilisation remonte aux débuts de l'histoire de l'humanité. De nos jours, le bois est utilisé dans plusieurs domaines de fabrication, notamment en habitation et en outillage.

 Le BOIS est un matériau provenant de la coupe et de la transformation des arbres.

Le tronc est la partie la plus utilisée dans l'industrie, plus particulièrement l'aubier et le cœur. Les racines, les branches et l'écorce ont peu de valeur commerciale.

LES BOIS DURS ET LES BOIS MOUS

On classe généralement les bois en deux catégories : les bois durs et les bois mous. Les bois durs servent principalement à la fabrication des meubles et des planchers. Les bois mous sont principalement utilisés dans la construction résidentielle et la fabrication du papier.

Généralement, les bois durs proviennent des feuillus, tandis que les bois mous proviennent surtout des conifères. Dans le domaine industriel, on appelle souvent « essence » les différentes espèces d'arbres.

Les propriétés mécaniques des bois sont présentées au tableau 12.9, à la page suivante. Elles varient beaucoup d'une espèce à une autre. Elles peuvent aussi varier d'un arbre à un autre de la même espèce. Les principaux facteurs qui peuvent faire varier les propriétés mécaniques des bois sont les suivants :

- l'espèce d'arbre dont le bois est issu ;
- sa vitesse de croissance ;
- sa teneur en eau ;
- les blessures qu'il a subies.

12.8 Les matériaux obtenus à partir de l'arbre proviennent surtout de l'aubier et du cœur.

FONDRE POUR COLLER

Une équipe de chercheurs franco-suisses a mis au point un procédé innovateur pour assembler des meubles. Ce procédé ne nécessite ni colle, ni clous, ni vis. Il suffit de frotter les pièces de bois l'une sur l'autre en appliquant une pression. Les fibres du bois « fondent » sous la chaleur ainsi produite et se soudent pour former un lien aussi solide qu'une colle. 🗒

Propriété mécanique	Variations entre les espèces
Dureté	Comme leur nom l'indique, les bois durs ont une dureté plus élevée que les bois mous. Plus l'arbre est en santé, plus sa dureté est élevée. Une teneur en eau adéquate, qui varie selon l'espèce d'arbre, de même que le froid augmentent aussi la dureté. La pourriture, quant à elle, diminue la dureté des bois.
Élasticité	Généralement, les bois ont une bonne élasticité. Ils peuvent donc subir de nombreux chocs sans se déformer de façon permanente. Tout défaut dans le bois tend cependant à diminuer son élasticité. La pourriture diminue aussi l'élasticité des bois.
Résilience	Lorsque la teneur en eau d'un bois est adéquate, sa résilience est bonne et il est difficile à casser. Dans le cas contraire, le bois est sec et il se casse facilement.
Ductilité	Les bois ne sont pas ductiles ou très peu. On ne peut donc presque pas les étirer.
Malléabilité	Plus un bois est chaud, plus il est malléable. On peut donc courber une planche ou une pièce de bois en la chauffant.
Ténacité	Les bois ont une excellente ténacité. On s'en sert donc souvent pour soutenir de lourdes charges. La ténacité des bois durs est généralement plus élevée que celle des bois mous. La pourriture diminue cependant la ténacité des bois.

Quatre facteurs expliquent pourquoi les bois sont des matériaux très utilisés dans la fabrication d'objets techniques :

TECH
N° 13

- ils sont faciles à travailler ;
- ils sont faciles à assembler ;
- ils font de bons isolants thermiques ;
- ils ne conduisent pas l'électricité.

La figure 12.12, à la page suivante, présente quelques utilisations des principales espèces de bois durs et de bois mous exploitées au Québec.

12.10 Le bois est très utilisé dans la construction résidentielle.

12.11 Une usine de pâtes et papiers.

Érable

Bois de teinte claire, dont la couleur varie du blanc crème au brun pâle.

UTILISATIONS

- Meubles
- Recouvrement de planchers
- Boiseries

Bouleau jaune
(aussi appelé merisier)

Bois de teinte moins claire que l'érable, dont la couleur varie du blanc au brun foncé.

UTILISATIONS

- Meubles
- Recouvrement de planchers
- Jouets
- Armoires de cuisine

Chêne

Bois de teinte moins claire que le bouleau jaune, dont la couleur va du brun clair au brun rosé.

UTILISATIONS

- Meubles
- Recouvrement de planchers
- Armoires de cuisine
- Colonnes

Épinette

Bois de teinte claire et de couleur presque blanche.

UTILISATIONS

- Pâte à papier
- Construction de bâtiments
- Fabrication d'instruments de musique
- Traverses de chemin de fer

Pin

Bois de teinte claire, dont la couleur varie du blanc au brun pâle.

UTILISATIONS

- Meubles
- Portes
- Pâte à papier
- Construction de bâtiments
- Traverses de chemin de fer

Cèdre

Bois de teintes et de couleurs variables, recherché entre autres pour l'odeur qu'il dégage.

UTILISATIONS

- Terrasses extérieures
- Garde-robes
- Meubles
- Construction de bâtiments

12.12 Les principales espèces de bois utilisées au Québec.

UN MATÉRIAU SOUS-ESTIMÉ

Quel matériau de construction est cinquante fois plus costaud que le chêne, plus léger que l'acier ou le béton, flexible, esthétique et écologique ? Nul autre que le bon vieux bambou ! Depuis le tournant du 21e siècle, ce matériau retrouve ses lettres de noblesse. Les architectes et les décorateurs intérieurs sont de plus en plus nombreux à s'en servir pour construire des planchers, des placards de cuisine ou même des maisons entières et des bâtiments publics.

Autrefois attachées avec des lianes ou d'autres fibres naturelles, les tiges creuses du bambou sont maintenant assemblées avec de nouvelles techniques, en ayant recours à du mortier et à des boulons, ce qui donne des planches beaucoup plus résistantes. Les bambous géants peuvent atteindre 30 mètres de haut et 25 centimètres de diamètre. De quoi fabriquer des planches colossales !

Les architectes et les décorateurs intérieurs redécouvrent les avantages du bambou.

Adaptation de : Paul MILES, « Une révolution verte dans le bâtiment : le bambou », *Financial Times*, Londres, traduit et publié par *Courrier International*, nº 846, 18 au 24 janvier 2007, p. 55.

LES BOIS MODIFIÉS

Actuellement, la majeure partie des arbres coupés dans nos forêts ne servent plus à fabriquer des planches ou des poutres, mais plutôt des matériaux appelés « bois modifiés ». Ceux-ci contiennent principalement du bois, mais peuvent aussi contenir d'autres substances, comme de la colle, des plastiques ou des agents de conservation.

> 🔊 Les **BOIS MODIFIÉS** sont des bois traités ou des matériaux faits de bois mélangés à d'autres substances.

La production de bois modifiés vise les avantages suivants :
- obtenir des matériaux aux propriétés mécaniques plus constantes (les propriétés des bois varient beaucoup, même pour des bois d'une même espèce) ;
- obtenir des matériaux plus résistants aux intempéries ;
- fabriquer des matériaux de plus grandes dimensions (il faut se rappeler qu'un matériau fait uniquement en bois ne peut pas être plus grand que l'arbre dont il provient) ;
- permettre l'utilisation d'arbres plus petits pour produire les matériaux ;
- permettre l'utilisation des restes de bois et des résidus de coupe.

12.13 Les résidus provenant de la coupe du bois peuvent être utilisés pour fabriquer des bois modifiés.

Les bois modifiés ont plusieurs applications. Le tableau 12.14 présente quelques bois modifiés ainsi que des exemples d'utilisations.

12.14 LES BOIS MODIFIÉS ET LEURS UTILISATIONS

Bois modifié		Procédé de fabrication	Utilisations
Bois traité		Le bois traité est généralement obtenu en le chauffant à haute température ou en le trempant dans un produit chimique à base de cuivre.	• Objets ou structures dans lesquels le bois est soumis à la pluie et à la neige.
Lamellé-collé		On obtient ces matériaux en collant ensemble des morceaux de bois de taille réduite.	• Raquettes • Structures de bâtiments • Tables
Contreplaqué		Ces matériaux sont obtenus en collant ensemble de grandes feuilles de bois de telle sorte que les fibres d'une feuille soient à angle droit par rapport à celles de la feuille juste en-dessous.	• Tables de travail • Construction de bâtiments (surtout les planchers).
Panneau de particules		Ils sont fabriqués à partir des résidus de coupe et des déchets de bois des industries du bois et du contreplaqué. Les particules sont généralement collées ensemble à l'aide de divers produits.	• Construction de bâtiments • Coffres • Jouets
Panneau de fibres		Il faut d'abord séparer les fibres du bois. On utilise donc des éléments encore plus petits que dans les autres bois modifiés. Les fibres sont collées ensemble à l'aide de divers produits.	• Isolation • Meubles • Planchers flottants • Constructions diverses

2.3 LES MÉTAUX ET LES ALLIAGES

Tout comme les bois, les métaux proviennent de la nature. On les extrait généralement de minerais situés dans des mines, dans la croûte terrestre. Les minerais contiennent souvent plusieurs substances qu'il faut séparer du métal que l'on désire extraire. Les techniques de séparation varient d'un minerai à un autre.

1er CYCLE

├ Élément
└ Tableau périodique

1921
–

12.15 Des minerais contenant du fer et du titane sont prélevés à la mine Tio, près de Havre-Saint-Pierre, au Québec.

Ursula Franklin

Ursula Franklin, une Canadienne d'origine allemande, est une spécialiste de la structure des métaux et des alliages. Son travail a permis le développement de nombreuses techniques pour analyser les matériaux d'origine métallique trouvés lors des fouilles archéologiques.

Les découvertes des procédés de séparation des métaux et des méthodes permettant de les utiliser pour fabriquer des objets techniques constituent des étapes importantes dans l'histoire de l'humanité. Il suffit de penser à l'âge du bronze et à l'âge du fer, qui ont succédé à l'âge de pierre, mettant ainsi fin à la préhistoire.

Un métal est une substance généralement brillante, qui conduit bien l'électricité et la chaleur. Certains métaux résistent à la corrosion, d'autres non. Un métal qui subit de la corrosion voit ses propriétés se modifier sous l'action de substances présentes dans son environnement, telles que l'oxygène présent dans l'air et dans l'eau.

«Corrosion» vient du latin corrodo, *qui signifie «ronger».*

> Un **MÉTAL** est un matériau extrait d'un minerai. Les métaux sont généralement brillants et bons conducteurs d'électricité et de chaleur.

Tous les éléments situés dans la partie gauche du tableau périodique, à l'exception de l'hydrogène, sont des métaux. Sur le tableau périodique présenté dans la couverture arrière de ce manuel, les métaux portent un symbole chimique noir.

Le tableau 12.16 présente les métaux les plus souvent utilisés, ainsi que leurs propriétés. Puisque les matériaux métalliques sont rarement faits de métal pur, les exemples d'utilisations sont donnés pour des matériaux contenant en partie le métal décrit.

Métal (symbole chimique)	Description et caractéristiques	Propriétés exploitées	Utilisations
Fer (Fe)	• Argenté • Mou • Peut rouiller en présence de dioxygène • Métal le plus utilisé	• Ductilité • Malléabilité	• Automobiles • Structures de bâtiments • Ustensiles • Câbles • Clous
Cuivre (Cu)	• Rouge brun • Un des meilleurs conducteurs d'électricité	• Ductilité • Malléabilité • Excellente conductibilité électrique	• Fils électriques • Instruments de musique • Pièces de un cent
Aluminium (Al)	• Blanc • Mou • Très abondant dans la nature • Métal le plus utilisé après le fer	• Malléabilité • Légèreté • Résistance à la corrosion • Très bonne conductibilité électrique	• Embarcations nautiques • Papiers d'aluminium • Canettes • Produits électriques
Zinc (Zn)	• Blanc, légèrement bleuté	• Ductilité • Malléabilité • Résistance à la corrosion	• Fils électriques • Gouttières • Revêtements
Magnésium (Mg)	• Blanc argenté • Peut brûler au contact de l'air	• Légèreté • Inflammabilité	• Feux d'artifice et de Bengale • Canettes
Nickel (Ni)	• Gris	• Dureté • Malléabilité • Résistance à la corrosion	• Éléments chauffants • Pièces de monnaie
Chrome (Cr)	• Blanc, légèrement bleuté	• Dureté très élevée • Résistance à la corrosion	• Revêtements
Étain (Sn)	• Blanc argenté	• Ductilité • Malléabilité • Point de fusion plutôt bas	• Soudures • Ustensiles

Lorsqu'on mélange un métal avec d'autres substances, métalliques ou non, on produit un «alliage». Les matériaux ainsi obtenus combinent les propriétés des différentes substances mélangées. Grâce aux alliages, il est possible de choisir ou même de créer des matériaux sur mesure, c'est-à-dire des matériaux dont les propriétés sont adaptées à des besoins très précis. C'est pourquoi on utilise davantage les métaux sous forme d'alliages plutôt qu'à l'état pur.

> Un ALLIAGE est le résultat du mélange d'un métal avec une ou plusieurs autres substances, métalliques ou non.

On distingue deux types d'alliages: les alliages ferreux et non ferreux.

> Un ALLIAGE FERREUX est un alliage dont le principal constituant est le fer.

> Un ALLIAGE NON FERREUX est un alliage dont le principal constituant est un métal autre que le fer.

	Alliage	Composition et description	Propriétés exploitées	Utilisations
Alliages ferreux	Acier	• Mélange de fer et de carbone (moins de 1,5 % de carbone). • On y ajoute souvent du nickel, du chrome et du zinc.	• Dureté • Résilience • Malléabilité • Ténacité	• Outils de construction • Structures de bâtiments • Industrie automobile
	Fonte	• Mélange de fer et de carbone (plus de 2 % de carbone).	• Dureté	• Chaudrons • Poêles à bois • Blocs-moteurs
Alliages non ferreux	Laiton	• Mélange de cuivre et de zinc. • Peut prendre différentes couleurs, selon la teneur des différents métaux (blanc, gris, rose ou doré).	• Ductilité • Malléabilité • Résistance à la corrosion • Excellente conductibilité électrique	• Décoration • Industrie automobile • Composantes électriques
	Bronze	• Mélange de cuivre et d'étain. • Sa couleur varie du jaune au brun en passant par le rouge.	• Dureté • Malléabilité • Masse volumique élevée • Résistance à l'usure et à la corrosion	• Objets d'art • Médailles olympiques • Hélices de bateau
	Les alliages d'aluminium	• Il existe plusieurs alliages d'aluminium dans lesquels une petite quantité d'une ou de plusieurs autres substances est ajoutée (cuivre, manganèse, silicium, zinc, magnésium, etc.).	• Malléabilité • Masse volumique faible • Résistance à la corrosion • Légèreté	• Pièces de voiture • Pièces d'avion • Pièces en électronique

La souplesse du plastique, la force du métal

Découvertes en 1932 par un Suédois, les propriétés des alliages à mémoire de forme ne cessent d'épater les scientifiques. Ces matériaux sont en effet exceptionnels. D'abord, ils sont 40 fois plus flexibles qu'un métal ordinaire, ce qui leur permet de se déformer aisément. C'est ce qu'on appelle la «superélasticité». De plus, ils possèdent une «mémoire de forme», c'est-à-dire qu'ils peuvent reprendre leur forme initiale après avoir été déformés.

Les alliages à mémoire de forme ont des applications variées. On s'en sert notamment pour fabriquer des branches de lunettes ou des antennes de téléphones cellulaires. Ils servent aussi à fabriquer divers implants médicaux.

Les montures des lunettes en alliage à mémoire de forme reprennent facilement leur forme après avoir été déformées.

Adaptation de: Gaëtan TREMBLAY, «Les alliages à mémoire de forme: la souplesse du plastique, la force du métal», *Le Technologue*, Ordre des technologues professionnels du Québec, janvier-février 2004.

2.4 LES PLASTIQUES

1er CYCLE
- Cellule végétale et animale
- Molécule

TECH
N° 14

Les bois, les métaux et les alliages sont utilisés depuis fort longtemps par les êtres humains. Depuis les années 1970, un nouveau type de matériaux prend de plus en plus de place dans la fabrication des objets techniques: ce sont les plastiques.

Les plastiques sont des «polymères». Cela signifie que les molécules qui constituent la majeure partie du plastique sont un agencement d'une multitude d'unités de base identiques, appelées «monomères». Par exemple, le polypropylène est constitué d'un agencement de plusieurs monomères de propylène (*voir la figure 12.18*). Ce plastique est largement utilisé pour la fabrication des contenants de margarine et de yogourt.

> «*Polymère*» *provient des mots grecs* polus, *qui signifie* «*nombreux*», *et* meros, *qui signifie* «*partie*».

Une molécule de polypropylène

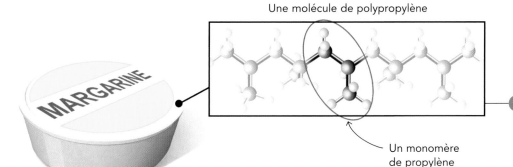

Un monomère de propylène

12.18 Le polypropylène est une molécule formée d'un agencement de plusieurs monomères de propylène.

La plupart des plastiques proviennent du pétrole ou du gaz naturel. On extrait de ces substances les monomères servant à fabriquer les plastiques. Ensuite, en industrie, les monomères sont liés ensemble grâce à des réactions chimiques.

D'autres plastiques sont fabriqués en modifiant chimiquement des polymères naturels, comme la cellulose qui forme les parois des cellules végétales. Le celluloïd est un exemple de plastique fabriqué à partir de la cellulose. Le celluloïd entre par exemple dans la composition des balles de ping-pong.

> ▶ Un PLASTIQUE est un matériau fait de polymères.

Les plastiques sont faciles à modeler. On peut donc leur conférer toutes sortes de formes. De plus, les plastiques ont la capacité de conserver leur forme une fois le modelage terminé.

En général, on divise les plastiques en deux catégories, soit les plastiques thermodurcissables et les thermoplastiques.

- Les plastiques thermodurcissables durcissent en permanence sous l'effet d'une source d'énergie (chaleur, rayonnement, réaction chimique). L'énergie qu'ils ont absorbée leur confère une grande rigidité.

- Les thermoplastiques ramollissent à la chaleur et durcissent au froid. Ainsi, lorsqu'un thermoplastique est ramolli, il est possible de lui donner une nouvelle forme qu'il pourra conserver lorsqu'il refroidira.

1837 1920

John Wesley Hyatt

À la fin des années 1800, aux États-Unis, les boules de billard étaient fabriquées à l'aide d'ivoire. Cette matière devenant de plus en plus rare, un concours fut lancé afin de trouver un nouveau matériau pour remplacer l'ivoire. John Wesley Hyatt remporta le prix de 10 000 $ en proposant d'utiliser le celluloïd.

Dans ce chapitre, nous nous intéresserons plus particulièrement aux thermoplastiques. Cette catégorie de plastiques regroupe en effet plus des trois quarts des plastiques produits dans le monde.

> ▶ Un THERMOPLASTIQUE est une matière plastique qui ramollit suffisamment sous l'action de la chaleur pour pouvoir être modelée ou remodelée et qui durcit suffisamment lors de son refroidissement pour conserver sa forme.

Il existe plusieurs types de thermoplastiques. Le tableau 12.19 présente quelques propriétés et quelques utilisations des principaux thermoplastiques. Certains thermoplastiques sont recyclables, là où les installations nécessaires existent. Ils portent alors un code de recyclage.

LE VELCRO : UN PLASTIQUE ÉTONNANT

Le velcro a été inventé en 1948 par un ingénieur suisse, Georges de Mestral, qui a observé comment les fruits de la bardane collaient à ses vêtements. Le mot «velcro» est la contraction des mots «velours» et «crochet», qui représentent les deux côtés de la bande velcro. Celle-ci est faite d'un thermoplastique de la famille des polyamides.

12.19 LES PRINCIPAUX THERMOPLASTIQUES

Thermoplastique	Code de recyclage	Propriétés	Utilisations
Polyéthylène téréphtalate	**1 PETE**	• Résistant aux chocs • Insensible aux gaz et à l'humidité • Assez résistant à la chaleur	• Bouteilles (boissons gazeuses, boissons sportives, etc.) • Contenants (beurre d'arachides, confiture, etc.) • Emballages résistant au four
Polyéthylènes	**2 HDPE 4 LDPE**	• Flexibles • Faciles à couper • Faciles à modeler • Insensibles à l'humidité	• Bouteilles compressibles (moutarde, savon à vaisselle, etc.) • Sacs-poubelles • Sacs d'épicerie • Pellicule plastique pour l'emballage d'aliments • Ballons de plage
Polychlorure de vinyle (abréviation : PVC)	**3 V**	• Dur • Résistant à la pénétration de la graisse, de l'huile et de nombreux produits chimiques	• Tubes de médicaments • Meubles de patio • Étuis pour cassettes • Matériaux de construction (tuyaux, raccords de plomberie, contours de fenêtre)
Polypropylène	**5 PP**	• Résistant aux chocs • Résistant à la chaleur • Résistant à la pénétration de l'huile et de la graisse • Imperméable	• Contenants (margarine, yogourt) • Bouteilles d'eau • Produits pour automobiles (pare-chocs) • Membranes géotextiles
Polystyrène	**6 PS**	• Isolant • Peut s'utiliser sous forme de mousse ou de plastique rigide	• Panneaux isolants • Vaisselle de plastique (verres, ustensiles, tasses, plats, etc.) • Emballages d'œufs
Polyamides	Actuellement non recyclables.	• Élastiques • Absorbent l'eau	• Industrie textile (nylon) • Composantes électriques
Polyméthacrylate de méthyle (aussi appelé acrylique)	Actuellement non recyclable.	• Très rigide • Coloration variée	• Bols transparents • Enseignes • Prothèses dentaires

Les thermoplastiques sont utilisés dans de nombreux domaines, en particulier dans les emballages. En plus de pouvoir être modelés facilement, les thermoplastiques possèdent aussi d'autres propriétés qui expliquent pourquoi ils sont si répandus. Parmi ces propriétés, notons que les thermoplastiques:

- peuvent être colorés;
- sont durables;
- ne rouillent pas;
- sont légers;
- sont peu coûteux.

3 LES FONCTIONS MÉCANIQUES ÉLÉMENTAIRES

1er CYCLE
└ Fonctions mécaniques élémentaires (liaison, guidage)

Les objets techniques comportent souvent plusieurs pièces. Lorsque c'est le cas, ces pièces sont assemblées en vue de fonctionner ensemble. Chacune des pièces joue un rôle précis dans le fonctionnement de l'objet. Le rôle que joue une pièce constitue sa «fonction».

Les pièces et les fluides qui ont une fonction dans un objet technique sont aussi appelés des «organes».

> Un ORGANE est une pièce ou un fluide qui remplit une fonction mécanique dans un objet technique.

On peut aborder les fonctions sous divers aspects. Lorsqu'on examine comment un organe est impliqué dans le fonctionnement ou l'assemblage d'un objet technique, on s'attarde alors à sa «fonction mécanique élémentaire». Par exemple, un clou est une pièce qui permet d'assembler deux autres pièces et qui peut les empêcher de bouger. Le clou remplit donc une fonction mécanique élémentaire.

> Une FONCTION MÉCANIQUE ÉLÉMENTAIRE est un rôle joué par un organe ou par un groupe d'organes dans le fonctionnement et l'assemblage d'un objet technique.

Il existe plusieurs fonctions mécaniques élémentaires. Au cours des pages qui suivent, nous examinerons la fonction guidage et la fonction liaison.

3.1 LA FONCTION GUIDAGE

TECH
N° 15

Beaucoup d'objets techniques possèdent une ou plusieurs pièces mobiles. Certains organes ont pour fonction d'imposer une trajectoire précise à ces pièces mobiles. On dit que ces organes assurent la «fonction guidage».

> La FONCTION GUIDAGE est la fonction mécanique élémentaire assurée par tout organe qui dirige le mouvement d'une ou de plusieurs pièces mobiles.

Les organes qui ont pour fonction de diriger le mouvement des pièces mobiles portent le nom d'«organes de guidage».

> ▶ Un ORGANE DE GUIDAGE est un organe dont la fonction mécanique élémentaire est la fonction guidage.

Les principaux guidages utilisés dans les objets techniques sont les guidages en rotation et les guidages en translation.

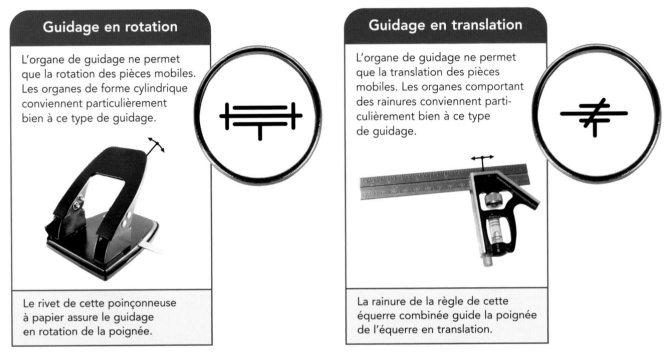

Guidage en rotation

L'organe de guidage ne permet que la rotation des pièces mobiles. Les organes de forme cylindrique conviennent particulièrement bien à ce type de guidage.

Le rivet de cette poinçonneuse à papier assure le guidage en rotation de la poignée.

Guidage en translation

L'organe de guidage ne permet que la translation des pièces mobiles. Les organes comportant des rainures conviennent particulièrement bien à ce type de guidage.

La rainure de la règle de cette équerre combinée guide la poignée de l'équerre en translation.

12.20 Les principaux guidages utilisés dans les objets techniques.

Certaines structures du corps humain ont une fonction guidage. Par exemple, on rencontre fréquemment ce type d'organes dans les articulations.

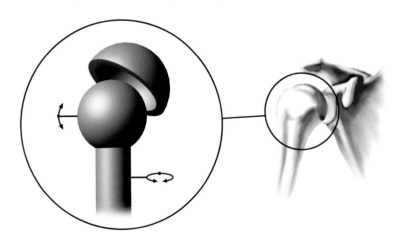

12.21 Les os qui forment l'articulation de l'épaule permettent au bras d'effectuer un mouvement de rotation par rapport au tronc.

 Pour que la fonction guidage soit efficace, il faut qu'il y ait un certain jeu entre les pièces mobiles et l'organe de guidage. En technologie, le jeu désigne l'espace entre deux pièces. Un jeu suffisant permet un mouvement adéquat des pièces mobiles, tandis qu'un jeu insuffisant rend le mouvement difficile et peut même l'empêcher.

3.2 LA FONCTION LIAISON

Lorsqu'un objet technique comporte plus d'une pièce, il faut trouver une façon de les maintenir ensemble. C'est ce qu'on appelle la «liaison». Il peut y avoir plus d'une liaison dans un même objet technique.

> 🐾 Une LIAISON permet de maintenir ensemble deux ou plusieurs pièces dans un objet technique.

Pour lier ensemble des pièces, il faut parfois avoir recours à des organes tels que des vis, des clous, des rivets, de la colle, etc. Ces organes remplissent alors une fonction liaison. C'est pourquoi on les appelle des «organes de liaison». Dans d'autres cas, la liaison est assurée par la complémentarité des pièces. Par exemple, on peut lier un stylo à son capuchon sans recourir à un organe de liaison.

> 🐾 La FONCTION LIAISON est la fonction mécanique élémentaire assurée par tout organe qui lie ensemble des pièces d'un objet.

> 🐾 Un ORGANE DE LIAISON est un organe dont la fonction mécanique élémentaire est la fonction liaison.

LES CARACTÉRISTIQUES DES LIAISONS

Les liaisons sont généralement classées d'après leurs caractéristiques. Une liaison comporte toujours quatre caractéristiques, soit une pour chacune des paires suivantes : liaison directe ou indirecte, liaison rigide ou élastique, liaison démontable ou indémontable, liaison totale ou partielle. Les tableaux 12.23 à 12.26 présentent ces quatre paires de caractéristiques.

12.22 Dans cet assemblage, les clous, les vis et les écrous agissent comme organes de liaison.

LE VOL DES AVIONS

Les avions sont des machines dotées d'ailes profilées. Entraînées par les moteurs, les hélices ou les turbines tournent sur elles-mêmes à grande vitesse grâce à des liaisons de type pivot. Elles créent ainsi un violent courant d'air vers l'arrière, ce qui a pour effet de propulser l'avion vers l'avant et de créer une force vers le haut sous les ailes. 📖

12.23 PREMIÈRE PAIRE : LIAISON DIRECTE OU INDIRECTE

1ʳᵉ paire de caractéristiques

⚫ **LIAISON DIRECTE**

Une liaison est directe lorsque les pièces sont conçues pour tenir ensemble sans l'intervention d'un organe de liaison.

◀ La liaison entre le couvercle et le contenant est directe.

⚫ **LIAISON INDIRECTE**

Une liaison est indirecte lorsque les pièces ont besoin d'un organe de liaison pour tenir ensemble.

◀ La liaison entre le numéro civique et le mur est indirecte. Les organes de liaison sont les vis.

2ᵉ paire de caractéristiques

● LIAISON RIGIDE

Une liaison est rigide lorsque les surfaces des pièces liées ou l'organe de liaison sont rigides.

◀ La liaison entre la tête et le manche du marteau est rigide.

● LIAISON ÉLASTIQUE

Une liaison est élastique lorsque les surfaces des pièces liées ou l'organe de liaison sont déformables. Les ressorts et le caoutchouc servent souvent à créer des liaisons élastiques.

◀ La liaison entre le pneu et la roue est élastique, car la surface du pneu est déformable.

3ᵉ paire de caractéristiques

● LIAISON DÉMONTABLE

Une liaison est démontable lorsque la séparation des pièces liées n'endommage ni leur surface ni l'organe de liaison. Les vis et les écrous permettent de créer des liaisons démontables.

◀ La liaison entre le capuchon et le stylo est démontable, car la séparation n'endommage aucune pièce.

● LIAISON INDÉMONTABLE

Une liaison est indémontable lorsque la séparation des pièces liées endommage leur surface ou l'organe de liaison.

◀ La liaison entre la céramique et le plancher est indémontable, puisqu'il faudra endommager la céramique si on désire l'enlever.

4ᵉ paire de caractéristiques

● LIAISON TOTALE

Une liaison est totale lorsqu'elle ne permet aucun mouvement des pièces liées l'une par rapport à l'autre.

◀ La liaison entre la lame et la platine du patin est totale, car aucune des deux pièces ne peut bouger l'une par rapport à l'autre.

● LIAISON PARTIELLE

Une liaison est partielle lorsqu'elle permet à au moins une des pièces liées de bouger par rapport à l'autre.

◀ Comme les deux branches d'une épingle à linge peuvent bouger l'une par rapport à l'autre, leur liaison est partielle.

Les articulations:
mécanismes complexes et remarquables

Le corps humain est un remarquable exemple d'ingénierie. L'examen des mécanismes qui permettent aux différentes parties du corps de s'articuler entre elles et de se mouvoir démontre une organisation à la fois complexe et ingénieuse.

En plus de permettre l'exécution de nombreux mouvements, les articulations absorbent l'impact des chocs.

Les articulations (structures qui assurent la jonction entre deux os) permettent l'exécution de nombreux mouvements. Il est impossible de sauter, skier, courir ou danser avec aisance, vigueur et intensité sans elles.

Afin de profiter pleinement de cette merveilleuse mécanique, il faut en prendre soin. Le secret pour y parvenir est de bouger souvent.

Pour maintenir ses articulations mobiles et résistantes, on recommande de pratiquer une activité physique modérée (par exemple, la marche rapide, la bicyclette ou le patin à roues alignées) au moins 30 minutes chaque jour.

Avant de pratiquer une activité, il est nécessaire de bien s'échauffer. Cette habitude augmente la souplesse des muscles et leur permet d'accomplir des mouvements plus rapides et plus précis. De plus, elle aide à prévenir les blessures, les malaises musculaires (crampes, points de côté) et les malaises cardiaques.

Après l'exercice, il faut aussi bien s'étirer. Cela détend les muscles, apaise le système cardio-vasculaire et prévient les courbatures du lendemain.

LES TYPES DE LIAISONS

Il existe plusieurs types de liaisons, selon les mouvements que peuvent avoir les pièces liées. Les principales sont:

- la liaison encastrement;
- la liaison pivot;
- la liaison glissière;
- la liaison pivot glissant;
- la liaison rotule;
- la liaison hélicoïdale.

Dans tous ces types de liaisons, excepté la liaison encastrement, une des deux pièces est guidée par l'autre. Ce sont les mouvements possibles de la pièce guidée qui déterminent le type de liaison.

Liaison encastrement

Liaison encastrement

MOUVEMENT DE LA PIÈCE GUIDÉE

Il n'y a aucun mouvement entre les pièces liées.

Liaison pivot

Liaison pivot

MOUVEMENT DE LA PIÈCE GUIDÉE

La pièce guidée peut avoir un mouvement de rotation selon un seul axe.

Liaison glissière

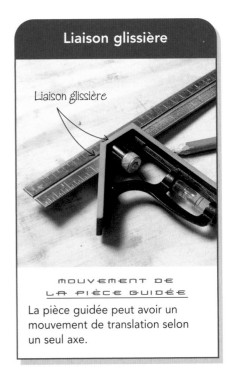

Liaison glissière

MOUVEMENT DE LA PIÈCE GUIDÉE

La pièce guidée peut avoir un mouvement de translation selon un seul axe.

Liaison pivot glissant

Liaison pivot glissant

MOUVEMENT DE LA PIÈCE GUIDÉE

La pièce guidée peut avoir un mouvement de rotation et de translation selon le même axe.

Liaison rotule

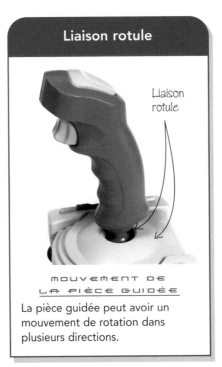

Liaison rotule

MOUVEMENT DE LA PIÈCE GUIDÉE

La pièce guidée peut avoir un mouvement de rotation dans plusieurs directions.

Liaison hélicoïdale

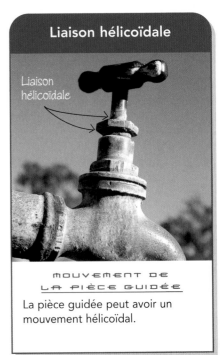

Liaison hélicoïdale

MOUVEMENT DE LA PIÈCE GUIDÉE

La pièce guidée peut avoir un mouvement hélicoïdal.

12.27 Les principaux types de liaisons.

4 LES FONCTIONS MÉCANIQUES COMPLEXES

1er CYCLE

- Système (fonction globale, intrants, procédés, extrants, contrôle)
- Composantes d'un système
- Mécanismes de transmission du mouvement
- Mécanismes de transformation du mouvement

Dans plusieurs objets techniques, on trouve un ensemble de pièces qui ont un rôle commun à jouer. Par exemple, dans une bicyclette, la roue dentée liée au pédalier, la chaîne, ainsi que la roue dentée liée à la roue arrière ont toutes la même fonction, qui est de transmettre le mouvement du pédalier à la roue arrière. Comme ces trois pièces ont la même fonction, on dit qu'elles forment un «système».

TECH
N° 17

> ⚙ Un SYSTÈME est un ensemble d'organes qui remplissent la même fonction.

Lorsque le rôle d'un système est de transférer le mouvement d'une pièce à une autre dans un objet technique, on dit alors qu'il remplit une «fonction mécanique complexe».

> ⚙ Une FONCTION MÉCANIQUE COMPLEXE est le rôle joué par un groupe d'organes dans le transfert du mouvement à l'intérieur d'un objet technique.

Il existe deux principales fonctions mécaniques complexes: la transmission du mouvement et la transformation du mouvement. La figure 12.28 présente ces deux fonctions.

Transmission du mouvement	Transformation du mouvement
Couteaux / Manivelle	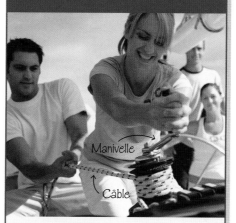Manivelle / Câble
Lorsqu'on utilise un taille-crayon, le mouvement de rotation de la manivelle est transmis aux couteaux grâce à des roues dentées.	Lorsqu'on utilise un treuil, le mouvement de rotation de la manivelle est transformé en mouvement de translation du câble.
DÉFINITION	**DÉFINITION**
Communiquer un mouvement d'une pièce à une autre sans en modifier la nature.	Communiquer un mouvement d'une pièce à une autre, tout en modifiant la nature du mouvement.

12.28 Les deux principales fonctions mécaniques complexes.

Des robots drôlement humains

Le robot HRP-2 (*Humanoïd Robot Project*) est très avancé dans l'imitation de la marche humaine.

Les ingénieurs qui rêvent de robots semblables aux êtres humains ont accompli des progrès fabuleux ces dernières années, comme en témoignent quelques spécimens exposés au salon Robodex, au Japon.

Les chercheurs savent depuis longtemps que la marche humaine est très complexe à reproduire. Elle fait intervenir de nombreuses parties du corps. La notion d'équilibre, dans laquelle l'oreille interne, le buste et les bras jouent un rôle important, est particulièrement difficile à modéliser. Or, le robot HRP-2, le plus avancé des androïdes présentés, arrive non seulement à marcher, mais aussi à se relever efficacement en cas de chute.

Autre défi pour les ingénieurs: donner à leurs créatures la capacité de communiquer. Au salon Robodex, le robot HRP-2 a montré qu'il était capable de décrypter le langage humain. Il suffit de lui dire «aide-moi à porter cette table» pour qu'il identifie l'objet avec ses caméras et le saisisse avec ses pinces.

Seul hic: les robots n'arrivent toujours pas à reproduire les émotions humaines...

Adaptation de: Cyril FIÉVET, «Des robots sacrément humains», *Ordinateur individuel*, n° 152, juillet-août 2003; p. 60-62.

Tout système comporte un organe moteur, au moins un organe mené et peut aussi comporter un ou plusieurs organes intermédiaires. Voici comment distinguer ces trois types d'organes:

- L'organe moteur est à l'origine du mouvement du système. C'est lui qui reçoit la force nécessaire pour actionner le système. Sur la figure 12.29, l'organe moteur du système (la roue dentée du pédalier) est montré en rouge. Il est actionné par la force des pieds du cycliste ou de la cycliste.

- Un organe mené reçoit le mouvement et le transfère à une autre pièce. Sur la figure 12.29, l'organe mené (la roue dentée de la roue arrière) est en jaune. Il transfère le mouvement du pédalier à la roue arrière, ce qui fait avancer la bicyclette.

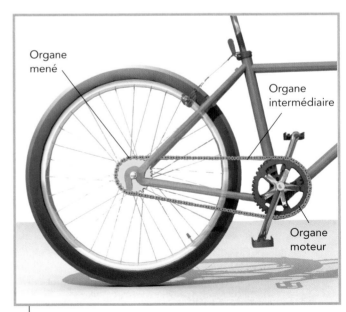

Organe mené

Organe intermédiaire

Organe moteur

12.29 Le système de transmission du mouvement du pédalier dans un vélo.

Un organe intermédiaire est situé entre l'organe moteur et un organe mené. Un système peut ne pas avoir d'organe intermédiaire, en avoir un seul ou plusieurs. Sur la figure 12.29, l'organe intermédiaire (la chaîne) est en vert.

 4.1 LA TRANSMISSION DU MOUVEMENT

Les systèmes de transmission du mouvement assurent la fonction mécanique complexe de transmission du mouvement. Dans ceux-ci, l'organe moteur et l'organe mené exécutent le même mouvement: la nature du mouvement est donc inchangée.

> ▶ Un SYSTÈME DE TRANSMISSION DU MOUVEMENT communique un mouvement d'une partie à une autre d'un objet sans en changer la nature.

Dans cette section, nous examinerons cinq systèmes de transmission du mouvement:
- les systèmes à roues de friction;
- les systèmes à roues dentées;
- les systèmes à courroie et à poulies;
- les systèmes à chaîne et à roues dentées;
- les systèmes à roue dentée et à vis sans fin.

Pour chaque système, nous présenterons la fonction, les composantes, le fonctionnement, les avantages et les inconvénients liés à leur utilisation, ainsi que quelques exemples d'objets techniques qui utilisent ces systèmes.

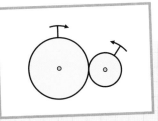

LES SYSTÈMES À ROUES DE FRICTION

FONCTION
Transmettre un mouvement de rotation entre deux ou plusieurs pièces rapprochées.

COMPOSANTES ET FONCTIONNEMENT
Deux ou plusieurs roues sans dents se frottent ensemble.

AVANTAGES
- Ce système est économique, car il est facile à construire.
- Il est relativement silencieux.

INCONVÉNIENT
- Les roues ont tendance à glisser les unes sur les autres. C'est pourquoi ce mécanisme ne permet pas toujours une transmission constante du mouvement.

EXEMPLES
- Magnétophones
- Baladeurs à cassettes
- Tables tournantes pour disques en vinyle
- Jouets

Une presse à imprimer

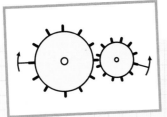

LES SYSTÈMES À ROUES DENTÉES

FONCTION

Transmettre un mouvement de rotation entre deux ou plusieurs pièces rapprochées.

Un batteur à œufs manuel

COMPOSANTES ET FONCTIONNEMENT

Deux ou plusieurs roues munies de dents viennent en contact les unes avec les autres. On dit qu'elles «s'engrènent».

AVANTAGES

- L'engrenage des dents des roues dentées maintient la transmission du mouvement constante, car le mouvement des roues dentées s'effectue sans glissement.
- Ce système permet de transmettre le mouvement dans de petits espaces, comme dans des boîtiers de montre.
- Il est performant, car les vitesses de rotation peuvent être très élevées.

INCONVÉNIENTS

- Il faut être précis lors de la confection des dents, ce qui augmente les coûts de fabrication.
- Son utilisation peut nécessiter l'emploi d'un lubrifiant.
- Son fonctionnement peut générer du bruit.

EXEMPLES

- Montres
- Batteurs à œufs manuels
- Essoreuses à salade
- Chignole (perçeuse manuelle)

LES SYSTÈMES À COURROIE ET À POULIES

FONCTION

Transmettre un mouvement de rotation entre des pièces pouvant être éloignées les unes des autres.

Un carrousel

COMPOSANTES ET FONCTIONNEMENT

Deux ou plusieurs roues sur lesquelles une courroie peut glisser. Chaque roue porte le nom de «poulie». La poulie doit présenter à la courroie une surface lisse pour éviter de la briser. De plus, elle peut comporter un rebord pour réduire les risques de chute de la courroie.

AVANTAGES

- Ce système ne requiert pas de lubrification.
- Il permet de transmettre des mouvements très rapides.

INCONVÉNIENTS

- La courroie peut glisser, ce qui diminue l'efficacité de la transmission du mouvement.
- La courroie peut se rompre et son remplacement est parfois difficile.

EXEMPLES

- Scies à ruban
- Alternateurs d'automobiles
- Ventilateurs d'automobiles
- Sèche-linge

LES SYSTÈMES À CHAÎNE ET À ROUES DENTÉES

FONCTION

Transmettre un mouvement de rotation entre des pièces pouvant être éloignées les unes des autres.

Une bicyclette

COMPOSANTES ET FONCTIONNEMENT

Deux ou plusieurs roues dentées qui ne se touchent pas et une chaîne.

AVANTAGES

- L'utilisation d'une chaîne qui s'engrène sur les dents des roues empêche le glissement.
- Ce système permet d'appliquer de grandes forces sur la roue motrice pour entraîner le mouvement.

INCONVÉNIENTS

- Exige une lubrification constante. Sans lubrifiant, la durée d'utilisation de la chaîne est écourtée.
- La vitesse de rotation des roues dentées a une certaine limite, car la chaîne a tendance à dérailler lorsque le mécanisme tourne trop vite ou que la chaîne n'est pas assez tendue.

EXEMPLES

- Pédaliers de bicyclettes
- Machines industrielles
- Véhicules moteurs

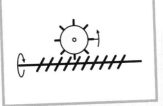

LES SYSTÈMES À ROUE DENTÉE ET À VIS SANS FIN

FONCTION

Transmettre un mouvement de rotation entre des pièces qui sont perpendiculaires et rapprochées.

Une guitare

COMPOSANTES ET FONCTIONNEMENT

Une roue dentée et une vis sans fin. Les dents de la roue dentée glissent dans le sillon du filetage de la vis sans fin.

AVANTAGES

- Ce système ne se desserre pas lorsqu'on relâche la vis sans fin (il permet de bloquer le serrage).
- Il permet des ajustements précis.

INCONVÉNIENTS

- Il est difficile à construire.
- Il a tendance à s'user rapidement.

EXEMPLES

- Boîtes de vitesses des automobiles
- Instruments de musique à cordes
- Mécanismes pour monter ou descendre certains paniers de basket-ball dans les gymnases

4.2 LE CHANGEMENT DE VITESSE

Nous avons vu que la transmission du mouvement est la communication du mouvement de l'organe moteur vers un ou plusieurs organes menés sans en modifier la nature. Cependant, il peut y avoir une variation de la vitesse du mouvement lors de sa transmission, comme le montre la figure 12.30, à la page suivante.

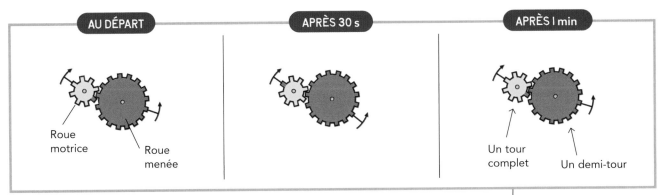

Roue motrice

Roue menée

Un tour complet

Un demi-tour

12.30 Après une minute, la roue motrice a effectué un tour complet. Sa vitesse de rotation est donc de 1 tour/min. Pendant ce temps, la roue menée a effectué un demi-tour. Sa vitesse de rotation est donc de 0,5 tour/min. La vitesse du mouvement de rotation a donc diminué lors de sa transmission.

▶ Il y a CHANGEMENT DE VITESSE dans un système de transmission du mouvement lorsque l'organe moteur ne tourne pas à la même vitesse que le ou les organes menés.

Voyons, pour les principaux systèmes de transmission du mouvement, comment il est possible de faire varier la vitesse de rotation d'un organe à un autre.

LES SYSTÈMES À ROUES DE FRICTION ET LES SYSTÈMES À COURROIE ET À POULIES

Dans les systèmes à roues de friction et dans ceux à courroie et à poulies, la vitesse de rotation dépend du diamètre des roues ou des poulies.

Ainsi, dans ces systèmes :

- la vitesse de rotation augmente lorsque le mouvement est transmis d'une roue ou d'une poulie vers une roue ou une poulie d'un diamètre plus petit.
- la vitesse de rotation diminue lorsque le mouvement est transmis d'une roue ou d'une poulie vers une roue ou une poulie d'un diamètre plus grand.
- la vitesse de rotation ne change pas lorsque le mouvement est transmis entre deux roues ou deux poulies de même diamètre.

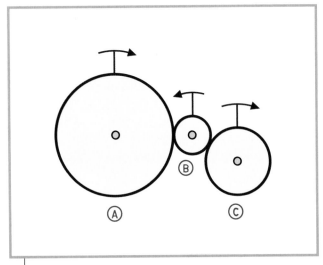

12.31 Dans ce système à roues de friction, la roue B est celle qui tourne le plus vite, parce que son diamètre est le plus petit. La roue A est celle qui tourne le moins vite, parce que son diamètre est le plus grand.

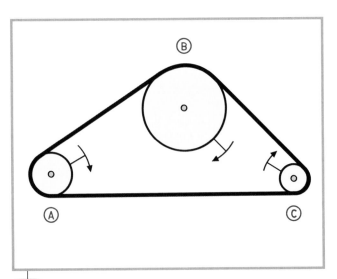

12.32 Dans ce système à courroie et à poulies, la poulie C est celle qui tourne le plus vite, parce que son diamètre est le plus petit. La poulie B est celle qui tourne le moins vite, parce que son diamètre est le plus grand.

Cependant, dans les systèmes à roues de friction, les roues ont tendance à glisser entre elles. De même, la courroie a parfois tendance à glisser sur les poulies dans les systèmes à courroie et à poulies. C'est pourquoi les rapports de vitesse entre les organes de ces deux systèmes ne sont pas toujours constants.

LES SYSTÈMES À ROUES DENTÉES ET LES SYSTÈMES À CHAÎNE ET À ROUES DENTÉES

Dans les systèmes à roues dentées et dans ceux à chaîne et à roues dentées, les contacts entre les différents organes se font à l'aide de dents. Les dents empêchent le glissement. Ainsi, il est possible de maintenir les rapports de vitesse constants dans ces systèmes.

Pour engrener deux ou plusieurs roues dans ces systèmes, il faut que le pas des dents soit le même d'une roue à l'autre. Cela signifie que toutes les dents doivent avoir la même taille et que la distance entre deux dents (le pas) doit toujours être la même. Autrement, le système ne fonctionnera pas adéquatement.

En conséquence, plus le diamètre d'une roue est grand, plus elle possède de dents. La vitesse de rotation de chacune des roues dépend du nombre de dents que possèdent les roues.

Ainsi, dans ces systèmes :

- la vitesse de rotation augmente lorsque le mouvement est transmis d'une roue dentée vers une roue ayant moins de dents.
- la vitesse de rotation diminue lorsque le mouvement est transmis d'une roue dentée vers une roue ayant plus de dents.
- la vitesse de rotation ne change pas lorsque le mouvement est transmis entre deux roues ayant le même nombre de dents.

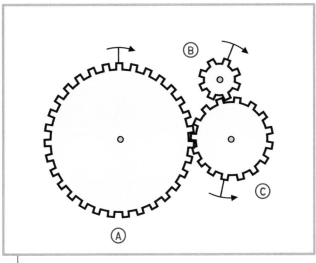

12.33 Dans ce système à roues dentées, la roue B est celle qui tourne le plus vite, parce que c'est celle qui possède le moins de dents. La roue A est celle qui tourne le moins vite, parce que c'est celle qui possède le plus de dents.

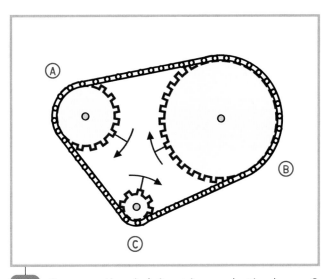

12.34 Dans ce système à chaîne et à roues dentées, la roue C est celle qui tourne le plus vite, parce que c'est celle qui possède le moins de dents. La roue B est celle qui tourne le moins vite, parce que c'est celle qui possède le plus de dents.

LES SYSTÈMES À ROUE DENTÉE ET À VIS SANS FIN

Les systèmes à roue dentée et à vis sans fin sont surtout utilisés dans les cas où l'on cherche une très grande diminution de la vitesse du mouvement de rotation lors de sa transmission. En effet, pour chaque tour complet de la vis sans fin, la roue dentée se déplace d'une seule dent, comme le montre la figure 12.35. La variation de la vitesse entre la vis sans fin et la roue dentée dépend du nombre de dents de la roue dentée. Plus le nombre de dents est grand, plus la diminution de la vitesse est importante.

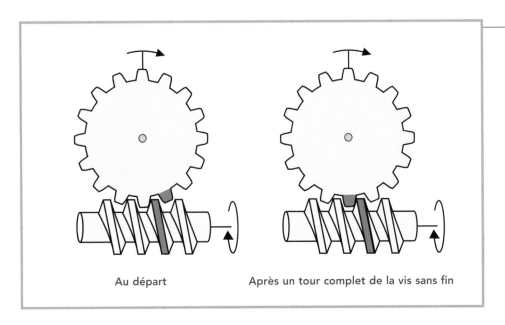

Au départ   Après un tour complet de la vis sans fin

12.35 Après un tour complet de la vis sans fin, la roue dentée s'est déplacée d'une seule dent. La vitesse de rotation de la vis sans fin est donc beaucoup plus grande que celle de la roue dentée.

4.3 LA TRANSFORMATION DU MOUVEMENT

Jusqu'ici, les systèmes que nous avons examinés sont ceux qui transmettent le mouvement. Or, il en existe aussi qui permettent une transformation du mouvement. C'est sur ces systèmes que nous allons maintenant nous pencher.

Les systèmes de transformation du mouvement communiquent le mouvement de l'organe moteur vers l'organe mené, tout en modifiant la nature du mouvement. Ils assurent donc la fonction mécanique complexe de transformation du mouvement.

> Un **SYSTÈME DE TRANSFORMATION DU MOUVEMENT** transforme la nature d'un mouvement lors de sa communication d'une partie à une autre d'un objet.

Les systèmes de transformation du mouvement que nous examinerons sont les suivants:

- les systèmes à bielle et à manivelle;
- les systèmes à pignon et à crémaillère;
- les systèmes à came et à tige-poussoir;
- les systèmes à vis et à écrou.

LES SYSTÈMES À BIELLE ET À MANIVELLE

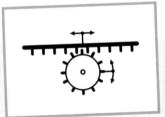

FONCTION

Transformer un mouvement de rotation en mouvement de translation ou transformer un mouvement de translation en mouvement de rotation.

COMPOSANTES ET FONCTIONNEMENT

Comprend une bielle et une manivelle. Une bielle est une tige rigide liée par une liaison pivot à ses deux extrémités. Une manivelle est une pièce sur laquelle on peut appliquer un mouvement de rotation. Le mouvement de la manivelle est transmis à la bielle, qui transforme ce mouvement en translation, avant de le transmettre à son tour à une autre pièce.

AVANTAGE

- Ce système peut fonctionner à grande vitesse.

INCONVÉNIENT

- Il se compose de nombreuses articulations, ce qui demande beaucoup de lubrification.

EXEMPLES

- Moteurs à essence
- Moteurs diesel
- Pompes

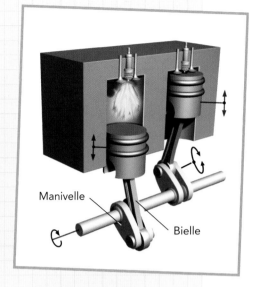

Un système à bielle et à manivelle dans un moteur à combustion interne

LES SYSTÈMES À PIGNON ET À CRÉMAILLÈRE

FONCTION

Transformer un mouvement de rotation en mouvement de translation ou transformer un mouvement de translation en mouvement de rotation.

COMPOSANTES ET FONCTIONNEMENT

Comprend une roue dentée qu'on appelle «pignon» et une tige dentée qu'on appelle «crémaillère». Souvent, le pignon n'est pas denté sur toute sa surface, ce qui permet de bloquer le mécanisme. Le mouvement se transforme grâce aux dents qui s'engrènent.

AVANTAGE

- Ce système transforme le mouvement sans glissement.

INCONVÉNIENT

- Comme il fonctionne à l'aide d'un engrenage, il peut nécessiter une lubrification importante.

EXEMPLES

- Directions d'automobiles
- Tendeurs de filets (par exemple, pour un filet de badminton)
- Mécanismes d'ajustement de certains microscopes

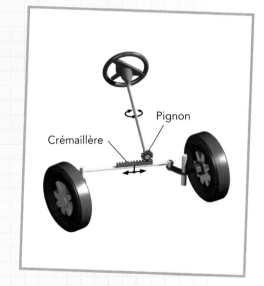

Un système à pignon et à crémaillère dans une direction d'automobile

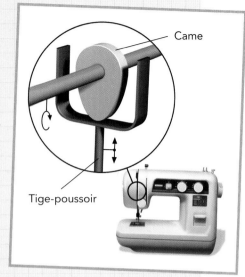

LES SYSTÈMES À CAME ET À TIGE-POUSSOIR

FONCTION

Transformer un mouvement de rotation en mouvement de translation.

Came

Tige-poussoir

COMPOSANTES ET FONCTIONNEMENT

Ce système comprend d'abord un disque de forme irrégulière (par exemple, de forme ovoïde ou dont le pivot est décentré), auquel on donne le nom de «came», et une tige, qu'on appelle «tige-poussoir». La tige s'appuie sur la came. Lorsque la came tourne, la tige-poussoir effectue un mouvement de translation alternatif, c'est-à-dire qu'elle monte, puis redescend. On appelle aussi ce mouvement un «va-et-vient». C'est la forme de la came qui commande le mouvement de la tige-poussoir. Généralement, un ressort permet à la tige de revenir vers la came.

AVANTAGE

- Il est possible de configurer la came de façon à faire varier le déplacement de la tige d'un mouvement de translation à un autre.

INCONVÉNIENT

- Les pièces ont tendance à s'user rapidement.

EXEMPLES

- Jouets mécaniques
- Mécanismes de commande de l'ouverture et de la fermeture des soupapes dans un moteur d'automobile
- Machines à coudre

Un système à came et à tige-poussoir dans une machine à coudre

---

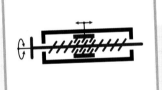

LES SYSTÈMES À VIS ET À ÉCROU

Organe moteur: vis en rotation
Organe mené: écrou en translation

FONCTION

Transformer un mouvement de rotation en mouvement de translation ou transformer un mouvement de translation en mouvement de rotation.

COMPOSANTES ET FONCTIONNEMENT

Ce système se compose d'au moins une vis et d'au moins un écrou. Dans certains systèmes, c'est l'écrou qui constitue l'organe moteur et son mouvement de rotation est transformé en mouvement de translation de la vis. Dans d'autres systèmes, c'est plutôt la vis qui est l'organe moteur et son mouvement de rotation est transformé en mouvement de translation de l'écrou.

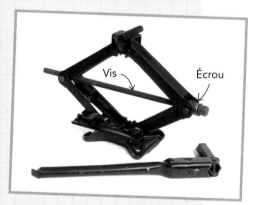

Vis

Écrou

Un système à vis et à écrou dans un cric pour soulever une voiture

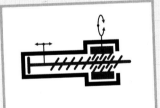

Organe moteur: écrou en rotation
Organe mené: vis en translation

AVANTAGE

- Ce mécanisme peut déployer une grande force.

INCONVÉNIENTS

- Il génère beaucoup de frottement.
- Il est parfois fragile, ce qui peut entraîner des problèmes de guidage.

EXEMPLES

- Crics pour les voitures
- Tendeurs de câbles

5 L'ÉLECTRICITÉ

De nombreux objets techniques fonctionnent grâce à l'électricité. Un baladeur numérique, une lampe ou un réfrigérateur ne sont que quelques exemples d'objets techniques qui nécessitent un courant électrique pour fonctionner. Mais qu'est-ce qu'un courant électrique? Comment peut-on contrôler le courant électrique? C'est ce que nous tenterons d'expliquer dans cette section.

5.1 LE COURANT ÉLECTRIQUE

Il faut se pencher sur la nature des atomes pour comprendre ce qu'est un courant électrique. Les atomes sont constitués de charges électriques positives et de charges électriques négatives. Comme il y a habituellement autant de charges positives que de charges négatives, la plupart des atomes sont neutres.

Comme le montre la figure 12.36, le centre de l'atome, qu'on appelle aussi le «noyau», contient principalement des charges positives. Les charges négatives gravitent autour du noyau des atomes. Elles sont portées par des «électrons».

Généralement, les électrons n'ont pas tendance à quitter le noyau autour duquel ils gravitent. Cependant, dans certains atomes, il arrive que les électrons les plus éloignés se détachent de leur noyau. Ils deviennent alors des «électrons libres». Lorsque des électrons libres se déplacent de façon ordonnée, ils produisent un courant électrique.

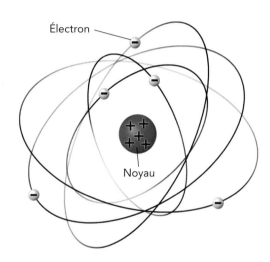

12.36 Le noyau des atomes est constitué de charges positives, tandis que les électrons, qui gravitent autour du noyau, portent des charges négatives.

> ▶ Un COURANT ÉLECTRIQUE est un déplacement ordonné des charges négatives portées par les électrons.

Il n'y a pas de courant électrique, car le mouvement des électrons libres est désordonné.

Il y a courant électrique, car le mouvement des électrons libres est ordonné.

12.37 Un courant électrique est produit seulement si les électrons libres se déplacent de façon ordonnée.

Il existe deux sortes de courant électrique: le courant continu et le courant alternatif. C'est la façon dont les électrons se déplacent qui détermine la sorte de courant électrique.

Dans un courant continu, les électrons libres se déplacent toujours dans le même sens. Les piles, par exemple, génèrent un courant continu. Les électrons se déplacent de la borne négative de la pile vers la borne positive grâce à un fil conducteur (*voir la figure 12.39*). Le symbole du courant continu est «CC», mais on voit aussi souvent le symbole «DC», qui provient de l'anglais *direct current*.

> Un COURANT CONTINU (CC ou DC) est un courant électrique dans lequel les électrons se déplacent toujours dans la même direction.

Dans un courant alternatif, les électrons libres circulent alternativement dans un sens, puis dans le sens inverse, à intervalles réguliers. Ils effectuent donc un mouvement de va-et-vient. C'est le type de courant qui circule dans le réseau électrique de nos maisons. En Amérique du Nord, les électrons effectuent 60 mouvements de va-et-vient par seconde. Le symbole du courant alternatif est «CA», mais on voit aussi souvent le symbole «AC», qui provient de l'anglais *alternating current*.

> Un COURANT ALTERNATIF (CA ou AC) est un courant électrique dans lequel les électrons se déplacent selon un mouvement de va-et-vient.

Courant continu   Courant alternatif

12.38 Dans un courant continu, tous les électrons se déplacent dans le même sens, tandis que dans un courant alternatif, ils décrivent un mouvement de va-et-vient.

5.2 LES FONCTIONS ÉLECTRIQUES

Dans un objet technique, le courant électrique circule à travers un circuit électrique. Un circuit électrique est généralement constitué d'une source de courant et de diverses composantes. Chacune des composantes d'un circuit électrique remplit une fonction.

> Une FONCTION ÉLECTRIQUE est le rôle que joue une composante dans le contrôle ou la transformation du courant électrique.

Dans cette section, nous examinerons six fonctions électriques, soit la fonction alimentation, la fonction conduction, la fonction isolation, la fonction transformation d'énergie, la fonction commande et la fonction protection. Une pièce qui occupe une fonction électrique porte le nom de «composante électrique».

COMMENT DESSINER UN SCHÉMA
- LES SYMBOLES
- LE SCHÉMA ÉLECTRIQUE

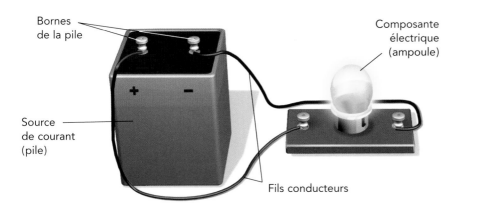

Bornes
de la pile

Composante
électrique
(ampoule)

Source
de courant
(pile)

Fils conducteurs

12.39 Un circuit électrique
simple.

Le tableau 12.40 montre des exemples de composantes électriques pouvant
remplir chacune de ces fonctions.

12.40 QUELQUES COMPOSANTES ÉLECTRIQUES

Fonction électrique	Exemples de composantes électriques		
Fonction alimentation	pile	batterie	prise de courant
Fonction conduction	fil métallique	circuit imprimé	masse métallique
Fonction isolation	gaine d'un fil métallique	isolateur en céramique pour pylône	réceptacle en porcelaine pour plafonnier
Fonction transformation d'énergie	ampoule à incandescence	réfrigérateur	mélangeur électrique
Fonction commande	gradateur d'intensité	interrupteur à bouton-poussoir	cellule photoélectrique
Fonction protection	fusible à culot	fusible en verre	disjoncteur

LA FONCTION ALIMENTATION

Pour qu'un courant circule dans un circuit électrique, il est nécessaire qu'au moins une composante agisse comme source de courant électrique. La fonction de cette composante est l'alimentation.

> La **FONCTION ALIMENTATION** est la fonction assurée par toute composante électrique pouvant générer ou fournir un courant électrique dans un circuit.

LA FONCTION CONDUCTION

La circulation du courant dans un circuit électrique se fait à l'intérieur de composantes qu'on appelle des «conducteurs». Tout corps capable de transmettre le courant électrique d'une partie à une autre d'un circuit électrique est un conducteur. Les métaux sont généralement de bons conducteurs.

> La **FONCTION CONDUCTION** est la fonction assurée par toute composante électrique pouvant transmettre un courant électrique d'une partie à une autre d'un circuit électrique.

LA FONCTION ISOLATION

Dans les circuits électriques, certaines composantes empêchent le courant de les traverser. Ces composantes, qu'on appelle des «isolants», remplissent la fonction isolation. Les isolants jouent donc un rôle inverse de celui des conducteurs.

> La **FONCTION ISOLATION** est la fonction assurée par toute composante électrique pouvant empêcher un courant électrique de passer.

LA FONCTION TRANSFORMATION D'ÉNERGIE

La plupart des circuits électriques sont conçus pour transformer l'énergie électrique en une autre forme d'énergie, comme l'énergie lumineuse, l'énergie thermique, l'énergie mécanique, etc. Par exemple, dans une lampe de poche, l'énergie électrique contenue dans les piles est transformée en énergie lumineuse par l'ampoule. Cette dernière a donc une fonction de transformation d'énergie.

> La **FONCTION TRANSFORMATION D'ÉNERGIE** est la fonction assurée par toute composante électrique pouvant transformer l'énergie électrique en une autre forme d'énergie.

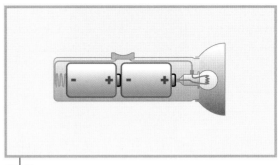

12.41 Dans une lampe de poche, ce sont généralement des piles qui assurent la fonction alimentation.

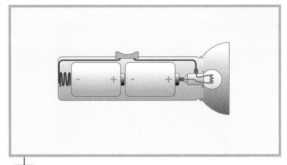

12.42 Dans une lampe de poche, ce sont généralement les parties métalliques des lames conductrices et le ressort qui assurent la fonction conduction.

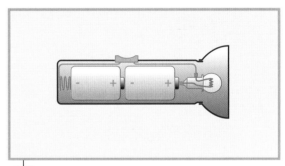

12.43 Le boîtier de plastique qui entoure le circuit électrique d'une lampe de poche agit comme isolant afin d'éviter un court-circuit.

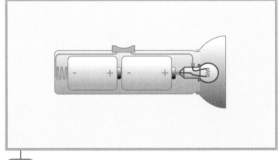

12.44 Dans une lampe de poche, c'est l'ampoule qui assure la fonction transformation d'énergie.

LA FONCTION COMMANDE

Il existe des dispositifs qui commandent la circulation du courant dans un circuit électrique. Ce sont les «interrupteurs». Ces dispositifs assument la fonction commande.

> ◢ La **FONCTION COMMANDE** est la fonction assurée par toute composante électrique pouvant ouvrir et fermer un circuit.

Dans le domaine de l'électricité, on considère qu'un circuit électrique est ouvert lorsqu'une partie du circuit n'est pas connectée à la source d'alimentation. Aussitôt que cette situation se produit, le courant cesse de circuler. Par exemple, pour éteindre un plafonnier, il faut ouvrir le circuit en appuyant sur un interrupteur mural.

À l'inverse, lorsque le circuit est fermé, toutes les composantes sont connectées à la source et le courant peut circuler. Ainsi, lorsqu'on appuie sur un interrupteur mural pour allumer un plafonnier, on ferme le circuit électrique.

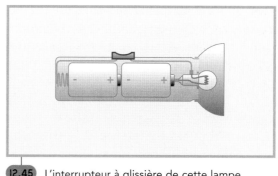

12.45 L'interrupteur à glissière de cette lampe de poche assure la fonction commande.

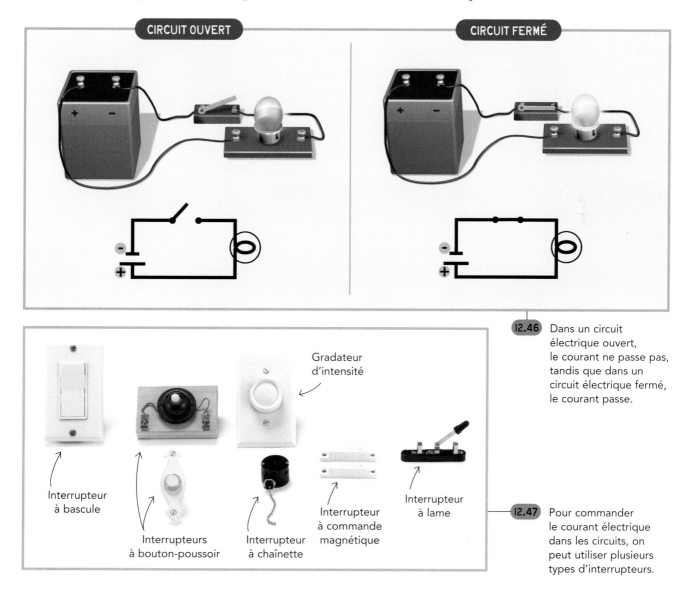

CIRCUIT OUVERT

CIRCUIT FERMÉ

12.46 Dans un circuit électrique ouvert, le courant ne passe pas, tandis que dans un circuit électrique fermé, le courant passe.

Gradateur d'intensité

Interrupteur à bascule

Interrupteurs à bouton-poussoir

Interrupteur à chaînette

Interrupteur à commande magnétique

Interrupteur à lame

12.47 Pour commander le courant électrique dans les circuits, on peut utiliser plusieurs types d'interrupteurs.

LA FONCTION PROTECTION

Pour protéger les circuits électriques, on peut y insérer des «dispositifs de protection». Chaque dispositif de protection fonctionne de la même façon: dès que l'intensité du courant dépasse la limite que le dispositif peut tolérer, ce dernier provoque l'ouverture du circuit. Le courant électrique cesse alors immédiatement de circuler.

> ▶ La **FONCTION PROTECTION** est la fonction assurée par toute composante électrique pouvant interrompre automatiquement la circulation du courant électrique en cas de situation anormale.

Les courts-circuits et les surcharges électriques sont des exemples de situations anormales pouvant survenir dans plusieurs circuits électriques, comme ceux des maisons.

Lorsqu'il y a un court-circuit, les fils conducteurs surchauffent. La surchauffe des fils conducteurs est très dangereuse, car le circuit peut subir des dommages et cela peut même provoquer un incendie. Un court-circuit peut se produire entre autres dans les situations suivantes:

- deux fils nus se touchent (*voir la situation* Ⓐ *de la figure 12.48*);
- les bornes d'une source d'alimentation sont reliées sans qu'il y ait d'autre composante entre elles qu'un fil conducteur (*voir la situation* Ⓑ *de la figure 12.48*).

1745
1827

Alessandro Volta

Ce physicien italien est connu pour les nombreux travaux qu'il a menés dans le domaine de l'électricité. Il fut le premier, en 1800, à développer une pile électrique. Cette invention fut une révolution en électricité, car elle permettait de disposer enfin d'une source de courant fiable et sans danger.

Ⓐ

Ⓑ
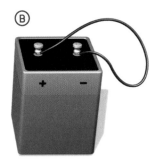

12.48 Quelques exemples de courts-circuits.

Une surcharge électrique survient lorsque l'intensité du courant électrique qui circule dans un conducteur est trop élevée. Par exemple, lorsqu'on branche trop d'appareils sur la même prise électrique, on peut créer une surcharge. L'intensité du courant nécessaire pour faire fonctionner tous les appareils en même temps devient alors trop élevée pour le conducteur.

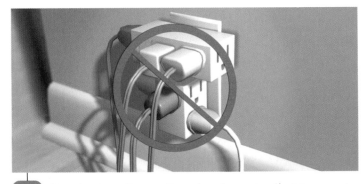

12.49 Brancher trop d'appareils sur la même prise électrique peut entraîner une surcharge.

L'intensité du courant électrique correspond au nombre d'électrons qui passent en un point du conducteur pendant un temps donné. Elle se calcule en ampères. Par exemple, un courant électrique dont l'intensité est de 1 ampère laisse passer $6{,}28 \times 10^{18}$ électrons par seconde en un point donné. Plus un appareil consomme d'électricité, plus l'intensité du courant doit être élevée pour le faire fonctionner. Dans le circuit électrique d'une maison, une ampoule de 60 watts nécessite un courant de 0,5 ampère pour s'allumer, tandis qu'un grille-pain de 900 watts a besoin d'un courant de 7,5 ampères pour fonctionner.

Il existe deux principaux types de dispositifs de protection. Il s'agit des fusibles et des disjoncteurs.

> «Fusible» vient du latin fusilis, qui signifie «fondu».

Les fusibles sont des composantes munies d'un petit fil conducteur fait d'un alliage qui fond lorsque l'intensité du courant électrique est trop élevée. Si le fil d'un fusible fond, le circuit est alors ouvert et le courant ne peut plus circuler. Habituellement, l'intensité maximale tolérée est indiquée sur le fusible.

Les disjoncteurs sont des interrupteurs à ouverture automatique. Ils sont munis d'un dispositif qui entraîne automatiquement l'ouverture du circuit lorsque l'intensité du courant qui les traverse dépasse la limite qu'ils tolèrent. Habituellement, l'intensité maximale tolérée est indiquée sur le disjoncteur.

Les boîtes électriques installées dans nos demeures sont généralement munies de plusieurs disjoncteurs qui protègent les différents circuits de la maison.

12.50 Lorsque l'intensité du courant dépasse la capacité du fusible, son fil fond et le courant cesse de circuler.

6 LE PROCESSUS DE FABRICATION

Jusqu'ici, nous avons vu que les objets techniques sont constitués de matériaux choisis pour leurs propriétés mécaniques. Nous avons aussi vu que les différentes pièces qui composent les objets techniques peuvent remplir différentes fonctions, autant mécaniques qu'électriques. Il nous reste à voir les différents procédés de fabrication et d'assemblage des pièces nécessaires à la construction d'un objet technique.

TECH
N° 20

La fabrication d'un objet s'effectue généralement en trois étapes:

- le mesurage et le traçage des pièces;
- l'usinage des pièces;
- l'assemblage et la finition de l'objet.

COMMENT FABRIQUER
UN OBJET

6.1 LE MESURAGE ET LE TRAÇAGE

Pour fabriquer un objet technique, il faut d'abord tracer sur les matériaux les lignes pour la coupe et les repères pour le perçage. Cela permet d'obtenir des pièces aux dimensions et aux formes voulues. Lorsqu'on détermine la longueur d'un trait à tracer ou la position d'un repère, on effectue un «mesurage». Lorsqu'on trace un trait ou un repère sur un matériau, on effectue un «traçage».

▶ Le **MESURAGE** est l'action de déterminer une grandeur ou l'emplacement d'un repère.

▶ Le **TRAÇAGE** est l'action de tracer des traits ou des repères sur un matériau.

Généralement, les mesures ainsi que l'emplacement des divers repères sont indiqués dans les dessins de détail faisant partie des dessins de fabrication de l'objet (*voir le chapitre 11, à la page 348*).

12.51 Le traçage.

 6.2 **L'USINAGE**

Une fois le traçage effectué, il faut procéder à l'usinage des pièces. Au cours de cette étape, on utilise différents outils pour façonner les pièces, c'est-à-dire pour leur donner la forme désirée.

▶ **L'USINAGE** est l'action de traiter une pièce à l'aide d'outils, afin de lui donner la forme désirée.

Les techniques d'usinage sont nombreuses et variées. Mentionnons:

- le sciage;
- le perçage;
- le cisaillage;
- le pliage;
- le moulage;
- le modelage;
- le forgeage;
- le laminage.

> «*Laminage*» vient du mot latin *lamina, qui signifie* «*réduire en couche mince*».

12.52 Le sciage.

Une fois l'usinage terminé, il faut procéder à la vérification et au contrôle des pièces. Pour y arriver, il faut notamment:

- mesurer chacune des pièces afin de s'assurer qu'elles ont les bonnes dimensions;
- vérifier si les perçages ont été effectués aux bons endroits et si les trous ont la bonne taille;

12.53 Le forgeage.

s'assurer que les pièces ne présentent pas de défauts, comme des bosses ou des pointes tranchantes.

Diverses techniques peuvent être utilisées pour corriger les pièces qui nécessitent des ajustements, comme :

- le meulage ;
- le limage ;
- le ponçage.

12.54 Le meulage.

6.3 L'ASSEMBLAGE ET LA FINITION

Une fois que les différentes pièces ont été usinées et vérifiées, il faut les réunir afin de constituer l'objet. C'est l'étape de l'«assemblage».

> ▶ **L'ASSEMBLAGE** est un ensemble d'opérations au cours desquelles les différentes pièces d'un objet sont réunies afin de former un objet technique.

Il existe de nombreuses façons d'assembler des pièces. On peut par exemple :

- les emboîter ;
- les clouer ;
- les visser ;
- les boulonner ;
- les coller ;
- les agrafer ;
- les riveter ;
- les souder.

Pour construire certains objets plus complexes, par exemple une bicyclette, on assemble les pièces de façon à former différents systèmes. Ceux-ci peuvent permettre le guidage, la liaison, la transmission ou la transformation du mouvement.

Enfin, pour terminer la confection d'un objet, on réalise sa finition. Celle-ci vise, entre autres, à protéger les matériaux contre les intempéries ou l'usure et à améliorer l'apparence de l'objet.

> ▶ La **FINITION** est un ensemble d'opérations qui complètent la fabrication d'un objet.

Au cours de la finition, les pièces peuvent être, par exemple :

- poncées ;
- polies ;
- peintes ;
- teintes ;
- vernies.

La finition se fait généralement après l'assemblage. Cependant, comme certaines pièces peuvent être difficilement accessibles une fois assemblées, leur finition peut parfois s'effectuer avant leur assemblage.

12.55 L'assemblage.

VERDICT

❶ LES OBJETS TECHNIQUES
(p. 368-369)

1. Parmi les objets suivants, lesquels sont des objets techniques ?

Un lac, un chien, une statue, une pomme, une pièce de monnaie, un pantalon.

❷ LES MATÉRIAUX (p. 369-383)

2. Nommez la contrainte subie par chacun des os suivants.

a) Le fémur (os situé dans la cuisse), lorsqu'on se tient debout sans bouger.

b) La colonne vertébrale, lorsqu'on arrondit le dos.

c) Les phalanges, lorsqu'on tire sur un doigt.

3. Le bois est souvent utilisé pour recouvrir des planchers.

a) Pourquoi les recouvrements de planchers en bois sont-ils rarement fabriqués en épinette ou en pin ?

b) Quelle propriété mécanique permet au bois utilisé pour recouvrir les planchers de résister à la pénétration ?

c) Nommez au moins trois essences de bois que vous utiliseriez pour recouvrir un plancher.

4. Les contreplaqués sont très utilisés dans la construction.

a) De quel type de matériau s'agit-il ?

b) Comment les feuilles sont-elles disposées dans les contreplaqués ?

c) Nommez trois autres matériaux qui sont du même type que les contreplaqués.

5. Quelle propriété mécanique est impliquée dans chacune des affirmations suivantes ?

a) Il est facile d'aplatir le zinc sans l'abîmer.

b) L'acier résiste très bien à la traction.

6. Nommez deux propriétés mécaniques qui rendent possible l'utilisation des métaux dans la fabrication des fils électriques.

7. Quelle propriété mécanique permet la fabrication des ressorts ? Expliquez votre réponse.

8. De nos jours, les échelles et les escabeaux sont souvent construits en aluminium. Autrefois, ils étaient plutôt fabriqués en bois.

a) Nommez deux avantages d'utiliser une échelle en aluminium plutôt qu'en bois.

b) Quelle propriété de l'aluminium explique pourquoi il est plus dangereux d'utiliser des escabeaux ou des échelles fabriqués à l'aide de ce métal près des fils électriques ?

9. Décrivez ce qui distingue un alliage ferreux d'un alliage non ferreux. Donnez deux exemples pour chacun d'eux.

10. Les matières plastiques peuvent se diviser en deux catégories.

a) Quelles sont ces deux catégories ?

b) Quelle catégorie contient les matières plastiques qu'on peut remodeler après les avoir chauffées ?

11. Les énoncés suivants concernent les propriétés des thermoplastiques. Indiquez s'ils sont vrais ou faux. Corrigez les énoncés qui sont faux.

   a) Le polystyrène est généralement un bon conducteur d'électricité.

   b) Il faut appliquer des protecteurs aux polyéthylènes, car ils rouillent facilement.

   c) Les polychlorures de vinyle sont durables.

12. Observez cette illustration d'un pot de miel. De quel type de matière plastique s'agit-il?

3 **LES FONCTIONS MÉCANIQUES ÉLÉMENTAIRES** (p. 383-388)

13. Observez le pot suivant et son couvercle.

   a) S'agit-il d'un objet technique? Expliquez votre réponse.

   b) Combien d'organes cet objet possède-t-il?

   c) Nommez les quatre caractéristiques de la liaison entre le couvercle et le pot. Expliquez chacune des caractéristiques que vous donnerez.

   d) De quel type de liaison s'agit-il?

14. Observez cette bicyclette.

Guidon

Potence

   a) Sur une bicyclette, une partie du guidon est insérée dans la potence. Ainsi, le guidon peut avoir un mouvement de rotation, mais ne peut pas avoir de mouvement de translation. Quelle est la fonction mécanique élémentaire de la potence?

   b) À quel type de liaison ce système appartient-il?

4 **LES FONCTIONS MÉCANIQUES COMPLEXES** (p. 389-398)

15. Indiquez les deux classes de fonctions mécaniques complexes. Donnez quatre exemples de systèmes pour chaque classe.

16. Les moteurs d'automobiles comportent, entre autres, un système à bielle et à manivelle. Pourquoi est-il important de s'assurer que le niveau d'huile reste toujours adéquat? Répondez en mentionnant le rôle de l'huile dans les moteurs d'automobiles.

17. La chignole est une perceuse manuelle. Pour l'actionner, il suffit de tourner la manivelle, ce qui permet au mandrin qui y est lié de tourner à son tour.

Manivelle

Mandrin

a) Cet objet comporte-t-il un système de transmission du mouvement ou un système de transformation du mouvement ? Expliquez votre réponse.

b) Nommez le système de cet objet et schématisez-le.

18. Les applicateurs d'antisudorifique comportent un système qui permet de faire monter ou descendre le bâton d'antisudorifique.

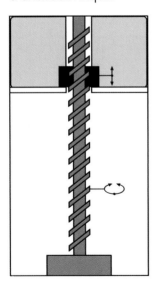

a) Cet objet comporte-t-il un système de transmission du mouvement ou un système de transformation du mouvement ? Expliquez votre réponse.

b) Nommez le système de cet objet.

19. La présence d'un courant électrique est nécessaire pour faire fonctionner de nombreux objets techniques.

a) Qu'est-ce qu'un courant électrique ?

b) Indiquez quel type de courant électrique, continu ou alternatif, peut être associé à chacune des photos suivantes.

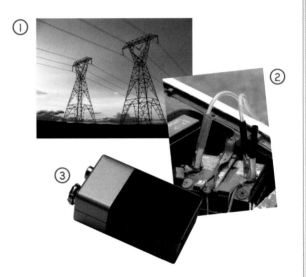

① ② ③

20. Les deux circuits électriques suivants comportent un avertisseur sonore. Lorsque le courant électrique traverse l'avertisseur sonore, celui-ci émet un son.

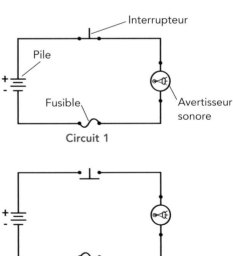

Interrupteur

Pile

Fusible

Avertisseur sonore

Circuit 1

Circuit 2

a) Pour chacun de ces circuits électriques, indiquez si l'avertisseur sonne ou pas. S'il ne sonne pas, expliquez pourquoi.

b) Indiquez la fonction électrique de chacune des composantes de ces circuits.

6 LE PROCESSUS DE FABRICATION
(p. 405-407)

21. Observez les cinq photos ci-dessous.

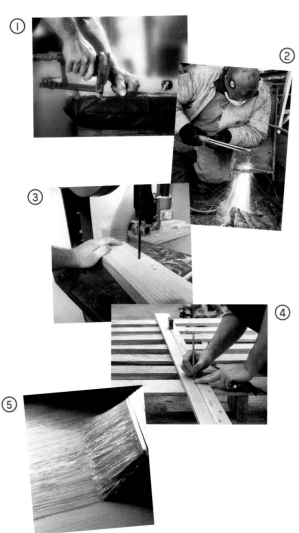

Pour chacune de ces photos, indiquez l'étape de fabrication à laquelle elle fait référence et précisez le nom de la technique illustrée.

RÉSEAU DE CONCEPTS

COMMENT CONSTRUIRE UN RÉSEAU DE CONCEPTS

Préparez votre propre résumé du chapitre 12 en construisant un réseau de concepts à partir des termes et des expressions qui suivent.

- Alliages
- Bois
- Bois modifiés
- Contraintes mécaniques
- Courant électrique
- Électricité
- Fonction guidage
- Fonction liaison
- Fonctions électriques
- Fonctions mécaniques complexes
- Fonctions mécaniques élémentaires
- Forces
- Matériaux
- Métaux
- Objets techniques
- Plastiques
- Processus de fabrication
- Propriétés mécaniques
- Transformation du mouvement
- Transmission du mouvement

LES PROTHÈSES ET LES ORTHÈSES, UN SOUTIEN AU QUOTIDIEN

On connaît tous la jambe de bois ou l'œil de vitre du traditionnel pirate, mais qu'en est-il des prothèses et des orthèses actuelles ? Grâce aux récentes avancées technologiques et à une meilleure connaissance des matériaux et des fonctions mécaniques, les orthèses et les prothèses ont beaucoup évolué.

Une prothèse est un dispositif artificiel qui peut remplacer un organe malade, une articulation déficiente ou encore un membre manquant ou mutilé. Que ce soit une simple prothèse dentaire ou un cœur artificiel, les prothèses posent de grands défis. Les matériaux utilisés pour les fabriquer doivent être compatibles avec les tissus humains, en plus d'assurer des fonctions et de réaliser des mouvements spécifiques. De plus, ils doivent être le plus résistant possible à l'usure.

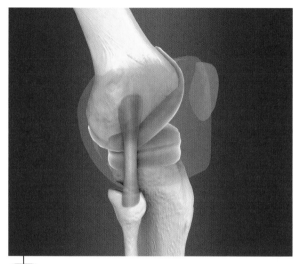

12.56 Une prothèse de genou.

L'orthèse, quant à elle, est un appareil destiné à soutenir un membre afin de l'immobiliser, de le corriger ou d'améliorer son rendement. Les matériaux utilisés dans la fabrication des orthèses sont choisis selon leur fonction. Par exemple, les plâtres utilisés pour guérir des fractures doivent êtres durs, afin d'immobiliser complètement la partie à guérir. Par contre, une orthèse de genou devra être munie d'un mécanisme qui permettra de soutenir le genou et de guider ses mouvements, tout en étant assez légère pour éviter de lui faire subir une force excessive.

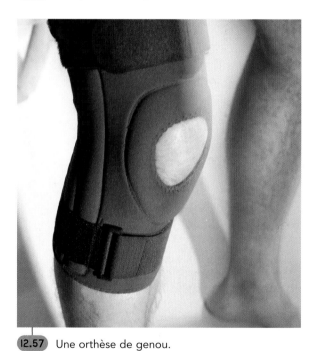

12.57 Une orthèse de genou.

1. Quelle est la différence entre une prothèse et une orthèse ?

2. Une personne qui utilise des béquilles pour se déplacer utilise-t-elle une orthèse ou une prothèse ? Expliquez votre réponse.

THOMAS SIMÉON

Thomas Siméon habite la réserve amérindienne de Mashteuiatsh. Ce Montagnais aime raconter les légendes et l'histoire de son peuple. Ayant grandi au sein d'une famille dont l'activité principale est l'artisanat, il a choisi ce moyen pour exprimer sa culture. Sa pratique artistique est surtout centrée sur la sculpture : il en a réalisé près de 500. Ses études, l'observation des gestes de son père et, surtout, les nombreuses recherches qu'il a menées lui ont permis de développer plusieurs techniques pour produire ses œuvres.

Les principaux matériaux qu'il utilise proviennent de la nature : la pierre, le bois, et même des bois de caribou. Avant de réaliser une sculpture, Thomas Siméon analyse les propriétés des matériaux qu'il a choisis. Il sélectionne ensuite les outils qu'il utilisera et les formes que prendra sa sculpture. Par exemple, s'il s'agit d'un matériau très dur, il saura qu'il ne pourra pas représenter de détails très fins et qu'il devra utiliser des outils bien aiguisés.

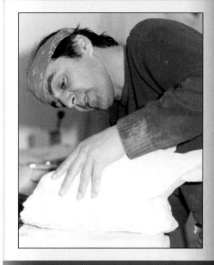

I2.58 Les Mishta Napeu sont des personnages issus des légendes amérindiennes. Cette sculpture montre comment Thomas Siméon les imagine.

NOM
Thomas Siméon

EMPLOI
Artiste-sculpteur

RÉGION OÙ IL OCCUPE SON EMPLOI
Saguenay–Lac-Saint-Jean

FORMATION
Diplôme d'études secondaires. A appris son métier de façon autodidacte.

RÉALISATION DONT IL EST FIER
Avoir réalisé plusieurs œuvres relatant des légendes du peuple montagnais et l'histoire de sa famille.

I2.59 QUELQUES MÉTIERS ET PROFESSIONS CONNEXES À L'EMPLOI DE M. SIMÉON

Métier ou profession	Formation requise	Durée de la formation	Tâches principales
Ébéniste	DEP en ébénisterie	1650 heures	• Fabriquer des meubles en bois ou en bois modifiés
Technicien ou technicienne en géologie et minéralogie	DEC en technologie minérale	3 ans	• Assurer l'extraction des minerais et des matériaux rocheux
Enseignant ou enseignante en arts	BAC en arts visuels	4 ans	• Enseigner les techniques propres aux arts • Critiquer des œuvres d'art

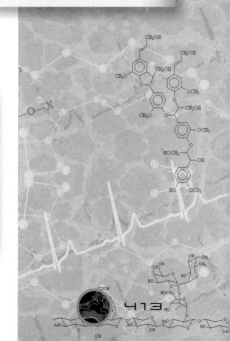

ANNEXES

LES PROPRIÉTÉS DE SUBSTANCES COURANTES

SUBSTANCES EN PHASE GAZEUSE À 20 °C

Substance (formule chimique)	Description	Utilisation et caractéristiques	Dangers et précautions	TF (°C)	TÉ (°C)	ρ (g/mL à 20 °C)	Solubilité (g/L d'eau à 20 °C)	Quelques propriétés chimiques
Ammoniac (NH_3)	• Incolore • Odeur caractéristique	• Fabrication de produits nettoyants et de fertilisants • Réfrigération	• Très toxique, irritant et corrosif • Peut causer des brûlures	-78	-33	0,000 75	531	• Forme une fumée blanche avec le chlorure d'hydrogène • Éteint la flamme • Colore le papier tournesol neutre en bleu[1]
Chlorure d'hydrogène (HCl)	• Incolore • Odeur piquante	• Nettoyage des métaux • Traitement du caoutchouc et du coton	• Très toxique et très corrosif • Peut causer des brûlures, de la toux, etc.	-114	-85	0,001 64	420	• Forme une fumée blanche avec l'ammoniac • Éteint la flamme • Colore le papier tournesol neutre en rouge[1]
Diazote (N_2)	• Incolore • Inodore	• Constituant de l'air (78 %) • Congélation des cellules vivantes (cryogénie)	• Généralement non toxique, mais peut causer l'asphyxie si inhalé en grande quantité	-210	-196	0,001 25	0,02	• Éteint la flamme
Dichlore (Cl_2)	• Jaune verdâtre • Odeur suffocante	• Désinfectants • Traitement de l'eau potable • Agent de blanchiment	• Très toxique • Irritant pour les voies respiratoires, les yeux et la peau	-102	-35	0,002 94	7,3	• Rallume un tison incandescent
Dihydrogène (H_2)	• Incolore • Inodore	• Production de certaines substances (ammoniac, huile végétale hydrogénée, etc.) • Carburant pour les fusées	• Explosif en présence d'une flamme • Peut causer l'asphyxie	-259	-253	0,000 09	0,002	• Explose en présence d'une éclisse de bois enflammée
Dioxyde de carbone ou gaz carbonique (CO_2)	• Incolore • Inodore • N'existe pas sous forme liquide	• Produit de la combustion • Boisson gazeuse • Glace sèche (sous forme solide)	• Cause l'effet de serre	-79[2]	S. o.	0,001 98	1,6	• Éteint la flamme • Brouille l'eau de chaux • Colore le papier tournesol neutre en rouge[1]

Substance	Propriétés physiques	Utilisations	Effets	TF	TÉ	ρ	Solubilité	Autres propriétés
Dioxygène (O₂)	» Incolore » Inodore	» Constituant de l'air (21 %) » Soudure » Médecine	» Entretien la combustion	-218	-183	0,001 43	0,04	» Rallume un tison incandescent
Hélium (He)	» Incolore » Inodore	» Gonflage des ballons » Cryogénie » Soudure » Réfrigération	» Généralement non toxique, mais peut causer l'asphyxie si inhalé en grande quantité	-272	-269	0,000 18	0,0017	» Inerte (ne réagit pas) » Éteint la flamme
Méthane ou gaz naturel (CH₄)	» Incolore » Inodore	» Combustible	» Inflammable	-183	-162	0,000 72	0,025	» Explose en présence d'une flamme
Monoxyde de carbone (CO)	» Incolore » Inodore	» Sous-produit d'une combustion incomplète	» Mortel si inhalé » Inflammable	-207	-192	0,001 25	0,26	» Produit une flamme bleu vif
Ozone (O₃)	» Bleu pâle » Légère odeur	» Protège les habitants de la Terre des rayons UV en haute altitude » Polluant en basse altitude	» Très toxique si inhalé » Explosif	-193	-111	0,002 14	0,57	» Rallume un tison incandescent
Propane (C₃H₈)	» Incolore » Inodore	» Combustible à barbecue	» Inflammable	-188	-42	0,001 83	0,119	» Produit une flamme bleue
Sulfure de dihydrogène (H₂S)	» Incolore » Odeur caractéristique d'œuf pourri	» Protection du fer	» Toxique » Peut endommager l'odorat » Inflammable	-83	-60	0,001 54	4,13	» Colore le papier d'acétate de plomb en noir » Explose en présence d'une flamme

TF : température de fusion   TÉ : température d'ébullition   ρ : masse volumique   S. o. : sans objet

1. Cette propriété s'exprime lorsque la substance est dissoute dans l'eau.
2. Cette donnée correspond à la température de sublimation.

ANNEXE I   417

SUBSTANCES EN PHASE LIQUIDE À 20 °C

Substance (formule chimique)	Description	Utilisation et caractéristiques	Dangers et précautions	TF (°C)	TÉ (°C)	ρ (g/mL)	CÉ	Solubilité dans l'eau	Quelques propriétés chimiques
Acide acétique (CH_3COOH)	• Incolore • Odeur caractéristique de vinaigre	• Alimentation (lorsque dilué dans l'eau, forme le vinaigre) • Antiseptique	• Corrosif • Vapeurs irritantes • Peut causer des brûlures	17	118	1,05	Oui	Oui	• Colore le papier tournesol neutre en rouge
Eau (H_2O)	• Incolore • Inodore	• Essentiel à la vie • Alimentation • Solvant	• Aucun	0	100	1,00	Non	S. o.	• Colore le papier de dichlorure de cobalt en rose • Colore le papier tournesol neutre en violet
Éthanol ou alcool éthylique (C_2H_6O)	• Incolore • Odeur caractéristique	• Produit de la fermentation du sucre	• Si ingéré, peut causer l'ébriété, des nausées, des vomissements • Dangereux pour les yeux • Inflammable	-114	78	0,79	Non	Oui	• Produit une flamme bleu pâle
Éthylène-glycol ($HOCH_2CH_2OH$)	• Incolore • Légère odeur sucrée	• Antigel • Fabrication des vaccins	• Vapeurs irritantes • Peut causer des vomissements et la paralysie	-13	198	1,11	Non	Oui	• Inflammable
Glycérine ou glycérol ($C_3H_8O_3$)	• Incolore • Inodore • Visqueux • Goût sucré	• Agent lubrifiant dans les médicaments et les cosmétiques • Liquide à bulles	• Explosif dans certaines conditions	18	290	1,26	Non	Oui	• Explose en présence de certaines substances
Mercure (Hg)	• Gris argenté • Brillant	• Thermomètre • Baromètre • Miroir • Lampe UV	• Très toxique • Peut causer des troubles neurologiques	-39	357	13,55	Oui	Non	• Réagit avec l'acide nitrique (HNO_3) • S'oxyde pour former un solide noir
Méthanol ou alcool méthylique (CH_3OH)	• Incolore • Odeur caractéristique	• Antigel • Carburant • Solvant	• Toxique, si ingéré • Peut être mortel • Assèche la peau • Rend aveugle • Inflammable	-98	65	0,79	Non	Oui	• Produit une flamme bleu pâle

TF: température de fusion   TÉ: température d'ébullition   ρ: masse volumique   CÉ: conductibilité électrique   S. o.: sans objet

SUBSTANCES EN PHASE SOLIDE À 20 °C

Substance (formule chimique)	Description	Utilisation et caractéristiques	Dangers et précautions	Quelques propriétés physiques					Quelques propriétés chimiques
				TF (°C)	TÉ (°C)	ρ (g/mL)	CÉ	Solubilité (g/L d'eau à 20 °C)	
Aluminium (Al)	• Blanc gris • Inodore • Brillant • Malléable	• Revêtement extérieur • Boîte de conserve • Automobile	• Toxique en grande quantité	660	2467	2,7	Oui (bon conducteur)	0	• S'oxyde pour former un solide blanc
Argent (Ar)	• Blanc argenté • Inodore • Brillant • Malléable	• Bijouterie • Photographie • Composante électrique	• Modérément toxique si ingéré	961	2212	10,40	Oui (excellent conducteur)	0	• S'oxyde pour former un solide noir • Produit une flamme blanc argenté
Carbonate de calcium (CaCO$_3$)	• Blanc • Inodore	• Constituant de la craie • Constituant du marbre	• Produit une poussière irritante pour les yeux et les voies respiratoires	S. o.[2]	S. o.	2,83	Oui[1]	0,0153	• Dégage du dioxyde de carbone en présence d'un acide • Colore le papier tournesol neutre en bleu[1]
Carbone (graphite) (C)	• Gris-noir • Inodore	• Bon combustible • Élément indispensable à la vie • Mine de crayon • Acier	• Si brûlé, produit un gaz à effet de serre • Poussières irritantes	3652	4200	2,09	Oui (mais mauvais conducteur)	0	• S'oxyde pour former du dioxyde de carbone
Carbone (diamant) (C)	• Cristaux incolores • Inodore	• Bijouterie • Forage	• S. o.	3547	4200	3,52	Oui (mais mauvais conducteur)	0	• S'oxyde pour former du dioxyde de carbone
Chlorure de lithium (LiCl)	• Poudre blanche • Inodore	• Feux d'artifice • Réfrigération • Antidépresseur	• Peut causer des problèmes rénaux à long terme	605	1360	2,07	Oui[1]	454	• Produit une flamme rouge vif

TF : température de fusion   TÉ : température d'ébullition   ρ : masse volumique   CÉ : conductibilité électrique   S. o. : sans objet

1. Cette propriété s'exprime lorsque la substance est dissoute dans l'eau.
2. Sans objet parce que cette substance se décompose avant d'atteindre son point de fusion ou d'ébullition.

Substance (formule chimique)	Description	Utilisation et caractéristiques	Dangers et précautions	Quelques propriétés physiques					Quelques propriétés chimiques
				TF (°C)	TÉ (°C)	ρ (g/mL)	CÉ	Solubilité (g/L d'eau à 20 °C)	
Chlorure de potassium (KCl)	• Cristaux blancs • Inodore	• Photographie • Pile	• Toxique si ingéré	774	1411	1,99	Oui[1]	344	• Produit une flamme violette
Chlorure de sodium (sel de table) (NaCl)	• Cristaux blancs de forme cubique • Inodore	• Alimentation • Déglaçant pour les routes	• Peut causer des troubles d'hypertension	801	1413	2,17	Oui[1]	357	• Produit une flamme jaune orangé
Cuivre (Cu)	• Rouge brun • Inodore • Brillant	• Élément indispensable à la vie à faible dose • Fil électrique • Tuyauterie de plomberie • Pièce de monnaie	• Poussières irritantes pour les yeux et l'estomac	1083	2595	8,94	Oui (excellent conducteur)	0	• S'oxyde pour former un solide verdâtre ou noir • Produit une flamme verte
Dichlorure de baryum (BaCl₂)	• Cristaux blancs ou incolores • Inodore	• Feux d'artifice • Fabrication de colorants	• Toxique si ingéré • Éviter tout contact avec la peau	963	1560	3,90	Oui[1]	360	• Produit une flamme vert jaunâtre
Dichlorure de calcium (CaCl₂)	• Cristaux blancs • Inodore	• Alimentation • Déglaçant pour les routes • Durcisseur à béton	• Irritant pour les yeux	772	1935	2,15	Oui[1]	425	• Produit une flamme rouge orangé
Dichlorure de nickel (NiCl₂)	• Cristaux verts • Inodore	• Encre • Masque à gaz	• Irritant • Éviter tout contact avec la peau	1001	S. o.	3,55	Oui[1]	642	• Colore le papier tournesol neutre en rouge[1] • Produit une flamme verte
Dichlorure de strontium (SrCl₂)	• Cristaux blancs • Inodore	• Feux d'artifice	• Toxique si ingéré • Éviter tout contact avec la peau	875	1250	3,05	Oui[1]	538	• Produit une flamme rouge

Substance	Propriétés physiques	Utilisations	Précautions	TF	TÉ	ρ	CÉ	Solubilité	Propriété chimique
Fer (Fe)	• Blanc gris • Inodore • Brillant	• Élément indispensable à la vie • Acier • Construction • Automobile • Bande magnétique • Supplément vitaminique	• Poussières irritantes	1535	3000	7,86	Oui (bon conducteur)	0	• S'oxyde pour former un solide rouge brun
Glucose ($C_6H_{22}O_{11}$)	• Blanc • Légère odeur sucré • Texture parfois collante	• Produit par les plantes au cours de la photosynthèse • Alimentation	• Poussières irritantes pour les yeux	146	S. o.[2]	1,56	Non	1000	• Prend une couleur dorée lorsqu'on le chauffe
Hydroxyde de calcium ($Ca(OH)_2$)	• Blanc • Inodore	• Lorsque dilué dans l'eau, forme l'eau de chaux	• Éviter tout contact avec les yeux	S. o.[2]	S. o.	2,24	Oui	1,59	• Colore le papier tournesol neutre en bleu[1]
Hydroxyde de sodium (NaOH)	• Cristaux blancs • Inodore	• Fabrication de plastiques, de détergents, de savons, etc.	• Éviter tout contact avec la peau • Corrosif	318	1390	2,13	Oui	1111	• Colore le papier tournesol neutre en bleu[1]
Iode (I_2)	• Cristaux noir-violet • Odeur âcre	• Élément indispensable à la vie à faible dose • Antiseptique • Lampe halogène • Produit pharmaceutique	• Dégage des vapeurs toxiques	114	184	4,93	Non	0,29	• Réagit en présence d'amidon

TF : température de fusion   TÉ : température d'ébullition   ρ : masse volumique   CÉ : conductibilité électrique   S. o. : sans objet

1. Cette propriété s'exprime lorsque la substance est dissoute dans l'eau.
2. Sans objet parce que cette substance se décompose avant d'atteindre son point de fusion ou d'ébullition.

Substance (formule chimique)	Description	Utilisation et caractéristiques	Dangers et précautions	TF (°C)	TÉ (°C)	ρ (g/mL)	CÉ	Solubilité (g/L d'eau à 20 °C)	Quelques propriétés chimiques
Magnésium (Mg)	• Blanc gris • Inodore • Brillant	• Élément indispensable à la vie à faible dose • Boîtier d'ordinateur • Produit pharmaceutique	• Inflammable en petits morceaux	650	1100	1,74	Oui (bon conducteur)	0	• S'oxyde pour former un solide blanc • Produit une flamme blanche très intense
Nickel (Ni)	• Blanc gris • Inodore • Brillant	• Monnaie • Acier inoxydable • Écran de télévision	• À forte dose, peut causer le cancer du poumon • Peut irriter la peau	1455	2730	8,90	Oui (bon conducteur)	0	• S'oxyde peu pour former un solide vert
Nitrate de baryum (Ba(NO$_3$)$_2$)	• Cristaux blancs • Inodore	• Feux d'artifice • Fabrication de la céramique • Feu de circulation vert	• Très toxique si inhalé ou ingéré	590	S. o.[2]	3,24	Oui[1]	87	• Produit une flamme vert jaunâtre
Nitrate de lithium (LiNO$_3$)	• Poudre blanche • Inodore	• Feux d'artifice	• Toxique si ingéré • Éviter tout contact avec la peau	255	S. o.[2]	2,38	Oui[1]	430	• Produit une flamme rouge vif
Nitrate de potassium (KNO$_3$)	• Cristaux blancs • Inodore	• Engrais	• Toxique si ingéré • Ne pas jeter dans les égouts	334	S. o.[2]	2,11	Oui[1]	357	• Produit une flamme violette
Nitrate de strontium (Sr(NO$_3$)$_2$)	• Cristaux blancs • Inodore	• Feux d'artifice • Feu de circulation rouge	• Toxique si ingéré • Éviter tout contact avec la peau	570	645	2,99	Oui[1]	700	• Produit une flamme rouge
Or (Au)	• Doré • Inodore • Brillant • Malléable	• Bijouterie • Monnaie • Circuit électronique	• S. o.	1064	2807	19,32	Oui (bon conducteur)	0	• Ne s'oxyde pas • Réagit avec l'ammoniac

Substance	Propriétés physiques	Utilisations	Dangers / toxicité	TF	TÉ	ρ	CÉ	Solubilité	Autres propriétés
Oxyde de cuivre (CuO)	• Poudre noire • Inodore	• Colorant (pigment vert) • Feux d'artifice	• Toxique si ingéré	1446	S. o.²	6,32	Oui¹	0	• Réagit avec certains métaux • Produit une flamme bleu-vert
Para-dichloro-benzène ($C_6H_4Cl_2$)	• Cristaux incolores ou blancs • Odeur caractéristique	• Insecticide • Boules anti-mites	• Vapeurs irritantes pour la peau, la gorge et les yeux	54	174	1,46	Non	0,08	• Réagit avec l'aluminium
Plomb (Pb)	• Gris bleuâtre • Inodore • Très malléable • Brillant	• Protège contre les radiations • Batterie	• Très toxique si ingéré • Cause des troubles neurologiques	327	1740	11,34	Oui (bon conducteur)	0	• S'oxyde pour former un solide noir
Soufre (S)	• Jaune • Odeur caractéristique	• Élément indispensable à la vie à faible dose • Fongicide • Allumette • Feux d'artifice	• Cause les pluies acides • Irritant pour la peau, les yeux et les voies respiratoires	115	445	1,96	Non	0	• Produit une flamme bleue
Sulfate de cuivre ($CuSO_4$)	• Cristaux bleus • Inodore	• Fongicide • Bactéricide • Pesticide • Supplément alimentaire pour les porcs	• Très toxique • Éviter tout contact avec la peau	S. o.²	S. o.	3,60	Oui	220	• Produit une flamme bleu-vert
Tungstène (W)	• Gris • Inodore • Brillant	• Filament pour ampoule • Élément chauffant	• Peut causer l'irritation des voies respiratoires	3410	5900	19,35	Oui (bon conducteur)	0	• S'oxyde peu • Réagit avec l'acide nitrique

TF : température de fusion   TÉ : température d'ébullition   ρ : masse volumique   CÉ : conductibilité électrique   S. o. : sans objet

1. Cette propriété s'exprime lorsque la substance est dissoute dans l'eau.
2. Sans objet parce que cette substance se décompose avant d'atteindre son point de fusion ou d'ébullition.

LA VALEUR NUTRITIVE DE QUELQUES ALIMENTS

Abréviations et symboles

UI	Unité internationale (1 UI = 0,3 µg)	µg	Microgramme (1 µg = 0,001 g)
kJ	Kilojoule	ND	Valeur non disponible
	(1 calorie alimentaire = 4,184 kJ)	tr.	Trace (très petite quantité)

Équivalents en mesures usuelles des mesures métriques

250 ml	1 tasse (8 onces)
125 ml	1/2 tasse (4 onces)
15 ml	1 cuillerée à table

PAINS, CÉRÉALES, PÂTES ALIMENTAIRES, RIZ ET DÉRIVÉS

Aliments	Quantité[1]	Énergie (kJ)	Protéines (g)	Glucides (g)	Lipides (g)	Calcium (mg)	Fer (mg)	Zinc (mg)	Sodium (mg)	Potassium (mg)	Vitamine A (UI)	Vitamine C (mg)	Vitamine B6 (mg)	Folate ou vitamine B9 (µg)	Thiamine ou vitamine B1 (mg)	Riboflavine ou vitamine B2 (mg)
Bagel	1/2	512	4,5	24	0,5	8	1,6	0,4	237	45	0	0	0,02	10	0,24	0,14
Pain à hamburger ou à hot-dog	1	514	4	22	2	60	1,4	0,3	241	61	0	0	0,02	12	0,21	0,13
Pain aux raisins	1 tranche	298	2	14	1	17	0,8	0,2	101	59	1	tr.	0,02	9	0,09	0,1
Pain blanc	1 tranche	279	2	12	1	27	0,8	0,2	134	30	0	0	0,02	8	0,12	0,09
Pain de blé entier	1 tranche	292	3	13	1	20	0,9	0,5	149	71	0	0	0,05	14	0,1	0,06
Petit pain croûté	1	699	6	30	2	54	1,9	0,5	310	62	0	0	0,03	9	0,27	0,19
Pain pita, blanc	1	691	5	33	1	52	1,6	0,5	322	72	0	0	0,02	14	0,36	0,2
Crème de blé ordinaire	175 ml	224	2	11	tr.	2	1,9	0,1	1	17	0	0	0,01	ND	0,01	0,01
Céréale de son	30 g (107 ml)	311	3,4	22	0,9	26	4	1,8	270	314	0	0	0,18	29	0,6	0,06
Flocons de maïs	30 g (288 ml)	505	2,4	28	tr.	1,2	4,2	0,1	306	35	0	0	0,19	19	0,62	0,85
Barre granola avec raisins	30 g (64 ml)	512	2,5	21	4	14	1	ND	48	99	0	0	ND	ND	0,20	0,03
Céréale de riz	250 ml (30 g)	460	2	24	tr.	4	3,8	0,5	297	34	0	0	0,17	17	0,57	0,01
Couscous, cuit	125 ml	342	3	17	tr.	6	0,3	0,2	4	42	0	0	0,04	11	0,05	0,02

Aliment	Portion															
Riz blanc à grains longs, cuit	125 ml	589	3	30	0,5	11	0,2	0,6	1	38	0	0	0,1	3	0,02	0,02
Spaghetti, cuit	125 ml	436	3,5	21	0,5	5	1,1	0,4	0,7	23	0	ND	0,03	5	0,15	0,7
Gaufre nature, congelé	1	410	2	15	3	86	1,7	0,2	292	48	0	500	0,37	19	0,18	0,2
Beigne nature	1	829	2	23	11	21	0,9	0,3	257	60	tr.	27	0,03	4	0,1	0,11
Croissant au beurre	1	970	5	26	12	21	1,2	0,4	424	67	tr.	307	0,03	16	0,22	0,14
Muffin au son	1	578	3	23	5	16	1,3	0,6	234	74	0	51	0,09	8	0,1	0,12
Barre granola	1	493	3	16	5	15	0,7	0,5	74	84	tr.	38	0,02	6	0,07	0,03
Biscuit à l'avoine	1	281	1	10	3	16	0,4	0,1	90	27	tr.	107	0,01	2	0,04	0,03
Biscuit aux brisures de chocolat	1	201	1	7	2	2	0,3	0,1	32	14	0	tr.	0,01	1	0,02	0,03

LÉGUMES ET PRODUITS À BASE DE LÉGUMES

Aliment	Portion															
Brocoli, bouilli	3 bouquets (125 ml)	130	3	6	tr.	51	0,9	0,4	29	324	83	1541	0,16	56	0,06	0,13
Carottes, bouillies,	125 ml	155	1	9	tr.	26	0,5	0,2	54	187	2	20237	0,2	11	0,03	0,05
Céleri cru	1 branche (125 ml)	27	tr.	1	tr.	16	0,2	0,1	35	115	3	54	0,03	11	0,02	0,02
Champignons crus	6 moyens (125 ml)	113	2	5	tr.	5	1,3	0,8	4	400	4	0	0,1	23	0,11	0,48
Concombre, en tranches, pelé	125 ml	29	0,5	1,5	tr.	7	0,2	0,1	1	79	3	118	0,03	7	0,02	0,01
Haricot (verts, jaunes) bouillis	125 ml	97	1	5	tr.	30	0,8	0,2	2	197	6	440	0,04	22	0,05	0,06
Laitue frisée, hachée	250 ml	45	1	2	tr.	40	0,8	0,2	5	156	11	1124	0,03	29	0,03	0,05
Pomme de terre au four, chair et pelure	1 (200 g)	921	5	51	tr.	20	2,7	0,6	16	844	26	0	0,7	22	0,22	0,07
Pomme de terre, bouillie	1 (135 g)	489	2	27	tr.	11	0,4	0,4	7	446	10	0	0,37	12	0,13	0,03
Pommes de terre frites	10 frites (50 g)	550	2	20	5	5	0,7	0,3	108	306	5	0	0,12	14	0,09	0,01
Tomate crue	1	108	1	6	tr.	6	0,6	0,1	11	273	23	766	0,1	18	0,07	0,06

1. Les quantités indiquées pour les aliments des quatre groupes alimentaires correspondent à une portion du *Guide alimentaire canadien* (version 2007).

Abréviations et symboles

µg	Microgramme (1 µg = 0,001 g)		
ND	Valeur non disponible		
tr.	Trace (très petite quantité)		
UI	Unité internationale (1 UI = 0,3 µg)		
kJ	Kilojoule		
	(1 calorie alimentaire = 4,184 kJ)		

Équivalents en mesures usuelles des mesures métriques

250 ml	1 tasse (8 onces)
125 ml	1/2 tasse (4 onces)
15 ml	1 cuillerée à table

Aliments	Quantité[1]	Énergie (kJ)	Protéines (g)	Glucides (g)	Lipides (g)	Calcium (mg)	Fer (mg)	Zinc (mg)	Sodium (mg)	Potassium (mg)	Vitamine A (UI)	Vitamine C (mg)	Vitamine B6 (mg)	Folate ou vitamine B9 (µg)	Thiamine ou vitamine B1 (mg)	Riboflavine ou vitamine B2 (mg)
Jus de légumes, en conserve	125 ml	102	1	6	tr.	14	0,6	0,3	467	247	1496	36	0,18	27	0,06	0,03
Jus de tomate, en conserve	125 ml	92	1	5,5	tr.	11,5	0,8	0,2	466	284	717	11	0,15	26	0,06	0,04
FRUITS ET PRODUITS À BASE DE FRUITS																
Ananas cru, tranché	1 tranche (90 g)	185	tr.	11	tr.	6	0,3	0,1	1	102	21	14	0,08	10	0,08	0,03
Banane crue	1	441	1	27	1	7	0,4	0,2	1	454	93	10	0,66	22	0,05	0,11
Fraises crues	5 (60 g)	75	tr.	4	tr.	8	0,2	0,1	1	100	16	34	0,04	11	0,01	0,04
Melon d'eau cru	1/2 tranche (23 g)	308	1	16	1	18	0,4	0,2	5	267	841	22	0,33	5	0,18	0,05
Orange crue	1	258	1	15	tr.	52	0,1	0,1	0	237	269	70	0,08	40	0,11	0,05
Pamplemousse rose ou rouge	1/2	154	1	9	tr.	14	0,1	0,1	0	159	319	47	0,05	15	0,04	0,02
Pêche crue	1	157	1	10	tr.	4	0,1	0,1	0	171	465	6	0,02	3	0,01	0,04
Poire crue, avec pelure	1	417	1	26	1	19	0,4	0,2	0	211	34	7	0,03	12	0,03	0,07
Pomme crue, avec pelure	1 moyenne	341	tr.	21	tr.	10	0,2	0,1	0	159	73	8	0,07	4	0,02	0,02
Jus d'orange, réfrigéré	125 ml	242	1	13	0,5	13	0,2	0,05	1,5	250	103	44	0,07	24	0,15	0,03

Aliment	Portion[1]															
Jus de pomme, avec vitamine C	125 ml	258	tr.	16	tr.	9	0,5	0,05	4	156	1,5	54	0,04	tr.	0,03	0,02
PRODUITS LAITIERS																
Lait entier 3,25 %	250 ml	663	8	12	9	308	0,1	1	126	391	325	2	0,11	13	0,1	0,42
Lait partiellement écrémé, 2 %	250 ml	536	9	12	5	314	0,1	1	129	398	529	2	0,11	13	0,1	0,43
Yogourt, fruits au fond, moins de 1 % de matière grasse	175 g	453	8	19	tr.	281	0,1	1,4	123	345	79	2	0,07	20	0,06	0,31
Cheddar fondu en tranches minces	4 tranches (50 g)	571	8	3	10	239	0,3	1,2	664	116	380	0	0,06	3	0,01	0,18
Beurre	Voir matières grasses															
ŒUFS																
Œuf frit, avec sel	2	766	12	2	14	50	1,4	1	324	122	788	0	0,14	34	0,06	0,48
Œuf cuit dur (ou cru)	2	648	12	2	10	50	1,2	1	134	126	560	0	0,12	44	0,06	0,54
POISSONS, CRUSTACÉS ET FRUITS DE MER																
Saumon de l'Atlantique, rôti ou grillé	1/2 filet (75 g)	571	19	0	6	11	0,8	0,6	42	471	33	0	0,71	22	0,20	0,36
Sole (poisson plat), rôtie ou grillée	1 filet (75 g)	373	19	0	1	14	0,2	0,4	80	262	29	0	0,18	7	0,06	0,08
Truite, rôtie ou grillée	1 filet (75 g)	593	20	0	6	41	1,4	0,6	50	344	47	tr.	0,17	7	0,31	0,31
Crevettes, bouillies ou cuites à la vapeur	14 grosses (75 g)	319	17	0	1	29	2,4	1,3	172	140	168	1	0,08	7	0,03	0,03
Homard, bouilli ou cuit à la vapeur	125 ml (75 g)	314	16	1	tr.	47	0,3	2,2	291	270	67	0	0,06	7	0,01	0,05
Pétoncles, bouillies ou cuites à la vapeur	3 grosses (75 g)	301	11	2	2	17	0,2	0,6	280	189	101	2	0,09	5	0,01	0,04

1. Les quantités indiquées pour les aliments des quatre groupes alimentaires correspondent à une portion du *Guide alimentaire canadien* (version 2007).

Équivalents en mesures usuelles des mesures métriques

250 ml	1 tasse (8 onces)
125 ml	1/2 tasse (4 onces)
15 ml	1 cuillerée à table

Aliments	Quantité[1]	Énergie (kJ)	Protéines (g)	Glucides (g)	Lipides (g)	Calcium (mg)	Fer (mg)	Zinc (mg)	Sodium (mg)	Potassium (mg)	Vitamine A (UI)	Vitamine C (mg)	Vitamine B6 (mg)	Folate ou vitamine B9 (µg)	Thiamine ou vitamine B1 (mg)	Riboflavine ou vitamine B2 (mg)
VIANDE, VOLAILLE ET CHARCUTERIE																
Bifteck de contre-filet, maigre, grillé	1 morceau (75 g)	672	23	0	7	6	1,8	4,1	46	295	0	0	0,34	6	0,07	0,15
Bœuf haché, mi-maigre, grillé	1 galette (75 g)	824	18	0	14	8	1,5	3,9	56	218	0	0	0,19	6	0,04	0,15
Escalope de veau, sautée	1 (75 g)	478	23	0	2	4	1,5	2,3	33	269	ND	ND	0,39	13	0,06	0,22
Filet de longe de porc, maigre, rôti	2 tranches (75 g)	509	23	0	3	4	1,1	2	42	327	5	tr.	0,31	4	0,71	0,29
Poulet, poitrine, rôti	1/2 poitrine (75 g)	498	24	0	2	4	0,5	0,8	62	302	16	0	5,3	3	0,05	0,08
Foie de veau, sauté	125 ml (75 g)	790	23	3	9	9	4,1	6,1	101	338	14475	17	0,7	246	0,19	2,59
Bacon, porc	5 tranches*	763	10	tr.	16	4	0,5	1	505	154	0	0	0,09	2	0,22	0,09
Cretons	30 ml*	238	3	1	4	19	0,2	0,4	96	73	22	tr.	0,07	2	0,14	0,15
Saucisse fumée au poulet	2 (75 g)	774	8	8	14	72	1,6	0,8	1028	64	98	0	0,24	4	0,04	0,08
LÉGUMINEUSES, NOIX ET GRAINES																
Tofu, ordinaire	150 g	292	7	2	4	97	4,9	0,7	6	111	78	tr.	0,04	13	0,07	0,05
Arachides, rôties à l'huile, sel ajouté	60 ml	924	10	7	19	33	0,7	2,5	164	258	0	0	0,09	47	0,09	0,04

Aliment	Portion															
Beurre d'arachide, nature	30 ml*	775	9	6	17	30	0,9	1,6	2	234	0	0	ND	81	0,04	ND
Noix de cajou, rôties à sec, sel ajouté	60 ml*	869	5	12	17	16	2,1	2	231	204	0	0,09	0,09	25	0,07	0,07
METS COMPOSÉS																
Nachos au fromage	6 à 8*	1447	9	36	19	272	1,3	1,8	816	172	1	0,2	559	10	0,19	0,37
Pizza au pepperoni (moyenne)	1/8* (75 g)	758	10	20	7	65	0,9	0,5	267	153	2	0,06	282	53	0,13	0,23
Soupe poulet et nouilles	284 ml*	880	15	20	7	29	1,7	1,2	1020	130	0	0,06	1467	6	0,09	0,2
MATIÈRES GRASSES, HUILES ET VINAIGRETTES																
Beurre	5 ml*	150	tr.	tr.	4	1	tr.	tr.	41	1	0	tr.	153	tr.	tr.	tr.
Margarine molle, huile de canola et linola	5 ml*	71	tr.	tr.	2	1	ND	47	1	162	tr.	tr.	0	tr.	tr.	tr.
Huile d'arachide	15 ml*	506	0	0	14	tr.	tr.	tr.	tr.	tr.	0	0	0	0	0	0
Huile d'olive	15 ml*	506	0	0	14	tr.	0,1	tr.	tr.	0	0	0	0	0	0	0
Mayonnaise	15 ml*	428	tr.	tr.	11	1	tr.	tr.	73	2	tr.	tr.	10	1	tr.	tr.
Vinaigrette italienne	15 ml*	389	tr.	1	10	1	tr.	tr.	235	3	0	tr.	12	1	tr.	tr.
SUCRERIES, CRAQUELINS, CROUSTILLES ET AUTRES FRIANDISES																
Sucre raffiné (sucre blanc)	15 ml*	205	0	13	0	tr.	tr.	tr.	tr.	tr.	ND	0	0	tr.	0	tr.
Sirop d'érable	15 ml*	219	0	13	tr.	13	0,2	0,8	2	41	ND	tr.	0	0	tr.	tr.
Confitures	15 ml*	205	tr.	13	tr.	4	0,1	tr.	8	16	ND	tr.	2	7	0	tr.
Crème glacée à la vanille	125 ml*	585	2	16	8	89	0,1	0,5	56	139	ND	0,03	285	3	0,03	0,17
Crème glacée au chocolat	125 ml*	630	3	20	8	76	0,6	0,4	53	174	ND	0,04	290	11	0,03	0,14
Craquelins de blé entier	4 carrés*	297	1	11	3	8	0,5	0,3	105	48	0	0,03	0	4	0,03	0,02

1. À l'exception de celles qui sont suivies d'un astérisque, les quantités indiquées pour les aliments des quatre groupes alimentaires correspondent à une portion du *Guide alimentaire canadien* (version 2007).

Abréviations et symboles

UI	Unité internationale (1 UI = 0,3 µg)	µg	Microgramme (1 µg = 0,001 g)
kJ	Kilojoule	ND	Valeur non disponible
	(1 calorie alimentaire = 4,184 kJ)	tr.	Trace (très petite quantité)

Équivalents en mesures usuelles des mesures métriques

250 ml	1 tasse (8 onces)
125 ml	1/2 tasse (4 onces)
15 ml	1 cuillerée à table

Aliments	Quantité¹	Énergie (kJ)	Protéines (g)	Glucides (g)	Lipides (g)	Calcium (mg)	Fer (mg)	Zinc (mg)	Sodium (mg)	Potassium (mg)	Vitamine A (UI)	Vitamine C (mg)	Vitamine B6 (mg)	Folate ou vitamine B9 (µg)	Thiamine ou vitamine B1 (mg)	Riboflavine ou vitamine B2 (mg)
Maïs soufflé nature	250 ml*	135	1	7	tr.	1	0,2	0,3	tr.	25	17	0	0,02	2	0,02	0,02
Croustilles nature	10*	451	1	10	7	4	0,3	0,3	107	266	0	12	0,06	9	0,03	0,01
Croustilles de maïs, nature	10*	406	1	10	6	23	0,2	0,2	113	26	17	0	0,04	4	tr.	0,03
BOISSONS																
Boisson gazeuse, cola	250 ml*	447	0	27	0	8	0,1	tr.	10	3	0	0	0	0	0	0
Café filtre (noir)	250 ml*	21	tr.	1	0	5	0,1	0,1	5	135	0	0	0	0	0	0
Café instantané ordinaire, dissous dans l'eau (noir)	250 ml*	21	tr.	1	0	8	0,1	0,1	8	91	0	0	0	0	0	tr.
Thé, infusé (noir)	250 ml*	10	0	1	0	0	0,1	0,1	8	93	0	0	0	13	0	0,04
CONDIMENTS																
Ketchup	15 ml*	66	tr.	4	tr.	3	0,1	tr.	180	73	154	2	0,03	2	0,01	0,01
Moutarde préparée	15 ml*	50	1	1	1	13	0,3	0,2	200	21	0	0	0,01	1	0	0
Sel	5 ml*	0	0	0	0	1	tr.	tr.	2373	tr.	0	0	0	0	0	0

1. À l'exception de celles qui sont suivies d'un astérisque, les quantités indiquées correspondent à une portion du *Guide alimentaire canadien* (version 2007).

GLOSSAIRE

La définition donnée se trouve également au numéro de page indiqué en gras.

A

Absorption: passage des nutriments du tube digestif vers le sang ou la lymphe. (p. **171**)

ADN (acide désoxyribonucléique): molécule en forme de double hélice présente dans toutes les cellules des êtres vivants et dans certains virus. Chez les plantes et les animaux, l'ADN est situé dans le noyau de la cellule. L'ADN est constitué de nombreux segments, appelés «gènes». (p. **128**, **236**)

Aliment: substance dont l'ingestion contribue à maintenir la vie. (p. **160**)

Alliage: résultat du mélange d'un métal avec une ou plusieurs autres substances, métalliques ou non. (p. **379**)

Alliage ferreux: alliage dont le principal constituant est le fer. (p. **379**)

Alliage non ferreux: alliage dont le principal constituant est un métal autre que le fer. (p. **379**)

Amplitude (d'une onde): mesure qui correspond à la distance maximale parcourue par une particule du milieu par rapport à sa position de repos. (p. **94**)

Année-lumière (al): unité de mesure qui correspond à la distance parcourue par la lumière en une année, soit environ 9 500 milliards de kilomètres. (p. **282**)

Anticorps: substance sécrétée par des globules blancs pour neutraliser les agresseurs de notre organisme. (p. **189**)

Antigène: substance reconnue comme étrangère par l'organisme et qui provoque la formation d'anticorps. (p. **189**)

Arc réflexe: trajet emprunté par l'influx nerveux lors d'un réflexe. (p. **212**)

Artère: vaisseau sanguin qui transporte le sang du cœur vers les autres parties de l'organisme. (p. **183**)

Articulation: point de jonction entre deux ou plusieurs os. (p. **223**)

Assemblage: ensemble d'opérations au cours desquelles les différentes pièces d'un objet sont réunies afin de former un objet technique. (p. **407**)

Astéroïde: astre de forme irrégulière, en orbite autour du Soleil. (p. **283**)

Astre: tout objet naturel de l'Univers; synonyme de corps céleste et d'objet céleste. (p. **283**)

Atome: plus petite particule de matière. Elle ne peut plus être divisée chimiquement. (p. **8**, 36)

B

Bactérie: être vivant unicellulaire dépourvu de noyau. (p. **236**)

Biotechnologie: ensemble des techniques appliquées à des êtres vivants ou à des substances provenant d'êtres vivants pour répondre à un besoin ou à un désir. (p. **236**)

Bois: matériau provenant de la coupe et de la transformation des arbres. (p. **373**)

Bois modifiés: bois traités ou matériaux faits de bois mélangés à d'autres substances. (p. **376**)

C

Capillaire: vaisseau sanguin de petit diamètre et aux parois très minces dans lequel ont lieu des échanges entre le sang et les cellules d'un organe. (p. **183**)

Cellule: unité de base de tous les êtres vivants. (p. **126**)

Cellule souche: cellule qui ne joue pas de rôle particulier dans l'organisme. Elle a cependant la capacité de se diviser un très grand nombre de fois et de se transformer en différentes cellules spécialisées. (p. **262**)

Cellule spécialisée: cellule qui joue un rôle particulier dans l'organisme. Lorsqu'elle se divise, elle donne des cellules ayant la même spécialisation qu'elle. (p. 136, **261**)

Centrifugation: technique qui accélère et accentue la décantation des constituants de certains mélanges à l'aide d'une centrifugeuse, c'est-à-dire d'un appareil permettant de faire tourner rapidement un mélange. (p. 20, **177**)

Cerveau: centre de commande des mouvements volontaires, de l'interprétation des sens et de l'intelligence. Il est aussi le siège des émotions et de la régulation des fonctions physiologiques. (p. **208**)

Cervelet: centre de l'équilibre et de la coordination des mouvements. (p. **210**)

Chaleur: transfert d'énergie thermique entre deux milieux de température différente. La chaleur passe toujours du milieu ayant la température la plus élevée au milieu ayant la température la moins élevée. (p. **42**)

Changement chimique: transformation qui modifie la nature et les propriétés caractéristiques de la matière. Ce type de changement est aussi appelé «réaction chimique». (p. **50**)

Changement de phase: passage d'un état (ou d'une phase) de la matière à un autre. (p. **43**)

Changement de vitesse: dans un système de transmission du mouvement, changement qui survient lorsque l'organe moteur d'un système ne tourne pas à la même vitesse que le ou les organes menés. (p. **394**)

Changement physique: transformation qui ne modifie ni la nature ni les propriétés caractéristiques de la matière. (p. **43**)

Clonage: technique qui consiste à produire un être vivant génétiquement identique à un autre. (p. **247**)

Colloïde: mélange homogène dans lequel on peut distinguer au moins deux substances lorsqu'on l'examine à l'aide d'un instrument d'observation. (p. **11**)

Comète: astre couvert de glace qui se sublime et se désagrège en partie lorsqu'il passe près du Soleil. La traînée qui en résulte forme une queue éclairée par le Soleil. (p. **283**)

Compatibilité sanguine: fait qu'une personne puisse recevoir du sang d'une autre personne. (p. **181**)

Composé: substance pure dont on peut séparer les constituants à l'aide de techniques de séparation chimiques. Il contient donc au moins deux éléments différents liés chimiquement. (p. **21**)

Concentration: quantité de soluté dissoute par rapport à la quantité de solution. (p. **13**)

Conditions favorables au développement de la vie: conditions qui ont permis la synthèse des premières molécules du vivant ainsi que leur agencement en cellules vivantes. (p. **302**)

Contrainte mécanique: effet produit dans un matériau par les forces externes exercées sur lui. (p. **369**)

Cotation: indication des dimensions réelles et de la position des divers éléments d'un objet. (p. **353**)

Couche stratigraphique: strate constituée de roches sédimentaires formées au cours d'une même époque. (p. **323**)

Coupe: vue de l'intérieur d'un objet permettant de rendre visible ses détails cachés. (p. **354**)

Courant alternatif (CA ou AC): courant électrique dans lequel les électrons se déplacent selon un mouvement de va-et-vient. (p. **400**)

Courant continu (CC ou DC): courant électrique dans lequel les électrons se déplacent toujours dans la même direction. (p. **400**)

Courant électrique: déplacement ordonné des charges négatives portées par les électrons. (p. **399**)

Croissance cellulaire: augmentation du nombre de cellules dans une culture cellulaire. (p. **240**)

Croquis: dessin fait à main levée qui respecte, autant que possible, les conventions du dessin technique. (p. **341**)

Culture cellulaire: procédé qui vise la multiplication de cellules en dehors du milieu ou de l'organisme dont elles proviennent. (p. **240**)

Cycle menstruel: ensemble des changements que subit périodiquement l'endomètre de l'utérus. (p. **147**)

Cycle ovarien: processus de maturation du follicule ovarien (afin de permettre l'expulsion d'un ovule) et sa transformation en corps jaune (afin de favoriser l'implantation de l'ovule dans l'utérus). (p. **145**)

D

Datation absolue: méthode qui permet de déterminer l'âge de fossiles en années. (p. **325**)

Datation relative: méthode qui permet d'établir l'ordre selon lequel des fossiles ont été formés, sans en indiquer l'âge absolu. (p. **324**)

Décomposition: transformation de molécules complexes en molécules plus simples ou en atomes. (p. **55**)

Déformation: changement de forme d'un corps. (p. **49**)

Dessin de détail: dessin qui précise tous les détails utiles à la fabrication d'une pièce. (p. **350**)

Dessin d'ensemble: dessin présentant l'allure générale d'un objet. (p. **348**)

Dessin d'ensemble éclaté: dessin sur lequel les diverses pièces de l'objet sont dissociées les unes des autres. (p. **349**)

Dessin en perspective: dessin qui représente les trois dimensions d'un objet dans la même vue. (p. **347**)

Dessin technique: langage utilisé en technologie permettant de transmettre de l'information sur un objet ou un système. (p. **337**)

Diapédèse: migration de globules blancs hors des capillaires. (p. **187**)

Diastole: période pendant laquelle le cœur se remplit de sang. (p. **185**)

Diffusion: mouvement des particules de soluté, du milieu le plus concentré vers le milieu le moins concentré. (p. **175**)

Digestion: ensemble des transformations que subissent les aliments pour permettre l'utilisation de leurs substances nutritives par l'organisme. (p. **168**)

Dilution: procédé qui consiste à diminuer la concentration d'une solution en y ajoutant du solvant. (p. **15**)

Dissolution: mise en solution d'un soluté dans un solvant. (p. **46**)

Diversité génétique: ensemble des variations de tous les gènes d'une même espèce. (p. **130**)

Division cellulaire: processus qui permet de produire de nouvelles cellules. Elle a pour fonction de permettre la croissance de l'organisme, la réparation des tissus blessés ou usés et la reproduction sexuée. (p. **131**)

Donneur (de sang): personne qui donne son sang en vue d'une transfusion. (p. **180**)

E

Échelle: dans un dessin de fabrication, rapport entre les mesures de l'objet sur le dessin et les mesures réelles de l'objet. (p. **352**)

Échelle des décibels: échelle relative qui représente la perception de l'intensité sonore par l'oreille humaine. (p. **102**)

Échelle des temps géologiques: outil présentant les principales divisions de l'histoire de la Terre et de la vie. Ces divisions sont basées sur les grands épisodes de l'histoire du vivant. (p. **310**)

Écholocation: mode d'orientation de certains animaux qui émettent des ultrasons et estiment la position des objets par la perception des échos qui en résultent. (p. 105)

Éjaculation: expulsion du sperme par le pénis. (p. **150**)

Élément: substance pure composée d'une seule sorte d'atomes. Il est impossible de séparer un élément en d'autres substances à l'aide de techniques de séparation chimiques. (p. **21**)

Ellipse: courbe fermée de forme ovale. (p. 340)

Encéphale: ensemble des organes du système nerveux situés dans le crâne. (p. 206)

Énergie: capacité d'accomplir un travail ou de provoquer un changement. (p. **34**)

Énergie chimique: énergie emmagasinée dans les liaisons d'une molécule. (p. **38**)

Énergie mécanique: énergie résultant de la vitesse d'un objet, de sa masse et de sa position par rapport aux objets environnants. (p. **39**)

Énergie rayonnante: énergie contenue et transportée par une onde électromagnétique. (p. **37**)

Énergie thermique: énergie résultant du mouvement désordonné de toutes les particules d'une substance. (p. **36**)

Enzyme: molécule sécrétée par les cellules. Les enzymes ont pour fonction d'accélérer des réactions chimiques de l'organisme. (p. **236**)

Érection: augmentation du volume et de la rigidité du pénis au cours de l'excitation sexuelle. (p. **150**)

Étoile: astre qui brille par lui-même grâce à l'énergie qu'il produit. (p. **283**)

Évolution: lent processus qui amène des modifications chez les organismes vivants. (p. **305**)

Excrétion: élimination d'une substance à l'intérieur d'un corps par son évacuation à l'extérieur. (p. 190)

Extinction d'une espèce: élimination de tous les individus qui composent une espèce. Elle est causée par l'incapacité de ces individus à s'adapter à un ou à plusieurs changements de leur milieu. (p. **310**)

F

Fécondation: fusion d'un ovule et d'un spermatozoïde. Elle produit une cellule complète, le zygote, qui possède du matériel génétique issu à la fois du père et de la mère. (p. **140**)

Finition: ensemble d'opérations qui complètent la fabrication d'un objet. (p. **407**)

Fluide: substance qui a la capacité de se répandre et de prendre la forme du contenant dans lequel elle se trouve. (p. **66**)

Fluide compressible: fluide dont le volume peut varier. Les gaz sont des fluides compressibles. (p. **68**)

Fluide incompressible: fluide dont le volume ne peut presque pas varier. Les liquides sont des fluides incompressibles. (p. **69**)

Fonction alimentation: fonction assurée par toute composante électrique pouvant générer ou fournir un courant électrique dans un circuit. (p. **402**)

Fonction commande: fonction assurée par toute composante électrique pouvant ouvrir ou fermer un circuit. (p. **403**)

Fonction conduction: fonction assuré par toute composante électrique pouvant transmettre un courant électrique d'une partie à une autre d'un circuit électrique. (p. **402**)

Fonction électrique: rôle que joue une composante dans le contrôle ou la transformation du courant électrique. (p. **400**)

Fonction guidage: fonction mécanique élémentaire assurée par tout organe qui dirige le mouvement d'une ou de plusieurs pièces mobiles. (p. **383**)

Fonction isolation: fonction assurée par toute composante électrique pouvant empêcher un courant électrique de passer. (p. **402**)

Fonction liaison: fonction mécanique élémentaire assurée par tout organe qui lie ensemble des pièces d'un objet. (p. **385**)

Fonction mécanique complexe: rôle joué par un groupe d'organes dans le transfert du mouvement à l'intérieur d'un objet technique. (p. **389**)

Fonction mécanique élémentaire: rôle joué par un organe ou par un groupe d'organes dans le fonctionnement et l'assemblage d'un objet technique. (p. **383**)

Fonction protection: fonction assurée par toute composante électrique pouvant interrompre automatiquement la circulation du courant électrique en cas de situation anormale. (p. **404**)

Fonction transformation d'énergie: fonction assurée par toute composante électrique pouvant transformer l'énergie électrique en une autre forme d'énergie. (p. **402**)

Fossile: reste ou trace d'organisme conservé depuis fort longtemps dans la croûte terrestre. (p. 302, **319**)

Foyer d'une lentille convergente: point où se rencontrent réellement les rayons lumineux réfractés lorsque les rayons incidents sont parallèles. (p. **112**)

Foyer d'une lentille divergente: point virtuel d'où semblent provenir les rayons lumineux réfractés lorsque les rayons incidents sont parallèles. (p. **113**)

Foyer principal: point où se rencontrent les rayons lumineux (lentille convergente) ou d'où semblent provenir les rayons lumineux (lentille divergente) si les rayons traversant la lentille sont parallèles à l'axe principal. (p. 112)

Fréquence: mesure qui correspond au nombre de cycles par unité de temps. (p. **95**)

G

Galaxie: énorme regroupement d'étoiles et de matière en orbite autour de son centre. (p. **290**)

Gène: segment d'ADN qui contient l'information génétique nécessaire pour accomplir une tâche spécifique. (p. **129**, **305**)

Génome: ensemble de l'information génétique d'un individu ou d'une espèce. (p. **128**)

Gravitation universelle: force d'attraction entre deux corps qui croît avec la masse et décroît avec la distance. (p. **276**)

H

Hormone: messager chimique transporté par le sang afin de contrôler l'activité d'un ou de plusieurs organes. (p. **141**)

I

Image réelle: image formée au croisement réel des rayons lumineux que l'on peut capter sur un écran. (p. 109)

Image virtuelle: image formée par le prolongement des rayons réfléchis ou réfractés et que l'on ne peut pas capter sur un écran. (p. 109)

Immunité: capacité de résister à l'apparition d'une maladie en combattant l'agent infectieux qui en est la cause. (p. **253**)

Indicateur: substance qui permet d'identifier une substance déterminée ou un groupe de substances, par la réaction caractéristique qu'elle provoque en sa présence. (p. 24)

Influx nerveux: message de nature électrique se propageant dans les neurones. (p. **203**)

L

Levure: être vivant unicellulaire appartenant au groupe des champignons. Les levures possèdent un noyau dans lequel se trouve leur ADN. (p. **236**)

Liaison: ce qui permet de maintenir ensemble deux ou plusieurs pièces dans un objet technique. (p. **385**)

Ligne de base: en dessin technique, ligne dont l'apparence et la signification sont régies par des conventions internationales. (p. **338**)

Liquide intercellulaire: liquide clair contenant de l'eau et d'autres substances du plasma sanguin, dans lequel baignent les cellules du corps. Il renferme aussi des globules blancs. (p. **187**)

Longueur d'onde: mesure d'un cycle complet d'une onde. (p. **95**)

Lumière: onde électromagnétique visible par l'être humain. (p. **106**)

Lymphe: liquide issu du liquide intercellulaire qui circule dans les vaisseaux lymphatiques pour évacuer les déchets cellulaires. (p. **187**)

M

Masse volumique: masse d'une substance par unité de volume. (p. 74)

Matière: tout ce qui possède un volume et une masse. (p. **6**)

Méiose: processus de division cellulaire qui permet de produire des gamètes mâles et femelles en vue de la reproduction sexuée. (p. **135**)

Mélange: échantillon de matière formé d'au moins deux substances différentes, c'est-à-dire d'au moins deux sortes de particules. (p. **9**)

Mélange hétérogène: mélange composé d'au moins deux substances que l'on peut distinguer à l'œil nu. (p. **10**)

Mélange homogène: mélange composé d'au moins deux substances que l'on ne peut pas distinguer à l'œil nu. (p. **11**)

Mesurage: action de déterminer une grandeur ou l'emplacement d'un repère. (p. **406**)

Métal: matériau extrait d'un minerai. Les métaux sont généralement brillants et bons conducteurs d'électricité et de chaleur. (p. **378**)

Milieu de culture: milieu dans lequel on trouve tous les éléments nécessaires à la croissance de cellules mises en culture. (p. **242**)

Milieu stérile: milieu exempt de tout micro-organisme vivant. (p. **244**)

Mitose: processus de division cellulaire qui permet aux cellules de se multiplier afin d'assurer la croissance et la réparation des différents tissus. (p. **133**)

Modèle corpusculaire: modèle scientifique basé sur l'idée que la matière est composée de particules. (p. **6**, **44**, **66**)

Moelle épinière: organe du système nerveux qui relie les différentes régions de l'organisme à l'encéphale. Elle est aussi le siège de certains réflexes. (p. **211**)

Molécule: ensemble de deux ou plusieurs atomes liés chimiquement. (p. **8**, **36**)

Muscle: organe capable de se contracter et d'assurer les mouvements. (p. **226**)

N

Nerf: structure permettant de faire circuler l'information entre le système nerveux central et les différentes régions de l'organisme. (p. **205**)

Nerfs moteurs : nerfs qui transmettent les commandes du système nerveux central aux muscles afin de produire des mouvements volontaires ou involontaires. (p. **206**)

Nerfs sensitifs : nerfs qui acheminent l'information provenant des récepteurs sensoriels sous forme d'influx nerveux jusqu'au système nerveux central. (p. **206**)

Neurone : cellule spécialisée du système nerveux assurant la réception et la transmission de messages. (p. **203**)

Neurotransmetteurs : substances chimiques sécrétées par les terminaisons neuronales dans le mince espace qui sépare deux neurones (la synapse). (p. 204)

Norme éthique : règle qui vise à faire respecter certains principes moraux. (p. **263**)

Nutriment : molécule d'origine alimentaire qui peut être absorbée telle quelle dans l'organisme. (p. 160, **170**)

O

Objet technique : objet conçu et fabriqué par l'être humain dans le but de satisfaire un ou plusieurs de ses besoins ou de ses désirs. (p. **368**)

OGM (organisme génétiquement modifié) : être vivant dont l'ADN a été modifié par transformation génétique afin de le doter de caractéristiques qu'il ne posséderait pas naturellement. (p. **245**)

Onde : perturbation qui se propage. Une onde transporte de l'énergie ; elle ne transporte pas de matière. (p. **92**)

Onde électromagnétique : onde transversale qui peut se propager autant dans le vide que dans un milieu matériel. La forme d'énergie associée aux ondes électromagnétiques est l'énergie rayonnante. (p. **96**)

Onde longitudinale : onde qui se propage parallèlement au déplacement du milieu. (p. **93**)

Onde mécanique : onde qui a besoin d'un milieu matériel pour se propager et qui provient généralement d'une perturbation locale. (p. **96**)

Onde transversale : onde qui se propage perpendiculairement au déplacement du milieu. (p. **93**)

Organe : structure formée de deux tissus ou plus qui assurent une ou plusieurs fonctions spécifiques dans l'organisme (p. **138**). En technologie, un organe est une pièce ou un fluide qui remplit une fonction mécanique dans un objet technique. (p. **383**)

Organe de guidage : organe dont la fonction mécanique élémentaire est la fonction guidage. (p. **384**)

Organe de liaison : organe dont la fonction mécanique élémentaire est la fonction liaison. (p. **385**)

Os : organe dur et solide qui forme le squelette. (p. **222**)

Ovogenèse : processus qui permet de produire un ovule mature à l'aide de la méiose. (p. **144**)

Oxydation : changement chimique impliquant de l'oxygène ou une substance ayant des propriétés semblables à celles de l'oxygène. (p. **57**)

P

Pasteurisation : procédé au cours duquel un aliment est chauffé pendant un certain temps afin de détruire la plupart des micro-organismes nuisibles qu'il peut contenir. (p. **252**)

Pathogène : qui engendre ou peut provoquer une maladie. (p. 19)

Perturbation : modification locale et temporaire des propriétés d'un milieu. (p. 92)

Petit corps du système solaire : tout astre en orbite autour du Soleil qui n'est ni une planète, ni une planète naine, par exemple, les astéroïdes et les comètes. (p. 283)

Phagocytose : mécanisme par lequel les globules blancs ingèrent et détruisent certains micro-organismes. (p. **189**, 253)

Photosynthèse : processus par lequel les producteurs (les plantes vertes et certaines algues microscopiques) utilisent l'énergie de la lumière pour fabriquer leur nourriture (des sucres) en se servant du gaz carbonique et de l'eau. (p. 54)

Placenta : organe formé dans l'utérus au cours de la grossesse. Il assure les échanges entre l'embryon et la mère. Il est éliminé après l'expulsion du fœtus du corps de la mère. (p. 146)

Planète : astre qui ne brille pas par lui-même, de forme sphérique, qui tourne autour d'une étoile et dont l'orbite n'est partagée par aucun autre astre, sauf ses propres satellites. (p. 283)

Planète naine : astre qui ne brille pas par lui-même, de forme sphérique, qui tourne autour d'une étoile et qui partage son orbite avec d'autres astres qui ne sont pas ses satellites. (p. 283)

Plasmide : segment d'ADN en forme d'anneau que l'on trouve dans la plupart des bactéries et plusieurs levures. Les plasmides sont très utilisés en biotechnologie parce qu'il est relativement facile d'y insérer de nouveaux gènes. (p. 236)

Plastique : matériau fait de polymères. (p. 381)

Précipitation : formation d'une substance solide peu ou pas soluble, le précipité, lors du mélange de deux solutions. (p. 58)

Précipité : substance formée par le surplus de soluté d'une solution. Il peut aussi résulter d'une réaction chimique entre deux solutions. (p. 17, 52)

Pression : résultat d'une force appliquée perpendiculairement à une surface. (p. 23, **70**)

Pression atmosphérique : pression exercée par l'atmosphère. (p. 79)

Procréation médicalement assistée : ensemble de pratiques médicales qui ont pour but d'aider les femmes à devenir enceintes. (p. **258**)

Projection : représentation d'un objet sur une surface à deux dimensions. (p. 343)

Projection à vues multiples: représentation en deux dimensions des différentes vues d'un objet. (p. **346**)

Projection isométrique: représentation en perspective d'un objet dont les arêtes principales sont disposées selon trois axes isométriques. (p. **347**)

Projection oblique: représentation en perspective dans laquelle une face de l'objet est généralement parallèle à la feuille, tandis que la profondeur est représentée par des droites obliques et parallèles entre elles. (p. **348**)

Projection orthogonale: projection dans laquelle tous les rayons visuels partant de l'objet sont perpendiculaires par rapport à la feuille. (p. **345**)

Propriété caractéristique: propriété qui permet d'identifier une substance pure ou le groupe auquel elle appartient. La propriété peut être chimique ou physique. (p. **23**)

Propriété mécanique: description du comportement d'un matériau lorsqu'il est soumis à une ou à plusieurs contraintes mécaniques. (p. **371**)

Puberté: ensemble des changements destinés à rendre le corps apte à se reproduire. La puberté survient généralement entre 10 ans et 14 ans. (p. **141**)

R

Radioactif: se dit d'un élément susceptible de se transformer, par désintégration, en un autre élément. (p. **325**)

Récepteur sensoriel: cellules nerveuses spécialisées qui captent les stimulus et les transforment en influx nerveux. (p. **205**)

Receveur (de sang): personne qui reçoit du sang lors d'une transfusion. (p. **180**)

Réflexe: réaction rapide et involontaire à un stimulus. (p. **212**)

Réflexion: changement de direction d'un rayon lumineux au contact d'un nouveau milieu et son retour dans le milieu d'où il provient. (p. **106**)

Réflexion diffuse: réflexion au cours de laquelle les rayons lumineux parallèles sont réfléchis dans toutes les directions parce qu'ils ont frappé une surface inégale. (p. **108**)

Réflexion spéculaire: réflexion au cours de laquelle les rayons lumineux parallèles sont réfléchis parallèlement parce qu'ils ont frappé une surface lisse. Cette réflexion permet la formation d'une image fidèle de l'objet. (p. **108**)

Réfraction: déviation d'un rayon lumineux lorsqu'il passe d'un milieu transparent à un autre. (p. **110**)

Respiration cellulaire: processus par lequel une cellule produit de l'énergie par la combustion de nutriments, comme le glucose. La cellule génère ainsi l'énergie qui est nécessaire à son fonctionnement. (p. **39**, **172**)

S

Satellite: astre en orbite autour d'un astre autre qu'une étoile. (p. **283**)

Schéma: représentation simplifiée d'un objet, d'une partie d'objet ou d'un système. (p. **355**)

Schéma de construction: dessin simplifié sur lequel figurent les renseignements concernant les solutions de construction retenues en vue de fabriquer un objet ou un système. (p. **359**)

Schéma de principe: dessin simplifié qui représente un ou plusieurs principes de fonctionnement d'un objet ou d'un système. (p. **358**)

Schéma électrique: dessin simplifié réalisé à l'aide de symboles, montrant comment agencer les diverses composantes (ampoule, fil, pile, interrupteur, etc.) d'un circuit électrique. (p. **359**)

Section: représentation d'une surface située sur un plan de coupe. (p. **355**)

Sélection naturelle: tri qui s'opère naturellement au sein d'une espèce. Elle se traduit par la reproduction des organismes qui ont les caractéristiques leur permettant de mieux survivre dans leur milieu. (p. **306**)

Solubilité: quantité maximale de soluté que l'on peut dissoudre dans un certain volume de solvant. (p. **17**)

Soluté: substance qui se dissout dans une autre. (p. **12**)

Solution: mélange homogène dans lequel on ne peut pas distinguer les substances qui le composent, même avec l'aide d'un instrument d'observation. (p. **12**)

Solution saturée: solution qui contient exactement la quantité maximale de soluté que l'on peut y dissoudre. (p. **17**)

Solvant: substance capable de dissoudre un soluté. (p. **12**)

Son: onde mécanique longitudinale produite par la vibration d'un corps et propagée dans le milieu environnant. (p. **100**)

Spectre électromagnétique: classement de toutes les ondes électromagnétiques en fonction de leur longueur d'onde et de leur fréquence. (p. **97**)

Spermatogenèse: processus qui permet de produire des spermatozoïdes à l'aide de la méiose. (p. **149**)

Stimulus: nom donné à tout ce qui est de nature à être perçu par un organisme vivant et à y déclencher une réaction. Les sons, la lumière, la chaleur, les chocs électriques, les odeurs et les hormones sont des exemples de stimulus. (p. **203**)

Substance nutritive: substance contenue dans les aliments et utilisée par l'organisme pour assurer ses besoins. (p. **161**)

Substance pure: échantillon de matière formé d'une seule substance, autrement dit, qui ne contient qu'une seule sorte de particules. (p. **9**)

Synapse : zone de jonction entre deux neurones qui permet la transmission de l'influx nerveux. (p. **204**)

Synthèse : formation d'une molécule complexe à partir d'atomes ou de molécules plus simples. (p. **53**)

Système : ensemble de tissus et d'organes qui agissent en interrelation afin d'accomplir une même fonction dans l'organisme (p. **139**). En technologie, un système est un ensemble d'organes qui remplissent la même fonction (p. **389**).

Système de transformation du mouvement : système qui transforme la nature d'un mouvement lors de sa communication d'une partie à une autre d'un objet. (p. **396**)

Système de transmission du mouvement : système qui communique un mouvement d'une partie à une autre d'un objet sans en changer la nature. (p. **391**)

Système nerveux : système qui assure la réception, le traitement, l'emmagasinage et la transmission de l'information provenant des différentes parties du corps et du milieu extérieur. (p. **203**)

Système nerveux périphérique : ensemble des nerfs qui relie les différentes régions du corps au système nerveux central. (p. **205**)

Système solaire : ensemble constitué du Soleil et de tous les astres en orbite autour de lui (p. **285**)

Systole : période au cours de laquelle du sang est éjecté du cœur. (p. **185**)

T

Technologie : ensemble de techniques permettant aux êtres humains de concevoir, de fabriquer et d'entretenir des objets et des systèmes qui répondent à leurs besoins ou à leurs désirs. (p. **337**)

Température : mesure du degré d'agitation des particules qui constituent un corps ou une substance. (p. 36)

Thermoplastique : matière plastique qui ramollit suffisamment sous l'action de la chaleur pour pouvoir être modelée ou remodelée et qui durcit suffisamment lors de son refroidissement pour conserver sa forme. (p. **382**)

Tissu : ensemble de cellules qui ont la même structure et qui accomplissent la même fonction. (p. **136**)

Tolérance : indication de l'écart maximal acceptable entre une mesure spécifiée et une mesure réelle. (p. **353**)

Traçage : action de tracer des traits ou des repères sur un matériau. (p. **406**)

Tracés géométriques : figures dont l'exécution est basée sur les règles de la géométrie, c'est-à-dire l'art de tracer des lignes et des courbes à l'aide d'une règle et d'un compas. (p. **340**)

Transfert d'énergie : passage de l'énergie d'un milieu à un autre. (p. **41**)

Transformation chimique : *voir* Changement chimique.

Transformation chimique (dans la digestion) : réduction des molécules complexes que forment les substances nutritives en molécules plus simples. Elle se fait à l'aide de substances chimiques sécrétées par les glandes digestives. (p. **170**)

Transformation d'énergie : passage de l'énergie d'une forme à une autre. (p. **41**)

Transformation génétique : modification du génome d'une espèce par le retrait ou la modification d'un ou de plusieurs de ses gènes ou encore par l'introduction de gènes provenant d'une autre espèce. (p. **245**)

Transformation mécanique (dans la digestion) : brassage et fragmentation de la nourriture de façon à la préparer aux transformations chimiques. (p. **169**)

Transformation physique : *voir* Changement physique.

Transfusion sanguine : injection d'une certaine quantité de sang à une personne. (p. **180**)

Tronc cérébral : centre de traitement des stimulus internes et centre de commande des mouvements involontaires. (p. **211**)

U

Unité astronomique (UA) : unité de mesure qui correspond à la distance moyenne entre la Terre et le Soleil, soit environ 150 millions de kilomètres. (p. **281**)

Usinage : action de traiter une pièce à l'aide d'outils, afin de lui donner la forme désirée. (p. **406**)

V

Vaccin : préparation capable d'immuniser l'organisme contre une ou plusieurs maladies. (p. **254**)

Veine : vaisseau sanguin qui ramène le sang vers le cœur. (p. **183**)

Villosités : replis situés dans l'intestin grêle qui permettent d'augmenter la surface d'absorption des nutriments. (p. **171**)

Virulence : capacité d'un agent infectieux à reprendre de la vigueur lui permettant de se multiplier dans l'organisme et d'y provoquer une maladie. (p. **257**)

Virus : entité incapable de se reproduire seule. Pour se reproduire, les virus doivent pénétrer dans une cellule vivante afin d'utiliser ses structures. (p. **236**)

Voie lactée : galaxie dans laquelle nous vivons. (p. **290**)

Z

Zygote : cellule diploïde résultant de la fécondation d'un ovule par un spermatozoïde. (p. 136)

INDEX

SOURCES DES PHOTOGRAPHIES

CORBIS / PHOTOCUISINE
p. 10 (1.9) (bas, droite): Maximilian
   Stock Ltd.
p. 10 (1.9) (haut, droite): Gaurier
p. 10 (1.9) (haut, gauche): Bagros
p. 11 (1.12) (gauche): Maximilian
   Stock Ltd.
p. 30 (1.37): J. Riou
p. 160 (6.1): B. Lawton
p. 264 (6) (bas): Maximilian Stock Ltd.
p. 264 (6) (haut): Hall

CORBIS / REUTERS
p. 121 (4.46): C. Muschi
p. 121: S. Best
p. 180: T. Melville
p. 370 (12.5) (flexion): J. Young
p. 390

CORBIS / SYGMA
p. 25 (bas): L. Dan
p. 297: T. Jacques
p. 316 (10.20) (gauche, bas):
   R. Bossu
p. 336 (11.1): P. Vauthey
p. 365 (11.40): C. Murray

CORBIS / ZEFA
p. 19 (1.24): B. Sporrer
p. 42 (2.16): P. Leonard
p. 59 (haut): K. Zukowski
p. 66 (3.2): A. Inden
p. 67 (3.7): A. Inden
p. 67 (3.7): M. Kulka
p. 98 (droite): M. Kulka
p. 157 (5.38): M. Kulka
p. 161 (6.2): Emely
p. 209 (7.11) (centre, bas): I. Hatz
p. 228: S. Schuetz
p. 283 (9.22) (astre): J. Westrich
p. 325 (10.36): C. Collins
p. 368 (12.1): Newmann
p. 370 (12.5) (traction): A. Scott
p. 376: H. Sitton
p. 406 (12.51): L. Nelson / Stock
   Photo

CP IMAGES
p. 15 (1.17)
p. 32 (bas)
p. 61
p. 193: R. Rycroft
p. 199 (6.52)
p. 208
p. 233 (7.58)
p. 378

DORLING KINDERSLEY
p. 10 (1.9) (bas, centre)
p. 11 (1.10)
p. 20 (1.27) (bas, centre)
p. 20 (1.27) (bas, gauche)
p. 20 (1.27) (haut, droite)
p. 70 (3.11)

p. 75 (3.20)
p. 167 (6.10)
p. 171 (6.17) (gauche)
p. 173 (6.20)
p. 173 (6.21)
p. 177 (6.25)
p. 177 (6.26)
p. 182 (6.32)
p. 188 (6.43)
p. 191 (6.47)
p. 202 (7.1)
p. 211 (7.15)
p. 213 (7.19)
p. 215 (7.24)
p. 217 (7.29)
p. 221 (7.38)
p. 222 (7.39)
p. 223 (7.42)
p. 226 (7.50)
p. 300 (10.1)
p. 307 (10.9)
p. 309 (10.10) (dinosaures)
p. 314
p. 393 (haut)
p. 405 (12.50)

ELEKTA
p. 156 (droite)

ESA
p. 278 (9.15)
p. 279 (9.17): Medialab

**FUNDAMENTAL PHOTOGRAPHS,
NYC**
p. 56 (2.51): R. Mathena

GETTY IMAGES
p. 67 (3.5): J. Spielman /
   Photographer's Choice
p. 98 (gauche): L. Lefkowitz / Taxi
p. 389 (12.28) (droite): Photonica /
   Southern Stock
p. 411 (haut): H. Sieplinga / Riser /
   HMS Images
p. 412 (12.56): 3D4 Medical.com

GETTY IMAGES / STONE
p. 86 (bas, droite): T. Flach
p. 94 (4.7): Dale & Newton
p. 163 (6.3) (vitamins) (droite):
   Davies & Starr
p. 298: R. Wells
p. 329: R. Wells
p. 369 (12.4): M. Schreiber

GETTY IMAGES / THE IMAGE BANK
p. 73 (3.17): Z. Macaulay
p. 393 (bas): P. LaCroix

INSTITUT ARMAND-FRAPPIER
p. 269

ISTOCKPHOTO
p. 10 (1.9) (bas, gauche): A. Rohde

p. 10 (1.9) (haut, centre): O. Shelego
p. 12 (1.3): O. Shelego
p. 15 (haut): C. Silva
p. 19 (1.25): K. Cline
p. 19 (1.26): J. Blake
p. 39 (2.11): J. A. Snover
p. 42 (2.14)
p. 50 (2.35): S. Roberts
p. 56 (2.50) (droite): C. Bishop
p. 57 (2.54): R. de Aguiar Campo
p. 58 (2.57): R. Adrian
p. 59 (centre, bas): M. Lane
p. 67 (3.6): C. Balderas
p. 70 (3.10): Y.-F. Chen
p. 75 (3.22): M. Balcerzak
p. 76 (3.26): S. Nel
p. 77: D. Lewis
p. 92 (4.1): I. Tischenko
p. 96 (4.12)
p. 99 (centre): J. Steidl
p. 99 (gauche): J. Hunkele
p. 103 (4.21): L. Pastore
p. 105 (4.23): J. Maree
p. 105 (4.24): T. Gufler
p. 108 (4.30): E. Snow
p. 110 (4.33)
p. 111 (4.34): N. Chan
p. 124 (bas): K. Russ
p. 155: K. Russ
p. 163 (6.3) (lipides) (droite)
p. 163 (6.3) (eau) (droite)
p. 163 (6.3) (glucides) (gauche):
   A. Gilardelli
p. 163 (6.3) (protéines) (gauche):
   M. Romain
p. 163 (6.3) (eau) (gauche):
   M. Romain
p. 163 (6.3) (minéraux) (gauche):
   T. Rencelj
p. 163 (6.3) (minéraux) (droite):
   T. Young
p. 178 (6.28)
p. 209 (7.11) (bas): A. Pomares
p. 209 (7.11) (haut): T. Stalman
p. 210 (7.13): M. Fuller
p. 219: R. Rasmussen
p. 238 (8.4) (bas): I. Tikhonova
p. 242 (8.9) (droite, gauche): J. Gill
p. 244 (8.11) (vignette): J. Tallinen
p. 246 (8.16) (1) (gauche)
p. 264 (6) (centre, haut): L. Deleon
p. 274 (9.2)
p. 304 (10.6): P. Kovacs
p. 306 (10.8): K. Bain
p. 308 (10.10) (champignons)
p. 308 (10.10) (plantes à fleurs)
p. 308 (10.10) (conifères):
   A. Pustovoy
p. 308 (10.10) (fougères): M. Bentley
p. 308 (10.10) (mousses): M. Nitsche
p. 308 (10.10) (algues): S. Dimmitt
p. 309 (10.10) (invertébrés divers)

p. 309 (10.10) (reptiles)
p. 309 (10.10) (insectes): A. Silva
p. 309 (10.10) (primates): J. Jakobson
p. 309 (10.10) (amphibiens): K. Snair
p. 309 (10.10) (poissons): N. Nehring
p. 309 (10.10) (oiseaux): R. Dulson
p. 309 (10.10) (mammifères):
   S. G. Panosian
p. 315 (10.18): D. Liu
p. 318 (10.23)
p. 326 (1)
p. 326 (2)
p. 339: V. Miokovic
p. 342: V. Zastol'skiy
p. 356 (11.31): J. Erasmus
p. 357 (11.34): B. Miokovic
p. 358 (11.35): I. Smith
p. 363
p. 370 (12.5) (torsion): A. Gryko
p. 370 (12.5) (compression):
   M. de Wit
p. 371 (12.6) (bas): A. Turner
p. 371 (12.6) (centre): B. Heller
p. 372 (12.7) (bas, droite): M. Coffey
p. 372 (12.7) (haut, droite)
p. 374 (12.10): C. Silvey
p. 377 (12.14) (centre, bas):
   C. Orthner
p. 377 (12.14) (centre, haut): L. Bell
p. 377 (12.14) (haut): T. Chemmanoor
p. 384 (12.20) (droite): I. Smith
p. 384 (12.20) (gauche): C. Matei
p. 385 (12.22)
p. 385 (12.23) (droite)
p. 385 (12.23) (gauche): S. Simonson
p. 386 (12.24) (gauche)
p. 386 (12.25) (gauche): F. Patrakov
p. 386 (12.26) (gauche): S. Pilman
p. 388 (12.27) (bas, centre): L. Liu
p. 388 (12.27) (bas, droite):
   C. Hansen
p. 388 (12.27) (bas, gauche)
p. 388 (12.27) (haut, centre):
   H. J. Jacobs
p. 388 (12.27) (haut, droite):
   S. Loader
p. 388 (12.27) (haut, gauche)
p. 389 (12.28) (gauche): D. Hogan
p. 392 (bas): D. Bramley
p. 392 (haut): C. McDermott
p. 406 (12.52): R. Cocquyt
p. 406 (12.53): S. Bates
p. 407 (12.54)
p. 408
p. 410 (droite, centre): A. Sirotina
p. 410 (droite, haut): C. Graham
p. 410 (gauche): D. Gargano
p. 411 (bas, droite): L. White
p. 411 (centre): M. Evans

JUPITERIMAGES
p. 56 (2.50) (gauche)

p. 60
p. 85 (haut)

KATHERINE GAUDREAU-PROVOST
p. 199

LIBRARY OF CONGRESS
p. 37

LIVING EARTH
p. 274 (9.1)

MEGAPRESS / MAURITIUS
p. 165 (6.8) (centre, droite)
p. 165 (6.8) (centre, gauche)
p. 165 (6.8) (droite)
p. 165 (6.8) (gauche)
p. 256
p. 303 (10.4): Westend61

MICHEL ROULEAU
p. 320 (10.26)

MIRA.COM
p. 85 (bas): B. Bachmann

MUSÉE DES SCIENCES ET DE LA TECHNOLOGIE DU CANADA
p. 314

NASA
p. 277 (9.7): MSFC
p. 278 (9.14): HQ / GRIN
p. 278 (9.16): MSFC
p. 279 (9.110): JPL
p. 280 (9.19): KSC
p. 280 (9.19): KSC
p. 280 (9.19): JSC
p. 280 (9.19): MSFC
p. 283 (9.22) (planète naine): ESA
p. 285 (9.28): JPL
p. 288: JPL
p. 291 (9.35) (gauche): JPL
p. 293: GL

NATIONAL GEOGRAPHIC SOCIETY
p. 304 (10.5)

NATIONAL PORTRAIT GALLERY, LONDON
p. 128

NELSON DUMAIS
p. 413

NUANCE PHOTO
p. 31 (haut): F. Lemoyne
p. 63: F. Lemoyne
p. 89: F. Lemoyne
p. 157: F. Lemoyne
p. 233: F. Lemoyne
p. 331: F. Lemoyne

PARC AQUARIUM DU QUÉBEC
p. 89 (3.42): SÉPAQ

PARC NATIONAL DE MIGUASHA
p. 327: R. Mazerolle

PHOTOTHÈQUE ERPI
p. 2
p. 4 (haut)
p. 32 (haut)
p. 49 (2.34)
p. 64 (haut)
p. 66 (3.1)
p. 67 (3.3)
p. 76 (3.25)
p. 90 (haut)
p. 106
p. 122 (haut)
p. 124 (haut)
p. 158 (bas)
p. 158 (haut)
p. 163 (6.3) (protéines) (droite)
p. 163 (6.3) (glucides) (droite)
p. 169 (6.13)
p. 197
p. 200
p. 207
p. 231
p. 234
p. 254 (8.24)
p. 264 (5)
p. 267
p. 270
p. 272 (haut)
p. 278 (9.8)
p. 282
p. 332
p. 334 (haut)
p. 366 (haut)
p. 374 (12.11)
p. 375 (12.12)
p. 386 (12.24) (droite)
p. 398
p. 412 (12.57)

PONOPRESSE
p. 365: M. Ponomareff

PUBLIPHOTO
p. 11 (1.12) (droite): A. Pol / ISM
p. 46: E. Clusiau
p. 59 (bas): P. G. Collection
p. 280 (9.19): Y. Marcoux
p. 313 (10.13): C. Jégou
p. 313 (10.14): C. Jégou
p. 313 (10.15): C. Jégou
p. 313 (10.16): C. Jégou

PUBLIPHOTO / PHOTO RESEARCHERS, INC.
p. 275: Omikron
p. 8 (1.4): C. D. Winters
p. 17 (1.19): M. F. Chillmaid
p. 52 (2.39): C. D. Winters
p. 52 (2.41): C. D. Winters
p. 52 (2.42): L. Migdale
p. 55 (2.48): C. D. Winters
p. 57 (2.52): E. Schrempp
p. 99 (droite): L. Mulvehill